ACCESO GRATIS *a la Lectura en la Nube*

Para visualizar el libro electrónico en la nube de lectura envíe junto a su nombre y apellidos una fotografía del código de barras situado en la contraportada del libro y otra del ticket de compra a la dirección:

ebooktirant@tirant.com

En un máximo de 72 horas laborales le enviaremos el código de acceso con sus instrucciones.

SIGNIFICADO DE LOS CONSEJEROS INDEPENDIENTES EN LAS SOCIEDADES COTIZADAS

COMITÉ CIENTÍFICO DE LA EDITORIAL TIRANT LO BLANCH

SIGNIFICADO DE LOS CONSEJEROS INDEPENDIENTES EN LAS SOCIEDADES COTIZADAS

TRINIDAD VÁZQUEZ RUANO

Catedrática de Derecho mercantil

Universidad de Jaén

Prólogo de JUAN IGNACIO PEINADO GRACIA

Catedrático de Derecho mercantil

Universidad de Málaga

tirant lo blanch

Valencia, 2024

La presente obra ha sido sometida a la revisión de pares ciegos según el protocolo de publicación de la editorial a efectos de ofrecer el rigor y calidad correspondiente tanto en su contenido como en su forma, aplicándose los criterios específicos aprobados por la Comisión Nacional E 016 (BOE num. 286, de 26 de noviembre de 2016).

COLECCIÓN DERECHO DE SOCIEDADES

Director:

JUAN IGNACIO PEINADO GRACIA

Catedrático de Derecho mercantil de la Universidad de Málaga, Of Counsel en J&A Garrigues.

EDITA: TIRANT LO BLANCH
C/ Artes Gráficas, 14 - 46010 - Valencia
TELFS.: 96/361 00 48 - 50
FAX: 96/369 41 51
Email: tlb@tirant.com
www.tirant.com
Librería virtual: www.tirant.es
DEPÓSITO LEGAL: V-2073-2024
ISBN: 978-84-1355-607-9

Si tiene alguna queja o sugerencia, envíenos un mail a: atencioncliente@tirant.com. En caso de no ser atendida su sugerencia, por favor, lea en www.tirant.net/index.php/empresa/politicas-de-empresa nuestro Procedimiento de quejas.

Responsabilidad Social Corporativa: http://www.tirant.net/Docs/RSCTirant.pdf

ÍNDICE

PRÓLOGO

Juan Ignacio Peinado Gracia
Catedrático de Derecho mercantil
Universidad de Málaga

I

Debo admitir que cuando la profesora Trinidad Vázquez Ruano me pidió que prologara este libro me hizo, nuevamente, mucha ilusión y llenó de orgullo. Permítame el lector compartir con él los motivos, personales y profesionales, que fundamentan esos sentimientos.

En primer término, la Drª Vázquez Ruano ha sido mi discípula desde que acabó sus estudios realizados en Jaén y Génova, para la colación de su Licenciatura en Derecho. Hoy ya es compañera en la Cátedra, brillantemente alcanzada, en aquella misma Universidad española. Lo anterior podría parecer simplemente un evento temporal, pero la gente de bien sabe que no es así. Una de las cosas más bonitas de la Universidad es precisamente ese camino, cuando una persona quiere aprender una profesión, una ciencia o arte, de otra que la acepta y quiere enseñárselas (con acierto y capacidad o sin ellas). Es un acto volitivo por ambas partes, que aceptan y reconocen al otro y crean un vínculo que tiene vocación de ser eterno, para siempre. Y es un siempre de ecos manriquianos:

> *"quiero, pues quiere razón*
> *de quien no puedo huir,*
> *con fe de noble pasión,*
> *pasión que pone afición,*
> *siempre amar y amor seguir"*[1]

1 MANRIQUE, J. *Obra completa*, (edición, prólogo y vocabulario de Augusto Cortina), 13ª ed., [Espasa-Calpe] Madrid, 1979, pág. 70.

Hace muchos años, mi maestro, el Prof. Antonio Pérez de la Cruz usó conmigo la misma expresión: "otrora discípulo, hoy compañero". Cuando él lo hizo no había otra justificación que su generosidad y cortesía. Años después, y va para el cuarto de siglo, cuando alcancé la cátedra pensé que aquellas palabras se hacían realidad. Claramente tal pensamiento no era sino una prueba más de mi bisoñez, nunca fui su igual, salvo en lo menos importante, la condición administrativa.

Cuando hoy abro este prólogo dirigiendo esas palabras a la Drª Vázquez Ruano lo hago consciente de que lo más importante en esta vocación es el reconocimiento de tus iguales. La proliferación de cátedras, con mayor y menor sentido y justificación, ha dado una especial relevancia al reconocimiento por tus iguales como categoría profesional. Y veo que su obra se extiende dentro y fuera de España, que en sus ámbitos de trabajo sus aportaciones son referencia y, sobre todo, que ha hecho de la Universidad no un puesto de trabajo sino un acto de profesión. Quizás el matiz no requiera mayor explicación pero la *professio* (*professionis*) es la acción de profesar. Y por tal entendemos no ya una condición vinculada con una RPT, no, sino tener o mostrar un sentimiento o una actitud hacia alguien o algo. Cuando la Drª Vázquez Ruano sintió la vocación y luchó por ella, profesó como docente e investigadora. Y ha dedicado muchos años a hacer honor a aquella profesión. Y no sólo me refiero a lo extenso de su producción científica o a la seriedad con la que siempre ha abordado sus clases, sino algo cada vez más difícil de ver. La preocupación por la institución y la función que está llamada a cumplir, la implicación personal en el proceso de aprendizaje de quienes la siguen, el respeto sacro no ya sólo a sus mayores (eso es fácil) sino a quienes vienen por detrás. A formar equipos, proyectos, iniciativas e, incluso, postergar siempre su interés personal por el equipo que lidera y el entorno social donde trabaja[2].

---

2 De interés véase ALVAR EZQUERRA, M., *La Universidad y el diccionario*, Málaga, 1982.

*

II

La obra aborda el régimen jurídico del consejero independiente. La materia no puede ser más apasionante. A lo largo de mi vida profesional he tenido ocasión tanto de participar en la selección de consejeros independientes como miembro de comisiones de nombramientos, asesorar en ese mismo proceso como secretario del consejo de administración y a ser yo mismo consejero independiente, como también he sido dominical, ejecutivo y otro externo. En el caso de consejero independiente lo he sido tanto en un par de sociedades cotizadas como en sociedades no cotizadas. Este párrafo no es, como pudiera parecer, una oferta de empleabilidad, sino que pretendo enfatizar dos aspectos. De una parte, que he tenido ocasión de comprobar cómo más allá del esfuerzo del legislador o de los códigos de buen gobierno, existe

A modo de curiosidad. Cuando POSNER, R., analizaba la crisis económica de 2008, *La crisis de la democracia capitalista* (traducción Cristina Campos), Madrid, 2012, pp. 194-195, señala que los banqueros son codiciosos. "Aun así no toda su satisfacción laboral deriva de su retribución monetaria. Está el reto, el entusiasmo de intentar destacar en una profesión muy competitiva y de alto riesgo. También la alegría de ser el más astuto de sus competidores (...). El dinero es el indicador del éxito. Los catedráticos tienen un indicador: el ingreso del dinero se sustituye por menciones, cargos de prestigio, la satisfacción de la expresión personal y quizás títulos honoríficos, premios y una cierta fama. Esto no los convierte en seres humanos más nobles". Como puede verse en la taxonomía de POSNER el banquero es codicioso y el académico es vanidoso. Realmente no nos deja esto en buen lugar. Peor incluso que el banquero, pues al final el vanidoso depende mucho de los demás para obtener una mínima satisfacción. Obviamente, no es esta nuestra forma de entender la Universidad ni consideramos que sea la de la profesora Vázquez. Sino algo más próximo a lo que hemos descrito en el texto principal y, en todo caso, con la fuerte virtud de la ambición intelectual y humana (como decía aquella vieja canción, "La salud y la platita, Que no la tire, que no la tire" -María del Carmen Arévalo, para Cristina y los Stop, 1966-).

una problemática viva de concepto y régimen jurídico de detalle en las sociedades cotizadas de cara al consejero independiente; de otra, que las sociedades cotizadas suponen siempre la vanguardia regulatoria en el ámbito de las sociedades de capital, al menos de las abiertas, y allí se adoptan normas y prácticas que posteriormente son generalizadas ya por imposición legal ya por emulación. Y eso, que puede considerarse una bondad del sistema, supone aplicar estándares y principios acrisolados en las cotizadas, soportados por normas en las cotizadas, pero sin semejantes referencias y soportes en otras sociedades. Este doble haz de problemas contrasta, sin embargo, con el escaso tratamiento monográfico de la figura en nuestra bibliografía jurídica[3].

*

III

En mi opinión las dificultades incluso afectan a la propia existencia y significado de la figura. Y es que el consejero independiente se ha querido ver como el defensor de intereses difusos propios de *free float* de cualquier sociedad cotizada, lo que hace a la doctrina preguntarse sobre su sentido en sociedades cotizadas, pero con alta concentración de capital[4]. El discurso incluye que los costes de agencia derivados de la representación de ese capital disperso imposibilitarían que se identificaran, contactaran, negociaran y adoptaron decisiones. Precisamente en las socieda-

3 Son de resaltar los trabajos ya de hace algunos años de RODRÍGUEZ RUIZ DE VILLA, D., *Los consejeros independientes en las sociedades de capital españolas*, Madrid, [La Ley], 2008; MEGÍAS LÓPEZ, J., *El consejero independiente: estatuto y funciones*, Madrid [La Ley], 2012.

4 Lo que hace a la doctrina preguntarse sobre su sentido en sociedades cotizadas pero con alta concentración de capital. Así, BEBCHUK, L./ HAMDANI, A., "Independent directors and controlling shareholders", *University of Pennsylvania Law Review*, 2017, vol. 165-6, pp. 1271-1315.

des de capital concentrado los problemas de agencia son menores. Como puede verse la dispersión del capital es una elemento básico en la relevancia de la figura[5]. Las expectativas de beneficio agregado por esa acción son siempre muy inferiores a los costes agregados para obtenerlo. En definitiva, son los problemas inherentes a la acción colectiva. De ahí es fácil llegar a lo que hemos conocido como la apatía racional del accionista[6]. Y frente a eso, el consejero independiente es en gran medida cooptado por el órgano de administración y se espera de él una especial diligencia en la protección de los intereses difusos.

Un paso más se ha dado en los últimos años. Particularmente después de la reforma legal de 2014 y de la modificación del Código de Buen Gobierno de 2020. Con el progresivo avance de los órganos internos de control en el Consejo de Administración y la relevancia de los consejeros independientes en los mismos, el legislador les da un protagonismo adicional en la defensa de otros intereses difusos, que propiamente deben estar tutelados por el Estado (medio ambiente, sostenibilidad, derechos humanos, etc.). De esta forma se pretende que el Estado afronte estos fines gracias a su monopolio legislativo, pero repercutiendo el coste en sujetos privados, las sociedades de capital y, caracterizadamente, en las sociedades cotizadas[7].

5 Por todos véanse JOHNSON, S./ SCHNATTERLEY, K./ HILL, A. (2013), "Board composition beyond independence: social capital, human capital, and demographics", *Journal of Management*, 2013, vol. 39-1, pp. 232-261.

6 Realmente se está pensando en el accionista ahorrador o disperso. Generalmente, un accionista con un paquete de acciones que no es suficientemente grande para tener control alguno sobre la vida social, y al que volcarse en la gestión le generaría unos costes que sobrepasan los beneficios que podría reportarle.

7 Nos hemos ocupado de esto recientemente en PEINADO GRACIA, J.I. "El indeseado efecto político en el Derecho de sociedades", *Revista de Derecho mercantil*, núm. 332, 2024 (en prensa).

Sin entrar en la valoración de esto, se aprecia cómo la situación descrita respecto del capital disperso y los costes de agencia encuentra su espacio natural en la sociedades públicas o cotizadas. En las que además de las dificultades apuntadas, nos encontramos con una gran fungibilidad en la posición de socio[8]. La calificación como sociedad pública de la sociedad cotizada obedece precisamente a esto[9] y es la justificación de muchas de sus particularidades normativas.

Y todo esto nos conduce a la obra que hoy prologamos. La sociedad anónima cotizada es un tipo especial de sociedad y, por ello, les son de aplicación todas las normas comunes de las sociedades anónimas (art. 495.2 LSC). Los consejeros independientes es una de las materias en las que no siempre hay un correcto encaje de normas generales y particularidades de las cotizadas. Si en el pasado se planteaba qué tipo de retribución les era aplicable en razón de que les generasen incentivos conducentes a fenómenos de selección adversa y riesgo moral; otras materias como la duración del cargo, las facultades de gobierno intra consejo, el sometimiento a las reglas comunes del cese no justificado, la imposible proposición por representación proporcional de consejeros independientes, etc., siguen siendo dificultades operativas que cuestionan realmente el significado de esta categoría.

8 El ahorrador participa en los mercados bien directamente bien de forma indirecta a través de instrumentos de inversión colectiva. La estrategia jurídica puede ser diversa, pues si bien en estos últimos cabe intervenir sobre su estatuto obligando a sus gestores a asumir los costes de la implicación, una estrategia afín no es posible en el capital disperso en manos de pequeños ahorradores.

9 Sigue siendo de interés el discurso SÁNCHEZ CALERO, F., *La sociedad cotizada en Bolsa en la evolución del Derecho de sociedades*, Madrid, Real Academia de Jurisprudencia y Legislación, 2001.

Y todo ello acrece cuando se intenta extrapolar la experiencia en cotizadas a otros tipos sociales por el simple hecho de que tengan una base social amplia más o menos organizada.

*

IV

Al respecto permítasenos un brevísimo excurso. La utilización de herramientas de nuestro Derecho de sociedades de capital para atender finalidades espurias ha alcanzado también al consejero independiente en su extrapolación a otros ámbitos. Particularmente nos estamos refiriendo a su necesaria presencia en las sociedades anónimas deportivas, impuesto por la Ley 39/2022, de 30 de diciembre, del Deporte[10]. No está exento de comentario el hecho de que estos consejeros estén llamados por dicho precepto a tutelar los intereses de "abonados y aficionados". Esto es, de personas en las que no tiene porqué coincidir la condición de socios de la sociedad: la utilización de un órgano social al margen de la propiedad sobre la sociedad. Y con la dificultad añadida de no quedar claro si esta tutela entra en contradicción con el deber de actuar en favor del interés social que corresponde a cualquier consejero y, en todo caso, a los restantes consejeros de la SAD. Interés de aficionados e intereses de los dueños de la sociedad no tienen por qué ser coincidentes. Además, otras medidas pueden tener una relectura: responsabilidad solidaria de los consejeros, por ejemplo.

10 Cuando esto se escribe, resuena con insistencia la reclamación por colectivos de aficionados organizados de que en las SAD se implanten los consejeros independientes. Véase artículo 71, Ley 39/2022, de 30 de diciembre, del Deporte. Recientemente, MOLINS SANCHO, F. "El consejero independiente en las sociedades anónimas deportivas", *La Ley mercantil*, núm. 104, 2023, julio; y CAZORLA GONZÁLEZ-SERRANO, L., "El llamado consejero independiente de las sociedades anónimas deportivas", *La Ley mercantil*, núm. 107, 2023, noviembre.

*

V

La figura del consejero independiente, de tanta actualidad y relevancia, no deja de ser reciente. De la mano del *soft law* se introdujo en nuestro gobierno corporativo cuando la principal función de éste era la regulación del órgano de administración. Ante el fracaso de la Junta general como mecanismo de control de la discrecionalidad del órgano de administración, los códigos y su asunción voluntaria no dejaban de ser una señal al mercado de la autolimitación en el desempeño de estos. En el caso español, la novedad es de 1998 y el Código Olivencia. Informe cuya denominación es bastante descriptiva de su contenido y finalidad: *Informe sobre la problemática de los Consejos de Administración de las sociedades que apelan a los mercados financieros*. Ese camino fue seguido por el Informe Aldama[11] en 2003, en el que ya se trascendía al órgano de administración con algunas previsiones sobre la Junta y, especialmente, normas sobre transparencia[12]. En el primer caso, el Código

11 *Informe sobre la problemática de los Consejos de Administración de las sociedades que apelan a los mercados financieros.*

12 En Estados Unidos, se promulgó en el 2002 la Sarbanes-Oxley Act, (que orientó nuestra Ley 44/2002, de 22 de noviembre), que obligó a que los emisores de valores en mercados secundarios oficiales contaran con un comité de auditoría (con presencia de independientes). Esto supuso positivizar alguna de las previsiones del Código Olivencia. En España, en junio de 2003, se aprobaba la conocida como Ley de Transparencia (Ley 26/2003), por la que se modificaban la Ley del Mercado de Valores y la Ley de Sociedades Anónimas. En 2006 se publicó el *Código unificado de buen gobierno* que, personalmente, preferimos citar como Código. El Código Conthe refundió en un mismo documento las recomendaciones del Código Olivencia y del Informe Aldama, e introdujo una serie de recomendaciones adicionales de la Comisión Europea en materia de remuneración de consejeros y del papel de los consejeros no ejecutivos, y otras recomendaciones procedentes de los principios de buen gobierno corporativo de la OCDE. En los años siguientes se aprobaron diversas normas que, de alguna manera, venían a fortalecer el

Olivencia previó la inclusión de consejeros independientes como reflejo de la precisa reforma de los órganos de gobierno y gestión de dichas entidades. Aunque, no obviándose la desconfianza generada en cuanto al desempeño de su labor en el órgano gestor y a su verdadero carácter de 'independiente'. Consecuencia de ello, la Comisión abogó por una prudente incursión de los consejeros independientes en las entidades cotizadas tanto en lo que concierne a la propia estructura de propiedad del mercado de valores, cuanto a que la incorporación de los mismos no cambiase de manera drástica la conformación del órgano de administración.

*

VI

Especialmente relevante para ver qué entendemos por un consejero independiente, fue la aportación del ya referido Informe Aldama que precisó su delimitación conceptual vinculada a un conjunto de incompatibilidades de carácter indicativo que no podían concurrir en los que aspiran o desean mantenerse en el cargo de consejeros independientes. La justificación de esta previsión se ha-

control sobre el órgano de administración, sus deberes y composición. Ley de Sociedades de Capital, en la que se introdujo la regulación más estrictamente societaria de la sociedad cotizada frente a la LMV; la Ley de Economía Sostenible, de marzo de 2011; el Texto Refundido de la Ley de Auditoría de Cuentas, de julio de 2011; y la Ley de reforma parcial de la Ley de Sociedades de Capital, de agosto de 2011, mediante la que se incorporó al Derecho español la Directiva sobre el ejercicio de determinados derechos de los accionistas de sociedades cotizadas (de especial relevancia en materia de Junta General). Permítasenos abreviar esta nota legislativa. Las reformas se han sucedido y en la obra encontrará el lector la información más copiosa y precisa, pero en lo que ahora nos ocupa, es la aparición del consejero independiente en nuestro sistema de gobierno corporativo lo que queríamos resaltar. Una figura a la que se le confía la protección de los intereses difusos, el control de la transparencia en particular, y de la gestión en general.

lla en la consideración de que éstos no se limitan exclusivamente a controlar o supervisar a los miembros del Consejo de Administración con competencias ejecutivas o a representar a los accionistas minoritarios (o no representados) en este órgano social. Así, siguiendo la literalidad del Código, van a ser independientes los *consejeros de reconocido prestigio profesional que pueden aportar su experiencia y conocimientos al gobierno corporativo y que, no siendo ni ejecutivos ni dominicales, resulten elegidos como tales y reúnan las condiciones que aseguren su imparcialidad y objetividad de criterio,* siempre que carezcan de una relación de trabajo, comercial o contractual y significativa, con la sociedad, sus directivos, los consejeros dominicales, las sociedades del grupo o los grupos de accionistas representados por los dominicales. Tampoco podrán tener una relación de parentesco próximo con los consejeros ejecutivos, los dominicales o los miembros de la alta dirección de la sociedad, ni ser consejeros de otra sociedad cotizada que tenga consejeros dominicales en la entidad en cuestión.

*

VII

No es esta la primera aproximación de la Drª Vázquez Ruano a la figura de los consejeros independientes. De hecho, bien puede considerarse la obra que ahora prologamos como la continuación de la investigación emprendida hace unos años y que vio la luz en el estudio monográfico sobre los *Principios de Gobierno Corporativo y la materialización de la función supervisora en el Consejo de Administración*[13]. En aquella ocasión la autora partía de un estudio preciso de los Principios de Gobierno Corporativo de las sociedades cotizadas, tanto de derecho positivo como de *soft law* en el

13 Que obtuvo el reconocimiento del *I Premio 'Eduardo de Hinojosa y Naveros' de Ciencias Jurídicas.*

sistema USA, en el europeo y en el español. Centró su atención en el modo en el que se materializa la función supervisora de los que ejercen facultades ejecutivas en el órgano de administración de estas sociedades. Y es que se enfrentaba al fenómeno que la dimensión y, especialmente, la dispersión de la propiedad de las sociedades cotizadas, incrementa la separación entre la propiedad de la sociedad o titularidad de las acciones y el ejercicio del poder, lo que produce la dicotomía propiedad y gestión. Las facultades que corresponden a la Junta general de accionistas suelen delegarse en los integrantes del Consejo de Administración. Esta circunstancia, precisa la garantía de la representación del interés social en dicho órgano y el incremento de la transparencia de la actuación de los que gestionan y dirigen la entidad. Allí la Drª Vázquez analizó dicha materialización en la figura de los consejeros externos e independientes. Se ponía de manifiesto la necesidad de concretar unas medidas de buen gobierno orientadas a solventar los conflictos de interés en las sociedades cotizadas, promover la equidad de los socios en la organización social, la transparencia y la estructura y funcionamiento de las instancias societarias.

En la presentación que hicimos de aquella obra, la alentamos a hacer un trabajo de análisis más exhaustivo de esta singular figura societaria, entendida como uno de los pilares del buen gobierno de las entidades cotizadas. La finalidad pretendida con ese exhorto no fue más que tratar de llegar a la excelencia en su investigación y presentar un estudio riguroso del particular, entrando en detalles de su régimen jurídico y de las dificultades del mismo, como ya hemos apuntado. Ese ha sido el camino.

*

VIII

La monografía que ahora se preludia observa con rigor la posición del consejero externo independiente haciendo un examen pormenorizado de los atributos que le son propios. De este modo, se presenta un estudio que esboza el que pudiera ser el estatuto jurídico particular de los consejeros independientes. Trabajo que, adelantamos, supone una novedad al avanzar en la materia más allá de las disposiciones reglamentarias.

La metodología seguida alcanza la coherencia sistemática exigible para la conformación de cualquier categoría jurídica típica. Esto es, partiendo de lo especial hacia lo general, lo que ha llevado a la autora a estructurar la obra en tres partes diferenciadas. Las dos primeras se corresponden con el tratamiento específico, mientras que en la última se aborda la disciplina general. Pues, como es sabido, no existe un tratamiento sistemático ordenado de las obligaciones y del régimen de responsabilidad que asumen los consejeros independientes en el desempeño de sus funciones en el órgano de administración social, más allá de la concreción de determinadas garantías de idoneidad y del procedimiento de su designación que hacen que se prevea como una modalidad distinta.

*

IX

La LSC se ha limitado a definir, sin gran precisión, a estos consejeros y a establecer un conjunto orientativo de prohibiciones que impiden ser designado (o mantenerse) en tal categoría societaria. Serán consejeros independientes aquellos que, designados en atención a ciertas condiciones personales y profesionales[14], puedan desempeñar sus funciones sin verse condicionados por relaciones

---

14 La bibliografía insiste en que junto a su función justificativa de ser una pieza esencial del gobierno corporativo para mejor garantía, suponen muy especialmente un aporte de formación y experiencias que incrementa el capital intelectual del Consejo. Así NICHOLSON, G.J./ KIEL, G.C., "Can directors impact performance? A case-based test of three theories of corporate gover-

con la sociedad o su grupo, sus accionistas significativos o sus directivos. Estos consejeros han de contar con un nivel de formación, experiencia técnica y profesionalidad específica y su incorporación en los Consejos de Administración de las sociedades cotizadas representa una novedad del movimiento del *Corporate Governance* en el panorama societario nacional. Así, se trata de consejeros no ejecutivos que, como norma general, carecen de vinculación alguna con los que ocupan cargos directivos en la sociedad o con los accionistas que cuentan con una importante capacidad de influencia en la misma. Razón por la que los consejeros independientes van a ser los encargados de ejercer la función de control o supervisión de la organización societaria en beneficio del interés común de los socios. Como puede verse, las condiciones subjetivas están abocadas tanto a su función de gobierno (relación principal y agente) como a la autoridad personal para la supervisión. Esta previsión se completa con los principios y recomendaciones del Código de buen gobierno de las sociedades cotizadas, los cuales aconsejan que el órgano de administración de dichas compañías se integre por una mayoría de consejeros carentes de funciones ejecutivas (dominicales, independientes u otros externos) con un elevado porcentaje de consejeros independientes, al igual que en las comisiones especiales que deben crearse en su seno (Comisión de Auditoría y Comisión de Nombramientos y Retribuciones —o dos separadas—).

*

X

Una discrepancia debemos marcar con la Drª Vázquez, quizás solo sea una cuestión generacional. La autora da a estos consejeros un especial desempeño en las relaciones con los *stakeholders*.

nance", *Corporate Governance: An International Review*, 2007, vol. 15-4, pp. 585-608.

Obviamente este no es el lugar para extenderse en la cuestión, máxime cuando hemos tenido ocasión de manifestarnos en más de una ocasión[15]. Y es que, de una parte, todos los consejeros están llamados a la protección del interés social concebido como la maximación de los beneficios (con un amplio concepto de beneficio); de otra, la relaciones con *stakeholders* debe caer, en nuestra opinión, dentro del ámbito de actuación de los consejeros ejecutivos, como una gestión ordinaria en busca de aquel beneficio. No hay interés de los *stakeholders* que tutelar dentro de la sociedad de capital, y sólo tiene sentido la atención a estos en la medida en que contribuyan a la mejora del beneficio.

*

XI

Como hemos apuntado al indicar su método, la Dra. Vázquez Ruano analiza a los consejeros independientes valorando el alcance de los criterios de idoneidad que hacen a estos consejeros ser específicos y, al mismo tiempo, ponerlos en consonancia con las incompatibilidades o condicionantes negativos que, en su caso, no podrán concurrir en el aspirante a ser designado en dicha categoría societaria por suponer una limitación de su particular independencia.

Asimismo, la Dra. Vázquez Ruano descompone y trata de ofrecer una exégesis oportuna a la literalidad del artículo 529 *duodecies* de la LSC en lo que afecta a la delimitación del consejero independiente (apartados 2º y 4º) y lo hace en un doble sentido. De un lado, respecto a los matices de naturaleza personal y

15 *Vid.* PEINADO GRACIA, "El indeseado...", *op. cit.;* y "La diligencia y la responsabilidad solidaria de los administradores por la no disolución de la sociedad como consecuencia de pérdidas", *Revista de derecho mercantil*, núm. 314, 2019, pp. 11-48.

profesional que determinan la singularidad de estos consejeros. En este sentido, interesa destacar que la autora se hace eco de las recientes propuestas de modificación de la norma societaria y del planteamiento realizado por parte de un sector de la doctrina reconocida de establecer otras posibles categorías de consejeros externos y que está siendo valorado por la CNMV, tal es el caso de los consejeros microdominicales.

A pesar de que profesionalmente corresponde a la Comisión de Nombramientos y Retribuciones valorar la experiencia, competencia y el prestigio o reconocimiento en el desenvolvimiento de la actividad del candidato a ser consejero independiente, la Dra. Vázquez Ruano cuestiona la forma en la que es factible hacer dicha evaluación e insta a ponerla en relación con las funciones que el interesado va a llevar a cabo en el seno de la entidad y que se concretan en asegurar la rentabilidad (y sostenibilidad) de la compañía a largo plazo desde el órgano de administración que la gestiona.

Igualmente, realiza un estudio pormenorizado y sustantivo del elenco de circunstancias preventivas que no han de concurrir para que el consejero tenga la posibilidad de alcanzar la categoría de independiente. Se trata de situaciones que pueden afectar a la independencia en el ejercicio de las competencias atribuidas al consejero independiente o que no las lleve a cabo con el nivel de imparcialidad y objetividad que le son requeridas en beneficio del interés social. Si bien, en la argumentación personal se distinguen con habilidad las que se prescriben con un carácter absoluto no admitiendo excepcionalidad alguna, de las que por contra se prevén de manera relativa. En todo caso, la autora advierte la falta de un criterio clasificatorio en la norma y lo corrige con una organización propia en la que deslinda las incompatibilidades que aluden a la cualificación del aspirante a consejero independiente, de las de naturaleza económica y las que son de carácter formal. Sin embargo, manifiesta su conformidad con la previsión de que se trate de un listado enunciativo de planteamientos que hace posible que vía estatutaria o, en su caso, en el contenido del Reglamento interno del Consejo de Administración, se incluyan otras posibles situaciones de incompatibilidad o se limiten en mayor medida las previstas. Al respecto, cabe destacar los siguientes extremos analizados en el trabajo: la aclaración formada en relación con ser empleado de la entidad, o el razonamiento en cuanto a los plazos establecidos para que el consejero ejecutivo o empleado pueda ser designado consejero independiente; el estudio de la normativa sobre auditoría de cuentas respecto a los vínculos con el auditor externo o responsable del informe de auditoría, y el reproche a la temporalidad de tres años desde la realización del trabajo de auditor para ostentar la condición de consejero independiente; el tratamiento de los *consejeros cruzados* cuando una misma persona pertenece a dos o más Consejos de Administración de diferentes entidades; y la incompatibilidad absoluta de la limitación temporal máxima para ser consejero independiente (doce años), vinculado al debate surgido sobre la posible reelección del mismo. Además de la concepción de la ventaja patrimonial significativa y la aproximación entre los ingresos del consejero en su condición y otras posibles retribuciones percibidas, o la explicación de la relación de negocios con la sociedad.

*

XII

Analizada la calificación del consejero como independiente, la autora valora tres situaciones que desafían el régimen jurídico previsto en la regulación, particularmente para examinar si comprometen el ejercicio objetivo de la independencia que los califica. En concreto, reflexiona sobre el exclusivo procedimiento de designación y de separación de los consejeros independientes; el criterio de la temporalidad previsto tanto en lo que afecta al mandato del consejero como respecto de ciertos condicionantes; y el régimen de su remuneración.

*

XIII

En el primer caso, se ocupa del proceso de nombramiento que, en los consejeros independientes y, a diferencia del resto de consejeros sociales, ha de iniciarse con la propuesta realizada por la Comisión de Nombramientos y Retribuciones. Ésta Comisión y el procedimiento de tomar la iniciativa, se consideran mecanismos de seguridad de que el candidato cumple los requisitos de procedencia[16]. No obstante, se pone de manifiesto el inconveniente de la falta de regulación de aspectos importantes. Por otra parte, adviértase que la elección de consejeros independientes precisa del apoyo del Consejo de Administración. De facto, esto consagra la exclusiva del órgano de administración para la selección de candidatos y, de alguna manera, el poder decisivo del capital mayoritario en la elección vicaria de los candidatos[17]. Bien es cierto que, por el mecanismo de complemento del orden del día, consideramos que los socios que reúnan el 5% o el 3% (arts. 172 y 519 LSC) podrían tomar la iniciativa de proponer a otros candidatos a consejero independiente y que, por la anticipación que marca la propia norma, la Comisión bien podría valorarlos[18] para que

16 Véase la Guía Técnica 1/2019 sobre Comisiones de Nombramientos y Retribuciones CNMV de 20 de febrero. La guía pretendió ayudar al buen funcionamiento de estas comisiones precisamente porque la selección, el nombramiento y el sistema de retribución de los consejeros y altos directivos son aspectos claves del buen gobierno de las sociedades cotizadas. https://www.cnmv.es/DocPortal/Legislacion/Guias-Tecnicas/Guiatecnica_2019_1.pdf

17 BEBCHUCK/ HAMDANI, *op. cit.*, p. 1272.

18 La jurisprudencia y la doctrina han destacado la amplitud del contenido de este complemento. Véase STS 13 de junio de 2012; y, por todos, ALFARO, J., "El complemento de convocatoria de la junta (art. 172 LSC)", en *Almacén del Derecho*, 4 de junio de 2021. https://almacendederecho.org/el-complemento-de-convocatoria-de-la-junta-art-172-lsc

la Junta General posteriormente pueda votar su designación[19]. Quizás para romper ese monopolio de facto, la Guía considera buenas prácticas, entre otras, que se externalice la búsqueda; que se extremen las cautelas cuando al candidato lo presente un accionista significativo o consejeros que sean dominicales o ejecutivos; que en las propuestas de reelección se tengan en cuenta los mismos factores que en la primera elección, además de valorar su desempeño durante el tiempo que haya sido.

Asimismo, es la Comisión de Nombramientos y Retribuciones la encargada de elevar la propuesta de separación del consejero independiente al Consejo de Administración una vez valorado su contenido, para su posterior aprobación por parte de la Junta general de accionistas. No obstante, la autora se cuestiona sobre la posible aplicación de la facultad de separación *ad nutum* de los consejeros. Es ésta una cuestión de gran importancia y que si bien hoy debe considerarse, en nuestra opinión, como inobjetable el cese sin causa del consejero independiente, consideramos que la jurisprudencia de alguna manera irá matizando esto como también empieza a hacerlo en el caso de los consejeros propuestos por representación proporcional. Si en este segundo caso hay objeciones subjetivas para permitir el libre cese, en el caso de los consejeros independientes, razones objetivas de garantía de esa independencia aconsejan examinar el cese, en su caso, a la luz de la doctrina del abuso de mayoría (art. 204.1 LSC).

19 Adviértase que la inscripción en el Registro no alcanza la calificación del consejero como independiente. El problema que plantea la autora es la posible asignación errada de la calificación del consejero y la imputación de la correspondiente responsabilidad al órgano facultado para realizar la propuesta de su nombramiento.

*

XIV

También la obra de la Drª Vázquez Ruano aborda el criterio de la temporalidad. El presupuesto temporal se establece para distinguir la relatividad del condicionante en relación con los aspirantes que hubieran sido empleados, socios del auditor externo (incluidos los responsables de auditoría) o hubieran mantenido un vínculo negocial significativo con la sociedad, así como respecto de los consejeros ejecutivos de la sociedad del grupo. Y, en un sentido determinante, en cuanto a los que hubieran sido consejeros sociales durante un tiempo continuado.

Finalmente, la obra acomete la cuestión de la retribución de los consejeros independientes y lo justifica, adecuadamente, en cuanto que ésta pueda considerarse una supeditación de la adscripción de estos consejeros con la independencia y neutralidad objetiva que les resulta esencial. La carencia de un régimen retributivo particular aplicable a estos consejeros requiere del análisis de las previsiones generales de los administradores sociales vinculadas al perfil de los mismos en el desempeño de su cargo y de la responsabilidad que asumen en el seno de la entidad y que, en la hipótesis de las compañías cotizadas, la norma general establece la retribución del cargo y la necesidad de atender al adecuado procedimiento para su determinación y aprobación. Poniendo de relieve la necesidad de prever reglamentariamente una delimitación máxima de la retribución. En el supuesto de los consejeros independientes los incentivos resultan esenciales para atraer a la compañía a personas con un determinado prestigio profesional y con una formación especializada en el ámbito societario. Esto es, debiendo ser idónea y suficiente para captar a ciertos consejeros por su cualificación y reconocimiento técnico, pero sin que derive excesiva o pueda preverse como una afección del ejercicio imparcial e independiente de las competencias atribuidas por mor de la conservación de su puesto. Por tanto, la autora, con gran interés, incide en la atención precisa al equilibrio y efectividad de la remuneración de los consejeros independientes a fin de no superar el límite razonable que suponga integrar en la entidad a personas distinguidas. Y, en consonancia con ello, descompone los elementos de la remuneración y la posibilidad de que ésta pueda ser una cantidad fija o variable, la participación en los beneficios, la entrega de acciones u otros instrumentos financieros referenciados. A mayor abundamiento, la Dra. Vázquez Ruano valora el papel esencial que en esta materia adquiere la Comisión de Nombramientos y Retribuciones, ya que es la habilitada para realizar el informe justificativo de la retribución acordada y revisar de modo periódico los programas de retribución y garantizar el cumplimiento del presupuesto de transparencia e información requerido.

*

XV

Tras este examen particular, la última parte del trabajo se focaliza en la adecuación del régimen general de los consejeros que integran el órgano de administración de las sociedades de capital a la figura de los consejeros externos independientes. La inexistencia de un régimen ordenado y sistemático de las obligaciones y de la responsabilidad que los consejeros independientes asumen por el desempeño de sus funciones en las entidades cotizadas, supone la remisión expresa al tratamiento general de los administradores sociales. Referencia que no puede atenderse con detalle en todo caso, piénsese en las especiales obligaciones asumidas en el seno de la entidad por parte de los consejeros independientes.

*

XVI

Designado como consejero independiente, éste asume las obligaciones que son propias de los administradores sociales por aplicación supletoria de la norma y sin que se distinga la diversa catalogación de los mismos en el órgano de gestión de la entidad cotizada. Por lo que, la Dra. Vázquez Ruano, realiza un análisis de dichos deberes societarios, pero en razón de la distinta posición orgánica que ocupan los consejeros independientes en el seno de la entidad. De un lado, la diligencia de un *ordenado empresario* en el desenvolvimiento de sus funciones, a fin de evitar situaciones de conflicto de intereses, la cual se combina con la regla de la discrecionalidad empresarial que también es objeto de estudio. Actuación diligente que supone un comportamiento de buena fe, contando con una información suficiente (deber-derecho de información) y siguiendo un proceso de decisión y adopción de acuerdos adecuado, junto a la requerida dedicación de tiempo y esfuerzo al ejercicio del cargo. Adviértase que, finalmente, el consejero independiente se debe, como todos, al interés social y a la maximización del beneficio, al margen de que pueda tener un especial desempeño u orientación en defensa de intereses difusos como los de los socios minoritarios o, en general, el *free float*.

Se analiza el deber de lealtad de los consejeros sociales, esto es desempeñar el cargo como un *fiel representante* que se encarga de la administración y representación de los intereses ajenos y, en consecuencia, evitando situaciones de conflicto de interés o adoptando las medidas necesarias para impedir incurrir en dichas situaciones. Al respecto permítasenos un brevísimo excurso. La norma (art. 529 duodecies LSC) en ocasiones utiliza con cierta imprecisión el término de representación para referirse a la posición de los consejeros. De los consejeros dominicales que "representan" al accionista. Sin desconocer que este tipo de imprecisiones ha llevado a la mejor doctrina a considerar en consecuencia de esta representación la existencia de un mandato natural desde el accionista a "su consejero", no consideramos que fuera voluntad del legislador alterar, en sede de cotizadas, todo el mecanismo llamado fiduciario de relaciones entre sociedad y administradores. De la misma manera, no cabría, como hace cierta literatura, considerar que los consejeros independientes "representan" a los accionistas mionoritarios. Antes al contrario, su estatuto debe ser garantía de que en su actuación serán un valladar contra cualquier acuerdo que pudiera favorecer a un interés distinto del social. Desde esta perspectiva el consejero independiente es la clave del principio de igualdad entre accionistas.

*

XVII

La autora destaca que, en el caso de los consejeros independientes, junto a las facultades propias del que ocupa el cargo de consejero social éste asume unas funciones precisas derivadas de su particular calificación como independiente, como el tiempo que han de dedicar a la entidad, la relevancia del derecho-deber de información suficiente, la actualización sobre la sociedad y los asuntos de importancia para el objeto de deliberación en el que participen, y el mantenimiento de un adecuado nivel de formación técnica y profesional durante la vigencia de su cargo. Estos requerimientos se ponen en relación con la distinta posición orgánica que ocupan los consejeros independientes en el seno de la compañía en general y, de manera concreta, tanto en lo que afecta a su preceptiva presencia en las Comisiones especiales que han de crearse en el Consejo de Administración, como a las específicas que corresponden a la figura del Consejero Independiente Coordinador.

En cuanto a la asunción del régimen de responsabilidad éste se pone de manifiesto en razón del que es propio de los administradores sociales y la responsabilidad derivada de las situaciones de conflicto de interés. Con este análisis lo que, en definitiva, se formula es la posible imputación de responsabilidad social al consejero por el incumplimiento de la norma, de las disposiciones de los estatutos sociales o del Reglamento interno de funcionamiento del órgano gestor, y la derivada de los daños que pudieran ocasionarse en el desempeño de las competencias que le son propias. Este examen lleva a la autora a manifestarse partidaria con el sector reconocido de la doctrina que infiere la necesidad de revisar el régimen general de responsabilidad aplicable a los consejeros independientes en cuanto a la equiparación a la asumida por el resto de consejeros, el cual no encaja, en todo caso, en la *praxis* societaria que distingue a este tipo de consejero que presenta novedades sustantivas y funcionales insalvables. Pues, en su consideración, el mantenimiento del riguroso sistema actual de responsabilidad supone dificultar la designación real y ajustada de esta categoría de consejeros en los órganos de administración de las entidades cotizadas. Como solución alternativa, hasta tanto la norma sea enmendada en este sentido, la autora hace referencia a la factible suscripción de la póliza que asegure la responsabilidad de los consejeros y directivos de la compañía, es decir del seguro D&O.

*

XVIII

A modo conclusivo, seguimos a la autora al señalar que la falta de un concreto estatuto jurídico de los consejeros independientes en la norma societaria hace que la designación de esta modalidad de consejeros en las sociedades cotizadas no esté resultando eficiente en rigor, en la medida en que en la práctica los nombrados como tales no se corresponden con auténticos consejeros externos independientes por cuanto se estima en mayor medida la superación de la imposición formal que la coherencia de la atención de las funciones que justifican su designación. Esto es, la consecución de una nueva forma de gestionar la complejidad de la administración de las sociedades cotizadas.

El lector tiene pues en sus manos una obra importante de la literatura jurídica sobre la figura del consejero independiente. De su propia lectura se pone en evidencia que las expectativas de esta figura[20], así como los intereses que el ordenamiento le lleva a tutelar, no tienen siempre un fiel apoyo en las normas. A medio camino entre un consejero especial y el régimen jurídico general que afecta a todos los consejeros sea cual sea la calificación que nos merezca. La extensión de la figura, además, más allá de las sociedades cotizadas aboca a que la confusión sea aún mayor, por lo que es imprescindible contar con obras como ésta que nos de el camino cierto en su abordaje.

*

En Madrid, a veintiuno de mayo de dos mil veinticuatro. Hoy la cristiandad celebra el martirio de alguien que podría parecer un santo menor, San Mancio. A él confiamos el éxito de esta obra, porque su vida y obra tiene su enseñanza. Mancio era un esclavo del siglo VI que quizás nació en Roma, aunque ni el año ni la localidad sean ciertos. Murió, como era de prever. Y lo hizo en la portuguesa ciudad de Évora donde sus dueños se habían tras-

---

20 No son tan abundantes como deberían los estudios sobre la eficacia de las soluciones jurídicas para los fines que se proponen. Los consejeros independientes no son una excepción en esto. No obstante, quizás tenga sentido recordar el estudio favorable a la figura de GIRÁLDEZ, P./ HURTADO, J.M., "Do independent directors protect shareholder value?", *Business Ethics: A European Review*, 2017, vol. 23-1, pp. 91-107.

ladado. Si fuera poco el ser esclavo, Mancio era además cristiano, circunstancia ésta que requería valor y determinación en el tiempo y ambiente del hoy santo. Mancio fue conminado con el argumento de la tortura a abandonar su fe y él se resistió confesando que sólo hay un Dios verdadero cuyo hijo Jesús vino al mundo para redimirlo. El infortunio quiso que ese Dios verdadero no coincidiera con el dios de sus torturadores (lo cual es opinable siendo estos de fe judía). A partir de ahí la tortura y el trabajo extenuante se alternaron acelerando, en gran medida, la rendición del alma de Mancio a su Señor. La ignominia del infiel carece de límites y fue enterrado en un estercolero. Algunos creen que a los torturadores se les fue la mano y no siendo propio el esclavo lo enterraron allí para no tener que responder del daño ante los amos de Mancio. Se tardó años en recuperar el cadáver. Hasta ahí llega lo poco que se sabe de un señor que a nadie interesó en su tiempo. Pero la devoción popular no tiene límites cuando se trata de engrandecer a alguien que, sin embargo, alcanzó la santidad desde la sencillez, la humildad y la fe. Así se dijo de él que había sido el primer Obispo de Évora o, y esto ya es venirse muy arriba, quien ayudó a Nuestro Señor en el lavatorio de pies (supongo que es una forma de destacar su sencillez y humildad)[21].

Y esa es la paradoja, nadie recuerda bien su vida, ni el nombre de sus asesinos, ni el de sus dueños, nadie sabe a ciencia cierta si era romano o no, si falleció a causa de la penalidad o si fue asesinado. Tampoco nadie recuerda quién fue el primer obispo de Évora. Y, sin embargo, la cristiandad toda hoy celebra su memoria,

---

21 J. M. FERNÁNDEZ CATÓN, J.M., *San Mancio. Culto, leyenda y reliquias. Ensayo de crítica hagiográfica*, León, Centro de Estudios e Investigación San Isidoro, 1983. La verdad es que la historia de los santos de época visigoda está llena de incertidumbres, entre la devoción hagiográfica y la leyenda. Véanse KAESTLI, J.D./ POUPON, G., *Les Actes de Paul et Thècle latins. Édition de la version A et de sa réécriture dans le manuscrit de Dublin*, Trinity College, 2016, p. 174.

que no es otra que el recuerdo de esa sencillez, esa humildad y esa fe. Y todo nos lleva casi al principio, en esto Posner no acertó, y el verdadero universitario ni es plutócrata ni vanidoso, es sólo alguien que hace profesión de la humildad para poder aprender, de la sencillez para poder exponer y de la fe en que con el esfuerzo todo mejora.

ÍNDICE DE ABREVIATURAS

AA.VV. Autores Varios
AC Actualidad Civil
Art. Arts. Artículo/ Artículos
BOE Boletín Oficial del Estado
BORME Boletín Oficial del Registro Mercantil
CBG Código de Buen Gobierno Corporativo
Ccivil Código Civil
Ccom Código de Comercio
CdCom Cuadernos de Derecho y Comercio
CE Comisión Europea
CEO *Chief Executive Officer* o Director ejecutivo
CIC Consejero Independiente Coordinador
CNMV Comisión Nacional del Mercado de Valores
Co *Company*
COM Comisión Europea
Coord./ Coords. Coordinador/ Coordinadores
Corp. Corporation
CP Código Penal
D.A Disposición Adicional
D.F Disposición Final
Del. *Delaware*
Del. J. Corp. L. *The Delaware Journal of Corporate Law*
DGRN Dirección General de los Registros y del Notariado

Dir. Dirs.	Director/ Directores
DN	Derecho de los Negocios
DOUE	Diario Oficial de la Unión Europea
DT	Documento de Trabajo
ECC	Ministerio de Economía y Competitividad
Ed.	Editorial
Edic.	Edición
FJ	Fundamento Jurídico
Hofstra L. Rev.	*Hofstra Law Review*
IAGC	Informe Anual de Gobierno Corporativo
IAR	Informe Anual sobre Remuneraciones de Consejero
IBEX-35	Índice bursátil de referencia de la bolsa española elaborado por Bolsas y Mercados Españoles
Infra	Inferior
JUR	Repertorio de jurisprudencia Aranzadi
LCS	Ley del Contrato de Seguro
LMV	Ley del Mercado de Valores
LMVSI	Ley del Mercado de Valores y de los Servicios de Inversión
LSA	Ley de Sociedades Anónimas
LSC	Ley de Sociedades de Capital
Mich.	Michigan
N.	Number
Nasdaq	*Nasdaq Stock Market, Inc.*
Núm. Núms.	Número/ Números
NYSE	*New York Stock Exchange*

Op. cit.	*Opere citato*
Pág. Págs.	Página/ Páginas
Prof.	Profesor
RAE	Real Academia Española
RCDI	Revista Crítica de Derecho Inmobiliario
RD	Real Decreto
RDBB	Revista de Derecho Bancario y Bursátil
RDGRN	Resolución de la Dirección General de los Registros y del Notariado
RDM	Revista de Derecho Mercantil
RdS	Revista de Derecho de Sociedades
RM	Registro Mercantil
RRM	Reglamento del Registro Mercantil
RVEH	Revista valenciana de economía y hacienda
S.A.	Sociedad Anónima
SAP	Sentencia Audiencia Provincial
SEC	*Securities and Exchange Commission*
SJM	Sentencia del Juzgado de lo Mercantil
SL/ S.R.L.	Sociedad Limitada / Sociedad de Responsabilidad Limitada
Ss	Siguientes
STS	Sentencia del Tribunal Supremo
Supra	Superior
T./ t.	Tomo
TRLMV	Texto refundido de la Ley del Mercado de Valores
UCM	Universidad Complutense de Madrid

UE	Unión Europea
UK	Reino Unido
USA	Estados Unidos de América
v.	*Versus*
Vand. L. Rev	*Vanderbilt Law Review*
Vid.	*Vide*
Vol.	Volumen
Wash. & Lee L. Rev	*Washington and Lee Law Review*

PRELIMINAR

La reglamentación sustantiva en materia societaria respecto a las entidades cuyos valores han sido admitidos a negociación en un mercado regulado, entre otros extremos, ha supuesto la alteración de la estructura del órgano de administración preceptuado para estas entidades, el Consejo de Administración, en un doble sentido. De un lado, en cuanto al elemento de su composición orgánica. De otro, en lo referido al aspecto cualitativo o, lo que es lo mismo, a la singularidad de los miembros que van a conformar dicho órgano social y que ha traído como consecuencia la determinación de una catalogación específica de consejeros sociales. A este respecto, la norma societaria de manera expresa (aunque tal vez careciendo de una destreza implacable) distingue como categorías de consejeros en las sociedades cotizadas los siguientes: los consejeros ejecutivos que son internos a la entidad y a los que compete desempeñar las funciones de dirección, y los consejeros no ejecutivos o externos. Referidos, éstos, a los consejeros sociales que carecen de las facultades ejecutivas en el órgano de administración y gestión de la sociedad. Los consejeros externos pueden ostentar, a su vez, la condición de consejeros dominicales, consejeros independientes o, cuando proceda, incluirse en la designación de 'otros consejeros externos'.

Las modificaciones que introdujo la Ley 31/2014 para la mejora del gobierno corporativo en relación con las sociedades de capital tuvo como objetivos fundamentales la alteración del régimen de la Junta general de accionistas —órgano rector que representa al conjunto de los socios— y, en concreto, en lo que concierne a la adopción de los acuerdos sociales, y del sistema aplicable al órgano de administración de la entidad. Respecto de este último, se pretendió establecer un control más riguroso de la actuación y cumplimiento de las facultades por parte de los que lo integran y ello a través del incremento de la responsabilidad de sus miembros (administradores o consejeros sociales) y el refuerzo del deber de diligencia en la gestión de la sociedad para los administradores de derecho y, en igual sentido, en cuanto a los de hecho, para los consejeros sociales y, en su caso, en lo que hace a las comisiones que por imposición normativa deben ser creadas en el seno del órgano de gestión.

Las particularidades que distinguen a las sociedades cotizadas, como es sabido, traen como consecuencia que algunas de las facultades que son propias del órgano soberano de la entidad pasen a ser transferidas al órgano de administración que las gestiona, admitiéndose que se produce una separación efectiva entre la propiedad de la sociedad y el control de la misma llevado a cabo por el conjunto de los socios-accionistas. Circunstancia que justifica que se propicie la pertinente representación del interés social sobre aquellos que son particulares o de ciertos grupos de relevancia en los órganos de dirección y administración de la sociedad y que, además, sea necesario que se incremente la transparencia de la actuación de los que tienen atribuidas competencias de gestión y ejercen las funciones de gobierno de las sociedades que nos ocupan. De este modo, se presenta como un tema de indudable significación en la pragmática societaria de las entidades cotizadas la precisa delimitación de la función supervisora en lo que concierne a los consejeros sociales que asumen las facultades ejecutivas o directivas en las mismas. El objetivo prioritario de su tratamiento y sistematización no sólo se centra en evitar los posibles conflictos de intereses que se susciten en la entidad, sino también garantizar la transparencia en este ámbito y en beneficio del interés del colectivo de los accionistas que conforman la sociedad.

El trabajo que se presenta se centra en el alcance o relevancia que distingue a los consejeros sociales externos (no ejecutivos) que han sido nominados en la categoría de 'independientes' en el seno del Consejo de Administración de las sociedades cotizadas, así como en su integración en las Comisiones especiales que han de crearse en el mismo y en otros puestos societarios en los que se requiere la preceptiva presencia de estos consejeros. La significación de nuestro estudio se hace depender de la falta de un tratamiento específico de esta modalidad de consejero social distinguido por su individual independiencia, más allá de las meras previsiones positivas que se ocupan de su delimitación conceptual, anotaciones sobre la especialidad del proceso de su nombramiento y del régimen de prohibiciones o incompatibilidades que no pueden concurrir en el que aspira a ser designado en tal categoría societaria. Sin embargo, hemos de acudir a la aplicación supletoria del régimen de los administradores o consejeros en las sociedades de capital al objeto de completar la asunción de las obligaciones inherentes al mencionado cargo social y en lo que hace a la asunción de la responsabilidad que le es propia. Esto es, pese a la singularidad preceptiva de los consejeros externos independientes la laguna sistemática sobre la materia ha pretendido superarse con el mantenimiento y acomodo del principio de homogeneidad de los deberes comprometidos, del sistema de retribuciones y de la responsabilidad de los consejeros sociales en general.

No obstante, el examen analítico que se preludia hace conveniente y necesario partir de la concreción de la propia mención de estos consejeros externos pues se les clasifica en base a un adjetivo que, como es evidente, infiere de la típica condición de consejero social. Esto es, cualquier consejero de una sociedad de capital ha de actuar de forma independiente en la protección del interés social sobre posibles intereses particulares y en el mejor beneficio para la entidad y, por consiguiente, evitando las contingentes situaciones de conflicto de interés que puedan suscitarse en la entidad. El distintivo de estos consejeros sociales carentes de funciones ejecutivas ha de precisarse, por consiguiente, en cuanto al desenvolvimiento de las funciones supervisoras que tienen encomendadas en el órgano de administración social al margen de posibles condicionantes o vínculos que puedan limitar su conminada autonomía en una deducción objetiva del término.

La insuficiencia reglamentaria aludida, al margen de las garantías de idoneidad y de las procedimentales en cuanto a la designación de los consejeros independientes y de su concreta participación ex lege en las Comisiones especiales que integran el órgano de administración y de la diversa atribución de otras específicas actuaciones societarias, permite discernir —siguiendo un criterio de rigor— que la designación de estos consejeros sociales en las sociedades cotizadas no esté resultando efectiva en el actual panorama societario. E, incluso, algún sector reconocido llegue a afirmar que en la praxis no se estén nombrando verdaderos (o auténticos) consejeros en esta condición que exige un adecuado nivel de profesionalidad, experiencia y conocimientos en la materia societaria y que asuman el correspondiente sistema de responsabilidad por el desempeño de sus funciones en el órgano gestor de la sociedad en el que se integran.

PLANTEAMIENTO

La intención que nos ha llevado a realizar el análisis que desarrollamos en este estudio se centra en la importancia de la figura de los consejeros externos independientes designados en el órgano de administración de las entidades cotizadas para desempeñar, sustancialmente, la función supervisora de los que tienen reconocidas las competencias ejecutivas. Y que trae causa en las modificaciones introducidas a la LSC por la norma de modernización y mejora de la gobernanza de las sociedades de capital. En concreto, en cuanto al órgano de administración social el empeño fundamental fue conferir una mayor transparencia mediante la previsión de medidas sobre la independencia de dicho órgano societario, su precisa participación y la profesionalización de los que lo conforman. A pesar de estas considera- 45
ciones generales, en la actualidad no puede afirmarse con rigor que la designación de los consejeros independientes carentes de facultades ejecutivas o directivas en el Consejo de Administración de las sociedades cotizadas, al igual que su integración en las diversas Comisiones especiales del órgano gestor o la designación de cargos concretos (como puede serlo el de consejero independiente coordinador), esté cumpliendo eficientemente el ministerio para el que son nombrados, ni tampoco la pertinente atención a los presupuestos de idoneidad que les hacen ser singulares.

La tipificación de esta figura societaria confirma su propio carácter frente a la aparente homogeneidad de los que ocupan la posición de consejeros sociales en las entidades cotizadas. Pese a que parece que es esta última la que ha predominado para establecer la aplicación supletoria del régimen de los administradores de las sociedades de capital en cuanto a los deberes sociales, a la retribución de los consejeros y a la correspondiente asunción de responsabilidad, no podemos obviar su manifiesta distinción. Separación que justifica el objeto del examen realizado y que, consideramos, resulta plausible tanto desde la perspectiva material, en cuyo caso hay que aludir a los determinantes requerimientos de aptitud que se le exigen, al concreto proceso de su designación, cese o renovación, y al régimen de condicionantes herméneuticos que les impiden ostentar dicha condición, como desde la perspectiva pragmática si atendemos al desenvolvimiento de las precisas funciones en el órgano social de administración y a su relevancia en las Comisiones especiales creadas en el seno del mismo.

El tratamiento de esta hipótesis general consideramos que puede sustentarse en tres partes que no coinciden en su propiedad, pues si bien la primera y la segunda presentan una naturaleza específica focalizada en la particular designación de los consejeros externos independientes en las sociedades cotizadas, no así la tercera que alude al régimen general de los consejeros sociales y que, como no puede ser de otro modo, han de observar los llamados a ocupar el cargo de consejeros sociales independientes. Y ello en base a una coherencia sistemática oportuna de la conformación de cualquier categoría jurídica específica y, en concreto, de la tipicidad que nos ocupa.

El nombramiento de consejeros independientes se consideró una de las garantías prioritarias del buen funcionamiento de las sociedades cotizadas, los cuales se caracterizan por sus peculiares condiciones personales y profesionales, teniendo en cuenta que se trata de consejeros que van a desempeñar sus funciones supervisoras de gestión corporativa y la defensa del interés social sin verse condicionados por las relaciones con la sociedad o su grupo, los accionistas significativos o los directivos de la entidad[22]. La incorporación de los consejeros independientes en la composición del Consejo de Administración, si bien no es un requisito imprescindible en las sociedades de capital en general, constituye un elemento particular del mismo y una imposición para las sociedades cotizadas. La actuación autónoma e imparcial que les singulariza va a fomentar el incremento de la confianza de los accionistas, de terceros y del propio mercado societario. Las primeras referencias a esta categoría social se recogieron en el *Informe Olivencia*[23] el cual, como es sabido, apostó por la inclusión razonable de la figura del consejero externo independiente entre los integrantes del Consejo de Administración de la entidad, los cuales han de contar con un singular reconocimiento profesional, experiencia y competencia en materia societaria y su objetivo es hacer valer los intereses del *capital flotante* (o de los accionistas ordinarios), ejerciendo la supervisión de los consejeros ejecutivos y garantizando el interés social sobre otros particulares e informándose de la adopción de las decisiones estratégicas para la sociedad. Desde esta mención inicial se ha mantenido su atención en los diversos textos autonormativos que se han sucedido y, en todo caso, su referencia general fue perfilándose en las ulteriores alusiones tanto en lo que hace a la significación de los consejeros independientes en la composición del Consejo de Administración, como en los presupuestos de idoneidad que le son exigidos y que compete comprobar a la Comisión especial encargada de

22 Se comprenden como funciones colaterales de supervisión de los consejeros independientes, entre otras: la revisión de los sistemas de control interno de la empresa; de los sistemas de gestión del riesgo; y contactar con los accionistas para recabar y gestionar sus asuntos.

23 El Código del buen gobierno de las sociedades (conocido como *Informe Olivencia*), Madrid, 26 de febrero 1998. Comisión especial para el estudio de un código ético de los consejos de administración de las sociedades (Comisión Olivencia, 1998).

realizar su propuesta de nombramiento[24] (Comisión de Nombramientos y Retribuciones, junto con el Informe Anual de Gobierno Corporativo del Consejo de Administración), las situaciones de incompatibilidad que le impiden al candidato ostentar dicha posición societaria e, incluso, su precisa posición en ciertos cometidos como lo es el cargo de Consejero Independiente Coordinador. Si bien, la mayor parte de las recomendaciones sobre la materia han pasado un proceso de reglamentación a través de la aprobación de normas jurídicas que contienen prescripciones sustantivas sobre los consejeros independientes que serán objeto de análisis en la primera parte del examen que se presenta[25]. Esto es, los requisitos que de modo inevitable han de concurrir en el aspirante a ser nombrado en dicha catalogación en base al ejercicio autónomo e imparcial de las funciones que tiene encomendadas en el Consejo de Administración de las sociedades cotizadas en una acepción personal y profesional y, en sentido contrario, las situaciones o aspectos de naturaleza preventiva y que resultan incompatibles con la precisa independencia de actuación que se reivindica a los mismos. La aprehensión que de cada una de ellas

[24] *Código Aldama*, Comisión especial para la transparencia y seguridad de los mercados financieros y sociedades cotizadas (Comisión Aldama, 2003), págs. 33-36; Código Unificado de Buen Gobierno de las Sociedades Cotizadas, 2006 (disponible en: https://www.cnmv.es/docportal/publicaciones/codigogov/codigo_unificado_esp_04.pdf) que fue aprobado por Acuerdo del Consejo de la CNMV del 22 de mayo de 2006 como documento único, junto con las recomendaciones de gobierno corporativo (Disposición 1ª. 1ª. f) de la Orden ECO/3722/2003, de 26 de diciembre). Así como su reforma parcial de 2013 (puede consultarse en: https://www.cnmv.es/DocPortal/Publicaciones/CodigoGov/CUBGrefundido_JUNIO2013.pdf). En febrero de 2015 el Consejo de la CNMV aprobó una nueva versión del Código (https://www.cnmv.es/docportal/publicaciones/codigogov/codigo_buen_gobierno.pdf) que ha sido de nuevo revisada en junio de 2020 y es el Código de buen gobierno de las sociedades cotizadas que está vigente (https://www.cnmv.es/DocPortal/Publicaciones/CodigoGov/CBG_2020.pdf).

[25] Art. 529 *septies* de la LSC.

se presenta no queda en la mera exégesis de las referencias, sino que siguiendo un criterio propio se explican de acuerdo a una sistemática, pero en base a un razonamiento clasificatorio del que carece la norma. Aclaramos en este momento que las situaciones preventivas (*numerus apertus*) que anticipan la alteración de la particular independencia de actuación en sentido objetivo que es propia de los consejeros que analizamos se indicarán haciendo una especial referencia a las de índole atributivas en la figura del candidato a ser nombrado en esta condición, las que se justifican por un criterio económico y, por último, las que dependen de la observancia del preciso proceso de nombramiento o designación de esta modalidad de consejero social. Teniendo en cuenta que dichos condicionantes pueden ser matizados o, si resulta oportuno, ampliar el elenco mediante disposiciones estatutarias o en el Reglamento interno de funcionamiento del órgano de administración.

Sentadas las bases delimitadoras de la conceptualización de los consejeros externos independientes que derivan de su cualificación típica, en la segunda parte específica de la programada disección de la figura que nos ocupa, nos detenemos en la adscripción o vínculo de estos consejeros con la significación objetiva del carácter independiente que distingue su actuación en el órgano de administración social. En este sentido, conviene entender desde el principio que este estudio analítico se sustenta en la aseveración de que en la posición de los consejeros sociales independientes concurre la independencia de actuación propia del compromiso de lealtad para con la sociedad que recae en cualquier sujeto que ocupe la posición de consejero social al ser innata a su condición (en sentido subjetivo) y que implica la actuación de buena fe y en el mejor interés social o del conjunto de los socios que la conforman y evitando los posibles conflictos de intereses con la sociedad, y la independencia concebida en su perspectiva objetiva en cuanto al desempeño de las competencias que tiene asignadas en el órgano gestor de la entidad. Ello significa que, junto a ser un fiel representante que procede de buena fe y que tutela el interés de la sociedad sobre otros particulares o de los socios de control, el consejero independiente actuará al margen de posibles vínculos o relaciones con la sociedad o su grupo, los accionistas significativos y otros directivos, no pudiendo incurrir en las situaciones de incompatibilidad que condicionarían su autonomía de proceder según las facultades que ejerce en el órgano gestor. De este modo, como se ha adelantado, en el consejero independiente confluyen y se armonizan la perspectiva subjetiva de su actuación independiente (consustancial a los consejeros sociales) y la objetiva que se pregona respecto de esta categoría típica de consejero social que lleva a cabo las facultades que tiene asignadas en el Consejo de Administración (y en las Comisiones especiales del mismo o en la designación como Consejero Independiente Coordinador) de forma autónoma y al margen de posibles condicionantes.

Habiendo clarificado nuestra principal argumentación sobre la que se apoya este trabajo, se hace evidente que el lector perciba la necesidad pragmática de poner de relieve posibles circunstancias que hacen quebrar la alineación pregonada en relación con los consejeros independientes. Propuesta de cuya complejidad somos conscientes y a fin de conseguir una intelección lógica nos hemos permitido materializar en tres alternativas fácticas viables: el sistema de nombramiento (o reelección) y destitución de los consejeros externos independientes, el criterio de la temporalidad en relación con el régimen establecido sobre las incompatibilidades que impiden ser designado en dicha condición y el tratamiento de la retribución acordada para compensar el cargo ejercido por el consejero independiente.

Las facultades supervisoras o de vigilancia que en el seno del órgano de administración de las sociedades cotizadas asumen los consejeros independientes y la representación en el mismo de los intereses del conjunto de los accionistas, evitando posibles situaciones de conflicto de intereses, junto a los precisos requisitos de idoneidad que deben concurrir en los aspirantes a ser designados en esta condición societaria, parecen justificar el preciso proceso formal de su nombramiento, reelección o destitución, y que difiere del resto de consejeros sociales. La comprobación y confirmación de que el aspirante cumple las previsiones sistemáticas y las aptitudes y la experiencia necesarias respaldan, de un lado, la creación de la Comisión específica encargada de realizar dicha acreditación (Comisión de Nombramientos o Comisión de Nombramientos y Retribuciones) y, en consecuencia, proceder a su propuesta de nombramiento; y, de otro, el informe realizado por el Consejo respecto de la valoración de la experiencia, méritos y competencia del candidato. Sin embargo, a pesar del esfuerzo por dotar de imparcialidad y objetividad dicho proceso formal en consonancia con la independencia que es propia de esta modalidad de consejero social, cabe constatar su desavenencia si tenemos presente que en la práctica es manifiesta la presencia de consejeros ejecutivos en dicho proceso, al igual que su participación en los debates y deliberaciones o, al menos, no puede afirmarse de forma concluyente su ausencia y falta de influencia en aquel. Ni tampoco en lo que hace a los efectos de la prerrogativa reconocida a la Junta general de accionistas en cuanto a la separación *ad nutum* (sin justa causa) de los consejeros independientes en cualquier momento y sin que dicho asunto se hubiera incluido como punto del orden del día. Menos aun si tratamos de extrapolar los argumentos generales del cese de los administradores sociales en las sociedades de capital que se alegan para apoyar esta posibilidad.

En otro orden, se aborda el criterio temporal vaticinado en los supuestos sistemáticos que limitan la particular independencia que se pregona respecto de esta modalidad de consejero social que admiten una excepcionalidad, es decir los expuestos en sentido relativo y que pueden interpretarse en su acepción contraria si se aplica la excepción correspondiente. Y ello pese a la contundencia de la que parte el precepto acerca de la imposibilidad absoluta de ser considerado consejero independiente si concurre cualquiera de los planteamientos que se relacionan en el tenor reglamentario. El presupuesto de la temporalidad referido a la duración o permanencia ha sido utilizado en la hipótesis sustantiva para, en su caso, aplicar la relatividad del condicionante en beneficio del que pretende ser nombrado en la categoría social de consejero independiente en relación con su propia cualidad y en lo que respecta a su cualificación profesional o social. De este modo, se señala sobre los que hubieran mantenido una relación como empleados, socios del auditor externo (incluidos los responsables de auditoría) o un vínculo negocial significativo con la sociedad, los que hubieran sido consejeros sociales durante un tiempo continuado, y los consejeros ejecutivos de la sociedad del grupo.

Esta parte específica del tratamiento de los consejeros externos independientes en el seno de las entidades cotizadas concluye con la atención a su retribución en la medida en que dicha compensación pueda considerarse una supeditación de la alineación de estos consejeros sociales con la independencia y neutralidad objetiva que resulta esencial en su actuación. La falta de un régimen retributivo particular en el supuesto de los consejeros independientes hace necesario analizar las previsiones hermenéuticas generales en cuanto a la retribución de los administradores sociales y, como es obvio, detenernos al menos en las consideraciones relevantes de la conversión interpretativa de las decisiones judiciales sobre el particular. La remuneración de los consejeros sociales se halla vinculada a su perfil en el desempeño del cargo en el seno del órgano de administración que integran y de la responsabilidad que asumen, siendo significativa en cuanto a los principios de buen gobierno de las sociedades cotizadas. La política retributiva adquiere una dimensión especial en lo que hace a los que ostentan la condición de consejeros independientes porque se trata de uno de los incentivos esenciales para atraer a la sociedad a personas con un determinado prestigio profesional y con una formación especializada en el ámbito societario, además de la concurrencia del resto de condiciones de idoneidad que se les exigen. No obstante, la garantía del carácter independiente que es inherente a estos consejeros sociales y que implica, no sólo su actuación en favor del interés social, sino además que en ningún caso en el ejercicio de sus funciones puedan verse influenciados por la compensación económica recibida por parte de la entidad, determina que la misma haya de ser idónea y suficiente para captar a ciertos consejeros por su cualificación y reconocimiento, pero sin que resulte excesiva o pueda llegar a ser un condicionante en el ejercicio de las competencias atribuidas y en su libertad de criterio en defensa del interés del conjunto de los socios.

La tercera parte de este trabajo advertimos que altera la naturaleza de las anteriores, pues hemos de calificarla en un sentido general. El limitado contenido de la sistemática legislativa sobre la determinación de los consejeros independientes en las sociedades cotizadas impide afirmar con rigor la existencia de un estatuto jurídico específico respecto de estos consejeros externos y ello requiere acudir a las previsiones aplicables a los administradores o consejeros de las sociedades de capital en cuanto al régimen de la asunción de las obligaciones societarias y de la responsabilidad en el desempeño de sus funciones en el órgano de administración social. Completándolo, como no puede ser de otro modo, con las recomendaciones y principios de buen gobierno corporativo que están vigentes, aunque éstas no han resultado determinantes en la materia que nos ocupa. Esta laguna reglamentaria precisa que confrontemos la admisión de la aplicación supletoria del régimen ordinario de los consejeros sociales de las entidades de capital al pragmatismo funcional de esta categoría específica de consejero social, pero que deba hacerse superando la simple dogmática a fin de considerar las salvedades que son propias e innatas de la posición social de los consejeros independientes atendiendo a las concretas funciones que están llamados a desarrollar en el Consejo de Administración (y en las concretas Comisiones especiales de las que formen parte) y su particular significación en el seno de la entidad. En este sentido, se pretende realizar una comprensión de las disposiciones normativas mediante su exposición sistemática evidenciando los criterios determinantes para la correcta superación de los distintivos que identifican a los consejeros externos independientes.

La aceptación del cargo de consejero social compromete el cumplimiento de los deberes de diligencia y de fidelidad, y el deber lealtad a la entidad a la que van a pertenecer y que son básicos en su condición, así como a un equivalente régimen de responsabilidad social. La atribución a los consejeros independientes de una función sustancial de supervisión y control empírica en lo que concierne al buen gobierno de la sociedad requiere que la aplicación de las obligaciones referidas deba determinarse, en general, siguiendo la observancia de esas competencias de vigilancia de las actuaciones ejecutivas o directivas que se llevan a cabo en el órgano de administración de la sociedad. O, lo que es lo mismo, en relación con la adopción de las medidas necesarias para que dicha función sea efectiva y para cumplir con los objetivos convenientes en atención al interés del conjunto de la sociedad, al igual que en cuanto a las contribuciones estratégicas referidas a ella. En la actuación típica de los mismos va a ser prioritaria la garantía del interés social frente a los posibles conflictos que puedan plantearse entre directivos y accionistas de la entidad, y entre accionistas representados y no representados en el Consejo de Administración, y la información necesaria en cuanto a las materias que sean objeto de deliberación y de adopción de decisiones sociales, ya que representan el interés de los diferentes *stakeholders*. Ello nos lleva a plantear el concreto alcance de la obligación— derecho de información vinculado al deber de diligencia en el desempeño de sus facultades, así como la atención del deber de lealtad en su actuación de buena fe y en el mejor beneficio de la entidad, evitando las situaciones de conflicto de intereses que se puedan suscitar. En este tratamiento no puede obviarse que, además de estas competencias propias derivadas de la condición que ostenta, al consejero independiente se le consignen actuaciones concretas en las Comisiones especiales creadas en el Consejo de Administración de la sociedad (Comisión de Nombramiento y Retribuciones y Comisión de Auditoría) y en cuanto a la figura del Consejero Independiente Coordinador en la hipótesis de que concurra el puesto de presidente ejecutivo y presidente del Consejo de Administración en una misma persona.

Este examen finaliza con una reflexión general sobre el régimen de responsabilidad imperativo que asumen los consejeros sociales por los perjuicios que causen en el desempeño de sus funciones y por la falta de observancia de los deberes comprometidos para con la sociedad, los socios que la integran o, en su caso, los terceros. Los posibles incumplimientos o las actuaciones u omisiones culposas o negligentes por parte de los administradores sociales que generen daños a la sociedad van a traer como consecuencia la interposición de la correspondiente acción social de responsabilidad, a fin de que se repare a la entidad el perjuicio ocasionado. Al igual que si la responsabilidad trae causa en el incumplimiento del deber de lealtad por parte del administrador o consejero social, en cuyo planteamiento resulta factible compatibilizar la acción social con el ejercicio de la acción de enriquecimiento injusto. Si el perjuicio hubiese afectado a intereses de terceros que sean distintos al de la sociedad, la responsabilidad de los administradores o consejeros será efectiva con la pertinente acción individual de responsabilidad para reparar el daño causado directamente a los socios o a terceros. Los consejeros sociales van a ser responsables por el perjuicio que ocasionaren por los comportamientos (o faltas de actuación) opuestos a la normativa o a los estatutos sociales, o —en su caso— por el incumplimiento del contenido de los deberes básicos inherentes a su cargo societario y que han asumido en el seno de la misma desde el momento de su aceptación. Por consiguiente, los consejeros externos independientes deben prestar atención a los deberes sociales básicos a fin de no incurrir en responsabilidad. Esto es, la actuación independiente siguiendo el principio de la buena fe y en beneficio del interés social que deriva de la obligación de lealtad propia de su posición (consecución de un negocio rentable y que sea sostenible a largo plazo, promoviendo su continuidad y la maximización del valor económico de la entidad) y, a su vez, respetar el deber de independencia que le es singular entendida en un sentido objetivo en lo que concierne al desempeño de las competencias atribuidas en el órgano de administración del que forman parte. Sin embargo, el recurso al régimen de responsabilidad de los administradores sociales no encaja, en todo caso, en la *praxis* que distingue a este tipo de consejero social. Discernimiento que nos hace observar las cuestiones funcionales y pragmáticas que merecen un tratamiento distinto a fin de atender a la efectividad de la designación de los consejeros independientes, ya que —al margen de la responsabilidad social imputable al consejero por el incumplimiento de la norma, de los estatutos sociales o del propio Reglamento interno de funcionamiento del órgano gestor— el reconocimiento de la responsabilidad de estos consejeros ha de derivar de las concretas competencias que éstos han de cumplir en la gestión de la sociedad a la que pertenecen. Las líneas dogmáticas que han surgido sobre esta materia tienen en común la oposición o negativa a imputar el mismo régimen de responsabilidad a los consejeros externos (y, en concreto, a los independientes) y al resto de los consejeros sociales que conforman el Consejo de Administración de la sociedad cotizada con competencias ejecutivas o directivas, aunque con distinto grado de determinación.

En definitiva, resulta preciso que el cargo de consejero independiente procure una relevancia más significativa y profesionalización en el entorno societario y en el desempeño de sus competencias supervisoras para el beneficio de la sociedad y en lo que concierne al incremento de la protección del interés del conjunto de sus integrantes, lo que ha de superarse con la concreción de un régimen particular justificado en sus atributos típicos y los aspectos funcionales que desempeñan en el seno del órgano gestor de las sociedades en las que se designen.

INTRODUCCIÓN

La aprobación de la Ley 31/2014 supuso la alteración del contenido positivo en relación con las sociedades de capital a fin de mejorar los aspectos sobre el gobierno corporativo[26], teniendo como objetivo fundamental la actualización del régimen de los órganos sociales necesarios. Nos referimos, a la Junta general de accionistas y al propio órgano de administración. Centrándonos en este último, eje vertebrador sobre el que se asienta la materia de este estudio, las previsiones sustantivas vigentes y de aplicación a las sociedades cuyos valores han sido admitidos a negociación en un mercado regulado[27], entre otros extremos, han modificado la estructura del órgano de administración societario que de manera imperativa debe regir y gestionar estas entidades, el Consejo de Administración[28]. La reforma indicada queda reflejada desde dos perspectivas que interesa destacar en este momento: en primer término, en cuanto a la composición o conformación orgánica de la administración de la sociedad; y, en segundo lugar, en lo que concierne al aspecto funcional y al carácter que, en cada caso, va a singularizar a sus integrantes.

La naturaleza abierta y, por consiguiente, la dimensión en cuanto al número de accionistas que conforman las sociedades

26 Ley 31/2014, de 3 de diciembre, por la que se modifica la Ley de Sociedades de Capital para la mejora del gobierno corporativo (BOE núm. 293, de 4 de diciembre), modificada por la Ley 18/2022, de 28 de septiembre, de creación y crecimiento de empresas (BOE núm. 234, de 29 de septiembre).

27 Véase el Capítulo VII del Título XIV del Real Decreto Legislativo 1/2010, de 2 de julio, por el que se aprueba el texto refundido de la Ley de Sociedades de Capital (BOE núm. 161, de 3 de julio. En adelante, LSC).

28 Art. 529 *bis* de la LSC.

anónimas cotizadas, como es sabido, se contrapone con la falta de actividad por parte de los socios en relación con los derechos que —en su condición de tales— tienen reglamentariamente reconocidos, como lo son las facultades básicas de carácter político. En consecuencia, algunas de las competencias propias del órgano soberano de la entidad pasan a ser transferidas al órgano de administración, produciéndose una separación innegable entre la propiedad de la sociedad (referida a la titularidad de las acciones) y el control sobre la misma por parte del conjunto de los accionistas. El discernimiento entre propiedad y gestión implica que tienda a profesionalizarse el cargo de los que llevan a cabo las funciones de gestión y de la materia financiera de la sociedad, pero —al mismo tiempo— se acrecientan los conflictos de intereses en el seno de las entidades en la medida en que los consejeros que ejercen funciones ejecutivas y el resto de directivos de la sociedad van a desarrollar sus competencias sin una vigilancia o supervisión precisa y, en ocasiones, guiados por el interés de los grupos de control o accionistas significativos y de otros posibles intereses particulares, dejando al margen la tutela del interés social o del conjunto accionarial que ha de ser el objetivo de la actuación de los consejeros que conforman el órgano de administración social en cualquiera de sus posibles condiciones. En esta perspectiva queda más que justificada la necesidad de alcanzar un adecuado equilibrio entre ambos aspectos, más aun en el planteamiento de las sociedades cotizadas en cuyo caso es ineludible que se propicie la pertinente representación en los órganos de dirección y administración de estas entidades del interés social sobre los particulares o de ciertos grupos sociales de control y que se incremente, en igual sentido, la transparencia en el mercado de la actuación de los consejeros internos que han asumido las competencias ejecutivas en la gestión y gobierno societario. No obstante, sistemáticamente no se ha reconocido un órgano social diferente al que se ocupa de la administración y gestión de las sociedades cotizadas. Antes bien, las diversas modificaciones normativas aprobadas en la materia se han focalizado en ciertos aspectos del régimen de los consejeros sociales que integran el Consejo de Administración, pero sin que ello haya supuesto la distinción de sus facultades en dos órganos separados. Es decir, al margen de modificar la estructura orgánica de la sociedad, se ha revisado el modelo de administración, en el sentido de conformar un órgano de gestión societaria integrado por una pluralidad de consejeros que asumen unas facultades específicas de supervisión y vigilancia en el mismo y cuya designación obedece a los diversos intereses a tutelar, como ocurre con el grupo de los accionistas significativos, otros en relación con accionistas meramente inversores, y los que se corresponden con intereses de terceros (trabajadores, proveedores, entre otros). Circunstancias que han comportado la referida alteración cualitativa de los integrantes del órgano de administración de estas entidades en razón de una particular clasificación de los consejeros sociales que lo componen.

En consonancia con lo expuesto, se distinguen como categorías de consejeros sociales en las entidades cotizadas los siguientes[29]. De un lado, los consejeros con competencias ejecutivas (o internos a la sociedad) que desempeñan funciones de dirección, cualquiera que sea el vínculo jurídico que mantengan con la entidad. De otro, los consejeros no ejecutivos o externos que carecen

29 Autores como BAUTISTA SAGÜÉS, M., "Categorías de consejeros", en *Comentario práctico a la nueva normativa de gobierno corporativo Ley 31/2014, de reforma de la Ley de Sociedades de Capital*, CMS ALBIÑANA & SUÁREZ DE LEZO, Dykinson, Madrid, 2015, pág. 182 y MARCOS FERNÁNDEZ F./ SÁNCHEZ GRAELLS, A., "Necesidad y sentido de los consejeros independientes. Dificultades para el trasplante al derecho de las sociedades cotizadas españolas", *RDM*, abril-junio 2008, núm. 268, págs. 553-554, señalan que hubiera sido deseable delimitar con claridad las funciones que corresponden a cada uno de los consejeros porque en virtud de las mismas se va a delimitar su responsabilidad.

de dichas facultades y que pueden ostentar la categoría de consejeros dominicales, consejeros independientes u otros consejeros externos. Los dominicales van a ser los consejeros sociales que poseen (o representen) una participación accionarial igual o superior a la que se considere legalmente significativa o que hubieran sido designados por su condición de accionistas, aunque su participación no alcance dicha cuantía, así como los consejeros que sean altos directivos o consejeros de sociedades pertenecientes al grupo de la entidad dominante. Mientras que serán consejeros independientes aquéllos que, designados en atención a unas precisas condiciones de idoneidad de carácter tanto personal como profesional, pueden desempeñar sus funciones sin verse condicionados por posibles relaciones con la sociedad o su grupo, sus accionistas significativos o sus directivos. Finalmente, los consejeros que no cuenten con funciones ejecutivas en la entidad y no puedan encuadrarse en ninguna de las dos clasificaciones indicadas, serán designados en la nominación de 'otros consejeros externos'. Aunque, desde el inicio, cabe apercibir que estas menciones no se han aceptado con la misma complacencia entre la doctrina más destacada[30], al apreciar que los segundos no pueden calificarse de modo equivalente a un miembro ajeno a la entidad en todo caso.

La precisa delimitación de la función supervisora de los que cuentan en el órgano de administración social en las entidades cotizadas con facultades ejecutivas es un tema de alcance en la *praxis* societaria en relación con la finalidad de evitar los conflictos de intereses que puedan surgir y de garantizar la transparen-

---

30 Véase, entre otros, MUÑOZ PAREDES, J. Mª., "El equilibrio del Consejo de las sociedades cotizadas: clases de consejeros y distribución de puestos", *RDM*, núm. 290, octubre/ diciembre, 2013, págs. 213-226; SÁNCHEZ CALERO, F., *Los administradores en las sociedades de capital*, 2ª edic., Pamplona, 2007, pág. 793.

cia en el mercado[31]. En concreto, la previsión de consejeros externos independientes en el Consejo de Administración (y en las

[31] Para ampliar el concepto de 'gobierno corporativo', véanse: ESTEBAN VELASCO, G., "Reorganización de la composición del Consejo: clases de consejeros, en particular los consejeros independientes (Recomendaciones 7 y 9 a 15)", *RdS*, núm. 27, 2006-2, págs. 85-114; GONDRA ROMERO, J. Mª., "La estructura jurídica de la empresa (El fenómeno de la empresa desde la perspectiva de la Teoría General del Derecho)", *RDM*, núm. 228, 1998, págs. 525-530; LAWRENCE, J./ STAPLEDON, G., *Do Independent Directors add value?*, Centre for Corporate Law and Securities Regulation Faculty of Law, 1999, págs. 150-186; LUCIAN A./ BEBCHUK, L. A./ HAMDANI, A., "Independent Directors and Controlling Shareholders", *165 University of Pennsylvania Law Review*, Issue 6, May 2017, págs. 1-52; MASULIS, R./ MOBBS, SH., "Independent Director Reputation Incentives: The Supply of Monitoring Services", *Finance Working Paper*, N. 353/2013; MATEU DE ROS CEREZO, R., *La Ley de transparencia de las sociedades anónimas cotizadas: Ley 26/2003, de 17 de julio, de modificación de la Ley del mercado de valores y de la Ley de sociedades anónimas*, Editorial Aranzadi, Pamplona, 2004, págs. 27-28 y con una previsión más crítica en *La independencia de criterio de los consejeros de las sociedades cotizadas*, Editorial Aranzadi, Pamplona, 2023, págs. 54-55; MUÑOZ PAREDES, *El equilibrio...op.cit.*, págs. 213-226; OLIVENCIA RUIZ, M., "El gobierno corporativo como instrumento al servicio del accionista minoritario", *Cuadernos de Derecho para Ingenieros*, La Ley, núm. 10, 2011, págs. 49-50; PAZ-ARES RODRÍGUEZ, J. C., *Responsabilidad de los administradores y Gobierno Corporativo*, Colegio de Registradores de la Propiedad y Mercantiles de España, Madrid, 2007, págs. 11-12; PEINADO GRACIA, J.I., "Gobierno corporativo, elaboración y responsabilidad de la contabilidad social", *RdS*, núm. 42, enero-junio, 2014, págs. 27-31; RECALDE CASTELLS, A., "Comentario al artículo 190. Conflicto de intereses", en AA.VV. *Comentario de la reforma del régimen de la sociedad de capital en materia de gobierno corporativo (Ley 31/2014). Sociedades no cotizadas*, (Coord. JUSTE MENCIA, J.), Civitas. Thomson, 2015, págs. 173-175 y en "La reforma de las sociedades cotizadas", *RdS*, núm. 13, 1999, págs. 79-80; RIBAS FERRER, V., "El gobierno corporativo de las sociedades cotizadas y de las entidades de crédito (Resistematización y evolución reciente de la normativa de la Unión Europea)", *RDBB*, núm. 135, julio— septiembre, 2014, págs. 263-264; RONCERO SÁNCHEZ, A., "Transparencia sobre la composición del consejo de administración en sociedades cotizadas: Entre la clasificación y la cualificación de los consejeros", en AA.VV. *Sociedades cotizadas y transparencia en los mercados*, (Dirs. RODRÍGUEZ ARTIGAS, F./ FERNÁNDEZ DE LA GÁNDARA,

Comisiones especiales que han de crearse en el mismo) puede entenderse e interpretarse desde la requerida supervisión de los que desempeñan las facultades ejecutivas y, como es evidente, en lo que concierne a la mencionada alteración que se produce entre la propiedad y la administración de estas entidades abiertas (que negocian sus acciones en un mercado oficial) en un sistema monista. El volumen de *capital flotante* (accionistas ordinarios o *free float*[32]) es un signo de manifestación de la desidia en

L./ QUIJANO GONZÁLEZ, J./ ALONSO UREBA, A./ VELASCO SAN PEDRO, L. A./ ESTEBAN VELASCO, G. Coord. RONCERO SÁNCHEZ, A.), vol. I, Editorial Aranzadi, Madrid, 2019, págs. 793-838; SÁNCHEZ-CALERO GUILARTE, J., "Creación de valor, interés social y responsabilidad social corporativa", en AA. VV. *Derecho de Sociedades Anónimas Cotizadas,* (Dirs. ALONSO UREBA, A./ ESTEBAN VELASCO, G./ FERNÁNDEZ DE LA GÁNDARA, L./ QUIJANO GONZÁLEZ, J./ RODRÍGUEZ ARTIGAS, F./ VELASCO SAN PEDRO, L.), Tomo II, Pamplona, 2006, págs. 867-868 y en "Los consejeros independientes y la reorganización del Consejo de Administración", *Anales de la Academia Matritense del Notariado,* Tomo 48, 2009, págs. 603-652. Aunque no todos los autores lo han valorado en un sentido positivo: BIRD, H., "The Rise and Fall of the Independent Director", *Australian Journal of Corporate Law,* núm. 5, 1995, págs. 235-258; WEISBACH, M. S., "Outside Directors and CEO Turnover", *Journal of Financial Economics,* núm. 20, 1998, págs. 433-434.

32 Se trata de sociedades abiertas en las que lo importante es la conjunción de una notable variedad de socios (significativos, institucionales y pequeños inversores). En este sentido, ALONSO UREBA, A./ GARCIMARTÍN ALFÉREZ, F./ PERDICES HUETOS, A./ GÓMEZ-SANCHA TRUEBA, I., "Transparencia Accionarial y Buen Gobierno Corporativo", *Inv./Pub. Centro de Gobierno Corporativo,* 1/ 2010, pág. 13; ESTEBAN VELASCO, G., "La renovación de la estructura de la administración en el marco del debate sobre el gobierno corporativo", en AA.VV. *El gobierno de las sociedades cotizadas,* (Coord. ESTEBAN VELASCO, G.), Madrid, 1999, pág. 185; GONDRA ROMERO, *La estructura...op.cit.,* págs. 525-529; RECALDE CASTELLS, A., "Organización y 'buen gobierno' de las sociedades anónimas cotizadas", *Noticias de la UE,* Año XVIII, núm. 210, julio, 2002, pág. 81 y en "La reforma de las sociedades cotizadas", *RdS,* núm. 13, 1999, pág. 175, en la que cita al prof. PAZ-ARES en sus consideraciones con ocasión del *Informe Olivencia;* SÁNCHEZ-CALERO GUILARTE, *Creación de valor...op.cit.,* págs. 877-878; TAPIA HERMIDA, A. J., "Fomento de la implicación a largo plazo de los accionistas en las socie-

cuanto a la organización y funcionamiento de la sociedad a la que pertenecen, eventualidad que ocasiona que las facultades de administración y gestión societaria que compete asumir a la Junta general de accionistas no se lleven a término con eficiencia y que, por tanto, se estime su delegación a los integrantes del órgano de administración de la sociedad[33].

Con las indicaciones realizadas, este estudio analítico se centra en el alcance de los designados en la condición de consejeros externos (no ejecutivos) independientes en el órgano de administración de las sociedades cotizadas. Pues, a pesar de que se ha preceptuado su singularidad y ciertas garantías de idoneidad,

---

dades cotizadas la Directiva 2017/828 y el Reglamento de ejecución (UE) 2018/1212", *La Ley Unión Europea*, núm. 65, diciembre 2018 y núm. 64, noviembre de 2018, págs. 7-8; VIVES RUIZ, F., "Junta general y delegaciones de voto", *Cuadernos de Derecho para Ingenieros*, La Ley, núm. 3, Madrid, 2009, pág. 192.

33 De este modo, la Junta general de accionistas no va a ejercer de manera efectiva las facultades que tiene atribuidas y, en particular, las que se refieren a su función de control o supervisión del órgano de administración de la entidad en cuestión. *Vid.* ALONSO LEDESMA, C., "El papel de la junta general en el gobierno corporativo de las sociedades de capital", en AA.VV. *El gobierno de las sociedades cotizadas*, (Coord. ESTEBAN VELASCO, G.), Marcial Pons, Madrid, 1999, págs. 615-706; ALONSO UREBA, A., "El modelo de administración de la SA cotizada", en *Comentarios a las Recomendaciones del Código Unificado de Buen Gobierno*, Editorial Aranzadi, Pamplona, 2007, págs. 68-69; FERNÁNDEZ DE LA GÁNDARA, L., "Administradores y Junta General: Nuevas y viejas reflexiones sobre distribución y control de poder en las sociedades cotizadas", *RDBB*, Año 25, núm. 104, octubre/ diciembre, 2006, págs. 83-104; FERNÁNDEZ TORRES, I., "La Junta General en las Sociedades Cotizadas. (Algunas referencias empíricas sobre sus aspectos principales)", *Documentos de Trabajo del Departamento de Derecho Mercantil*, UCM 2006/4; GARCÍA-CRUCES GONZÁLEZ, J. A., "Artículo 161. Intervención de la junta general en asuntos de gestión", en AA.VV. *Comentario de la ley de Sociedades de Capital. Tomo III. La junta general. La administración de la sociedad*, (Dirs. GARCÍA-CRUCES GONZÁLEZ, J. A./ SANCHO GARGALLO, I.), Tirant lo Blanch, Valencia, 2021, págs. 2283-2302; SÁNCHEZ CALERO, *Los administradores...op.cit.*, págs. 780-781.

la especialidad del proceso de su nombramiento y el régimen de condicionantes o incompatibilidades que no pueden concurrir en el candidato para ser designado como tal, se recurre por remisión supletoria al principio de homogeneidad de responsabilidades, obligaciones y retribuciones de los consejeros o administradores sociales de las entidades de capital como mecanismo de reglamentación de esta modalidad societaria[34].

El nombramiento de consejeros en la condición de independientes en el órgano de gestión social de las entidades cotizadas cabe aprehenderlo como la integración en dicho órgano de personas de reconocimiento no sólo por sus cualidades de carácter personal, sino esencialmente profesional, de prestigio y con experiencia en el ámbito societario. Por tanto, la capacidad de dichos consejeros y las singularidades que les distinguen van a suponer (y, de este modo, ha de reconocerse) un apoyo para los que forman parte del Consejo de Administración a fin de mejorar la gestión de la entidad en beneficio del interés social sobre cualquier otro particular y del buen gobierno de la misma. En contraposición a ello, la falta de un determinado estatuto jurídico de estos consejeros sociales hace que, en la práctica, las entidades cotizadas estén designando en esta categoría a consejeros que no pueden considerarse *stricto sensu* verdaderos consejeros externos independientes[35]. Ya que, a pesar de que carecen de fun-

---

[34] Art. 495 de la LSC (apartado 2º). Aunque en opinión de MATEU DE ROS CEREZO, *La independencia de criterio...op.cit.*, pág. 123, no es tanto una aplicación supletoria del régimen de las sociedades de capital, sino directa.

[35] En este sentido, CONTHE, M., "Consejeros paradominicales: la técnica Lukashenko", *Blog Expansión*, junio, 2021 y en "Nuestros independientes", *Blog Expansión*, julio, 2018 quien destaca las consideraciones del Prof. PAZ-ARES RODRÍGUEZ, J. C., *Identidad y diferencia del consejero dominical*, Madrid, 2019, pág. 18 (y en AA.VV. *Estudios sobre órganos de las sociedades de capital. Liber Amicorum en honor a Fernando Rodríguez Artigas y Gaudencio Esteban Velasco*, (Coords. JUSTE MENCÍA, J./ ESPÍN GUTIÉRREZ, C.), vol. 2,

ciones ejecutivas en el seno de la entidad y que han de actuar ajenos a cualquier vínculo con la sociedad o su grupo, los accionistas significativos o los directivos, y evitando los posibles conflictos de interés que puedan suscitarse, la imprecisión de su sistemática y la ambigüedad que en algunos casos genera el recurso al régimen básico de los consejeros sociales, perjudican su adecuada designación. La pretendida equiparación del régimen de los consejeros de las sociedades de capital a la posición del consejero independiente, obviando las diferencias sustanciales entre los mismos, no puede aplicarse con rigor en correlación con los presupuestos de las obligaciones asumidas en el seno de la entidad y en cuanto al régimen de responsabilidad al que se someten, ni tampoco en lo que concierne a su retribución. Pues, aun cuando cualquier consejero de una sociedad de capital se singulariza por el imperativo de la independencia de actuación en lo que implica velar por el interés social y en beneficio de la sociedad sobre posibles intereses particulares (en atención al deber de lealtad al que se comprometen) y evitando, de este modo, las situaciones de conflicto de interés, se reconoce e impone a los consejeros que nos ocupan una nominación singular de *independencia* que cabe apreciar reflejada en el desempeño de su propio cargo societario. Esto es, junto a la tutela del interés social y la corrección de contingentes desequilibrios en la adopción de decisiones en el órgano de administración societario y la mejora de la observancia de los principios de gobierno corporativo, corresponde a esta modalidad de consejero atender la independencia material en sentido objetivo en el ejercicio de las funciones encomendadas en el seno de la sociedad (y de las especiales Comisiones de las que forme parte) y al

tomo 2, Editorial Aranzadi, Pamplona, 2017, págs. 39-191), el cual pone de manifiesto que conocemos una realidad en el momento en el que la nombramos. Así como, LORSCH, J. W. & CARTER, C., *Back to the Drawing Board: Designing Corporate Boards for a Complex World*, Boston, MA: Harvard Business School Press, 2003, págs. 45-48.

margen de posibles vínculos o condicionantes que puedan limitar esa concreta autonomía de actuación[36]. Esta singularidad propia de los consejeros independientes tiene su evidencia pragmática en la acumulación en el cumplimiento de sus competencias de la singular independencia en su tendencia positiva (de naturaleza personal y profesional) y el reconocimiento de un elenco de incompatibilidades o circunstancias enunciadas en negativo en las que los aspirantes no pueden incurrir para ser designados en esta condición específica.

Si bien, pese a lo indicado, los principios y recomendaciones de gobierno corporativo previstos principalmente en el Código de buen gobierno de las sociedades cotizadas (CBG)[37] y en las guías y circulares de la CNMV favorecen la integración del exiguo tratamiento sustantivo de esta figura societaria. Una manifestación

36 En este sentido, aun cuando en esta consideración seguimos el planteamiento razonado por PAZ-ARES RODRÍGUEZ, *Identidad y diferencia del consejero...op.cit.*, págs. 49-54, el autor considera que el calificativo atribuido a estos consejeros externos es 'una circunstancia accidental' que, en cierto modo, supone una mejora de la efectiva independencia en sentido subjetivo o deontológico (deber de lealtad) y, en general, del funcionamiento y supervisión del órgano de administración. En iguales términos, pueden consultarse: ENCISO ALONSO-MUÑUMER, M. T., "Adopción de acuerdos y conflicto de interés", en AA.VV. *Las nuevas obligaciones de los administradores en el gobierno corporativo de las sociedades de capital*, (Dir. EMPARANZA SOBEJANO, A.), Marcial Pons, Madrid, 2016, págs. 57-84; MATEU DE ROS CEREZO, *La independencia de criterio...op.cit.*, págs. 42-55; MEGÍAS LÓPEZ, J., "El deber de independencia en el consejo de administración: conflictos de interés, dispensa y *business judgment rule*", *RdS*, núm. 52, 2018, pág. 16 y en "Revisitando el ámbito de aplicación del deber de independencia de los administradores sociales", en AA.VV. *Conflictos de interés en las sociedades de capital: socios y administradores*, (Dir. HERNANDO CEBRIÁ, L.), Marcial Pons, Madrid, 2022, págs. 229-231; PORTELLANO DIEZ, P., *El deber de los administradores de evitar situaciones de conflicto de interés*, Civitas, Madrid, 2016, pág. 76.

37 Comisión Nacional del Mercado de Valores, Código de buen gobierno de las sociedades cotizadas (febrero, 2015 y revisado en junio, 2020. En adelante, CBG).

de cuanto indicamos puede estimarse en la asunción de unos deberes o imposiciones que son adicionales en el desenvolvimiento de las funciones supervisoras en el órgano de administración que asumen los consejeros independientes al aceptar su designación, nos referimos de forma genérica al tiempo que han de dedicar a la entidad, la relevancia del derecho-deber de información y la continua actualización sobre la sociedad y los asuntos de importancia sobre el objeto de deliberación en el que participen, y el mantenimiento de un adecuado nivel de formación técnica y profesional durante la vigencia de su mandato, entre otros extremos.

No obstante lo anterior, las cuestiones que plantea la condición de consejero externo independiente y, en concreto, en lo que hace a la concreción en el mismo de la independencia derivada de la necesaria atención al deber de lealtad social y el desempeño autónomo de sus competencias en el órgano de administración social en sentido objetivo y al margen de relaciones o vínculos condicionantes, requieren de un análisis detenido de esta figura social. Debiendo mantener, al mismo tiempo, un criterio ecuánime en su designación para compatibilizar la estructura de propiedad que singulariza a las sociedades cotizadas y la consecución de la conveniente conformación de sus órganos de administración.

Capítulo I
LA CONDICIÓN DE CONSEJERO INDEPENDIENTE EN EL ÓRGANO DE ADMINISTRACIÓN DE LAS SOCIEDADES COTIZADAS

1. TRASCENDENCIA DE LA DISPOSICIÓN DE CONSEJEROS INDEPENDIENTES

El análisis que se presenta acerca de los consejeros externos catalogados como independientes y las funciones que están llamados a desempeñar en el órgano social de administración preceptivo en las sociedades cuyos valores han sido admitidos a negociación en un mercado regulado, siguiendo una coherencia práctica ordenada, nos lleva a partir de lo especial hacia lo general. La entidad de la designación de consejeros independientes en el órgano de administración societario, el Consejo de Administración (y las correspondientes Comisiones creadas en el mismo), queda reflejada en el último Informe publicado al respecto. En concreto, el *Índice Spencer Stuart de Consejos de Administración 2022* de compañías cotizadas en España[38], cuyos datos más relevantes sobre el tema que nos ocupa procedemos a exponer.

Antes de valorar la información de mayor alcance contenida en el mencionado Informe, conviene poner de manifiesto —en este momento y de forma genérica— que los consejeros sociales independientes se singularizan por tratarse de consejeros que no desempeñan funciones ejecutivas en el órgano social de administración y gestión y que, en consecuencia, su nombramiento se hace depender del cumplimiento de unas particulares condiciones personales y profesionales de idoneidad relevantes para la ocupación que en el seno de la entidad llevan a cabo. Además de ello, se caracterizan porque van a ejercitar las funciones que tienen atribuidas en la sociedad sin estar condicionados por vínculos con la entidad o su grupo, sus accionistas significativos o sus directivos. No obstante, como se ha indicado y para lo que ahora nos interesa, hemos apuntado una delimitación somera y de naturaleza ordinaria que será diseccionada de forma analítica a lo largo de este estudio.

[38] Índice Spencer Stuart de Consejos de Administración 2022, Madrid, 2021, 26ª edición, para su consulta: https://www.spencerstuart.com/-/media/2022/october/esbi2022/2022-spain-board-index-w2.pdf (último acceso, enero 2023).

La figura de los consejeros externos e independientes se ha proyectado en el panorama internacional y en el comunitario como una forma de mejora del funcionamiento del órgano de administración de las sociedades cotizadas y del buen gobierno corporativo[39]. Básicamente porque su presencia, tanto en dicho órgano social como en las Comisiones especializadas creadas *ex lege*, implica que junto a otras formas de consejeros externos no ejecutivos se atienda a la facultad propia de los consejeros sociales y la específica del cargo que ocupan en la sociedad. Así, a los consejeros independientes les corresponde velar por el interés social sobre cualquier otro de naturaleza individual y, a su vez, participar en los debates y en el análisis y revisión de las estrategias de la empresa desde una perspectiva imparcial y objetiva[40] y, al mismo tiempo, llevar a cabo con eficiencia la función de supervisión de los que disponen de competencias ejecutivas en el Consejo de Administración al que pertenecen.

Indicadas estas primeras ideas sustanciales y de utilidad para nuestra analítica de datos procedemos a realizar un examen comparativo de las principales referencias en relación con los consejeros externos independientes y los aspectos básicos concernientes a los mismos en las sociedades españolas y de otros países, tales como Reino Unido o Italia. El objetivo de esta tarea metódica es ofrecer al lector una perspectiva clarificadora del reflejo de esta figura societaria en países cuya organización social reconoce un sistema monista de gestión y administración, junto con el régimen previsto en la estructura societaria de USA.

39 Véase el estudio realizado por GUTIÉRREZ URTIAGA, M./ SÁEZ LACAVE, M.I., "Deconstructing Independent Directors", *Journal of Corporate Law Studies*, núm. 13, 2013, págs. 63-67.

40 Según lo dispuesto en el Principio 11 del CBG.

DATOS RELEVANTES	ESPAÑA	REINO UNIDO	ITALIA	EE.UU.
Tamaño medio del Consejo de Administración	10,8	8	13	9
Presencia de consejeros independientes en razón de la composición del Consejo	47% de un total de 11 integrantes	72% de un total de 10 integrantes	55% de un total de 11 integrantes	86% de un total de 11 integrantes
Entidades que han nombrado Consejeros Coordinadores Independientes[41]	65%	100%	–	75%
Retribución media de los consejeros independientes (incluyendo las Comisiones de las que forman parte)	147.891€	104.166€	–	266.482€

* Tabla de elaboración propia. Fuente: *Spencer Stuart*

Los consejeros externos que integran el órgano de administración de las entidades que abordamos representan el 85% del total, oscilando su número entre 3 y 16 (con una media de 9,2).

TIPOLOGÍA DE CONSEJERO	%	Máximo	Mínimo	Media
Consejeros externos	85%	16	3	9,2
Dominical	30%	11	0	3,3
Independiente	47%	11	2	5,1
Otros	8%	5	0	0,8

* Tabla de elaboración propia . Fuente: *Spencer Stuart*

41 La media de la retribución global de los consejeros independientes por su pertenencia al Consejo de Administración y a las Comisiones específicas es de 147.891€/año (IBEX-35 194.929€/año).

Expuestos los datos de referencia de mayor alcance respecto de la designación e integración societaria de los consejeros independientes, se procede a analizar la información esencial obtenida de las entrevistas realizadas a los más de 60 miembros de los Consejos de Administración de las diversas compañías que, valorados en conjunto, representan el 90% de la capitalización bursátil en España. Y en las que se han analizado los Consejos de Administración respecto a su funcionamiento y composición, las Comisiones especiales creadas en su seno, y el perfil y comportamiento de esta modalidad concreta de consejeros externos. Ello hace posible que pongamos de manifiesto, en primer término, uno de los aspectos que ha de mejorarse y que se concreta en la carencia en los Consejos de Administración de estas entidades de consejeros sociales que sean auténticos miembros independientes o que ejerzan sus competencias con una disciplinada autonomía, así como la necesidad de que este órgano social de gestión incremente el tiempo que se dedica al debate y a los temas decisivos que conciernen a la sociedad. La designación de efectivos consejeros independientes requiere, además de los presupuestos que le son propios y singulares, que los candidatos dispongan de una dedicación adecuada a la entidad de la que van a formar parte y de tiempo suficiente para el desempeño de sus facultades y que, a su vez, cuenten con experiencia y capacidades que guarden relación con las prioridades estratégicas de la misma y de las áreas de riesgo destacadas en cada caso.

Partiendo de una de las ideas fundamentales del Informe que detallamos, la composición de los Consejos de Administración se considera uno de los pilares del buen funcionamiento del gobierno corporativo de las entidades cotizadas, junto a la selección de consejeros que sean empíricamente independientes con una ocupación adecuada a la entidad y que aporten experiencias y capacidades que estén en consonancia y se ajusten a sus propias prioridades. Sin embargo, en este ámbito, es donde se detecta de modo más evidente la referida carencia de consejeros sociales que puedan catalogarse como independientes en sentido estricto y siguiendo la previsión sustantiva y los principios de gobierno corporativo de estas compañías. Y que, a mayor abundamiento, cuenten con un elevado conocimiento sectorial, con una dilatada experiencia empresarial e internacional, y que dispongan del oportuno conocimiento del entorno digital o tecnológico necesario para el desenvolvimiento de sus funciones societarias. Esta última necesidad cobra una trascendencia relevante en relación con la facilitación de información a los consejeros sociales por medios electrónicos, lo que favorece no sólo el fácil acceso, sino también el previo y completo conocimiento acerca de las cuestiones societarias que les conciernen.

La división porcentual respecto de la previsión de consejeros externos y de los que son ejecutivos en los Estados indicados con anterioridad se relaciona a continuación:

	ESPAÑA	REINO UNIDO	EE.UU.
Media de consejeros ejecutivos	1,6	2,5	1,6
Media de consejeros externos	9,2	6,8	9,1

* Tabla de elaboración propia. Fuente: *Spencer Stuart*

Los datos apuntados parecen tratar de aproximarse a las previsiones del CBG, en cuyo caso en la Recomendación 17 se establece que el número de consejeros externos independientes debe representar, al menos, la mitad del total de los consejeros sociales. Exceptuándose dos supuestos, a saber: que la entidad sea de inferior capitalización o que, aun siéndolo, tengan un accionista o varios actuando concertadamente que controlen más del 30% del capital social. En ambos planteamientos el número de consejeros independientes ha de representar, al menos, un tercio del total de los consejeros sociales[42]. Pero en el 18% de las compañías analizadas (6% del IBEX-35) no se alcanzan estas cifras, y en solo 11 de ellas (5 del IBEX— 35) el porcentaje de consejeros externos independientes supera el 65%. De forma específica, cabe señalar que en España la proporcionalidad de consejeros independientes se encuentra en el 47%, a diferencia de países como Reino Unido (63%) o el sistema USA en cuyo caso la presencia de consejeros independientes en sus entidades presentan unos valores muy superiores, acercándose a unos porcentajes próximos al 85%.

La insuficiencia detectada en diversas sociedades cotizadas de las observadas, hace que se apueste por la compensación proporcional de consejeros externos. Esto es, la tendencia de reducir el número de consejeros dominicales que integran sus órganos de administración, en favor de incrementar la designación de los nombrados en la categoría de consejeros independientes.

En lo que respecta a los perfiles de los consejeros sociales independientes, hemos de destacar la actividad externa regular a la que se dedican, en este sentido cabe apuntar que suelen ser *ex* consejeros ejecutivos o consejeros profesionales, además de profesionales independientes y directores generales, o *ex* políticos, diplomáticos o funcionarios. Siendo, en menor medida, factible resaltar la designación de académicos, presidentes ejecutivos o empresarios con negocios propios.

En el caso de las Comisiones que han de crearse en el órgano de administración de las sociedades cotizadas con presencia destacada de consejeros externos independientes, respecto de lo que nos incumbe en este momento, el Informe deja constancia de que el 100% de los miembros de la Comisión de Auditoría son

---

42 Adviértase que hay un 20% de compañías que ni siquiera llegan al 33% de consejeros independientes.

consejeros externos (incluyendo dominicales y "otros externos") y el 76% de los vocales lo son en la condición de consejeros independientes (81% en el IBEX-35). Si bien, en un 79% de las entidades analizadas la Comisión de Auditoría no cuenta con, al menos, dos consejeros independientes suficientemente expertos como para presidir la Comisión en el momento en el que hubiera de sucederse al que la preside en la actualidad[43], aun cuando la totalidad de los mismos se corresponde con la categoría de consejeros externos. Sobre la Comisión de Nombramientos y Retribuciones, en los casos en los que se encuentran separadas, la primera tiene un promedio de 4 miembros (4,5 en el IBEX-35), de los que todos son consejeros externos y el 67% (71% en el IBEX-35) ostenta la condición de consejeros independientes. Aunque el 91% de las sociedades no cuenta en su conformación con una totalidad de miembros en la calificación de consejeros externos e independientes. No obstante, ha de tenerse en cuenta que se trata de una Comisión que aún no dispone de una aceptación favorable, básicamente por su menor nivel de autonomía e independencia en cuestiones de relevancia, como lo es el nombramiento de consejeros sociales, y que analizaremos cuando corresponda[44].

Las cifras indicadas nos permiten considerar la repercusión e importancia de la figura de los consejeros externos independientes en la conformación del órgano social de gestión y administración de las entidades cotizadas, la cual presenta singularidades que hacen incrementar el interés por ellos y la atención manifestada tanto en los condicionantes que los distinguen, como en la necesidad de su designación en las sociedades de alta capitalización.

---

43 El 100% de los presidentes de las Comisiones de Auditoría son consejeros independientes.

44 *Infra C. El requisito de formalidad en el nombramiento como presupuesto de garantía de la independencia.*

Atendiendo al ámbito sustantivo, la determinación de la categoría de consejeros independientes en el régimen aplicable a las sociedades cotizadas procede que debamos plantearnos el motivo por el que, desde la óptica jurídica, dicha figura se ha preceptuado de manera expresa. Y, además, se ha hecho distinguiéndolos como consejeros específicos o singulares encuadrados entre los que son nominados externos a la sociedad y, en consecuencia, carentes de facultades ejecutivas. Pese a su especificidad hermenéutica, no cabe afirmar que la reglamentación (en un sentido positivo y negativo) sobre estos consejeros se aleje de manera concluyente del régimen general de los consejeros sociales en las entidades de capital. Antes, al contrario, estas últimas disposiciones serán de atención supletoria en cuanto a lo no previsto en el contenido reglamentario que sistematiza esta figura societaria. De la que, como se ha apuntado, se ha dogmatizado el peculiar atributo pregonado en relación con estos consejeros, cuál es su carácter *independiente*. Calificativo que, necesariamente, ha de subrayarse en su tratamiento etimológico por cuanto la observancia del deber de lealtad innato a la condición de cualquier administrador o consejero social que integra el órgano gestor de una sociedad de capital comprende un comportamiento independiente en sentido subjetivo[45], lo que implica la actuación de buena fe y en garantía de la tutela del interés social o del colectivo de socios que conforman la entidad. Aun cuando volveremos sobre esta argumentación, como es sabido, el cumplimiento del deber de lealtad que asumen los que aceptan el cargo de consejero social significa desempeñar las funciones societarias atribuidas con independencia o autonomía de criterio, esto es de acuerdo

45 En relación con el consejero dominical PAZ-ARES RODRÍGUEZ, *Identidad y diferencia del consejero...op.cit.*, pág. 29, lo califica como ‹inevitabilidad de la imperfección›. En general, para los consejeros sociales la independencia es un atributo distintivo que trae causa en el propio contrato de sociedad y en el contenido del deber de lealtad (págs. 25 y 32).

con el principio de buena fe y en el mejor interés de la sociedad o del conjunto de los socios, al margen de intereses particulares. En consecuencia, se hace preciso y conveniente profundizar sobre lo que en una primera aproximación a esta categoría de consejero social pareciera ser una redundancia de condición[46], a fin de poder discernir una interpretación que armonice la tendencia pragmática y la material del concepto.

2. EL CONSEJERO INDEPENDIENTE. REIVINDICACIONES DE LA CONDICIÓN Y ASPECTO FUNCIONAL

La disquisición sobre la categoría de los consejeros sociales independientes implica, de modo inexcusable, partir de su conceptualización sustantiva. Es decir, la determinación de esta modalidad de consejero en las sociedades cotizadas se hace depender de que sean consejeros sociales externos a la entidad (y, por tanto, carentes de competencias ejecutivas) y que van a poder integrar el Consejo de Administración (y las Comisiones concretas creadas en el mismo) en base a su reconocida cualificación profesional y personal, con independencia de que puedan ser accionistas de la propia entidad, y al margen de posibles vínculos con los grupos de accionistas que dominen la sociedad o con los que la dirigen al disponer de facultades ejecutivas.

La designación de consejeros externos independientes en el órgano de administración social se ha configurado como una im-

46 En esta idea ADAMS, R. B./ HERMALIN, B. E./ WEISBACH, M. S., "The Role of Boards of Directors in Corporate Governance: A Conceptual Framework and Survey", *Journal of Economic Literature*, núm. 48 (1), 2010, págs. 58–107; KERSHAW, D., *Company Law in Context: Text and materials*, Oxford University Press, Reino Unido, 2012, págs. 351-353; LORSCH & CARTER, *Back to the...op.cit.*, págs. 45-48.

posición normativa para las sociedades cotizadas y que trae causa en los principios de buen gobierno corporativo[47]. Su concreción, en nuestra opinión, deriva de entenderse como un mecanismo cuya pretensión es el adecuado cumplimiento de la función particular que aquéllos ejercen en el mencionado órgano y no tanto por su independencia subjetiva de actuación como tales que, ya se ha advertido, es representativa e innata a cualquier consejero de una entidad de capital. De este modo, la consideración de consejero social significa que su quehacer societario descanse en la defensa de los intereses del colectivo de todos los socios dentro del propio órgano al que pertenece. Pero, además, la singular independencia que es esencia de esta modalidad de consejero comporta que su delimitación deba interpretarse en el sentido objetivo del término y, en consecuencia, como una ventaja en relación con las funciones de supervisión y vigilancia que dichos consejeros cumplen en el órgano de administración de la sociedad cotizada, como ha quedado referido desde el inicio de este estudio.

Lo anterior permite colegir que la presencia de consejeros sociales independientes es reveladora para que el Consejo de Administración de las entidades cotizadas pueda llevar a cabo sus competencias de gestión y las de supervisión de los consejos de dirección o comités que tienen encomendadas las facultades ejecutivas con unidad de propósito y con independencia de criterio, guiado por la buena fe y en garantía del interés social colectivo sobre cualquier otro de carácter individual, excluyéndose las posibles relaciones o condicionantes particulares en lo que concierne a este empeño. Si bien, partiendo de esta premisa general y en la medida en que los socios minoritarios y los accionistas menores

---

47 Véase ALONSO UREBA, *El modelo...op.cit.*, págs. 68-69; MATEU DE ROS CEREZO, *La independencia de criterio...op.cit.*, págs. 123-125 (aunque en alguna ocasión indica que se trata de una *falsa* norma preceptiva —pág. 142—).

no cuentan con una representación directa en el Consejo de Administración de las sociedades de relevantes dimensiones como sucede en el caso de las cotizadas, la garantía de los intereses de éstos va a ser uno de los cometidos en las facultades de los consejeros independientes dentro de los términos establecidos por la requerida atención al interés social[48]. Sobre ello, los consejeros independientes han de asumir la función supervisora de la gestión corporativa y la defensa del interés social del conjunto de los accionistas, previendo los posibles conflictos de intereses que surjan en la entidad y, cuando proceda, tratando de alcanzar una resolución para los mismos[49], además de aportar resultados estratégicos eficientes para la sociedad a la que pertenecen. Puntualización que hace deducir que la independencia singular encomiada a esta clase de consejeros sociales deba interpretarse objetivamente como una ventaja en relación con las facultades que dichos consejeros desempeñan en el órgano de administración de la entidad en el que se integran.

48 Cuestión debatida en el seno de las sociedades abiertas, fundamentalmente, a menos que se incorporen intereses de otros *stakeholders* como lo pueden ser los acreedores (PAZ-ARES RODRÍGUEZ, *Identidad y diferencia del consejero...op.cit.*, págs. 34-35).

49 Se comprenden como funciones colaterales de supervisión de los consejeros independientes, entre otras, las siguientes: la revisión de los sistemas de control interno de la empresa; de los sistemas de gestión del riesgo; y contactar con los accionistas para recabar y gestionar sus asuntos. *Vid.* ADAMS/ HERMALIN/ WEISBACH, *The Role...op.cit.*, págs. 58–107; GUTIÉRREZ URTIAGA/ SÁEZ LACAVE, *Deconstructing Independent...op.cit.*, págs. 92-94; KERSHAW, *Company...op.cit.*, págs. 351-353; LORSCH & CARTER, *Back to the...op.cit.*, *passim*; MARCOS FERNÁNDEZ/ SÁNCHEZ GRAELLS, *Necesidad...op.cit.*, pág. 530; MARTÍNEZ GARRIDO, S., "Consideraciones generales. El Consejo de Administración", en AA.VV. *Cuadernos de Derecho para ingenieros. Gobierno corporativo*, (Dirs. AGÚNDEZ, M. A./ MARTÍNEZ— SIMANCAS, J.- Coord. PAZ-ARES RODRÍGUEZ, J. C.), La Ley— Madrid, 2009, pág. 27; MATEU DE ROS CEREZO, *La independencia de criterio...op.cit.*, págs. 89-111.

La necesidad de que en las sociedades cotizadas el órgano colegiado y unitario al que compete la gestión y organización de las mismas sea un Consejo de Administración requiere, a su vez, atender a los atributos de los miembros que lo conforman. Los consejeros que forman parte de dicho órgano social se han de caracterizar por sus habilidades y por disponer de los conocimientos societarios que sean necesarios y no sólo respecto de la competencia de dirección, sino también en lo que atañe a la supervisión de modo efectivo y eficiente de los que llevan a cabo funciones organizativas y ejecutivas en él. El conjunto de consejeros que conforman el órgano de administración —como regla general— posee una equivalente posición jurídica en lo que afecta a los derechos o facultades que tienen reconocidos por el hecho de formar parte de este órgano societario y en relación con el régimen de las obligaciones que asumen en el desenvolvimiento de sus competencias[50]. A este respecto, y en base al cumplimiento del deber de lealtad o fidelidad que se les impone en su condición de consejeros sociales[51], los miembros que pertenecen al Consejo de

50 Puede consultarse el art. 242 de la LSC. Véase JUSTE MENCÍA, J., "Artículo 242. Composición", en AA.VV. *Comentario de la ley de Sociedades de Capital. Tomo III. La junta general. La administración de la sociedad,* (Dirs. GARCÍA-CRUCES GONZÁLEZ, J. A./ SANCHO GARGALLO, I.), Tirant lo Blanch, Valencia, 2021, págs. 3393-3396.

51 En este sentido, ESTEBAN VELASCO, *Reorganización...op.cit.,* págs. 103-104; MATEU DE ROS CEREZO, *La independencia de criterio...op.cit.,* págs. 53-54; SÁEZ LACAVE, M.ª I., "Consejeros dominicales minoritarios y buen gobierno corporativo", *Indret: Revista para el Análisis del Derecho,* núm. 1, 2022, págs. 38-39; SÁNCHEZ— CALERO GUILARTE, *Los consejeros independientes...op.cit.,* págs. 630-645 y en "Los consejeros independientes (Análisis de su presencia en el IBEX35)", *Documentos de Trabajo del Departamento de Derecho Mercantil,* núm. 2006/1, marzo 2006, entre otros, reconocen que la independencia no es exclusiva de esta modalidad de consejeros, pues todos los integrantes del Consejo han de respetar el deber de fidelidad al interés de la sociedad; TERREROS CEBALLOS, G., "El consejero independiente", *RDBB,* Año XXVII, núm. 111, julio/ septiembre, 2008, págs. 25-27; VIERA GONZÁLEZ, A. J., *Las sociedades de capital cerradas: (un problema de relaciones entre*

Administración han de ejercer sus funciones con independencia o autonomía, lo que implica que han de hacer valer el interés social sobre cualquier decisión colectiva o individual que deba adoptarse en el ejercicio de su cargo o de las funciones que le son propias y llevarlas a cabo en atención al principio de buena fe.

La preceptiva disposición mayoritaria de consejeros que ostenten la condición de independientes en el Consejo de Administración de las entidades cotizadas puede decirse que ha supuesto tanto la alteración de la composición del órgano de administración social cuanto, y a su vez, de la determinación de los condicionantes de idoneidad que les hacen ser singulares y a los que han de atender para alcanzar dicha categoría. En su amplio sentido, estas exigencias particulares están referidas a contar con un determinado nivel de profesionalización y cualificación personal específica, en conexión con el cumplimiento de otras previsiones que se reconocen desde una perspectiva negativa y que le alejan de cualquier posible relación o limitación en el adecuado desempeño de su actuación societaria. Si bien, la conveniente comprensión y aprehensión de la figura social que nos ocupa permite considerar que estos requerimientos deban ser valorados en conexión con las funciones particulares de estos consejeros en el seno del órgano de administración en el que se integran.

los tipos SA y SRL), Madrid, 2002, págs. 474-493. Por su parte, GARRIDO GARCÍA, J. Mª., "Los consejeros independientes", en AA.VV. *Junta general y Consejo de Administración en la sociedad cotizada*, (Dirs. RODRÍGUEZ ARTIGAS, F./FERNÁNDEZ DE LA GÁNDARA, L./QUIJANO GONZÁLEZ, J./ALONSO UREBA, A./VELASCO SAN PEDRO, L./ESTEBAN VELASCO, G.— Coord. RONCERO SÁNCHEZ, A.), Tomo II, Pamplona, 2016, págs. 964-965 pone de manifiesto la dificultad de considerar que el consejero es absolutamente independiente en su actuación. Resulta de interés también la consulta de la *Sections 173— 175* de la *UK Companies Act* 2006, en relación con la actuación independiente, el comportamiento diligente y adecuado, y evitando situaciones de conflicto de interés (véase MATEU DE ROS CEREZO, *La independencia de criterio...op.cit.*, págs. 183-187).

La separación analítica de los elementos referidos cabe extraerla de la sistemática delimitación conceptual de los consejeros independientes en un sentido positivo y en la expresa relación de circunstancias manifestadas en negativo en la medida en que supeditarían el desempeño de sus facultades con el criterio de independencia objetiva que le es propio a esta modalidad de consejero social[52]. Razón que nos permite entender que dicho análisis ha de partir de la reproducción literal del tenor hermenéutico en cada uno de los casos, a fin de poder precisar la interpretación de su alcance en la *praxis* societaria, siendo de este modo como se expondrá seguidamente.

Además de lo indicado con anterioridad, la figura de los consejeros externos independientes consideramos que ha de analizarse desde diversas perspectivas, definiendo un sistema general y otro de carácter específico o singular. Pues es relevante tanto en lo que concierne a su inclusión en el órgano de administración social de las entidades cotizadas, en cuyo caso ha de conocerse su estatuto jurídico o el conjunto general de derechos y deberes inherentes al cargo y el régimen de su responsabilidad, como en lo que respecta al encargo básico y específico en la propia composición del Consejo de Administración de la sociedad. Esto es, respecto al ejercicio de la función supervisora que les corresponde y la imposición regulatoria de que se designen como vocales de las Comisiones especiales que forman parte del órgano de administración y participen en las instancias de control interno de la sociedad en aspectos de relevancia, tal es el caso del nombramiento de los consejeros sociales y el sistema de retribución que le es aplicable.

52 Art. 529 *duodecies.*

2.1. Tributos irremediables para ser designado consejero independiente

En nuestro sistema normativo, a diferencia de la tendencia seguida en otros ordenamientos en los que las previsiones sobre los consejeros independientes se han recogido en forma de recomendaciones o principios de carácter no vinculante[53], se ha optado por determinar en una norma imperativa las categorías de consejeros sociales que, necesariamente, han de formar parte del Consejo de Administración de las sociedades cuyos valores han sido admitidos a negociación en un mercado regulado.

Respecto de los consejeros sociales independientes, y teniendo en cuenta que los consejeros de las sociedades cotizadas de modo ineludible han de ser personas físicas, se establece su delimitación cualitativa del siguiente modo[54]. Al tratarse de una figura societaria típica apreciamos la necesidad de exponer la literalidad de su descripción sustantiva para, posteriormente, realizar su exégesis:

Artículo 529 duodecies Categorías de consejeros:

(...)

***2.** Son consejeros no ejecutivos todos los restantes consejeros de la sociedad, pudiendo ser dominicales, independientes u otros externos.*

***4.** Se considerarán consejeros independientes aquellos que, designados en atención a sus condiciones personales y profesionales, puedan*

---

53 Ha de tenerse en cuenta que en la mayor parte de los Estados las previsiones sobre consejeros independientes son recomendaciones o disposiciones de naturaleza autonormativa que carecen de fuerza vinculante, mientras que en el caso de España es legislador lo ha impuesto a través de su integración como norma imperativa, aunque se completa con las disposiciones contenidas en el CBG.

54 Apartados 2 y 4 del art. 529 *duodecies*. Téngase en cuenta que únicamente se reproduce el contenido referido a los consejeros independientes.

desempeñar sus funciones sin verse condicionados por relaciones con la sociedad o su grupo, sus accionistas significativos o sus directivos.

(...)

En el supuesto de las sociedades cotizadas, aun cuando es sabido que la independencia de actuación resulta una cualificación común a los integrantes del órgano de administración en lo que hace al desenvolvimiento de sus funciones y a la adopción de las decisiones en el seno del órgano al que pertenecen[55], se ha previsto una categoría particular de consejero externo y no ejecutivo con la designación específica de *consejero independiente*. La finalidad sustancial de esta disposición no va a ser otra que tratar de asegurar la imparcialidad y objetividad de criterio en el desempeño de las competencias que tienen asumidas en el Consejo de Administración (y en las Comisiones en las que esté prevista su presencia) y evitar, así, los posibles conflictos de intereses que se susciten en las relaciones con la sociedad. La previsión de consejeros independientes implica, de este modo, un incremento de la representación de los diversos grupos de interés societarios

55 Art. 228 de la LSC. Sobre ello, véanse GARCÍA GARCÍA, E., "Artículo 228. Obligaciones básicas derivadas del deber de lealtad", en AA.VV. *Comentario de la ley de Sociedades de Capital. Tomo III. La junta general. La administración de la sociedad,* (Dirs. GARCÍA-CRUCES GONZÁLEZ, J. A./ SANCHO GARGALLO, I.), Tirant lo Blanch, Valencia, 2021, págs. 3133-3148; GARCÍA-OCHOA MAYOR, D./ ZAPATA BENITO, I., "Análisis de la problemática de los consejeros microdominicales", en AA.VV. *La Administración de las Sociedades de Capital desde una Perspectiva Multidisciplinar,* (Dirs. CAMACHO DE LOS RÍOS, F. J./ ESPIGARES HUETE, J.C./ VELASCO FABRA, G.— Coord. ORTIZ DEL VALLE, Mª. C.), Editorial Aranzadi, Madrid, 2019, pág. 67; JUSTE MENCÍA, J., "Artículo 228. Obligaciones básicas derivadas del deber de lealtad", en AA.VV. *Comentario de la reforma del régimen de las sociedades de capital en materia de gobierno corporativo (Ley 31/2014),* (Coord. JUSTE MENCÍA, J.), Editorial Aranzadi, Pamplona, 2015, págs. 377-393; MATEU DE ROS CEREZO, *La independencia de criterio...op.cit.,* págs. 125-32 y 55-68; PAZ-ARES RODRÍGUEZ, *Identidad y diferencia del consejero...op.cit.,* págs. 32 y 37-38.

(*stakeholders*[56]) en el órgano de administración, al margen de los accionistas significativos y de los consejeros que ejercen funciones ejecutivas o directivas en la entidad de que se trate.

Por tanto, haciendo un esfuerzo por determinar un criterio definitorio decisivo, cabe considerar que la designación sistemática de estos consejeros sociales es la respuesta a la observancia y atención de los principios de gobierno corporativo en las sociedades cotizadas en la medida en que, no vinculándose con los consejeros que gestionan la entidad ni con los accionistas de control, los consejeros independientes son nombrados por sus conocimientos técnicos y su experiencia profesional para tutelar en el órgano de administración social los intereses del conjunto de accionistas. Premisa que nos hace formular un planteamiento no exento de dudas y que, en cierta forma, ya hemos sugerido previamente. Y es que, si la actuación independiente y de buena fe en beneficio del interés social es propia de cualquier consejero designado en la sociedad, cuál va a ser la interpretación de la distinción que hace específica a esta categoría de consejero. De una primera lectura de las disposiciones sustantivas, puede colegirse que el consejero externo independiente va a ser el integrante del Consejo de Administración en las sociedades cuyos valores son admitidos a negociación en un mercado regulado designado para formar parte de dicho órgano en base a determinadas condicio-

56 Referidos tanto a los que puedan afectar o son afectados por las actividades de la entidad, es decir accionistas, clientes, proveedores, trabajadores o la propia sociedad (sobre ello, DÍAZ MORENO, A./ JUSTE MENCÍA, J., "Artículo 245. Organización y funcionamiento del consejo de administración", en AA.VV. *Comentario de la reforma del régimen de las sociedades de capital en materia de gobierno corporativo (Ley 31/2014)*, (Coord. JUSTE MENCÍA, J.), Editorial Aranzadi, Pamplona, 2015, págs. 491-495; y ESTEBAN VELASCO, G., "Una contribución sobre el gobierno societario: una propuesta de normas para un mejor funcionamiento de los Consejos de Administración", *RdS*, núm. 8, 1997, pág. 414).

nes de idoneidad personales y profesionales o de carácter técnico, y que va a desempeñar sus funciones societarias sin verse condicionado por posibles relaciones con la sociedad o su grupo, los accionistas significativos o por sus directivos[57].

En consecuencia, y atendiendo al aspecto positivo de su nombramiento, los consejeros independientes se particularizan por

---

[57] A este respecto, BAINBRIDGE, S. M., "Why a Board?, Group Decision Making in Corporative Governance", *Vanderbilt Law Review*, vol. 55, núm. 1, págs. 9 y ss. y en "Independent Directors and the ALI Corporate Governance Project", 61, *The George Washington Law Review*, 1992-1993, págs. 1034-1050; BAUTISTA SAGÜÉS, *Categorías...op.cit.*, págs. 182-183; CLARKE, D.C., "Three Concepts of the Independent Director", *32 George Washington University Law School*, 73, 2007, págs. 87-90; MATEU DE ROS CEREZO, R., *El estatuto de los consejeros independientes tras la reforma de la Ley de Sociedades de Capital de 2014*, Investigaciones y publicaciones del Centro de Gobierno Corporativo año 2014, pág. 31, consideran que se trata de un elemento material o sustantivo y que teóricamente encuadra dos presupuestos, y en *La independencia de criterio...op.cit.*, págs. 42-46 se manifiesta más crítico. Otros, entre los que destaca ECHEVARRÍA ABONA, J., "¿Constituyen una novedad los consejeros independientes?", *Dirección y Progreso*, núm. 159, 1998, pág. 73 estiman que han de distinguirse, además, por la ética, el conocimiento y el interés en el desempeño de su cargo; y GARRIDO GARCÍA, *Los consejeros... op.cit.*, págs. 962-963 pone de manifiesto el alcance limitado de la norma. Autores como MEGÍAS LÓPEZ, *El deber de independencia...op.cit.*, pág. 16 y en *Revisitando...op.cit.*, págs. 229-231; PAZ-ARES RODRÍGUEZ, *Identidad y diferencia del consejero...op.cit.*, págs. 39-41; PORTELLANO DIÉZ, *El deber de los administradores...op.cit.*, pág. 76; TERREROS CEBALLOS, *El consejero... op.cit.*, págs. 14-15 y 18-19, aprecian criterios subjetivos en la definición del consejero independiente (además de los indicados, la disponibilidad y dedicación para el ejercicio de las funciones, capacidad de juicio y evitar situaciones de conflicto de interés) y aspectos objetivos que permiten catalogar su nivel de independencia.

Por su parte, los Principios de Buen Gobierno Corporativo del Instituto de Consejeros-Administradores, la Asociación española de Consejeros, a través de su Comité de Normas Profesionales, 5ª edic., marzo de 2019, págs. 11-12, se refieren a la necesidad de que estas exigencias consten en el Estatuto del consejero que ha de incluir el Reglamento de funcionamiento interno del Consejo.

poseer unas determinadas cualidades de naturaleza profesional y personal que les hacen ser singulares. Y, al mismo tiempo, por cuanto van a llevar a cabo sus funciones al margen de cualquier posible influencia de intereses distintos al social y con imparcialidad o autonomía de criterio en su actuación. Esto es, dichos consejeros sociales se distinguen porque en ellos confluye la independencia de actuación en el órgano de administración social tanto en su acepción subjetiva que resulta inherente a la categoría de consejero social —referida a la actuación de buena fe y en interés del conjunto de accionistas—, como en lo que hace a la tendencia objetiva de dicho atributo. Esta última, se deduce del desempeño de sus facultades alejado de relaciones o vínculos que puedan limitar o subordinar, de algún modo, su autonomía o imparcialidad en el desenvolvimiento de sus competencias[58], tal y como desarrollaremos a continuación.

A. *Las precisas condiciones profesionales de los consejeros independientes*

La falta de un exacto concepto sistemático respecto de la catalogación de los consejeros externos independientes, más allá de las simples anotaciones sustanciales antes aludidas, supone la necesidad de detenernos en el reconocimiento y, en la medida de lo posible, en la determinación de las cualidades de idoneidad que les hacen ser singulares en el órgano de administración, al objeto de poder realizar una interpretación coherente sobre esta categoría jurídica típica.

---

58 En este sentido, MATEU DE ROS CEREZO, *La independencia de criterio...op. cit.*, págs. 66-68 123 (siendo el sentido formal de esta modalidad de consejero); PAZ-ARES RODRÍGUEZ, *Identidad y diferencia del consejero...op.cit.*, págs. 53-54.

La atención a la definición sustantiva del administrador o consejero social permite afirmar que *a priori*, y de manera expresa, no se exigen unos condicionantes de carácter subjetivo para ostentar dicho cargo[59]. Pudiendo serlo tanto personas físicas, como jurídicas y quedando al margen, salvo imposición estatutaria al respecto, el ser socio de la entidad en la que se vaya a ser designado administrador social. Pero no se hace alusión específica alguna a posibles requerimientos o cualidades subjetivas para alcanzar la condición de administrador en una sociedad de capital. Sin embargo, consideramos que es necesario enfatizar el término 'expresa' por cuanto, pese a esta carencia reglamentaria, es obvio que para poder ser administrador o consejero social se precisa de los conocimientos y experiencia necesarios para el desempeño del mencionado puesto, lo cual está íntimamente relacionado con los deberes esenciales que han de cumplir los administradores sociales como integrantes del órgano gestor de la entidad y de los que nos ocuparemos cuando corresponda[60]. De este modo, cabe sostener que si se le exige al administrador el cumplimiento del deber de diligencia y lealtad para con la sociedad, ello implique la necesidad de que cuente con los conocimientos y formación precisos para el adecuado desenvolvimiento de sus facultades y que se posean en un momento anterior al cumplimiento de dichas funciones y mientras dure su designación como tal en la entidad. No obstante, como ha quedado indicado, la última reforma de la norma

59 *Vid.* GALLEGO SÁNCHEZ, E., "Artículo 212. Requisitos subjetivos", en AA.VV. *Comentario a la Ley de Sociedades de Capital,* (Dirs. ROJO, A./ BELTRÁN, E.), t. I, Civitas, Madrid, 2011, págs. 1502-1505 quien destaca como especialidad significativa, la falta de determinación de presupuestos subjetivos para ser administrador de una sociedad de capital; y MATEU DE ROS CEREZO, *La independencia de criterio...op.cit.,* págs. 137-143 que llama la atención sobre los requisitos de idoneidad personal y profesional únicamente respecto de esta modalidad de consejero social.

60 *Infra CAPÍTULO III. Estatuto jurídico de los consejeros independientes.*

aplicable a las sociedades de capital limita la posibilidad de ser consejero en las sociedades cuyos valores han sido admitidos a negociación en un mercado regulado a las personas jurídicas, reconociéndose dicha posibilidad únicamente a las personas físicas en razón de la mejora de la transparencia en el funcionamiento del mercado y de la atención a los principios de buen gobierno corporativo en estas entidades.

Centrando el análisis en las condiciones de naturaleza profesional singulares de los consejeros independientes en las sociedades cotizadas, en primer término, se requiere que se trate de consejeros sociales no ejecutivos. Condición prevista en un sentido negativo, pero que nos inclinamos por su inclusión y referencia como una exigencia en positivo desde una perspectiva propia. Y lo justificamos porque el carácter externo de estos consejeros facilita que, siendo foráneos a la sociedad, puedan desarrollar eficazmente la función supervisora de los que ejercen las competencias ejecutivas o de dirección en el seno de la misma, bien desde el propio órgano de administración o a través de las Comisiones especiales que han de crearse en éste por imposición reglamentaria. Teniendo presente, en su caso, la vigilancia de los intereses de los accionistas que no cuentan con una representación directa en dicho órgano societario o cuya representación es insignificante (capital flotante). Cometido particular de los consejeros independientes que ha de inferirse de forma armónica con las funciones derivadas del cumplimiento de los deberes comunes a la condición de consejero social. El consejero independiente va a ser un consejero externo que desempeña en el Consejo de Administración competencias específicas que complementan las propias de este órgano social. Asimismo, y según el cargo que ostenta, en situaciones de conflictos de intereses en la sociedad corresponde al consejero externo independiente la adopción de un criterio objetivo y neutro en mejor atención de la tutela del interés colectivo del conjunto de los accionistas.

A lo anterior, se añade que el consejero social independiente será designado en tal categoría en atención a sus condiciones profesionales y en la medida en que pueda llevar a cabo sus funciones sin depender o estar influido por sus relaciones con la entidad o su grupo, los accionistas significativos de la misma o sus directivos. Calificativos amplios que se reiteran en la determinación del particular proceso de nombramiento establecido para estos consejeros y cuya propuesta corresponde hacer a la Comisión especializada que se integra en el Consejo de Administración, cuál es la Comisión de Nombramientos y Retribuciones (o, si es el caso, la Comisión de Nombramientos si estuvieran separadas), sobre la que volveremos con mayor detenimiento[61].

La ausencia de precisión sobre las capacidades técnicas y de conocimiento necesarias para la designación de esta modalidad de consejeros sociales puede presentar efectos pragmáticos adversos. Sin embargo, ello no impide que deba apoyarse, desde la tendencia profesional, que los consejeros independientes hayan de justificar que poseen una indudable experiencia, competencia y un prestigio o reconocimiento en el cumplimiento de su actividad y, en concreto, en lo que hace a la facultad de asegurar la rentabilidad y sostenibilidad de la sociedad a largo plazo desde el órgano de administración que la gestiona y del interés social[62].

---

61 *Infra CAPÍTULO III* apartado 2.2.

62 Sin embargo, consideramos que hubiera sido apropiado incluir en la norma la necesidad de que su reconocimiento resulte relevante o de referencia (exigencia contenida en el *Informe Aldama* — Informe de la Comisión especial para el fomento de la transparencia y seguridad en los mercados y en las sociedades cotizadas— 8 de enero de 2003, véase el apartado 2.1). Por su parte, resulta de interés sobre esta materia la *Guía para la evaluación de idoneidad* elaborada por el Banco Central Europeo y que ha sido actualizada en diciembre 2021, págs. 10-35 (disponible en el recurso electrónico: https://www.bankingsupervision.europa.eu/ecb/pub/pdf/ssm.fit_and_ proper_guide_update202112~d66f230eca.es.pdf —último acceso, enero 2023—), en la que se proponen unos umbrales de referencia sobre la experiencia, la

Máxime si reparamos en que son elegidos en base a especiales criterios de idoneidad de naturaleza profesional y personal, a fin de que aporten en el órgano de administración de la entidad (y en las especiales Comisiones que se aprueben en el seno del mismo y en otros cargos que puedan ostentar) una visión externa e independiente en beneficio de los intereses del grupo de los accionistas que la conforman, singularizándose por la objetividad en la adopción de decisiones e independencia o autonomía de criterio respecto de cualquier posible subordinación a concretos intereses de la entidad o particulares de terceros.

Siguiendo el criterio hermenéutico, los identificativos del carácter profesional exigidos a los consejeros independientes se precisan en la *competencia, experiencia y méritos*[63]. La importancia de esta designación societaria para el buen gobierno de las entidades cotizadas, y el cumplimiento de las formalidades y del contenido sustantivo, hace que se imponga que la propuesta que presente la Comisión de Nombramientos y Retribuciones sobre la designación o reelección de aspirantes a consejeros independientes, vaya necesariamente acompañada de un informe justificativo del Consejo de Administración, en el cual se reconozca la competencia, experiencia y méritos del candidato recomendado para ser designado en tal categoría o, en su caso, a fin de poder ser reelegido en este cargo. El carácter general de la regulación de las exigencias profesionales al que nos referimos, no puede entenderse si no es con su vinculación al ejercicio de las funciones que

dedicación de tiempo, y la reputación del aspirante a vocal del Consejo. Sobre el criterio de la profesionalidad de los consejeros en las entidades cotizadas puede verse MATEU DE ROS CEREZO, *La independencia de criterio... op.cit.*, págs. 286-299.

63 Apartado 5 del art. 529 *decies* de la LSC. Así, siguiendo a MATEU DE ROS CEREZO, *La independencia de criterio...op.cit.*, págs. 237-238, se trata de requerimientos subjetivos exigibles a cualquier consejero que integre el órgano de administración de la entidad con independencia de su categoría social.

los consejeros independientes tienen encomendadas en los órganos de administración de las sociedades cotizadas en las que van a integrarse. De este modo, en la selección de dichos consejeros se ha de prestar especial cuidado a su experiencia, prestigio profesional y capacidad en relación con la sociedad en cuestión en la que serán nombrados, ya que estos calificativos van a ser determinantes en el adecuado desempeño de las competencias asignadas y, por ende, en el eficaz funcionamiento del propio Consejo de Administración como órgano gestor de la entidad, al igual que ha de extenderse a la rémora de formar parte de las Comisiones especiales que se hubieran creado, incluso ser designado presidente, participar en la declaración del cumplimiento de las recomendaciones de gobierno corporativo de la sociedad, u ocupar el cargo de Consejero Independiente Coordinador, entre otras funciones. En consecuencia, el consejero externo independiente tiene que contar con un prestigio o reconocimiento profesional sobre la dirección y el funcionamiento societario y otros elementos relacionados con las entidades cuyos valores son admitidos a negociación en un mercado regulado, a fin de generar confianza en los accionistas que forman parte de la misma respecto de la garantía del interés común en la ejecución de sus funciones. Y ello en la medida en que les compete evitar situaciones de abuso de los intereses por parte de los que tienen reconocidas las facultades ejecutivas o de dirección en la sociedad y que, de este modo, se pueda perjudicar al conjunto de accionistas (en particular, a los minoritarios o a los que no cuentan con representación en el Consejo de Administración).

Lo expuesto nos lleva a apreciar, además, que no resulte favorable que los candidatos a ostentar el cargo de consejeros independientes sólo estén especializados en una dirección laboral, cuánto en una diversidad de perfiles profesionales. La justificación de esta afirmación se halla en el fomento de la pluralidad de los puntos de vista que han de manifestar tanto en las deliberaciones, como en la toma de decisiones en el órgano de administración de la entidad[64]. Circunstancia que, asimismo, se ha previsto en el derecho positivo al imponer al Consejo de Administración el deber de observar que se apoye la variedad de experiencias y de conocimientos en los procesos de selección de sus integrantes[65].

A mayor abundamiento, la especial calificación de independiente de esta modalidad de consejero, pese a ser un identificativo del ejercicio de las funciones de los administradores sociales como norma general[66], ha de catalogarse desde un posicionamiento objetivo en cuanto a su proceder o actuación para con la entidad. Lo que significa que van a actuar con autonomía de criterio, al margen de cualquier posible dependencia o vinculación individual, y que desempeñan las facultades societarias encomendadas sin intervención ajena alguna, más allá de la protección del interés social o del conjunto de los accionistas[67]. Afirmación que nos faculta a deducir que su presencia en el órgano de administración de estas entidades garantiza, en cierta forma, los intereses de los socios que no están representados o, en su caso, que cuentan con una menor representación en el Consejo de Administración de la entidad de que se trate. Pues el ejercicio de sus

64 Para ampliar este estudio, puede consultarse VÁZQUEZ RUANO, T., *Principios de Corporate Governance. La personificación de la función supervisora de la administración societaria*, Dykinson, Madrid, 2018, págs. 136-140.

65 Art. 529 *bis* de la LSC.

66 Autores como MATEU DE ROS CEREZO, *La independencia de criterio...op.cit.*, págs. 55-75, consideran que la independencia que les singulariza es formal y un identificativo *de origen* en las sociedades cotizadas, pero vinculado a la atención de los deberes generales del administrador social (págs. 66-77). Por tanto, no se trata de un incremento del nivel de independencia característica de los administradores en general (págs. 123-124 y 140-141).

67 Véase la definición de la RAE en este sentido, a saber: Independiente: *1. adj. Que no tiene dependencia, que no depende de otro. 2. adj. autónomo. 3. adj. Dicho de una persona: Que sostiene sus derechos u opiniones sin admitir intervención ajena.*

competencias en el órgano de gestión societaria ha de llevarse a cabo de acuerdo con el criterio de la independencia subjetiva (actuación de buena fe en beneficio del interés social) y al margen de posibles vínculos o influencias por parte de la sociedad o su grupo, los accionistas significativos o los miembros directivos que la conforman (elementos que definen la independencia de su actuación en un sentido objetivo).

Estas disposiciones sustantivas generales tienen que completarse con los principios y recomendaciones del CBG[68] sobre la materia. En cuyo caso, se alude a la necesidad de que el sujeto que pretenda ser nombrado consejero independiente en el órgano de administración de una sociedad cotizada o mantenerse en dicha condición, tenga disponibilidad suficiente de tiempo para dedicarse a la entidad de la que va a formar parte, profundizar en el conocimiento de la misma y para el adecuado desempeño de sus cometidos societarios, entre los que se encuentra la asistencia a las reuniones del Consejo de Administración y de las Comisiones en las que se integre, cuando corresponda. A ello se adjunta, la necesidad de que los consejeros independientes reciban el asesoramiento necesario para el ejercicio de sus facultades y la posibilidad de que dispongan de programas de formación y actualización de conocimientos que resulten idóneos. Los requerimientos de cualificación propuestos, y referidos al correcto conocimiento, el aprendizaje continuo y la dedicación precisa para el desarrollo de las aptitudes asumidas en el órgano social[69], entendemos que han de valorarse no sólo en el momento de la designación de estos consejeros, sino también durante la permanencia en dicho puesto societario. Por cuanto ello va a influir en la asunción de

68 En concreto, las Recomendaciones 26 y 27 y el Principio 13 del CBG.

69 *Vid.* SÁNCHEZ CALERO, *Los administradores...op.cit.*, pág. 785, en algunos casos, la dedicación es exclusiva por imposición normativa, como sucede en las entidades bancarias.

sus obligaciones y en el régimen de responsabilidad derivado de tal condición. El problema se plantea porque, pese a lo expuesto, la realidad societaria infiere bien distinta[70]. Aun cuanto el propio contenido del CBG propone la existencia de programas de inducción y de formación de los consejeros que forman parte del órgano de administración social y no sólo en el momento de su designación o incorporación al Consejo, sino también programas de actualización para el desarrollo de sus facultades durante la vigencia del cargo, la mayor parte de las entidades cuyos valores cotizan en el mercado regulado no tienen previstos estos programas y, de hacerlo, están dirigidos y orientados a los consejeros de nueva incorporación y no tanto respecto a los que ya están ocupando los distintos cargos sociales.

Por otra parte, en lo que concierne a las precisiones de carácter profesional de los consejeros externos independientes, habrá que atenderse a lo dispuesto en el Reglamento de régimen interno y de funcionamiento del Consejo de Administración en cada caso. En particular, porque el contenido de dicho Reglamento resulta ser el reflejo del buen gobierno corporativo y de sostenibilidad de la sociedad y su naturaleza jurídica es de norma para dicho órgano de administración —observando como es obvio la regulación vigente y el correspondiente régimen estatutario-[71]. Ello hace que, a través de su órgano de administración y siguiendo el principio de legalidad, sean las propias sociedades las que completen o desarrollen la regulación vigente y las disposiciones

70 Véase la Recomendación 30 del CBG. Pero, los datos del Índice Spencer Stuart de Consejos de Administración 2022 concluyen que un 44% de las entidades no cuentan con este tipo de programas. En el resto (el 56%) lo normal es que se prevean para los nuevos consejeros, no tratándose de programas regulares de formación.

71 A este respecto GARCÍA DE ENTERRÍA LORENZO VELÁZQUEZ, J., "El Reglamento del Consejo", *La Ley: Revista jurídica española de doctrina, jurisprudencia y bibliografía*, núm. 5, 2005, pág. 165.

estatutarias en dicho Reglamento interno y exhorten en el mismo las exigencias referidas al nivel de calidad y reconocimiento profesional de los consejeros en relación con sus conocimientos y experiencia en el ámbito societario, la defensa de un criterio propio y debidamente informado, la disponibilidad de tiempo y la dedicación necesarias para el ejercicio del cargo social que van a desempeñar[72]. Y, en reciprocidad, el candidato que acepta el puesto de consejero social (en la categoría que proceda) asume el compromiso de la observancia de las previsiones establecidas en el Reglamento de funcionamiento del órgano gestor de la entidad.

B. *Afecciones de la especial cualificación profesional de los consejeros independientes*

El régimen de idoneidad previsto sobre las cualidades técnicas y de capacidad propias que le son exigidas a los que pretenden ser designados consejeros independientes (o permanecer en dicho cargo) nos permite plantear dos cuestiones diferenciadas, pero que en su argumentación están interrelacionadas. De un lado, la

---

72 Téngase en cuenta que la complementariedad entre los estatutos sociales y el Reglamento interno del Consejo de Administración impide considerar que se trate de textos autónomos en sentido estricto. *Vid.* ALONSO LEDESMA, C., "La reforma de la sociedad cotizada", *RdS*, núm. 12, 1999, págs. 13-14; GARCIA DE ENTERRIA LORENZO VELÁZQUEZ, *El Reglamento...op.cit.*, págs. 969-976; RONCERO SÁNCHEZ, *Transparencia...op.cit.*, págs. 793-838; SÁNCHEZ CALERO, *Los administradores...op.cit.*, págs. 762-763; TAPIA HERMIDA, A. J., "Las sociedades cotizadas: noción y estatuto jurídico", *Documentos de Trabajo del Departamento de Derecho Mercantil*, UCM 2010/26, pág. 24. El Reglamento interno ha sido valorado en sentido positivo, entre otros, por EMPARANZA SOBEJANO, A., "El reglamento de la Junta de accionistas tras la nueva Ley 26/2003, de 17 de julio, de transparencia de las sociedades cotizadas", *RdS*, núm. 21, 2003, págs. 149-164; y también SÁNCHEZ CALERO, *Los administradores...op.cit.*, págs. 759-760.

atención a los requerimientos formales indicados, en la medida en que van a ser categóricos para la designación del consejero social en la condición de externo e independiente. Pues, a pesar de que corresponde la aprobación del nombramiento de consejeros sociales a la Junta general de accionistas, no pueden pasar desapercibidas las especialidades que presenta este órgano societario en las entidades cotizadas y la falta de participación y actividad del amplio colectivo de los socios que las integran[73]. Circunstancia que, a nuestro modo de entender, va a conferir un papel relevante a la propuesta que ha de hacer en este sentido la Comisión especial creada en el seno del órgano de gestión, y también al informe justificativo que elabora el propio Consejo de Administración al respecto, en la medida en que se trata de formalidades determinantes en la adopción del acuerdo de nombramiento del consejero independiente por parte de la Junta general. Materia que conmina un mayor análisis por su alcance respecto de los consejeros externos independientes en las sociedades cotizadas y sobre el que nos detendremos cuando proceda[74].

En líneas generales, en lo que ahora interesa poner de relieve, la selección de los que vayan a ostentar el cargo de consejero social en una entidad cotizada se hará tras el análisis de las

---

[73] Consúltense KERSHAW, *Company...op.cit.*, págs. 351-353; y PAZ-ARES RODRÍGUEZ, *Identidad y diferencia del consejero...op.cit.*, pág. 93, quien pone de relieve que la figura de los consejeros sociales independientes está en revisión. Aun cuando en la última reforma normativa se trata de reforzar el papel activo de los accionistas, véase la Directiva (UE) 2017/828 del Parlamento Europeo y del Consejo, de 17 de mayo de 2017, por la que se modifica la Directiva 2007/36/CE en lo que respecta al fomento de la implicación a largo plazo de los accionistas (OJ L 132, de 20 de mayo) y la Ley 5/2021, de 12 de abril, por la que se modifica el texto refundido de la Ley de Sociedades de Capital, en lo que respecta al fomento de la implicación a largo plazo de los accionistas en las sociedades cotizadas (BOE núm. 88, de 13 de abril), sobre cuyos textos normativos volveremos.

[74] *Infra CAPÍTULO II apartado 2.*

competencias, conocimientos y experiencia necesarios en el seno del Consejo de Administración (y de sus Comisiones especiales y otros puestos que puedan desempeñar) y que realizará la Comisión de Nombramientos y Retribuciones, según el número de consejeros sociales, la composición de las diferentes categorías y las clases o tipologías. Entre las competencias mínimas reconocidas en la pragmática societaria a esta Comisión, destaca la estimación de las facultades, conocimientos y experiencia necesarias para ser consejero social y, además, la definición del perfil de los candidatos que deban cubrir las vacantes y de evaluar el tiempo y dedicación necesarios para desarrollar eficazmente las funciones atribuidas en cada caso. Tras lo cual, y en el supuesto específico de la designación de los consejeros independientes, corresponde a esta Comisión hacer la oportuna propuesta de nombramiento de aquellos. Como criterio ordinario, salvo el supuesto de la cooptación[75], es la Junta de accionistas la que aprueba el nombramiento (o reelección) de los consejeros independientes, tras haber recibido la necesaria propuesta formal mencionada y que ha de elaborar la Comisión especial[76] y no el Consejo de Administración como ocurre respecto del resto de consejeros sociales. En este último planteamiento, la Comisión especial sólo habrá de informar al Consejo sobre dichas propuestas. No obstante, y si bien es cierto que es la Comisión de Nombramientos y Retribuciones la encargada de la evaluación de las competencias, conocimientos y experiencia que son requeridos a esta modalidad de consejero

75 Arts. 244 y 529 *decies* de la LSC. *Vid.* ROJO FERNÁNDEZ— RÍO, A., "La facultad de cooptación del Consejo de administración", *RDM*, núms. 189-190, 1988, págs. 367-434. Es de interés, entre otras, la Resolución de la RDGRN de 31 de julio de 2014 en relación con la válida constitución del órgano de administración para poder designar consejeros por el sistema de cooptación (BOE núm. 231, de 23 de septiembre).

76 Art. 529 *quindecies*. Si bien, respecto de los restantes consejeros, la Comisión especial de Nombramientos y Retribuciones sólo ha de informar las propuestas para su sometimiento a la decisión de la Junta general de accionistas.

social y, por consiguiente, la definición de las funciones y aptitudes indispensables en los candidatos, no hay certeza en la *praxis* societaria si la valoración de los aludidos presupuestos se lleva a cabo con la suficiente atención.

Asimismo, y para lo que nos atañe en esta argumentación, debe apreciarse que la Comisión de Nombramientos y Retribuciones ha de estar compuesta exclusivamente por consejeros no ejecutivos dos de los cuales, al menos, serán independientes y siendo de entre estos últimos de los que se designe al que va a ocupar el cargo de presidente de la Comisión. Aunque es inevitable que durante sus sesiones se prevea la asistencia de consejeros internos ejecutivos e, incluso, su participación en los debates y las deliberaciones que se propongan. Téngase en cuenta, asimismo, que corresponde a los estatutos sociales o, en su caso, al Reglamento interno del Consejo de Administración la regulación de su funcionamiento.

El segundo comentario que puede hacerse en esta materia y que supone una alteración a la particular cualificación profesional de los consejeros independientes es que resulta cuestionable el modo en el que han de valorarse los presupuestos de idoneidad requeridos. Nos referimos a la apreciación de los indicadores de competencia, experiencia y méritos preceptuados en la previsión sustantiva y que pueden ocasionar divergencias notorias por la heterogeneidad de los eventuales planteamientos prácticos. Dicha disparidad podría salvarse si se establecen unos parámetros concretos o unos criterios de profesionalización objetivos en relación, entre otros, con las competencias técnico-profesionales, la experiencia de gestión según la entidad de la que se va a formar parte y sus funciones en la misma, el compromiso asumido para desempeñar el cargo, y la disponibilidad de tiempo por parte del candidato[77]. Más aún si se tiene en cuenta que, en el supuesto de los consejeros externos independientes, junto a las exigencias que son comunes a cualquier candidato o aspirante a ser designado consejero social, predominan unas específicas condiciones personales y profesionales que hacen presuponer su capacitación en el desempeño de la salvaguarda de los intereses sociales en relación con otros particulares y sin verse condicionados por relaciones con la sociedad o su grupo, los accionistas significativos o sus directivos. En equivalente sentido, estos consejeros han de contar con cualidades adicionales en lo que concierne a los conocimientos y la experiencia en el ámbito societario en general (y, en particular, de la entidad de cuyo órgano de administración van a formar parte) y en relación con las precisas facultades que tienen asignadas tanto en el seno del órgano de administración social, como por su integración en las diversas Comisiones especiales conformadas en el mismo o participar en la declaración del cumplimiento de las recomendaciones de gobierno corporativo de la entidad, entre otras funciones definidas. Surge, por tanto, la necesidad de habilitar instrumentos adecuados que permitan verificar y contrastar los presupuestos instados. Tal vez, en relación con ello, no resulte atrevido proponer la conveniencia de contar con un adecuado asesoramiento externo en lo que respecta a la evaluación de los atributos preceptuados en coherencia con la garantía del interés social propio del cometido del consejero, lo que —en nuestra consideración— dotaría de mayor objetividad y determinación la justificación de la propuesta de nombramiento que se curse siguiendo las formalidades vigentes.

77 GUTIÉRREZ URTIAGA/ SÁEZ LACAVE, *Deconstructing Independent...op.cit.*, págs. 68-71 y 92-94. Por su parte, MATEU DE ROS CEREZO, *La independencia de criterio...op.cit.*, págs. 241-244, equipara estos presupuestos a la posición social de cualquier consejero y no de forma específica de los independientes.

Las previsiones normativas sobre esta materia hay que completarlas con las recomendaciones incluidas en el CBG[78] y que establecen que la política de selección de consejeros sociales que apruebe el Consejo de Administración no sólo sea concreta y verificable, sino que también asegure que las propuestas de nombramiento o reelección se fundamentan en un análisis previo de las necesidades del Consejo y que favorezcan la diversidad de conocimientos, experiencias y, en particular, de género. Sobre lo que nos interesa ahora, el CBG sugiere que el resultado del análisis previo de las necesidades del órgano de administración de que se trate conste en el informe justificativo de la Comisión de Nombramientos y Retribuciones que se haga público al convocar la Junta general de accionistas. Es decir, junto a la propuesta indicada, el Consejo de Administración tiene que realizar un informe acreditativo en el que valore la competencia, experiencia y méritos del candidato que se propone para su designación o reelección en el puesto y que se unirá a la correspondiente acta de la Junta general. Informe que, pese a que ha de contar con un razonamiento coherente y ecuánime, nada impide considerar que se vea impregnado del carácter subjetivo por parte de los que lo realizan en lo que se refiere a la valoración de los presupuestos que concurren en los aspirantes a ocupar el puesto de consejero social. Si bien, y para compensar esta deficiencia, se le otorga a la Comisión de Nombramientos y Retribuciones la facultad de verificar de forma anual el cumplimiento de la mencionada política e informar de sus conclusiones en el Informe de Gobierno Corporativo anual (IAGC) de la entidad cotizada.

En otro orden, conviene hacer referencia a los casos de nombramiento de consejeros sociales por el mencionado sistema de cooptación en los supuestos en los que se producen vacantes an-

78 Recomendación 14 del CBG.

ticipadas en el órgano de administración de las sociedades cotizadas. Circunstancia que, como es sabido, hace que se le atribuya al propio Consejo de Administración su designación de entre los accionistas de la entidad o de entre los que no cuenten con dicha posición, debiendo proponer su ratificación en la primera Junta general de accionistas que se celebre con posterioridad al nombramiento, salvo que la vacante se hubiera producido una vez que aquélla hubiera sido convocada y antes de su celebración. En esta última hipótesis, la designación por cooptación en el caso de las sociedades cotizadas se entenderá realizada hasta la celebración de la siguiente Junta general. La propuesta de ratificación deberá ir acompañada, en todo caso, del informe justificativo del Consejo en el que se indicará expresamente si se propone el nombramiento del consejero por el plazo pendiente en relación con el puesto vacante, o si se propone el nombramiento *ex novo* por el plazo estatutario de vigencia de nombramiento en cuestión.

Esta posibilidad de elección del candidato por parte del órgano de gestión y administración social en el planteamiento que abordamos presenta como inconveniente que, a pesar de que se tengan en cuenta ciertas cualidades personales o profesionales en la designación del aspirante, ello no salve con contundencia que la misma se guíe por la afinidad que el sujeto pueda tener respecto al presidente del Consejo de Administración y en lo que hace a los consejeros ejecutivos de la sociedad[79]. Previsión que, en cierto

[79] Terminología que, en opinión de ciertos autores, no resulta acertada véase SÁNCHEZ CALERO, *Los administradores...op.cit.*, pág. 793-796. Por su parte, MATEU DE ROS CEREZO, R., se manifiesta crítico con esta clasificación, pues en su opinión sólo debiera hacerse entre externos e internos (*Reflexiones sobre la distinción entre consejeros independientes y consejeros dominicales. Propuestas de reformas normativas y margen de actuación de las sociedades*, publicado en: https://www.fidefundacion.es/Reflexiones-de-Rafael-Mateu-de-Ros-sobre-la-distincion -entre-consejeros-independientes-y-consejeros-dominicales_a245.html—último acceso, enero 2023—).

modo, puede influir en la singularidad propia y característica de la actuación independiente de la catalogación de los consejeros sociales que nos ocupan. De lo que parece derivar la imposición formal que se ha establecido en cuanto al preciso informe que de manera irremediable ha de elaborar la Comisión especial de Nombramientos y Retribuciones a modo de propuesta de designación de dichos consejeros, y sobre cuyo análisis nos detendremos cuando resulte oportuno.

C. *La acreditación de la independencia sobre las cualificaciones personales del consejero independiente*

El designado como consejero externo independiente, además de adecuarse a las condiciones de naturaleza profesional a las que ya se ha hecho referencia, de modo indispensable, debe atender al cumplimiento de unas cualificaciones de carácter personal y que —siguiendo el contenido sustantivo— le hacen ser un consejero social singular. Requerimientos que tampoco son ajenos al planteamiento de dudas interpretativas, pues el reducido tenor reglamentario al respecto se limita a exigir que en la taxonomía de los consejeros sociales de las entidades cotizadas, los independientes, sean consejeros externos. O, lo que es lo mismo, que no ejerzan funciones ejecutivas en la entidad, sino facultades de supervisión de los que disponen de ellas y, en todo caso, han de observar la tutela de los intereses de los accionistas y, de modo concreto, de los no representados (o representados en una proporcionalidad insignificativa) en el Consejo de Administración[80]. Por lo que su actuación va a ser relevante tanto en el seno del órgano de administración como, a su vez, en las propias Comisiones

---

80 Véase la Recomendación 32 del CBG sobre la posible votación negativa de los consejeros, en relación con el Principio 11.

especiales en las que dicho consejero se integre en relación con su participación en el debate y las deliberaciones sociales, y en el estudio y revisión de las estrategias societarias que se propongan.

La falta de una delimitación jurídica precisa sobre el ámbito de las cualidades subjetivas de los consejeros sociales independientes, más allá de que sean consejeros externos a la sociedad, no puede considerarse en sí mismo el mérito que le lleve a alcanzar la catalogación de *independiente* como consejero, si no es en conexión con el modo en el que el aspirante va a ejercer las facultades que asume en el órgano de administración del que va a formar parte. Pues entendemos que resulta complejo desde la perspectiva pragmática establecer unas disposiciones personales comunes para cualquier candidato que pretenda ser designado o mantenerse en la posición de consejero externo independiente, en cuanto que su concreta significación hace que su perfil deba ser variado y diverso[81], como ha quedado indicado. A este respecto, parece que la opción idónea es —previendo su condición de consejero externo— no demarcar un único modelo personal de consejero independiente, en equivalente sentido al que aludíamos en lo que concierne al ámbito profesional. Ya que resulta imposible unificar y concretar con acierto la multiplicidad de factibles perfiles que consiguen encajar en dicha catalogación. Por tanto, es viable afirmar que la cualificación personal o propia del aspirante a ser designado como consejero independiente es un concepto que ha de interpretarse en un sentido plural haciendo un esfuerzo deductivo que supere la mera actividad intelectual exegética.

[81] Circunstancia que ya puso de manifiesto la Comisión especial en el *Informe Olivencia* (Comisión especial para el estudio de un código ético de los consejos de administración de las sociedades, Comisión Olivencia, 1998. Punto 5.2 de dicho texto).

Con demasía, lo expuesto se relaciona con el manifiesto oportunismo de que los aspirantes a ser nombrados consejeros independientes en una sociedad cotizada ofrezcan diversos perfiles profesionales y no estén limitados por exclusivas funciones o actividades laborales. El contenido sustantivo sobre el particular refuerza el posicionamiento que exponemos y tratamos de preservar, al reconocer la posibilidad de que sean independientes los consejeros sociales que hayan sido ejecutivos significativos de otras entidades y, también, que sean personas de diversa singularidad profesional, experiencia y reconocimiento en dicho ámbito. Reiteramos, en este momento, la idea en lo que concierne al inconveniente de apoyar la unicidad del conjunto de rasgos personales de los consejeros externos independientes. Más aun, cuando la incorporación de esta modalidad de consejero en el órgano de administración de las entidades cotizadas trata de ser una garantía de la imparcialidad y objetividad permanente en el desenvolvimiento de su conducta en este órgano social, en las actuaciones desempeñadas en la organización y funcionamiento de la sociedad de la que forma parte y en la adopción de las decisiones tácticas en el seno de la misma, en correlación con las que son propias de las Comisiones específicas que se hubieran creado y que han de estar conformadas por una mayoría relevante de consejeros independientes (de entre los que se designará al presidente), al igual que otras actuaciones que pueden ejercer en el órgano de administración social en particular.

Además de lo señalado, la garantía de los condicionantes personales que han de atenderse para designar a los aspirantes a ser consejeros independientes hace que, en nuestra consideración, debamos prestar atención a dos criterios singulares que traen causa en la tipicidad de la figura. En primer término, la referida *independencia* que particulariza el título de estos consejeros externos y que —al tratarse de un concepto jurídico que no se ha determinado en cuanto que se refiere a la independencia de los consejeros sociales que, al mismo tiempo, se han calificado como tales[82]— entendemos que ha de valorarse partiendo de la perspectiva subjetiva y relativa de dicha noción conceptual. Es sabido que la asunción por parte de los consejeros sociales del deber de lealtad les responsabiliza de una actuación societaria independiente, lo que supone proceder de buena fe en beneficio del mejor interés social, dejando al margen posibles influencias particulares. En consecuencia, en el caso de los consejeros externos independientes, hay que aplicar esta misma máxima en lo que respecta al desempeño de las facultades de los consejeros sociales que conforman los órganos de administración de acuerdo con la independencia desde la tendencia subjetiva.

No obstante lo anterior, y como venimos poniendo de relieve, la peculiaridad en esta modalidad de consejero social se suscita por la exteriorización del carácter independiente en la nominación de los mismos y que parece disponer un grado distinto a la autonomía o independencia que es innata a los consejeros sociales de las entidades de capital. A tal fin, formulamos una interpretación teleológica del término para valorar la finalidad hermenéutica y llegar al resultado más idóneo en la práctica societaria, lo que nos lleva a discernir el aspecto subjetivo de la independencia de los consejeros sociales antes aludido y el aspecto objetivo de este atributo. Atribuyendo su contenido en relación con la independencia imperativa propia de los consejeros sociales (subjetiva), la interpretación objetiva del calificativo ha de hacerse en conso-

82 Sobre ello pueden consultarse MARTÍN DE VIDALES, M./ LÓPEZ JORRIN, A., "El Consejo de Administración de las sociedades cotizadas", en VIVES, F./ PEREZ ARDA, J., *La Sociedad Cotizada*, Madrid, 2006, pág. 278. Por su parte, algunos autores argumentan que la independencia de los consejeros sociales derivada del cumplimiento del deber de lealtad (MATEU DE ROS CEREZO, *La independencia de criterio...op.cit.*, págs. 25-32; PAZ-ARES RODRÍGUEZ, *Identidad y diferencia del consejero...op.cit.*, págs. 39-40 como 'valor expresivo' del deber y en cuanto a su 'valor jurídico' págs. 40-50).

nancia con las posibles relaciones personales del aspirante y otras circunstancias que pueden alterar su comportamiento neutral en lo que se refiere al desempeño de las facultades específicas de su cargo y que tienen encomendadas en el órgano de gestión social. El adjetivo *independiente* expreso en su denominación implica, en su lógica objetiva, que el aspirante no se vea influenciado o condicionado en su proceder por relaciones o vínculos con la entidad o su grupo, ni con los directivos o accionistas significativos de la sociedad[83]. Limitaciones que impiden que puedan ser designados como consejeros independientes los que sean cónyuges, personas ligadas por equivalente relación de afectividad o parientes hasta de segundo grado de un consejero ejecutivo o alto directivo de la sociedad en cuestión.

Asimismo, la independencia de estos consejeros sociales desde la perspectiva objetiva ha de relacionarse con el ejercicio de las competencias de supervisión y control que asumen en el órgano de administración social, en el sentido de que el aspirante a consejero externo independiente no puede estar afectado por las relaciones o intereses que puedan comprometer su capacidad

[83] E, incluso, entre ellos (MARCOS FERNÁNDEZ/ SÁNCHEZ GRAELLS, *Necesidad...op.cit.,* pág. 536). Aunque no se puede afirmar con rotundidad que un consejero es totalmente independiente (DEL VAL TALENS, P., "Los consejeros independientes ante el activismo accionarial", *RDBB,* Año 33, núm. 136, 2014, págs. 252-253; ECHEVARRÍA ABONA, *¿Constituyen...op.cit.,* págs. 70-74; ESTEBAN VELASCO, G., "Consejeros independientes: función y criterios de independencia en el Código Unificado de Buen Gobierno", en *Estudios de derecho de sociedades y derecho concursal: libro homenaje al profesor Rafael García Villaverde,* Vol. 1, Madrid, 2007, págs. 519-520; GARRIDO GARCÍA, J. Mª., *La distribución y el control del poder en las sociedades cotizadas y los inversores institucionales,* Bolonia, 2002, págs. 226-227; REDÍN GOÑI, D. M./ GONZÁLEZ PERALTA, O., "¿Qué esperamos de los consejeros independientes? Un análisis del concepto de independencia en los códigos de gobierno corporativo", RdS, núm. 67, 2023; SÁNCHEZ-CALERO GUILARTE, *Los Consejeros Independientes...op.cit.,* pág. 50).

para ejercerlas y determinar su juicio en la adopción de decisiones y en la participación en las deliberaciones con un criterio objetivo y ajeno (o autónomo) respecto a cualquier intromisión que afecte o delimite la neutralidad que le singulariza. El consejero independiente ha de estar desvinculado de posibles influencias derivadas de sus relaciones con los diferentes intereses sociales o de partes del capital de la empresa, otorgando un criterio libre en su actuación y en beneficio del interés del conjunto de los accionistas que forman parte de la entidad, lo que cabe considerar que contribuye a incrementar la confianza de los socios y de otros sujetos externos a la propia sociedad, pero relacionados con la misma. Y, también, al margen de los demás miembros del órgano de administración, bien sean integrantes ejecutivos o consejeros externos dominicales (u otros externos). De este modo, corresponde al consejero independiente contribuir con un criterio profesional e imparcial a las decisiones que deben ser adoptadas en el órgano de administración al que pertenecen en virtud del interés general de los que conforman la sociedad (altos directivos, inversores institucionales, accionistas con participaciones elevadas en el capital y accionistas minoritarios) y neutralizar las posibles situaciones de conflicto de intereses que surjan, dando prioridad a la garantía del interés social del conjunto accionarial sobre cualquier otro de carácter particular.

El segundo criterio individual que merece una especial atención en el análisis terminológico de los consejeros externos independientes es la posibilidad de que el candidato o aspirante a ser designado en esta condición *posea una participación accionarial ordinaria* en la entidad de la que va a formar parte, siempre que acredite los singulares exhortos de idoneidad que le son propios[84]. Circunstancia que, no siendo absoluta, implica que se res-

[84] Pues, como es sabido, podrán ser consejeros dominicales los que posean una participación accionarial igual o superior a la que sea significativa o que, no

peten las limitaciones establecidas al respecto, a saber: podrá ser consejero independiente el candidato que satisfaga las condiciones y presupuestos impuestos para ostentar dicha catalogación y siempre que su participación en la entidad no sea significativa según los términos hermenéuticos[85]. La cuestión interpretativa que surge respecto de esta precisión se halla en la delimitación del concepto 'participación significativa', el cual parece superarse con la aclaración de que esa participación no le haga pasar de ser un simple accionista ordinario a la condición de accionista significativo con influencia sobre el control societario. Atendiendo a las previsiones de derecho positivo aplicables en este sentido, se estiman participaciones significativas las que alcancen, superen o se reduzcan por debajo de los umbrales *del 3%, 5%, 10%, 15%, 20%, 25% 30%, 35%, 40%, 45%, 50%, 60%, 70%, 75%, 80% y 90%*. Exceptuándose, los casos en los que la residencia habitual esté en un paraíso fiscal o en un país o territorio de nula tributación o con el que no exista efectivo intercambio de información tributaria conforme a la legislación vigente, en cuyos supuestos los porcentajes mencionados se sustituyen por el 1% y sus sucesivos múltiplos[86].

alcanzando su participación dicha cuantía, sean designados en tal categoría por su condición de accionistas.

85 *Vid*. ARIAS VARONA, F. J., "Concepto de participación significativa y cómputo de los derechos de voto", en AA.VV. *Sociedades cotizadas y transparencia en los mercados*, (Dirs. RODRÍGUEZ ARTIGAS, F./ FERNÁNDEZ DE LA GÁNDARA, L./ QUIJANO GONZÁLEZ, J./ ALONSO UREBA, A./ VELASCO SAN PEDRO, L.A./ ESTEBAN VELASCO, G.- Coord. RONCERO SÁNCHEZ, A.), vol. I, Editorial Aranzadi, Madrid, 2019, págs. 27-54; GARCÍA-OCHOA MAYOR/ ZAPATA BENITO, *Análisis...op.cit.*, págs. 55-59; MATEU DE ROS CEREZO, *La independencia de criterio...op.cit.*, págs. 147-149 con un juicio crítico al respecto. Algunos se refieren a una cuantía mínima o simbólica, véanse ECHEVARRÍA ABONA, *¿Constituyen...op.cit.*, pág. 72; MATEU DE ROS CEREZO, *El estatuto...op.cit.*, pág. 31.

86 Siguiendo lo dispuesto en el art. 32 del Real Decreto 1362/2007, de 19 de octubre, por el que se desarrolla la Ley 24/1988, de 28 de julio, del Mercado de Valores, en relación con los requisitos de transparencia relativos a la infor-

En consecuencia, a efectos de poder ser designado o mantenerse en la condición de consejero externo independiente el aspirante no puede poseer o representar el límite de participación de un 3% del capital social (o derechos de voto) de la entidad o, en el caso de los paraísos fiscales, de un 1%. Al estimarse que, en una posición contraria, dicha circunstancia supondría una alteración del régimen de independencia objetiva que le es propio. No obstante, adelantamos que volveremos sobre esta idea al analizar las situaciones expresadas en sentido negativo en la medida en que su concurrencia va a suponer una merma de la conducta autónoma o libre de condicionantes que distingue a estos consejeros sociales y que, en su caso, va a impedir al aspirante ser designado en dicha condición[87]. Esencialmente por los inconvenientes internos que la divergencia de criterio existente entre los ordenamientos está generando en la *praxis* societaria[88].

A lo expuesto, se añade como imposición general que en la designación de los consejeros sociales que van a integrar el Consejo de Administración de la entidad se favorezca la diversidad de género y, de modo específico, que se haga fácil la selección de consejeras. Exigencia que, del mismo modo, queda enmarcada entre los condicionantes de naturaleza personal del nombramiento de esta modalidad de consejeros. Esta disposición ha sido completa-

mación sobre los emisores cuyos valores estén admitidos a negociación en un mercado secundario oficial o en otro mercado regulado de la Unión Europea (BOE núm. 252, de 20 de octubre). Aunque actualmente se ha aprobado la Ley 6/2023, de 17 de marzo, de los Mercados de Valores y de los Servicios de Inversión (En adelante, LMVSI. BOE núm. 66, de 18 de marzo).

87 *Infra. 2.2. Condicionantes que pueden limitar la tendencia objetiva de la independencia del consejero.*

88 El sistema nacional es similar al de Portugal, Grecia e, incluso, Polonia, pero dista del umbral del 10% recogido en las normas de otros países de referencia como Alemania, Bélgica, Francia o Italia (GARCÍA-OCHOA MAYOR/ ZAPATA BENITO, *Análisis...op.cit.,* págs. 54-55 y 64-65).

da en la última reforma del CBG al establecer que sería deseable que la diversidad de género en el Consejo de Administración de las sociedades cotizadas sea que la posición la ocupen consejeras que representen, al menos, un 40% del total de los miembros que lo conforman[89]. Cuantificación que es apreciada como una manera de reforzar la diversidad de género en los órganos de gestión de las entidades cotizadas.

2.2. Condicionantes que pueden limitar la tendencia objetiva de la independencia del consejero

A. *Anotaciones previas sobre los presupuestos indicados en sentido negativo*

Los requerimientos sustantivos que, en general y en sentido positivo, han de concurrir en el candidato para aspirar, o sobre la propuesta, a ser designado consejero externo independiente en el Consejo de Administración de una sociedad cotizada e, incluso, mantenerse en dicho cargo se relacionan sistemáticamente con un conjunto de supuestos que tratan de superar la posible opacidad de la independencia que les distingue interpretada en su sentido objetivo. Lo que significa que no pueden concurrir para que el candidato tenga la posibilidad de alcanzar la categoría de consejero externo e independiente en la sociedad[90], por cuanto

[89] Puede consultarse la Recomendación 15 del CBG.

[90] Art. 529 *duodecies* de la LSC. En este mismo sentido, los Principios de Buen Gobierno Corporativo del Instituto de Consejeros-Administradores, la Asociación española de Consejeros, a través de su Comité de Normas Profesionales, 5ª edic., marzo de 2017, págs. 11-12. Dicha lista de incompatibilidades no ha quedado exenta de críticas doctrinales, a saber: ENCISO ALONSO-MUÑUMER, *Adopción...op.cit.,* págs. 57-84; ESTEBAN VELASCO, *Reorganización...op.cit.,* págs. 98-101 y en *Consejeros...op.cit.,* págs. 505-527; GARCÍA DE ENTERRÍA LORENZO VELÁZQUEZ, J., "La composición del Consejo: la

se entiende que son circunstancias que van a limitar la independencia de actuación que le es propia. Esto es, que hacen que el que va a ser nombrado consejero independiente (o trata de mantenerse en esta condición) no llegue a ser designado porque se vea afectada la imparcialidad y objetividad de criterio, y la autonomía que le particulariza de manera especial en el desempeño de las competencias que tiene asignadas en el órgano de administración social.

En este sentido, se trata de situaciones que, en puridad con las disposiciones reglamentarias, advierten o previenen del posible riesgo de que estos consejeros sociales vean restringida su específica independencia o autonomía de actuación por la influencia que pueden tener de los consejeros que son ejecutivos, de los accionistas de control o significativos y de otros integrantes de la sociedad[91] y porque, a su vez, su convergencia va a ocasionar si-

función de los consejeros ejecutivos y dominicales (art. 529 duodecies, apdos. 1, 2, 3 y 6 LSC)", en AA.VV. *Junta general y Consejo de Administración en la sociedad cotizada*, (Dirs. RODRÍGUEZ ARTIGAS, F./FERNÁNDEZ DE LA GÁNDARA, L./QUIJANO GONZÁLEZ, J./ALONSO UREBA, A./VELASCO SAN PEDRO, L./ESTEBAN VELASCO, G.— Coord. RONCERO SÁNCHEZ, A.), Tomo II, Pamplona, 2016, págs. 931-955; GARRIDO GARCÍA, *Los consejeros...op.cit.*, pág. 967; MATEU DE ROS CEREZO, R., "Los consejeros no ejecutivos en la ley de sociedades de capital: consejeros independientes y consejeros dominicales", *RdS*, núm. 47, julio/diciembre, 2016, págs. 216-218 y 226-227 (el autor considera que son presunciones de conflicto de interés).

91 La propia Recomendación 2005/162/CE de la Comisión de 15 de febrero de 2005, relativa al papel de los administradores no ejecutivos o supervisores y al de los comités de consejos de administración o de supervisión, aplicables a las empresas que cotizan en bolsa (L 52/51 de 25 de febrero) ya puso de manifiesto la imposibilidad de concertar una lista exhaustiva de cualquier hecho que limitase la independencia de estos consejeros. También recoge una lista enumerativa de actos en sentido negativo la Propuesta de Código Mercantil elaborada por la Sección de Derecho Mercantil de la Comisión General de Codificación, Madrid 2013, en el art. 283-37 (*prohibiciones para ser miembro independiente del Consejo de Administración*).

tuaciones de conflicto de interés en la entidad cotizada en perjuicio de los intereses sociales o del interés del conjunto de los sujetos que la integran. Estas indicaciones, en nuestra consideración, pueden simbolizar hechos de naturaleza preventiva si tenemos en cuenta que aperciben con antelación de lo que es necesario que no concurra si se pretende alcanzar la condición de consejero social independiente.

El tratamiento de estas situaciones precautorias que resultan ser incompatibilidades respecto de la posición del consejero independiente en las sociedades cotizadas, y que no pueden concurrir para que un aspirante llegue a ser designado en esta categoría social, van a ser analizadas en el presente estudio de forma individualizada. Si bien, antes de ello, conviene que hagamos dos advertencias al lector a fin de facilitar su nítida comprensión. La primera, es que se seguirá el contenido de la norma imperativa que de modo expreso las recoge, a pesar de que algunos de estos condicionantes traen causa en recomendaciones establecidas en los textos autonormativos precedentes[92]. En relación con lo indicado, se percibe que la previsión sistemática de las diversas situaciones limitativas de la independencia de actuación de los consejeros que nos ocupan entendida en su sentido objetivo se ha hecho de manera conjunta y enumerativa, más allá de una posible clasificación. Aspecto que, adelantamos, no resulta axiomático en la medida en que parece complejo equiparar los distintos criterios empleados. Así, cabe sostener que no son coincidentes los aspectos objetivos y de carácter permanente, de los que son de índole puntual o coyuntural[93]. Tampoco se ha tenido en cuenta la separación entre las

92 Sobre ello puede consultarse nuestro trabajo previo (VÁZQUEZ RUANO, *Principios... op.cit.*, págs. 54-85).

93 Véanse, en este sentido, ESTEBAN VELASCO, *Consejeros...op.cit.*, págs. 510-525; MATEU DE ROS CEREZO, *Los consejeros...op.cit.*, págs. 224-226.

posibles relaciones del aspirante con la sociedad de la que desea formar parte en calidad de consejero social y que le pueden hacer actuar en beneficio de intereses particulares. En este planteamiento, y del mismo modo, puede diferenciarse el aspecto temporal de dichos vínculos (antes de formar parte de la entidad, durante su cargo o respecto a su duración) de la esencia que los singulariza (personal, económica o de otro tipo). Por supuesto, y pese a la rotundidad de la regulación (*no podrán ser considerados en ningún caso...*) no es factible hacer equivalentes situaciones sobre las que cabe una interpretación en sentido contrario si concurre una excepcionalidad y que denominamos relativas, de las que han de considerarse absolutas y que, en ningún caso, pueden concurrir para alcanzar la condición de consejero externo independiente. No obstante, y ante la ausencia de un criterio estructurado en la relación de requerimientos negativos y las diversas subdivisiones posibles, se hará un análisis de estos condicionantes siguiendo un método grupal singular y propio, el cual nos va a permitir discernir entre el requisito de la cualificación del aspirante a consejero independiente desde la perspectiva profesional, el criterio económico y el de la observancia de los presupuestos formales de su designación[94].

La segunda anotación que estimamos oportuno hacer antes de proceder al análisis que nos compete es en relación con el carácter relativo de los condicionantes o circunstancias que no pueden concurrir en el aspirante a ser nombrado consejero independiente. En cuyo caso, ha de tenerse en cuenta que el contenido sustantivo de la mayor parte de estas situaciones no se ha definido en un sentido absoluto, pues de algunas de ellas puede hacerse una exégesis *a sensu* contrario si se aplica la excepción

94 Véase la Orden ECC/461/2013. Puede consultarse, asimismo, VÁZQUEZ RUANO, *Principios...op.cit.*, págs. 143-147.

correspondiente[95]. Afirmación que nos lleva a diferenciar, como se ha indicado, la concurrencia de eventualidades relativas y las que son calificadas de absolutas. Por lo que habrá de atenderse a cada planteamiento en concreto, como tendremos ocasión de detallar cuando proceda.

En todo caso, y aun cuando exponemos un juicio crítico en cuanto a la falta de clasificación o grupos de casos de las exigencias indicadas, manifestamos nuestra conformidad con el reconocimiento de que en los estatutos sociales o en el propio Reglamento interno del Consejo de Administración no sólo se incluyan otras posibles situaciones de incompatibilidad para ostentar la condición de consejero externo independiente, sino también que se limiten en mayor medida las previstas *ex lege*. Y ello porque, la aplicación estricta de los condicionantes a los que nos vamos a referir, puede ocasionar situaciones de difícil penetración en la *praxis* societaria en la medida en que, pese a que un sujeto cumpla los presupuestos de idoneidad de carácter personal y profesional que se le exigen para ostentar esta condición social, no pueda ser designado en la misma por la concurrencia de la incompatibilidad en cuestión que se entiende limita su particular independencia. A su vez, se determinan situaciones que permiten concluir la falta de autonomía de los consejeros en el desempeño de sus competencias, pero que no hacen viable confirmar el incumplimiento del deber de ejercer su cargo con la lealtad de un

95 En este sentido, autores como MATEU DE ROS CEREZO, *Los consejeros...op. cit.*, págs. 227-229, afirman que más que incompatibilidades son presunciones *iuris tantum*. Además, el autor señala que el legislador al aplicar las situaciones de conflicto de interés ha sido más estricto con la figura del consejero independiente que con el resto, pues mientras que a aquél se le aplican las previsiones de éstos (arts. 229 y 230) y las suyas propias (art. 529 *duodecies*), no así a los administradores ordinarios de las sociedades de capital. También, GARCÍA DE ENTERRÍA LORENZO VELÁZQUEZ, *La composición... op.cit.*, págs. 935-945.

fiel representante, actuando de buena fe y en el mejor interés de la sociedad, inherente a su condición de consejero social. Y que, obviamente, le supondría la asunción de una serie de responsabilidades frente a la sociedad, a los socios y a los acreedores sociales por los daños que, en su caso, se hubieran ocasionado. Estas posibles presunciones, a nuestro juicio, debieran haberse previsto *lege ferenda* como presunciones *iuris tantum* que admitiesen prueba en contrario por parte del aspirante frente al Consejo de Administración, y ello a fin de facilitar la designación de verdaderos y eficaces consejeros independientes en dicho órgano social. Esta matización permitiría al aspirante, al mismo tiempo, desvirtuar la supuesta incompatibilidad con la prueba en su contra o demostrar que aquélla no existe y que, por consiguiente, está en condición de aspirar a dicho nombramiento o mantenerse en el cargo societario. Téngase en cuenta que la imposibilidad de ser designado en la condición de consejero social independiente ha de extenderse, asimismo, a la rémora de su integración en las Comisiones especiales que se hubieran creado en el seno del órgano de administración (y a la posible ocupación de la presidencia), al igual que a la factible atribución del puesto de CIC, o a su participación en la declaración del cumplimiento de las recomendaciones de gobierno corporativo en la entidad[96].

B. Examen de las situaciones que influyen en la independencia objetiva de los consejeros independientes

El candidato que aspire a ser designado consejero independiente, o mantenerse en dicha condición, no podrá encontrarse en situaciones que afecten la singular independencia o autono-

[96] Además del perjuicio que, en general, se hace a las entidades cotizadas PAZ-ARES RODRÍGUEZ, *Identidad y diferencia del consejero...op.cit.,*, pág. 206.

mía en su sentido objetivo y que le es propia en el desempeño de sus competencias en la sociedad en cuyo órgano de administración se integra. O, lo que significa lo mismo, aspectos o situaciones que pueden suponer que el ejercicio de sus facultades en el órgano de gestión y administración societario no se efectúe con el nivel de imparcialidad y objetividad que le hace ser un consejero externo independiente. En cuanto que éste ha de velar por la tutela del interés del conjunto de los accionistas y al margen de posibles condicionantes o relaciones que influyan en el desarrollo de sus competencias y actuar de acuerdo con un criterio neutral y autónomo en beneficio del interés social.

En todo caso, como hemos adelantado, en el estudio de las situaciones preventivas que no pueden concurrir en el aspirante a ser nombrado consejero independiente, y ante la ausencia de una metodología positiva congruente, se va a seguir un criterio clasificatorio particular y que se ha previsto en base a una coherencia lógica interpretativa de los posibles grupos de casos. Aunque se mantendrá el orden determinado de modo reglamentario para no alterar la organización de la disposición normativa y, en consecuencia, la adecuada comprensión y seguimiento de la misma.

B.1. Circunstancias atributivas que menoscaban la particular independencia de actuación

Los aspectos calificados como circunstancias cualitativas o atributos en relación con el que aspira a ser nombrado consejero independiente en una sociedad cotizada (o a mantenerse en esta categoría) hacen referencia a los elementos que integran su propia condición o el carácter que le distingue. En este criterio general, puede aludirse tanto a las particularidades cualitativas de naturaleza profesional, como las que son propias del ámbito individual del aspirante. En el primer grupo, hemos aglutinado los siguientes supuestos, cuyo análisis procedemos a realizar seguidamente, a saber: ser empleados o consejeros ejecutivos de sociedades del grupo; tener vínculos con el auditor externo o responsable del informe de auditoría; ser consejeros ejecutivos o altos directivos de otra sociedad distinta; la temporalidad en el cargo; las incompatibilidades de calidad individual; y la posesión accionarial en la sociedad.

En todo caso, como ha quedado expuesto, ha de partirse de la idoneidad categórica y funcional relativa a que el consejero independiente sea un consejero *no ejecutivo*. Esto es, *en ningún caso*, el consejero puede llevar a cabo actuaciones de dirección en la sociedad o su grupo, cualquiera que sea el vínculo jurídico o relación que le aproxime a la entidad. En consecuencia, el consejero será un integrante del Consejo de Administración que, en el desenvolvimiento de las precisas funciones que tiene atribuidas, no se encuentre condicionado por alguna relación con los miembros ejecutivos, ni con los accionistas de control de la sociedad u otros directivos de la misma. Sino que, por el contrario, va a desempeñar las facultades de control y de supervisión de los que ejercen competencias ejecutivas en el órgano de gobierno de la sociedad con autonomía de criterio y siguiendo un criterio imparcial, y de modo neutro en beneficio de los intereses societarios o del colectivo de accionistas.

a) La condición de empleado o consejero ejecutivo de sociedades del grupo

La primera limitación sustantiva que impide ser designado consejero externo independiente en el órgano de administración de una sociedad cotizada es que no podrá serlo el que en un momento anterior a dicha pretensión haya sido empleado o consejero ejecutivo de sociedades del grupo[97]. En este planteamiento preventivo, la previsión se refiere de modo manifiesto al mantenimiento de una relación previa con la entidad de la que el aspirante va a formar parte. Condición que, además, se precisa de modo relativo como comprobaremos a continuación.

Recordamos que se entiende por grupo de sociedades el supuesto en el que —de manera directa o indirecta— una sociedad denominada dominante ostenta (o puede hacerlo) el control jurídico u orgánico de otras que son las entidades dependientes[98]. Dicho poder, en el marco societario, se presume si la entidad dominante tiene la mayoría de los derechos de voto o puede disponer de ellos por acuerdos alcanzados con terceros, o si posee la facultad de nombrar o destituir a la mayoría de los miembros que integran el órgano de administración y gestión social, o solo con sus votos hubiera designado a la mayoría de los integrantes de dicho órgano. De este modo, habrá un grupo de sociedades cuando la mayor parte de los que conforman el órgano de administración de la sociedad dependiente integren el órgano de administración o sean altos directivos de la entidad dominante o de otra dominada por ésta.

Sobre la situación que nos ocupa, y en relación con la pretendida designación de consejeros externos independientes, apreciamos que conviene detenerse en dos cuestiones fundamentales. De un lado, la delimitación conceptual de ambos términos, es decir, empleado y consejero ejecutivo de sociedades del grupo. Pues mientras que el último no presenta duda alguna en la *pra-*

---

97 Letra a) del art. 529 *duodecies* de la LSC.

98 Art. 42 del Ccom. Para ampliar esta materia, FUENTES, M., "Capítulo IV. Los grupos de sociedades", en AA.VV. *Comentario a la Ley de Sociedades de Capital*, (Dirs. ROJO, A./ BELTRÁN, E.), t. I, Civitas, Madrid, 2011, págs. 298-309, en concreto 298-301; ROJO FERNÁNDEZ—RÍO, A., "Los Grupos de sociedades en el Derecho español", *RDM*, núm. 220, 1996, págs. 457-484.

xis societaria en cuanto a los elementos limitativos de la independencia en sentido objetivo que distingue a esta categoría de consejero social en lo que hace al ejercicio de sus competencias en el seno de la entidad, no así en lo que se refiere al término de 'ser empleado'. El consejero ejecutivo es el consejero interno que lleva a cabo funciones de dirección en la sociedad o su grupo siendo indiferente el vínculo jurídico que mantenga con ella. Pero los consejeros que sean altos directivos o consejeros de sociedades pertenecientes al grupo de la entidad dominante tendrán en ésta la consideración de dominicales (consejeros externos). Asimismo, se calificará como consejero ejecutivo el que desempeñe funciones diarias de dirección y, a su vez, sea o represente a un accionista significativo o que esté representado en el Consejo de Administración social. El vínculo orgánico y continuado que une a un consejero ejecutivo con la entidad impide que, a posteriori, pueda afirmarse que la actuación que desarrolle en una filial resulte imparcial y objetiva en beneficio del interés del conjunto de los accionistas que forman parte de la sociedad y al margen del que es propio de los accionistas significativos y de los ejecutivos o de otras posibles influencias singulares, lo que sería un condicionante del desempeño de sus competencias con la autonomía que es propia y singular de los designados en la categoría social de consejeros independientes en el órgano de administración.

Si bien no cabe duda de la repercusión que para la actuación del consejero independiente supondría haber ocupado el cargo de consejero con funciones ejecutivas en una entidad del grupo, por el contrario, no puede llegarse a semejante deducción en cuanto a ocupar un puesto de empleado. Teniendo en cuenta que la previsión sustantiva no delimita lo que ha de entenderse por el término 'empleado'[99], seguimos la trascripción literal del

---

99 *Vid.* ESTEBAN VELASCO, *Consejeros...op.cit.*, págs. 505-527; MATEU DE ROS CEREZO, *Los consejeros...op.cit.*, pág. 219 y en *La independencia de criterio...*

tenor y la pertinente sistemática, lo que hace factible sostener *prima facie* que nada impide considerar que lo será cualquier persona que hubiera tenido una relación laboral, bien de carácter especial o si se trata de una relación de trabajo común. Relación que evidencia, en cierta medida, un grado de dependencia con la entidad matriz[100] y que sería el que justificase esta circunstancia protectora y, a la vez, provisoria para con el aspirante a ser designado consejero independiente. No obstante, corresponderá al contenido estatutario o al del Reglamento interno de funcionamiento del Consejo de Administración la precisión de su alcance y concreción según las propias circunstancias sociales. Y, en defecto del mismo, será la Comisión especial la facultada para proceder al análisis de dicho vínculo laboral en cada caso concreto. Sin embargo, desde nuestro punto de vista, convendría hacer una puntualización y es que debiera limitarse la posibilidad de ser designado en calidad de consejero social independiente al que, por sus relaciones previas con la entidad o el grupo societario, pueda ver mermada la independencia de criterio y actuación que ha de distinguir el desempeño de las facultades que tiene atribuidas en el órgano de administración social, o que —de algún modo— pueda subordinar su actuación autónoma y objetiva en el desenvolvimiento de las funciones societarias que le son atribuidas.

La segunda cuestión que merece ser atendida se refiere al ya mencionado carácter relativo de este condicionante y que se basa en un criterio temporal. Pues, en el caso de que hubieran transcurrido tres años desde que el aspirante fue empleado, o cinco si hubiera sido consejero ejecutivo de sociedades del grupo, es admisible que el candidato pueda ser designado en la condición de

op.cit., págs. 141-143.

100 Sobre ello, PAZ-ARES RODRÍGUEZ, *Identidad y diferencia del consejero...op. cit.*, pág. 59 hace alusión al caso ‹Central Lechera Asturiana› (SJM Oviedo, 9 de enero 2014, JUR 2015/102597).

consejero social independiente. Parece evidente que la aplicación de la mencionada temporalidad se hace depender del cese de la relación que le une con la misma. Por tanto, habiendo transcurrido dichos plazos, se aprueba la posibilidad de que el empleado o, en su caso, el consejero ejecutivo alcance la condición de consejero independiente en el órgano de administración. Aun cuando volveremos sobre ello con un razonamiento más reflexivo[101], cabe apuntar en este momento que el aspecto referido ha avivado un debate dogmático basado, fundamentalmente, en la precisión de los plazos indicados[102]. Los argumentos interpretativos se plantean por la diferencia temporal existente entre la hipótesis del empleado y la del consejero ejecutivo. La concepción dogmática principal sobre la que se argumenta es que el candidato tiene que poder desarrollar o ejercer sus funciones sin verse condicionado por relaciones con la sociedad o el grupo de sociedades, sus accionistas significativos o los directivos de la misma. En este sentido, resulta coherente que el margen de temporalidad para evitar que el vínculo con la sociedad limite o afecte la independencia de su actuación ha de ser menor en el supuesto de ser un empleado que en el planteamiento del que fuera consejero ejecutivo. En la hipótesis de que el aspirante a consejero independiente hubiera sido consejero ejecutivo con anterioridad, la asociación de dependencia va a resultar de mayor intensidad en cuanto a las propias facultades que tiene encomendadas en el cargo social que ostentó a priori porque, estos últimos, junto a las competencias generales del consejero social, llevan a cabo las funciones diarias de dirección de la sociedad o su grupo, cualquiera que sea la relación jurídica que mantengan con ella. Al igual que en el caso de

101 *Infra CAPÍTULO II* en el epígrafe *4*.

102 Coincidimos, en este sentido, con ESTEBAN VELASCO, *Reorganización... op.cit.*, pág. 100 y en *Consejeros...op.cit.*, págs. 515-120. En otras opiniones, puede consultarse SÁNCHEZ CALERO-GUILARTE, *Los consejeros...op.cit.*, pág. 38.

que, junto a las funciones de dirección, el consejero sea o represente a un accionista significativo o que esté representado en el Consejo de Administración de la sociedad en cuestión.

b) Eventuales vínculos con el auditor externo o responsable del informe de auditoría

El candidato a ser designado en la condición de consejero independiente en el Consejo de Administración de una entidad cotizada no puede ser (o haber sido con anterioridad) socio del auditor externo o responsable del informe de auditoría de la sociedad o de una sociedad de su grupo durante los últimos tres años[103].

La búsqueda de una justificación a la referida imposición preventiva nos hace acudir a la específica regulación de la auditoría de cuentas, la Ley 22/2015 de Auditoría de Cuentas[104], tendente a mejorar la calidad e independencia, e intensificar la confianza en la información financiera y económica de las sociedades. En particular, en la exigencia que se prevé respecto de los audito-

103 Letra c) del art. 529 *duodecies* de la LSC.

104 Ley 22/2015, de 20 de julio, de auditoría de cuentas (BOE núm. 173, de 21 de julio) y su Reglamento de desarrollo aprobado por el Real Decreto 2/2021, de 12 de enero (BOE núm. 26 de 30 de enero). En concreto, arts. 14 a 20 de la norma y que se refuerza en el punto 65 de la *Guía Técnica 3/2017 sobre Comisiones de Auditoría de Entidades de Interés Público* de 27 de junio de 2017 de la CNMV, para su consulta: https://www.cnmv.es/DocPortal/Legislacion/Guias-Tecnicas/GuiaTecnica_2017_3.pdf (último acceso, enero 2023). En relación con la independencia del auditor, puede consultarse: PETIT LAVALL, Mª. V., "La independencia del auditor y la "multidisciplinary practice", *RDBB*, Año 21, núm. 88, 2002, págs. 7-46, y en "Propuestas de la SEC para la reforma de la SARBANES-OAXLEYACT sobre independencia del auditor y deber de custodia de los papeles de auditoría", *RDBB*, Año 22, núm. 89, 2003, págs. 415-418.

res de cuentas y sociedades de auditoría que han de ser independientes en el ejercicio de su función, lo que significa que deberán abstenerse de participar en la gestión o toma de decisiones de la entidad auditada. De este modo, no podrán tomar parte ni influir en las personas que tengan una relación laboral, comercial o de otro tipo con la sociedad auditada y que, de ello, pueda derivar un conflicto de intereses.

Las previsiones sustantivas nacionales se deducen del régimen normativo comunitario, el cual tiene por finalidad básica el fortalecimiento de la calidad de las auditorías mediante el refuerzo de la independencia, al considerar que este identificativo es la base fundamental de la confianza que se deposita en el correspondiente Informe de auditoría que se lleve a término. En este sentido, ha de recordarse el contenido reglamentario de la Directiva 2014/56/UE[105] que regula y fomenta el régimen de la objetividad e independencia de la auditoría legal de las cuentas anuales y de las cuentas consolidadas, junto a aspectos de relevancia como el acceso de los auditores de cuentas y de las sociedades de auditoría autorizados en Estados miembros, la organización de los auditores, y el propio Informe de auditoría, entre otros; y el del Reglamento (UE) 537/2014[106] sobre los requisitos específicos para la auditoría legal de las entidades de interés público en lo que hace a los honorarios e independencia que le es propia, así como a la obligación de comunicación, conservación y custodia, a las limitaciones temporales a la contratación o rotación externa,

105 Directiva 2014/56/UE del Parlamento Europeo y del Consejo, de 16 de abril de 2014, por la que se modifica la Directiva 2006/43/CE relativa a la auditoría legal de las cuentas anuales y de las cuentas consolidadas (OJ L 158, de 27 de mayo).

106 Reglamento (UE) 537/2014 del Parlamento Europeo y del Consejo, de 16 de abril de 2014, sobre los requisitos específicos para la auditoría legal de las entidades de interés público y por el que se deroga la Decisión 2005/909/CE de la Comisión (OJ L 158, de 27 de mayo).

y a las obligaciones que le son exigibles a la específica Comisión de Auditoría.

Siguiendo esta línea hermenéutica, la sistemática interna destaca la necesidad de atender a los requisitos del ejercicio de la actividad de auditoría realizada por los auditores de cuentas y las sociedades de auditoría, los cuales se concretan fundamentalmente en la objetividad e independencia de criterio[107]. Atributos que, en nuestra consideración, presentan su correspondencia con los propios del consejero externo independiente en el órgano de administración de las sociedades cotizadas en los que, como ha quedado expuesto, concurre la necesidad de prestar atención en su actuación a la independencia en la tendencia subjetiva propia del cumplimiento del deber de lealtad que asume por su condición de consejero social y, a su vez, en el aspecto objetivo del término en relación con la actuación desempeñada en el órgano de administración y que le distingue como una categoría particular de consejero social[108]. Así, se impone al auditor de cuentas el deber de actuar con escepticismo y aplicar en la actividad que desarrolla su juicio profesional. El régimen de independencia que se establece respecto del auditor puede calificarse —siguiendo un criterio propio— como un 'sistema combinado' respecto de la tendencia subjetiva y objetiva de la misma, de forma equivalente a la que venimos pregonando respecto de los calificados como consejeros independientes. De un lado, por cuanto se determina un principio general de independencia de los auditores como característica de los que ejercen la actividad de auditoría y, de otro, en un sentido más específico en relación con el elenco de circunstancias, situaciones o relaciones precisas que suponen una limitación a la autonomía que ha de singularizar su proceder pro-

107 Arts. 13 a 15 de la Ley 22/2015 de auditoría de cuentas.

108 Sobre ello PAZ-ARES RODRÍGUEZ, *Identidad y diferencia del consejero...op. cit.,*, pág. 54.

fesional. La observancia genérica de la primera, conmina a los auditores (y a las sociedades de auditoría) a la abstención de actuar cuando su objetividad en la revisión y verificación de las cuentas, los estados financieros u otros documentos contables, pueda verse afectada o condicionada en lo que concierne a la información económica financiera que se va a auditar. De acuerdo con estas premisas, los auditores de cuentas, tampoco podrán participar en la gestión o toma de decisiones de la entidad auditada.

Por su parte, en el caso de que concurriese alguna de las circunstancias, situaciones o relaciones específicas de las preceptuadas de modo preventivo, se afirma la carencia de la independencia en su aspecto objetivo y que ha de distinguir a los auditores de cuentas en el oportuno ejercicio de sus funciones respecto a la entidad auditada[109]. Haciéndose alusión expresa a condicionantes que son de carácter personal (como ostentar la condición de miembro del órgano de administración, directivo o apoderado; o tener un interés significativo directo en la entidad auditada) y a circunstancias que derivan de los servicios que se hubieren prestado a la sociedad (servicios de contabilidad o preparación de los registros contables o los estados financieros; ciertos servicios de valoración; servicios de auditoría interna; servicios de abogacía; y servicios de diseño e implementación de procedimientos de control interno o de gestión de riesgos o diseño, o aplicación de sistemas informáticos acerca de la información financiera).

A ello se añaden otras incompatibilidades en relación con situaciones que concurren en familiares de los auditores, en personas o entidades relacionadas directamente con el auditor o la sociedad de auditoría, y en otros sujetos o entidades pertenecientes a la red del auditor en cuestión o de la sociedad de auditoría. En consonancia con ello, corresponde al auditor de cuentas (o socie-

109 Arts. 16 a 20 de la Ley 22/2015 de auditoría de cuentas.

dad de auditoría) la adopción de las medidas precisas para evitar los posibles conflictos de intereses o de relación comercial, u otra clase de vínculos reales o potenciales que puedan comprometer la autonomía singular en su actuación. Además, el personal vinculado al mismo, o quien le preste servicios y determinados parientes (como los progenitores, hijos y hermanos y sus cónyuges) no han de poseer un interés significativo directo en relación con la sociedad auditada, ni realizar ciertas operaciones con instrumentos financieros de aquélla. Asimismo, se impide que estas personas participen en la auditoría si poseen instrumentos financieros de la entidad auditada o tienen algún interés o relación comercial o financiera con ella. Por último, se alude a los posibles regalos, situaciones sobrevenidas que afecten a la entidad auditada y prohibiciones posteriores en relación con la misma. En cuanto al condicionante de carácter temporal, el tiempo mínimo en el que debe respetarse la independencia tras la realización del trabajo de auditoría se concreta en un año como norma general, y dos años para el caso de auditores que presten sus servicios a entidades de interés público.

La concurrencia de cualquiera de las circunstancias referidas trae como consecuencia directa la imposibilidad de que se lleve a cabo el trabajo de auditoría por parte del legitimado al apreciarse una posible subordinación o coyuntura incompatible con la libertad y autonomía de actuación que le distingue por el desempeño de su profesión. Por consiguiente, y aun cuando la previsión dispositiva no deviene explicativa en este aspecto, cabe afirmar que en los supuestos en los que se ponga en duda la independencia del auditor que es propia de su actuación, la consecuencia va a ser de diverso alcance. De un lado, un efecto limitativo en lo que hace a su participación en el proceso de toma de decisiones y en la realización de la auditoría correspondiente a la entidad auditada. De otro, el efecto será de naturaleza preventiva en cuanto que deben evaluarse las posibles amenazas a dicha independencia y, si procede, adoptar las medidas que resulten necesarias para poder atenuarlas.

Las consideraciones expuestas dimensionan y completan la incompatibilidad referida y de aplicación al aspirante a ser consejero independiente en el órgano gestor de las sociedades cotizadas. Es decir, el haber sido socio del auditor o responsable del informe de auditoría impide ser nombrado consejero independiente porque su imparcialidad y objetividad de criterio, en el desempeño de sus facultades, se reputan afectadas por la conexión entre ambos con la finalidad de alcanzar un objetivo común. Condicionante que ha de calificarse como razonable si se tienen en cuenta las actividades desarrolladas en cada uno de los puestos a ocupar (auditor y consejero externo independiente) y la información de carácter privilegiado que maneja el auditor de cuentas en el ejercicio de sus competencias en la entidad que audita.

Sin embargo, volvemos de nuevo sobre el carácter relativo de esta limitación para los aspirantes a ser designados consejeros independientes, ya que se estima que pasados tres años desde la realización del trabajo de auditoría y, reuniendo el candidato el resto de imposiciones de idoneidad exigidas para ostentar la condición de consejero independiente, nada impide que se pueda ser designado en dicha categoría societaria. Esta temporalidad puede entenderse que no es suficiente si, como se ha indicado, se pone en relación con las funciones realizadas por el auditor externo o responsable del informe de auditoría y las que se asumen al ser designado como consejero independiente en el seno del órgano de administración de la sociedad en cuestión. Las posibles relaciones mantenidas durante dicho tiempo con los que desarrollan competencias de auditoría pueden suponer que la facultad de supervisión en el seno de la sociedad por parte de los que tienen atribuidas las facultades para revisar la política y procedimientos de la entidad auditada en beneficio del interés social, no se desarrolle con una efectiva neutralidad y autonomía de criterio y, en consecuencia, tampoco se aporte un discernimiento objetivo y profesional sobre las decisiones que deben ser adoptadas por parte del Consejo de Administración de la entidad, sobre cuya justificación volveremos más adelante.

c) Los consejeros ejecutivos o altos directivos de otra entidad

La garantía de los aspectos que hacen singular a los consejeros externos independientes va a impedir que puedan ser designados en dicha condición los consejeros ejecutivos que desempeñen funciones de alta dirección o sean empleados de una sociedad distinta o de su grupo, ni los directivos que tengan dependencia directa del Consejo de Administración o del primer ejecutivo de dicha sociedad diferente. Limitación que queda condicionada a que en esta entidad algún consejero ejecutivo o alto directivo ostente la condición de consejero externo (bien sea independiente, dominical u otro externo). Es decir, siguiendo el tenor de la prescripción normativa no podrán ser designados en la condición de consejeros independientes los que sean *consejeros ejecutivos o altos directivos de otra sociedad distinta en la que algún consejero ejecutivo o alto directivo de la sociedad sea consejero externo*[110].

La incompatibilidad referida al cargo de consejero ejecutivo o alto directivo en una entidad diferente consideramos que pretende limitar el desempeño de funciones ejecutivas por delegación o por una relación diversa con la entidad (son los calificados como *consejeros cruzados*[111]). La justificación de este condicionante

110 Letra d) del art. 529 *duodecies* de la LSC.

111 *Vid.* AGUILERA, R. V., "Directorship Interlocks in a Comparative Perspective: the Case of Spain", *European Sociological Review*, 14 (4), 1998, págs. 319-342; DOOLEY, P. C., "Interlocking Directorate", *American Economic Review*, 59, 1969, págs. 314-323; MARCOS FERNÁNDEZ/ SÁNCHEZ GRAELLS, *Necesidad...op.cit.*, pág. 535; MIZRUCHI, M. S., "What Interlocks Do? An Analy-

descansa en el hecho de que, como es sabido, en el desenvolvimiento de sus competencias los consejeros sociales independientes han de estar desvinculados de la dirección de la empresa y de los demás accionistas o socios de control que puedan influir en su actuación. En consecuencia, los que pretenden ocupar el cargo de consejero independiente deben implementar el equilibrio en el funcionamiento del Consejo de Administración de las sociedades cotizadas y velar por el conjunto del interés social o general de la entidad, al margen de posibles influencias particulares o intereses individuales que coarten la autonomía en su proceder.

En este sentido, los que ocupen la posición de consejeros independientes en el órgano de administración de una sociedad cotizada han de contar con experiencia dilatada en cargos de responsabilidad societaria y, en ocasiones, es habitual que esa experiencia la posean en distintas entidades. Por ello, parece que con esta premisa teórica se han querido salvar estas circunstancias que pueden hacer que —por los contactos y vínculos de interés con los que cuente el candidato— vea limitado o condicionado el criterio objetivo y neutro que ha de distinguir el desempeño de sus competencias en beneficio del conjunto de los que conforman la sociedad. Estos consejeros, obviamente, asumen al aceptar su cargo la atención de las obligaciones preceptivas y las previstas en las disposiciones estatutarias en razón de la tutela del interés social, debiendo participar en las deliberaciones y debates sobre los asuntos sometidos a su consideración con un razonamiento imparcial y autónomo, y disponer de la información suficiente

sis, Critique and Assessment of Research on Interlocking Directorates", *Annual Review of Sociology*, 22, 1996, págs. 271-298; POVEDA, G./SICILIA, C./SIMO, P./SALLAN, J. Mª., "Análisis longitudinal de las consejerías cruzadas y su papel en la organización económica española", *Harvard Deusto Business Research,* Volumen III, núm. 2, diciembre, 2014, págs. 65-66; SÁNCHEZ-CALERO GUILARTE, J., "Anteproyecto de Ley de cajas de ahorro y fundaciones bancarias", *RDBB*, Año 32, núm. 129, 2013, págs. 324-325.

para poder formar un criterio preciso, objetivo e independiente sobre los temas de relevancia para la sociedad.

La circunstancia indicada se contrapone con la percepción favorable acerca de incorporar en los Consejos de Administración de las entidades cotizadas a consejeros que participen en otros órganos de administración social, a fin de mejorar el funcionamiento del órgano gestor. A pesar de las posibles bondades que de ello pueden evidenciarse en la *praxis* societaria, hay que tener en cuenta que los consejeros asumen un conjunto de facultades y obligaciones entre las que se encuentra el cumplimiento del deber de dedicar el tiempo suficiente y preciso a la entidad de la que van a formar parte[112]. Aspecto que puede resultar afectado, o hacer que no se atienda de manera conveniente, si el aspirante en cuestión está presente en varios Consejos de Administración social. Como, tampoco, se prestaría atención a la recomendación de incorporar en los órganos de administración de las sociedades cotizadas consejeros independientes de perfiles profesionales displicentes, pese a que —como se ha indicado— el haber pertenecido a otros Consejos de Administración les dote de cualidades convenientes para ejercer de modo efectivo las funciones estratégicas y de supervisión que en su condición asumen en el seno de la sociedad.

La pretensión básica de esta limitación, como ha quedado apuntado, se corresponde con la restricción de los supuestos de las *consejerías cruzadas* (*interlocking directorate*) o *consejeros cruzados* en la hipótesis de que una misma persona pertenezca a dos o más Consejos de Administración de diferentes entidades[113]. En principio, nada va a impedir considerar que la experien-

---

112 *Vid.* GUTIÉRREZ URTIAGA/ SÁEZ LACAVE, *Deconstructing Independent... op.cit.*, págs. 68-76; REDÍN GOÑI/ GONZÁLEZ PERALTA, *¿Qué esperamos... op.cit., passim.*

113 Para ampliar esta información: AGUILERA, *Directorship...op.cit.*, págs. 319-342; DOOLEY, *Interlocking...op.cit.*, págs. 314-323; MARCOS FERNÁNDEZ/

cia como consejero social es un aspecto positivo que puede dar lugar a ser requerido por varias entidades por los conocimientos, experiencia y formación que se posean en el ámbito societario y del resto de atributos de idoneidad que le son demandados, pero ello se contrapone con el riesgo de los consejeros cruzados. Circunstancia que entendemos en un sentido opuesto respecto de los consejeros que nos ocupan, en la medida en que aquélla sea óbice para condicionar la independencia en el desenvolvimiento de las funciones que tienen atribuidas en la gestión societaria y en cuanto al ejercicio de la supervisión de los que llevan a cabo las facultades ejecutivas[114]. Teniendo en cuenta las particularidades que singularizan a los consejeros externos independientes, el formar parte de varios órganos de administración de distintas sociedades puede entenderse como una mejora de su condición y, tal vez, ello ampare que no se haya previsto como una situación negativa o de incompatibilidad que impide al aspirante ser designado en la categoría de consejero independiente. Si bien, una reflexión más detenida de este pormenor, hace pensar que este aspecto puede llegar a afectar a la imparcialidad y autonomía objetiva de la actuación del mismo, por el aumento del conocimiento sobre la gestión y funcionamiento de otras entidades y los posibles vínculos que condicionen el cumplimiento y dedica-

SÁNCHEZ GRAELLS, *Necesidad...op.cit.*, pág. 535; MIZRUCHI, *What...op.cit.*, págs. 271-298; POVEDA/SICILIA/SIMO/SALLAN, *Análisis...op.cit.*, págs. 65-66, sobre los motivos que llevan a las empresas a captar a consejeros de otras empresas: la coordinación entre empresas para reducir la competencia (aunque en opinión de los autores no se dan en la práctica consejerías cruzadas dentro del mismo sector), cooptación para captar recursos y controlar empresas; SÁNCHEZ-CALERO GUILARTE, *Anteproyecto...op.cit.*, también denominadas 'en favores recíprocos' y en "Gobierno corporativo: acumulación de cargos y nombramientos cruzados", *Juan Sánchez-Calero Guilarte Blog*, marzo, 2017. Véase el Apartado 5.2 del *Informe Olivencia*.

114 En esta misma opinión, véanse MATEU DE ROS CEREZO, *La independencia de criterio...op.cit.*, págs. 141-143; POVEDA/ SICILIA/ SIMO/ SALLAN, *Análisis...op.cit.*, págs. 65-71.

ción al cargo que se ocupa. Sin embargo, en nuestra apreciación, no cabe establecer una limitación absoluta y restrictiva en este planteamiento, en cuanto que como se ha adelantado puede ser beneficioso para la propia entidad designar consejero independiente al que tenga otras facultades en el órgano de administración de una entidad diversa, por lo que sería factible ser nombrado en dicha condición si se cuenta con la autorización del propio Consejo de Administración para desempeñar ese puesto societario. Pues es obvio que, si el consejero independiente es designado en base a su experiencia y reconocimiento profesional y personal y de acuerdo con unas determinadas cualidades de aptitud, el formar parte de otros órganos gestores de diversas entidades supone una ampliación de su trayectoria y le va a aportar conocimientos relevantes en el ámbito societario.

Distinto sería el interrogante sobre el vínculo que surge entre el consejero social y la propia entidad y que se basa tanto en el objeto de la misma, como en las funciones que tiene reconocidas y que desempeña en ella. Pues en los supuestos de los consejeros ejecutivos e, incluso, altos directivos, la vinculación o dependencia para con la entidad resulta de mayor rigor que en la hipótesis de los consejeros externos no ejecutivos. Quienes sean consejeros ejecutivos o altos directivos de otra sociedad distinta en la que algún consejero ejecutivo o alto directivo de la sociedad sea consejero externo, es un planteamiento o causa de incompatibilidad para ser designado en la condición de consejero social independiente que genera cuestiones conceptuales controvertidas. Respecto a la definición de los consejeros ejecutivos, ha quedado expuesto que se considera que lo son los que desempeñan funciones de dirección en la sociedad o su grupo, con independencia del vínculo jurídico que mantengan con la entidad. En consecuencia, no sólo van a ser consejeros ejecutivos los consejeros delegados u otros consejeros que tengan atribuidos poderes ejecutivos de dirección de la sociedad en el Consejo de Administración de la misma, sino también los directivos que hayan sido designados como miembros del Consejo de la sociedad y siendo indiferente el vínculo jurídico de naturaleza laboral o mercantil que mantengan con la entidad.

En todo caso, la limitación referida entendemos que se confirma con la necesidad de cumplir con la obligación de evitar las situaciones de conflicto de intereses en beneficio del interés social sobre los particulares, lo que implica que el consejero social se abstenga, entre otros extremos, de llevar a cabo actividades por cuenta propia o por cuenta ajena que signifiquen una competencia efectiva (actual o potencial) con la sociedad o que, de cualquier otra forma, le posicionen en un conflicto de intereses permanente con los de la sociedad a la que pertenezca. Por lo que, si concurriese esta situación, va a corresponder al consejero social comunicar tal circunstancia al Consejo de Administración para que éste proceda en consecuencia.

d) Temporalidad máxima en el desempeño de las funciones de consejero

La supeditación de la designación de consejeros independientes a una duración concreta es un condicionante que no ha quedado dispensado de anotaciones diversas. Partiendo de las previsiones aplicables a los consejeros de las sociedades de capital en general, se reconoce un plazo temporal determinado para ocupar el cargo de administrador de las S.A., a diferencia de los administradores de las S.R.L[115]. En el primer caso, se podrá ser administrador social durante el tiempo que se hubiere previsto estatu-

---

115 Art. 221 de la LSC. Para ampliar la información JUSTE MENCÍA, J., "Artículo 221. Duración del cargo", en AA.VV. *Comentario de la ley de Sociedades de Capital. Tomo III. La junta general. La administración de la sociedad,* (Dirs.

tariamente, pero con la limitación máxima de seis años, aunque pueden ser reelegidos (una o varias veces) por períodos de igual duración máxima. Sin embargo, los administradores de la S.R.L. ejercerán su cargo por tiempo indefinido, salvo que los estatutos sociales precisen un plazo de duración concreto. Por su parte, en la sociedad cuyos valores han sido admitidos a cotización en un mercado regulado, el mandato de un consejero social ha de determinarse en los estatutos de la entidad y no puede ser superior a cuatro años[116], pero se establece la posibilidad de su reelección por períodos de igual duración máxima.

No obstante, como se ha adelantado, en lo que respecta a los consejeros sociales independientes se ha impuesto una limitación temporal precisa. Extinguiéndose dicha catalogación cuando se ha ocupado el cargo de consejero durante doce años seguidos. Esto quiere decir que, pasado dicho período, el consejero no podrá —en ningún caso— ser designado en la referida categoría, aunque ello no empece la posibilidad de que sea nombrado en otra de las posiciones sociales preceptuadas sobre los consejeros

GARCÍA-CRUCES GONZÁLEZ, J.A./ SANCHO GARGALLO, I.), Tirant lo Blanch, Valencia, 2021, págs. 3063-3068.

116 Art. 529 *undecies* de la LSC. Para ampliar esta materia pueden consultarse, entre otros: APILÁNEZ PÉREZ DE ONRAITA, E., "Nombramiento y reelección de consejeros de sociedades cotizadas; duración del cargo", en AA.VV. *Comentario práctico a la nueva normativa de gobierno corporativo Ley 31/2014, de reforma de la Ley de Sociedades de Capital*, CMS ALBIÑANA & SUÁREZ DE LEZO, Dykinson, Madrid, 2015, págs. 161-164; GARCÍA DE ENTERRÍA LORENZO VELÁZQUEZ, *La composición...op.cit.*, págs. 935-945. Por su parte, autores como MARTÍNEZ MARTÍNEZ, M. T., "Admisibilidad de cláusula estatutaria fijando plazos desiguales de duración del cargo de consejero en sociedades cotizadas", *RDBB*, núm. 87, 2002, págs. 267-272; MATEU DE ROS CEREZO, R., "La pluralidad de plazos de mandato de los administradores de la sociedad anónima", *RdS*, núm. 19, 2002, págs. 223-229; y SÁNCHEZ CALERO, *Los administradores...op.cit.*, pág. 123, ponen de manifiesto la posibilidad de establecer distinta temporalidad en el nombramiento en función de la categoría de consejero de que se trate.

que integran el órgano de administración social. Esta alternativa, sin embargo, va a llevar aparejada la necesaria justificación y explicación acerca de los motivos de dicha designación y que compete realizar al Consejo de Administración en el IAGC[117]. En este sentido, la dilatada relación en el tiempo mantenida entre la sociedad cotizada y el consejero social se ha considerado una causa de incompatibilidad absoluta, al estimar que un período continuado de más de doce años impide al aspirante ser designado en la condición de consejero externo independiente[118]. En consecuencia, el mantenimiento de una relación de doce años como consejero ha de entenderse una causa que, en todo caso, afecta o elimina la singular independencia de actuación considerada en su sentido objetivo que es característica de esta modalidad específica de consejero externo. Pero no así en la hipótesis de la reelección de los consejeros ejecutivos y de los dominicales, en cuyo supuesto la experiencia y el conocimiento sobre la entidad que hubieran acumulado a lo largo de ese período, ha de valorarse en un sentido positivo.

La divergencia en el tratamiento de la temporalidad máxima como consejero concretada para poder ser designado en la condición de independiente, en lo que en este momento nos interesa, hace que consideremos pertinente enunciar dos comentarios de

---

117 Siguiendo el último Índice Spencer Stuart de Consejos de Administración 2022, pág. 16, se incluye la referencia a la temporalidad de los consejeros independientes. Destacando que el 2% de las entidades analizadas tiene todavía algún consejero independiente que lleva más de 12 años (ninguna del IBEX-35). Por su parte, el 0,4% de los que son independientes tiene una antigüedad superior a 12 años. La antigüedad media de los consejeros independientes es de 3,9 años. En el caso de las compañías del IBEX-35 es de 4 años. En cuanto a los consejeros externos, un 16% llevasen el cargo más de doce años.

118 Letra i) del art. 529 *duodecies* de la LSC. Complétese con el contenido de las Recomendaciones 21 y 22 del CBG.

repercusión práctica. El primero, referido a la posible reelección de los consejeros externos independientes y que no ha quedado exento de debate dogmático[119]. El propio tenor de la disposición jurídica prevé no sólo la reelección de los consejeros que conforman el órgano de administración de la sociedad, sino también de los catalogados como consejeros independientes. Pero no lo hace en términos semejantes, pues si bien corresponde al Consejo de Administración hacer la propuesta de nombramiento o reelección de los consejeros en general (a la que precederá el informe de la Comisión de Nombramientos y Retribuciones), en el caso de que éstos sean independientes se atribuye esa facultad a la específica Comisión de Nombramientos y Retribuciones (o, en su caso, la Comisión de Nombramientos si están separadas). Estas exigencias formales que se imponen respecto de los que aspiran a ser designados en la condición de consejeros independientes en el Consejo de Administración apreciamos que hay que relacionarlas con la duración de su permanencia en la entidad. Nos referimos a la precisa formación sobre la sociedad y sus funciones, la obtención de la información necesaria para el adecuado desenvolvimiento de las facultades que tienen reconocidas, la dedicación de tiempo suficiente a la misma y el cumplimiento de la ocupación de su cargo, al igual que para recibir la correspondiente preparación en este ámbito. Aspectos que, a juicio del regulador, se fundamentan en la garantía de la independencia de criterio y actuación imparcial que le es propia en el desempeño de sus competencias. Pero no tanto en su quehacer de buena fe en beneficio del interés del conjunto de accionistas derivado de la observancia del deber de lealtad que pesa sobre su condición de consejero

119 *Vid.* SÁNCHEZ CALERO, *Los administradores...op.cit.*, pág. 789 quien estima conveniente un solo mandato de seis años para asegurar su independencia e imparcialidad. Este mismo autor, en el estudio de 2006 puso de manifiesto la necesidad de corregir la prolongada duración en el cargo de los consejeros independientes para hacerla más próxima a las recomendaciones del CBG.

social, cuánto a fin de evitar posibles relaciones o vínculos que, de algún modo, condicionen su autonomía de proceder en el órgano de administración de la entidad a la que pertenecen.

Por su parte, impedir la reelección en todo caso, sopesamos que puede ocasionar efectos negativos en la designación de consejeros externos independientes, al menos, desde una perspectiva ordinaria. Como es sabido, el aspirante a alcanzar dicha condición societaria además de tener que cumplir unos requerimientos personales y profesionales singulares, se ve forzado a soportar unas rígidas formalidades para acceder a este cargo y, sin embargo, como contraprestación a ello, va a ser conocedor de que al culminar su mandato será destituido. Por tanto, desde el principio, esta opción puede apreciarse como un desincentivo del interés de las personas de reconocimiento personal y profesional por alcanzar la condición de consejeros independientes o, en su caso, los aspirantes tendrán reservas para interesarse por dicha posición en las sociedades cotizadas. A pesar de que una posible reelección de los consejeros independientes, como es obvio, compete a la Junta general de accionistas con las particularidades que distinguen a dicho órgano en las sociedades cotizadas y que no procede reiterar, las competencias básicas que asumen aquéllos van a justificar que sea admisible la posibilidad de ser reelegidos en el cargo. La defensa del interés social en el órgano de administración de la entidad, la supervisión de los que desempeñan las funciones ejecutivas y la garantía de la tutela del interés común de los accionistas desde una óptica patrimonial y de la viabilidad a largo plazo de la empresa, maximizando su valor económico, son razones que confirman la necesidad de que estos consejeros sociales tengan un mandato con una prolongada temporalidad. Pero sin que ello condicione o supedite la independencia de actuación que le es típica, en cuanto que no cabe confirmar la desnaturalización del comportamiento de buena fe y en beneficio del interés social o del conjunto de los accionistas —innata a los consejeros sociales en general— por una posible reelección que haga extensible su permanencia en dicha posición societaria.

No obstante, tal vez no podamos hacer esta afirmación tan concluyente en la *praxis* societaria de las entidades cotizadas si atendemos a la singular independencia en sentido objetivo que distingue y tipifica a esta modalidad de consejero y que supone su desvinculación respecto a posibles condicionantes o relaciones particulares que coarten la autonomía en su ocupación. Motivo que nos hace considerar que, a fin de beneficiar la singular independencia que es característica de estos consejeros, puede que lo apropiado sea designarlos desde el inicio con un único mandato temporal de necesario cumplimiento[120], sin que se prevea su reelección o, de establecerse, que sea de un solo mandato[121]. Este reconocimiento va a suponer que el aspirante conozca desde el principio la duración máxima de su cargo (salvo que deje de reunir alguno de los condicionantes de idoneidad que le son propios) de lo que derivará la asunción y compromiso a ejercer sus funciones en la entidad de forma autónoma, sin condicionantes y al margen de la incertidumbre de su posible renovación. Esto es, sin que su comportamiento o desempeño de sus funciones se vea influido por el factor de la temporalidad. Circunstancia que, asimismo, podemos valorar con un criterio axiomático si atendemos a la necesidad de integrar en el órgano de administración de las sociedades cotizadas a personas con cualificaciones reconocidas y de prestigio profesional y técnico, y que estén dispuestas a dedicarle el tiempo preciso tanto a la entidad, como a su propia formación y a la adquisición del adecuado conocimiento de la sociedad a la que van a pertenecer.

120 SÁNCHEZ—CALERO GUILARTE, solución estatutaria más rigurosa: los consejeros independientes debían de ser designados para un único mandato (*Los consejeros...op.cit.*, págs. 604-652).

121 *Vid.* SÁNCHEZ CALERO, *Los administradores...op.cit.*, págs. 789-790.

La segunda apreciación que cabe poner de manifiesto se refiere a la concreta temporalidad del mandato, pues a pesar de que hemos puesto de manifiesto las posibles prerrogativas de la reelección del que ostenta el cargo de consejero independiente o la duración de su nombramiento, no es menos cierto que ello no es óbice para establecer una limitación temporal máxima. Pues afirmar lo opuesto, el mantenimiento de los designados en la condición de consejeros externos independientes durante un plazo indeterminado o con una duración desmesurada, puede generar relaciones o vínculos de confianza con el resto de integrantes del órgano de administración y de la concreta entidad y que ello afecte a la independencia que, en su tendencia objetiva de actuación, les hace singulares. Y, por consiguiente, a su comportamiento autónomo e imparcial en el ejercicio de sus funciones en el órgano gestor de la sociedad, y en cuanto a la adopción de las decisiones en el seno de la misma.

En igual sentido, puede extrapolarse este mismo motivo en lo que hace a los accionistas de control y su influencia en la actividad de los consejeros que ejercen las facultades de supervisión en el órgano de administración social[122]. El conocimiento y habilidad adquirida por el desempeño permanente de las obligaciones que son típicas del cargo de consejero independiente durante ese tiempo y la obtención de la información precisa sobre la entidad a la que pertenecen puede estimarse como causas que den lugar a situaciones de conflicto de interés al comprometer la autonomía singular del consejero que analizamos[123]. A fin de

122 Véase LANGEVOORT, D. C., "The Human Nature of Corporate Boards: Law, Norms, and the Unintended Consequences of Independence and Accountability", *The Georgetown law journal*, 89 (4), 2001, págs. 797-832.

123 A este respecto, SÁNCHEZ CALERO-GUILARTE, J., "Sociedades cotizadas y Ley de Sociedades de Capital", *RdS*, Año 2011-1, núm. 36, pág. 262; TERREROS CEBALLOS, *El consejero...op.cit.*, págs. 28-31, consideran que es acertada la limitación porque el consejero puede adquirir vínculos que cuestionan la

superar esta última situación, en la hipótesis de que la sociedad tenga pretensión de mantener al consejero independiente por las particulares condiciones de idoneidad que le son características, una vez superada la temporalidad máxima permitida, se propone que éste pueda ser designado en otra categoría de las previstas sustantivamente y que, a este respecto, sea el Consejo de Administración el que en el IAGC justifique y explique los motivos de tal circunstancia.

El coste que produce la reducción de la singular independencia de esta modalidad de consejero por los posibles vínculos adquiridos en relación con los beneficios de la experiencia lograda sobre la entidad de la que forma parte, nos hace plantear la adopción de medidas tendentes a alcanzar un posible equilibrio en este sentido. La contingente alternativa que se puede prever al respecto es el sistema de rotación interna de los consejeros independientes en la asignación de funciones concretas de control y supervisión societarias[124]. Esta disyuntiva ya está prevista en lo que afecta a los auditores de cuentas y, siguiendo el paralelismo antes abordado, no resultaría imprudente su previsión en lo que se refiere a los consejeros externos independientes. Así, el Reglamento (UE) 537/2014 sobre los requisitos específicos para la auditoría legal de las entidades de interés público determina que el cargo inicial

independencia de la actuación de los consejeros. Sin embargo, autores como ECHEVARRÍA ABONA, *¿Constituyen...op.cit.*, pág. 74, no están de acuerdo con la limitación del mandato en cuanto que las decisiones de las entidades son a largo plazo.

124 Sobre ello véase la *Guía técnica 1/2019 sobre las Comisiones de Nombramientos y Retribuciones*, aprobada por el Consejo de la CNMV, el 20 de febrero de 2019, para su consulta: https://www.cnmv.es/DocPortal/Legislacion/Guias-Tecnicas/Guiatecnica_ 2019_1.pdf (último acceso, enero 2023) previo informe de su Comité Consultivo.

de auditor legal o de la sociedad de auditoría[125], o el cargo inicial combinado con las renovaciones, no puede superar los diez años, salvo ciertas excepciones. La designación de un auditor legal o sociedad de auditoría tendrá una duración mínima de un año para un encargo y, pese a que se reconoce la eventual renovación, ésta no excederá del tiempo indicado. Concluidos dichos plazos, no cabe realizar la auditoría de la misma entidad hasta que hayan transcurrido cuatro años[126]. La razón principal de esta reserva temporal hay que evidenciarla en la repercusión de la independencia de los legitimados para llevar a cabo la actividad de auditoría, al considerar que los nexos o vínculos duraderos suponen una afección y un enlace de confianza que trascienden la independencia que es inherente a su profesión.

Téngase en cuenta, sin embargo, que nada se dice en lo que concierne a la duración de la posición de los que ocupan el cargo de consejeros independientes que integran las Comisiones especiales que, por imposición preceptiva, han de crearse en el seno del Consejo de Administración y que precisan su conformación mayoritaria con esta modalidad de consejeros sociales, como tendremos ocasión de analizar cuando corresponda[127].

e) Incompatibilidades de carácter personal

Las previsiones dispositivas establecen, aunque en un orden diverso, ciertas circunstancias provisorias que —siguiendo un criterio personal— hemos calificado como cualitativas y de carácter personal y que, en el caso de que concurran, impiden al candidato

125 Apartado 1º del art. 17 de la norma comunitaria, a menos que concurra alguno de los supuestos excepcionales del apartado 4º.

126 Véase el art. 17 del Reglamento (UE) 537/2014.

127 *Infra CAPÍTULO III* en el apartado 2.2.

(o aspirante) ser designado en la condición de consejero externo independiente en el órgano de gestión de una entidad cotizada. En esta categoría hemos apreciado la necesidad de encuadrar tanto las relaciones particulares de la persona que aspira a ser designado en dicha posición, y que se corresponden con las que son en un sentido afectivo o familiar, como los vínculos que quien pretende ser consejero independiente mantiene con los accionistas significativos (incluyendo al consejero dominical).

En primer término, no es posible que ostenten el cargo de consejero independiente los que sean cónyuges, personas ligadas por análoga relación de afectividad o parientes hasta de segundo grado del que sea consejero ejecutivo o alto directivo de la sociedad[128]. Este condicionante también afecta a los accionistas y a los que son consejeros externos dominicales en la sociedad participada, como tendremos ocasión de valorar seguidamente. Limitación que, *prima facie*, no comporta cuestiones relevantes en la práctica societaria, siendo de fácil comprensión interpretativa si atendemos al condicionante que suponen estos vínculos en la independencia singular del desempeño de las funciones encomendadas a la categoría de consejero que nos ocupa. Pero no así al detenernos en los términos reglamentarios empleados, en los cuales se hace una equiparación con los consejeros ejecutivos o altos directivos de la entidad, cuyo análisis ya hemos realizado y que consideramos no resulta procedente reiterar en este momento. La vinculación de los consejeros ejecutivos con los grupos de control accionarial de la entidad, y además en cuanto a la figura de los consejeros sociales no ejecutivos, ha generado que parte de la doctrina autorizada exhorte una precisión en la regulación vigente a fin de que se concrete el desarrollo de las funciones de administración y control que se llevan a cabo en la sociedad y,

128 Letra g) del art. 529 *duodecies* de la LSC.

de este modo, pueda potenciarse la figura de los consejeros no ejecutivos o externos[129].

Por otro lado, se excluyen de la posible designación como consejeros independientes a quienes se encuentren, en relación con los accionistas significativos o con los representados en el Consejo de Administración, en alguna de las situaciones condicionantes que indicamos seguidamente y que reproducen las previstas con anterioridad[130], cuáles son: que hayan sido empleados o consejeros ejecutivos de sociedades del grupo (salvo que hubieran transcurrido tres, o cinco años desde el cese, respectivamente); que el aspirante mantenga, o haya mantenido, durante el último año una relación de negocios significativa con la sociedad o con cualquier sociedad de su grupo; que sean accionistas significativos, consejeros ejecutivos o altos directivos de una entidad que reciba donaciones de la sociedad o de su grupo, o la haya recibido durante los últimos tres años; que sean cónyuges, personas ligadas por análoga relación de afectividad o parientes hasta de segundo grado de un consejero ejecutivo o alto directivo de la sociedad. Pese a estas limitaciones, sin embargo, se guarda silencio respecto de la posible relación que quien va a ser nombrado como consejero independiente mantenga

129 ALONSO UREBA, A., "Diferenciación de funciones (supervisión y dirección) y tipología de consejeros (ejecutivos y no ejecutivos) en la perspectiva de los artículos 133.3 (responsabilidad de administradores) y 141.1 (autoorganización del Consejo) del TRLSA", en AAVV. *Derecho de Sociedades Anónimas Cotizadas*, Tomo II, Thomson-Aranzadi, 1ª edición, Pamplona, 2006, pág. 832; FERNÁNDEZ DE LA GÁNDARA, L., "El debate actual sobre el gobierno corporativo: aspectos metodológicos y de contenido", en AA.VV. *El gobierno de las sociedades cotizadas*, (Coord. ESTEBAN VELASCO, G.), Marcial Pons, Madrid, 1999, pág. 55; SÁNCHEZ CALERO, *Los administradores...op.cit.*, pág. 792.

130 Letra j) del art. 529 *duodecies* de la LSC. *Vid.* GARCÍA DE ENTERRÍA LORENZO VELÁZQUEZ, *La composición...op.cit.*, págs. 935-945; MATEU DE ROS CEREZO, *Los consejeros...op.cit.*, págs. 221-222 y en *La independencia de criterio...op.cit.*, págs. 141-143, los cuales critican el formalismo extremo del precepto.

con accionistas que tengan la posesión de un conjunto de acciones en la sociedad cotizada, pero que su cuantificación no alcance la estimación pertinente para ser calificados como significativos *ex lege*. En cuya hipótesis parece factible que al no apreciarse como una exclusión manifiesta el sujeto pueda ser designado en la categoría de consejero externo independiente. Aunque, como se ha indicado, va a ser la Comisión de Nombramientos y Retribuciones (o la Comisión de Nombramientos si están separadas) la competente para realizar en su propuesta de designación la valoración y oportuna precisión acerca del cumplimiento de las exigencias de imparcialidad e independencia de actuación (ausencia de posibles condicionantes en el desempeño de sus funciones) requeridas al candidato para alcanzar dicha condición societaria, junto al resto de requerimientos de idoneidad de naturaleza profesional que le son propios.

La principal cuestión que cabe esbozar sobre los supuestos enumerados es que se ponen en relación dos categorías de consejeros externos no ejecutivos que se hallan distantes, nos referimos a los dominicales y a los independientes. Pese a que, como es sabido, ambos comparten la condición de ser consejeros externos y carentes de competencias ejecutivas en la sociedad, difieren en cuanto a su determinación y naturaleza. Esencialmente por cuanto se enlaza la condición de consejero independiente con la de consejero externo dominical que ocupa dicha posición en la sociedad por tener una participación accionarial igual o superior a la que se considere significativa (o, cuando no se alcance esa cuantía, los que hubieran sido designados por su condición de accionistas) y los que representen en el órgano de administración social los intereses de ciertos accionistas, pero en el marco de la observancia y cumplimiento del deber de lealtad que —como consejero le es exigible— y que supone una actuación de buena fe en beneficio del interés social o del conjunto de accionistas sobre los particulares. El primero, se singulariza de modo particular porque dicha figura societaria en el desempeño de las competencias asumidas en el órgano de administración hace concurrir la exigencia de la independencia de su actuación en sentido subjetivo y la independencia en sentido objetivo, es decir en un sentido formal sin verse condicionado por relaciones o intereses particulares o de accionistas significativos o directivos sociales, junto a los presupuestos que le son singulares sobre su experiencia y reconocimiento personal y profesional. Mientras que los dominicales son consejeros que forman parte del órgano de administración social porque tienen una participación accionarial igual o superior a la considerada significativa (o son designados por su condición de accionistas, cuando su participación no alcanza dicha cuantificación) o por tratarse de consejeros que representan los intereses de los accionistas anteriores.

Por otro lado, en lo que hace a las cuestiones relativas al interés social y, en concreto, respecto de la atención del deber de lealtad del consejero para con la sociedad a la que pertenece y las facultades que lo conforman, aun cuando se trata de un deber general cuya exigencia alcanza a cada uno de los miembros que integran el Consejo de representación y gestión societaria desde la perspectiva subjetiva, adquiere —como se ha indicado— una dimensión diversa en el caso de los consejeros externos independientes y, en la *praxis* societaria, en lo que respecta a los dominicales[131]. En rigor, se ha puesto de manifiesto que el vínculo o relación de representación con un accionista significativo o representado en el órgano de administración social puede llegar a supeditar la actuación autónoma y neutra de los aspirantes a ser consejeros independientes, a pesar de que éstos reúnan el resto de exigencias impuestas para alcanzar la referida condición. Sobre la base de este

[131] Así MATEU DE ROS CEREZO, *La independencia de criterio...op.cit.*, pág. 118; PAZ-ARES RODRÍGUEZ, *Identidad y diferencia del consejero...op.cit.*, págs. 201-208.

enunciado limitativo, lo cierto es que no se puede calificar como independiente a un consejero social vinculado con un accionista relevante de la sociedad, ni a los que guardan relación personal con los consejeros que intervienen en la administración de la misma, en cuanto que dicha asociación se deduce como un condicionante de la independencia que le es propia y singular de su actuación y, por consiguiente, va a coartar que el aspirante a ser nombrado consejero independiente pueda actuar con la libertad y autonomía de criterio que le hacen peculiar y siguiendo la objetividad que ha de primar en su ocupación en la gestión de la sociedad.

En último término, se precisa la posibilidad de que los *consejeros dominicales que pierdan tal condición* puedan ser reelegidos como consejeros externos independientes. No obstante, esta opción es factible con la restricción de que el consejero dominical deje de serlo como consecuencia de la trasmisión o venta del conjunto de las acciones en la sociedad por el accionista al que representa. El sentido de esta previsión no parece resultar clarificador[132], ya que —como se ha indicado— los consejeros dominicales delimitados en el tenor reglamentario van a ser tanto los que *posean una participación accionarial igual o superior a la que se considere legalmente como significativa o que hubieran sido designados por su condición de accionistas, aunque su participación accionarial no alcance dicha cuantía,* como *quienes representen a accionistas de los anteriormente señalados.* Sin embargo, a efectos de poder ser nombrado en la categoría de consejero independiente, la pérdida de la condición de consejero dominical se hace depender de que el accionista cuyos intereses representaba el aspirante en el órgano de administración de la entidad hubiera enajenado el conjunto de sus acciones sociales. Quedando al margen la hipótesis de la posible reducción de su participación al mínimo determinado

132 En este sentido, MATEU DE ROS CEREZO, *El estatuto...op.cit.*, págs. 30-31 y en *La independencia de criterio...op.cit.*, págs. 147-149.

para no llegar a ser considerado accionista significativo[133]. En una premisa contraria, resulta razonable y adecuado considerar que el consejero en cuestión pueda integrarse en la reconocida categoría de 'otros consejeros externos no ejecutivos'.

La indicada limitación preventiva, tal y como se recoge en la prescripción dispositiva, supone impedir que aspirantes que mantuvieron un vínculo de representación de los intereses de accionistas significativos puedan alcanzar el cargo de consejeros independientes, a menos que su representado deje de ser accionista en la entidad. De este modo, se está elevando a rango de prohibición para ser consejero independiente el mantenimiento de un nexo de representación con los accionistas significativos con influencia sobre el control societario, al considerar que dicha relación implica una afección o altera el desempeño de sus funciones con la autonomía e independencia que le es requerida en tal condición. La lógica de esta exclusión comprende que una posible unión de representación con el que fuera accionista significativo condiciona, en mayor medida, la actuación del aspirante a ser consejero independiente en la entidad. La difícil aprehensión de esta incompatibilidad ha traído como consecuencia que la tendencia dogmática abogue porque se enmiende la sistemática sobre el particular, básicamente, en lo que hace a la proporción de la participación e, incluso, el posible reconocimiento de diferentes categorías o tipificaciones de consejeros sociales externos[134]. Apuntamos, en este momento y para lo que nos interesa, la figura societaria de los denominados *consejeros microdominicales*[135]

133 Véase el cuadro de derecho comparado realizado al respecto por GEORGESON/ URÍA MENÉNDEZ/ DAVIS POLK & WARDWELL, *Estudio relativo a los consejeros microdominicales*, enero 2018, págs. 14-16.

134 Para ampliar esta materia GEORGESON/ URÍA MENÉNDEZ/ DAVIS POLK & WARDWELL, *Estudio relativo...op.cit.*, págs.. 10-11.

135 Para ampliar esta materia CONTHE, *Consejeros...op.cit.*; GEORGESON/ URÍA MENÉNDEZ/ DAVIS POLK & WARDWELL, *Estudio relativo...op.cit.*, págs..

que alude en su significación a los consejeros dominicales que poseen o representan a un accionista minoritario, no alcanzando los márgenes para ser considerado significativo y que, a su vez, reúnan los presupuestos exigidos a los que aspiran a ser nombrados como consejeros sociales independientes, de cuyo análisis nos ocupamos a continuación.

f) Repercusión de la posesión accionarial en la sociedad para la catalogación del consejero

La facultad de ser nombrado consejero externo independiente en el órgano de administración de una sociedad cotizada, como ha quedado señalado, no excluye la posibilidad de que el aspirante tenga la condición de socio de la entidad por contar con una participación accionarial en la misma. No obstante, dicha contingencia se halla limitada no sólo por el cumplimiento de las condiciones de idoneidad personales y de carácter profesional que se le exigen a esta categoría de consejero social, sino además por la cuantificación de su participación. En el sentido de que ésta no podrá ser 'significativa', calificativo que —como hemos tenido ocasión de subrayar— ha generado un importante debate en la práctica societaria[136].

Como norma general, el sentido nominativo del precepto puede interpretarse referido a que su participación no le haga pasar de ser un simple accionista ordinario a la condición de accionista significativo con influencia sobre el control de la entidad de que se trate. Atendiendo a las previsiones que regulan el mer-

10-11; PAZ-ARES RODRÍGUEZ, *Identidad y diferencia del consejero...op.cit.,*, págs. 204-210; REDÍN GOÑI/ GONZÁLEZ PERALTA, ¿Qué esperamos...op. cit.; SÁEZ LACAVE, *Consejeros dominicales...op.cit.*, págs. 11-25.

[136] Algunos se refieren a una cuantía mínima o simbólica, véase ECHEVARRÍA ABONA, *¿Constituyen...op.cit.*, pág. 72; MATEU DE ROS CEREZO, *El estatuto...op.cit.*, pág. 31 y en *La independencia de criterio...op.cit.*, págs. 147-149.

cado de valores, las participaciones significativas en una empresa de servicios y actividades de inversión se precisan como las que alcancen de manera directa o indirecta, al menos, un 10% del capital o de los derechos de voto *atribuidos a las acciones de la empresa o que permita ejercer una influencia significativa en la gestión de la empresa de servicios de inversión o entidad en la que se tiene la participación*[137]. Asimismo, en dicha concreción han de tenerse en cuenta las condiciones relativas al cómputo de los derechos de voto y a su agregación establecidas en el Real Decreto 1362/2007, de 19 de octubre, por el que se desarrolla la LMV en relación con los requisitos de transparencia acerca de la información sobre los emisores cuyos valores estén admitidos a negociación en un mercado regulado o en otro mercado regulado de la UE[138], y cuyo contenido ha derogado de manera expresa las previsiones contenidas en el Real Decreto 377/1991 en relación con la comunicación de participaciones significativas en las sociedades cotizadas y de adquisiciones por éstas de acciones propias[139], así como la Orden Ministerial de 18 de enero de 1991

137 Han de tener en cuenta las condiciones relativas al cómputo de los derechos de voto y a su agregación establecidas en los arts. 26 y 27 del Real Decreto 1362/2007, de 19 de octubre (BOE núm. 252, de 20 de octubre), por el que se desarrolla la Ley 24/1988, de 28 de julio, del Mercado de Valores (según lo dispuesto en el art. 152 de la LMVSI —anterior art. 174. 1º del TRLMV—).

138 Art. 23 del Real Decreto 1362/2007, en relación con los requisitos de transparencia relativos a la información sobre los emisores cuyos valores estén admitidos a negociación en un mercado secundario oficial o en otro mercado regulado de la UE. De acuerdo con la redacción dada por la D.F. 2ª del Real Decreto 878/2015, de 2 de octubre (BOE núm. 236, de 3 de octubre), sobre compensación, liquidación y registro de valores negociables representados mediante anotaciones en cuenta, sobre el régimen jurídico de los depositarios centrales de valores y de las entidades de contrapartida central y sobre requisitos de transparencia de los emisores de valores admitidos a negociación en un mercado secundario oficial.

139 Real Decreto 377/1991, de 15 de marzo, sobre comunicación de participaciones significativas en Sociedades cotizadas y de adquisiciones por éstas de acciones propias (BOE núm. 73, de 26 de marzo). Disposición derogada.

sobre información pública periódica de las Entidades emisoras de valores admitidos a negociación en Bolsas de Valores, y la Orden de 23 de abril del mismo año[140].

La norma referida dispone de modo expreso y sin que quede lugar a dudas cuanto siguiente[141]:

> *El accionista que adquiera o transmita acciones que atribuyan derechos de voto de un emisor para el que España sea Estado de origen, cuyas acciones estén admitidas a negociación en un mercado secundario oficial español o en otro mercado regulado domiciliado en la Unión Europea, deberá notificar al emisor y a la Comisión Nacional del Mercado de Valores la proporción de derechos de voto que quede en su poder cuando, como resultado de dichas operaciones, esa proporción alcance, supere o se reduzca por debajo de los umbrales del 3 %, 5 %, 10 %, 15 %, 20 %, 25 % 30 %, 35 %, 40 %, 45 %, 50 %, 60 %, 70 %, 75 %, 80 % y 90 %.*

En consecuencia, cabe afirmar que el sujeto tendrá una participación accionarial significativa en el control de la sociedad de que se trate cuando posea (o represente) el 3% —o superior— del capital social o derechos de voto de la entidad. Sin embargo, este porcentaje se reduce al 1%, y sus sucesivos múltiplos, cuando el sujeto obligado a notificar tenga su residencia en un paraíso fiscal o en un país o territorio de nula tributación, o con el que no exista efectivo intercambio de información tributaria conforme a la legislación vigente[142]. Las limitaciones referidas, las cuales dis-

140 Orden de 18 de enero de 1991 sobre información pública periódica de las Entidades emisoras de valores admitidos a negociación en Bolsas de Valores (BOE núm. 26, de 30 de enero. Disposición derogada) y Orden de 23 de abril de 1991 de desarrollo del Real Decreto 377/1991, sobre comunicación de participaciones significativas en Sociedades cotizadas y de adquisiciones por éstas de acciones propias (BOE núm. 99, de 25 de abril. Disposición derogada), respectivamente.

141 Véase el art. 23 de dicho texto normativo.

142 En virtud de lo previsto en el art. 32.

tan de las previstas en otros países en los que se ha determinado un 10% del capital[143], pueden ocasionar a nuestro entender un doble efecto. De un lado, la deducción de que el consejero externo independiente deje de ostentar dicha condición y pase a ser reputado como un consejero externo dominical. Calificación, esta última, que —bien es sabido— se hace depender de la tenencia o representación de una participación social igual o superior a la calificada como significativa (3% del capital social o derechos de voto). Es decir, debiendo ser accionistas que posean o controlen una parte de la sociedad o, en su caso, que representan a los que la tienen. De otro, ha de reflexionarse sobre la dificultad que ello genera en la práctica societaria respecto de la adecuada configuración de los Consejos de Administración de las sociedades cotizadas en el ámbito nacional, según las imposiciones reglamentarias y las derivadas de las recomendaciones y principios de gobierno corporativo[144]. De cuyo contenido, como ha quedado advertido, se infiere la alteración de la conformación cualitativa del órgano de administración de estas entidades para integrar a consejeros sociales con diversas facultades.

Las posibles secuelas de esta sistemática en el ámbito societario no han pasado desapercibidas, antes al contrario, se han

143 Para ampliar esta materia: GARCÍA-OCHOA MAYOR/ ZAPATA BENITO *Análisis...op.cit.*, págs. 55-59; GEORGESON/ URÍA MENÉNDEZ/ DAVIS POLK & WARDWELL, *Estudio relativo...op.cit.*, págs. 10-11; REDÍN GOÑI/ GONZÁLEZ PERALTA, ¿Qué esperamos... op.cit. A este respecto, SÁEZ LACAVE, *Consejeros dominicales...op.cit.*, pág. 28 no valora positivamente que el término "significativo" se interprete en el art. 529 *vicies* de la LSC sobre las operaciones vinculadas, en cuyo caso se eleva del 3% al 10% la participación del socio significativo.

144 *Vid*. GARCÍA-OCHOA MAYOR/ ZAPATA BENITO, *Análisis...op.cit.*, págs. 49-55; GEORGESON/ URÍA MENÉNDEZ/ DAVIS POLK & WARDWELL, *Estudio relativo...op.cit.*, pág. 9 que consideran que la determinación del carácter 'significativo' en el ámbito nacional impide configurar los órganos de administración y, al mismo tiempo, beneficiarse del 'level playing field' uniforme y adecuado.

presentado diversas alternativas dogmáticas entre las que destacamos las que a nuestro juicio merecen una precisa atención por su determinación pragmática. En primer término, el ajuste del porcentaje de la concisión significativa en la posesión accionarial del consejero social, precisando un límite máximo acorde con las previsiones comunitarias. De este modo no sería factible, en ningún caso, designar como consejero independiente al accionista que posea (no que represente) una participación accionarial significativa que sea superior a dicho porcentaje máximo por la repercusión que ello tendría en la ejecución de las competencias que tienen asignadas en el Consejo de Administración societario[145], sin embargo cabría la presunción *iuris tantum* en la hipótesis de que esa posesión accionarial se encuentre entre el margen de ser significativa y el máximo precisado. Es decir, si el candidato reúne los presupuestos singulares para ser nombrado consejero independiente y el tener dicha participación en la sociedad no resulta ser un condicionante para el desempeño de su cargo, podría ser propuesto por la correspondiente Comisión especial tras haber comprobado y evaluado pertinentemente las condiciones de idoneidad del aspirante. En segundo lugar, la formulación de *lege ferenda* de la inclusión de otras categorías de consejeros sociales en el órgano de administración de las sociedades cotizadas[146], en concreto la CNMV está analizando la citada figura de los *consejeros microdominicales*, sobre la que volveremos[147]. Esta nueva modalidad de consejero social

145 Sobre ello PAZ-ARES RODRÍGUEZ, *Identidad y diferencia del consejero...op. cit.*, pág. 208.

146 Otra opción sería modificar la actual regulación de los consejeros dominicales o, incluso, eliminarlos. Alterativa, esta última, planteada por MATEU DE ROS CEREZO, R., *Gobierno corporativo: libertad o regulación en el derecho societario*, Madrid, 2015, págs. 29-32 de la que se apartan, entre otros, PAZ-ARES RODRÍGUEZ, *Identidad y diferencia del consejero...op.cit.*, pág. 208.

147 *Infra 3. Puntualización sobre otras condiciones de consejeros externos. El eufemismo de los 'otros consejeros'.*

se define como los consejeros que ostentan o representan a accionistas que tienen más de un 3% del capital o de los derechos de voto de una entidad —según las previsiones del mercado de valores— y que, por lo tanto, pierden la consideración de independientes, aunque no tengan una participación de control en la misma. La pretensión de su reconocimiento, además de superar la divergencia existente entre España y el resto de Estados europeos, trata de salvar los referidos efectos que dicha situación está generando en el ámbito societario interno. La triple catalogación jurídica de los consejeros externos no ejecutivos como dominicales, independientes y otros, y la ausencia de una puntualización respecto de estos últimos que precise su nominación, ha requerido que se delimite de manera precisa su conceptualización o, en su caso, se incluyan otras posibles designaciones de consejeros externos (carentes de funciones ejecutivas) que superen las carencias de esta clasificación en el panorama societario actual. Teniendo demarcada esta nueva condición, no cabe duda que su régimen ha de ser próximo al de los consejeros sociales independientes en lo que hace a su ámbito funcional y a los de sus particulares condicionantes, aunque con ciertas restricciones. De este modo, se le impide al consejero microdominical no sólo que tenga situaciones de conflictos de intereses en la sociedad, sino también operaciones vinculadas, y relaciones familiares o profesionales con accionistas significativos. Al igual que se condiciona su mandato en cuanto a la temporalidad máxima que no podrá superar los doce años.

Sin embargo, y a efectos de poder establecer una catalogación conveniente del consejero en ciertos planteamientos, consideramos que lo recomendable sería analizar cada caso concreto en lo que hace al tamaño de la sociedad y, además, valorar las posibles competencias que la modalidad de consejero social pueda desarrollar en el órgano de gestión y administración de la misma.

B.2. Justificaciones económicas que alteran la independencia objetiva

Un conjunto distinto de incompatibilidades para ser designado consejero independiente se concreta en la valoración de correspondencias en sentido económico o singularizadas por elementos económicos, al estimar que pueden influir de modo relevante en el desempeño de las funciones encomendadas a esta categoría de consejero social en el órgano de administración y ser un condicionante de su actuación autónoma en el mismo. La interpretación de dicho conjunto de situaciones preventivas que advierten sobre la precisa limitación de la independencia del consejero, en nuestra opinión, advierte separar la parte pragmática de la sistemática en cada uno de los razonamientos. Pues solo de este modo podrá entenderse de qué forma el aspecto económico en los planteamientos propuestos va a alterar la actuación independiente desde la perspectiva objetiva que, como es sabido, resulta singular de estos consejeros sociales en el desempeño de sus concretas competencias en el órgano de administración de la entidad. En el elenco de circunstancias de naturaleza económica limitativas de la independencia objetiva de los consejeros independientes hemos encuadrado los supuestos que se relacionan a continuación.

De un lado, la recepción por parte del consejero de un beneficio retributivo de la sociedad (o del grupo societario) distinto al determinado como remuneración por ostentar dicho cargo[148]. Si

[148] Letra b) del art. 529 *duodecies* de la LSC. En cuanto a la retribución de los consejeros, pueden consultarse los siguientes trabajos: DOMÍNGUEZ GARCÍA, M. A., "Retribución de los administradores de las sociedades cotizadas. La Comisión de Retribuciones", en AA.VV. *Derecho de las Sociedades Anónimas*, (Dirs. RODRÍGUEZ ARTIGAS, F./FERNÁNDEZ DE LA GÁNDARA, L./QUIJANO GONZÁLEZ, J./ALONSO UREBA, A./VELASCO SAN PEDRO, L./ESTEBAN VELASCO, G.), vol. II, Pamplona, 2006, págs. 1068-1069; GALLEGO

bien, quedan al margen de esta disposición las retribuciones que resultan obligatorias y que derivan de la relación que los consejeros sociales mantienen con la entidad, como lo son los dividendos y complementos de pensiones incondicionales que traen causa en la relación profesional o laboral anterior que se hubiera mantenido entre el consejero y la entidad, pues se trata de obligaciones económicas que la sociedad no puede eliminar, modificar o revocar de manera discrecional y libre, sino que se imponen por la propia vinculación con el consejero. En todo caso, y aun cuando el concepto de retribución ha de entenderse en su amplia acepción, éste no puede ser de tal significación que influya indebidamente

SÁNCHEZ, E., "Artículo 217. Remuneración de los administradores", en AA. VV. *Comentario a la Ley de Sociedades de Capital*, (Dirs. ROJO, A./ BELTRÁN, E.), t. I, Civitas, Madrid, 2011, págs. 1545-1555; GARCÍA-CRUCES GONZÁLEZ, J. A., "La prestación de otros servicios por los administradores sociales y su remuneración", *RDM*, núm. 309, 2018, *passim*; GRIMALDOS GARCÍA, Mª. I., "Capítulo XII. Órgano de Administración (I). Consideraciones generales", en AA.VV. *Derecho de sociedades de capital. Estudio de la Ley de sociedades de capital y la legislación complementaria*, (Dir. EMBID IRUJO, J. M./ Coords. FERRANDO VILLALBA, Mª. L./ HERNANDO CEBRIÁ, L./ MARTÍ MOYA, V.), Marcial Pons, Madrid, 2016, págs. 276-278; POLO SÁNCHEZ, E., "Los administradores y el Consejo de Administración de la sociedad anónima", en *Comentario al régimen legal de las sociedades mercantiles*, T. VI (URIA, R./ MENÉNDEZ, A./ OLIVENCIA, M.), Civitas, Madrid, 1992, pág. 192; SÁNCHEZ CALERO, *Los administradores...op.cit.*, págs. 159-160; RONCERO SÁNCHEZ, A., "Comentario a la STSS de 13 de noviembre de 2008 sobre retribución de administradores. Grado de concreción del sistema retributivo de los administradores en los estatutos sociales de una sociedad anónima", *RdS*, núm. 32, 2009; y en "La retribución de los administradores de la sociedad anónima", en *Manuales de la reforma mercantil en España. El Gobierno de las sociedades*, vol. III, Madrid, 1999; SÁNCHEZ ÁLVAREZ, M. Mª., "Remuneración de los administradores en su condición de tales (arts. 217, 529 *sexdecies* y 529 *septdecies* LSC)", en AA.VV. *Junta general y Consejo de Administración en la sociedad cotizada*, (Dirs. RODRÍGUEZ ARTIGAS, F./FERNÁNDEZ DE LA GÁNDARA, L./QUIJANO GONZÁLEZ, J./ALONSO UREBA, A./VELASCO SAN PEDRO, L./ ESTEBAN VELASCO, G.— Coord. RONCERO SÁNCHEZ, A.), Tomo II, Pamplona, 2016, págs. 714-717 y 723-728.

en el desempeño del cargo por parte de los consejeros sociales[149] y, más aún, en el planteamiento concreto de los que ostentan la condición de consejeros externos independientes.

El posible condicionante referido a la obtención de una ventaja distinta a la que le corresponde al consejero independiente en cuanto al desarrollo de sus funciones societarias, la dedicación a la entidad y su propia competencia, no obstante, no es una previsión categórica. En el sentido de que cabe que el que va a ser designado como consejero independiente perciba un beneficio patrimonial por parte de la sociedad que sea distinto a la retribución de su posición y que no resulte ser significativo. Los términos de esta prescripción hacen surgir la necesidad de interpretar el calificativo 'significativo' respecto de la remuneración que hubiera obtenido el candidato a consejero independiente. La falta de una aclaración hermenéutica y, al mismo tiempo, imparcial nos lleva a recurrir a una posible delimitación práctica de acuerdo con un criterio de naturaleza subjetiva[150]. En consecuencia, la determinación de un concepto razonable requiere valorar la actuación o el cumplimiento del objetivo que la sociedad remunera al consejero en cuestión y, en base a ello, establecer un juicio interpretativo de normalidad o proporcionalidad. Al respecto, traemos a

149 *Vid.* PAZ-ARES RODRÍGUEZ, *Identidad y diferencia del consejero...op.cit.,*, págs. 125-126, quien incluye en la retribución la propia garantía de la indemnidad y alude a la necesidad de limitar la conocida como 'correa dorada'. También pueden verse sus trabajos "La anomalía de la retribución externa de los administradores", *RDM*, núm. 290, 2014, págs. 85-140 y "El enigma de la retribución de los consejeros ejecutivos", *Indret: Revista para el análisis del Derecho*, núm. 1, 2008, págs. 1-74.

150 Los Principios de Buen Gobierno Corporativo del Instituto de Consejeros-Administradores, la Asociación española de Consejeros, a través de su Comité de Normas Profesionales, pág. 12, señalan que son relaciones económicas significativas, las transacciones sobre bienes y servicios en exceso de un millón de euros o más del 20% de los ingresos brutos del interesado, en el último ejercicio. *Vid.* GARRIDO GARCÍA, *Los consejeros...op.cit.,* págs. 969-970.

colación el supuesto de la designación de un Consejero Independiente Coordinador en los casos en los que el presidente del Consejo de Administración tiene, al mismo tiempo, la condición de consejero ejecutivo, el cual es factible que reciba una retribución adicional a la que tenga asignada por ser consejero social y las funciones especiales que desempeña en dicho órgano, la asunción de las responsabilidades derivadas de las mismas y el tiempo comprometido a su consecución en la sociedad, como analizaremos cuando corresponda[151].

Aunque con una naturaleza distinta, la indicación precedente puede equipararse a la suscripción voluntaria por parte de la entidad de un seguro de responsabilidad civil, es decir la contratación de una póliza de seguro (denominada por sus siglas en inglés *D&O*)[152] a fin de cubrir el riesgo de la posible imputación de responsabilidad civil a los consejeros sociales por los daños que su actuación orgánica pueda generar a terceros. Una interpretación limitada del concepto de retribución significativa, y distinta al beneficio derivado de ostentar el cargo societario, permitiría apreciar que la contratación de estos seguros por parte de la entidad a la que pertenece el consejero —y que es la que asume el abono de la correspondiente prima— encaja en la delimitación de esa ventaja patrimonial para el consejero y, en consecuencia, podría estimarse como un condicionante de su actuación independiente y autónoma. Pues es dicha entidad la que contrata el seguro, ocupando la posición de tomador del mismo, mientras que los consejeros sociales se convierten en asegurados en cuanto que es a ellos a los que cubre dicha póliza aseguradora. No obstante, una

151 *Infra CAPÍTULO III. El régimen de responsabilidad del consejero independiente y la particularidad de la remuneración asignada.*

152 *Directors and Officers Liability Insurance. Infra B.3. Un apunte sobre la póliza D&O.* En esta línea, PAZ-ARES RODRÍGUEZ, *Identidad y diferencia del consejero...op.cit.*, págs. 120-121.

exégesis lógica ha de alejarse de la significación de un beneficio relevante para el consejero social y distinto a su retribución. Más aún si pensamos en la finalidad de la suscripción de esta modalidad de seguro de daños y que no es otra que la cobertura de la responsabilidad civil de los consejeros y directivos sociales por los perjuicios causados en el ejercicio de sus propias funciones societarias a los accionistas, a la sociedad, o a terceros.

Mayor dificultad puede suscitar, sin embargo, la limitación de la independencia que le es propia a los consejeros externos independientes si interconectamos los ingresos percibidos al margen de la actividad de consejero y los particulares con los que cuenta el sujeto. En la medida en que ello va a hacer que la retribución de sus funciones en la sociedad pueda adquirir una calificación distinta y definida de forma subjetiva. El silencio de la norma a este respecto parece razonable, pues ello reduciría considerablemente la posible designación de consejeros independientes en el órgano de gestión de las sociedades cotizadas, por sus especiales cualificaciones personales y profesionalidades y por su experiencia y reconocimiento en dicho ámbito. Como es sabido, los consejeros independientes son los miembros del Consejo de Administración que no gestionan diariamente la entidad y no están en concomitancia con los consejeros ejecutivos o con los accionistas significativos de la misma, por lo que van a recibir unos incentivos en base a la función de supervisión que ejercen en dicho órgano social y de las especiales características de idoneidad profesionales y personales que se les exigen. Pero, ha de tenerse en cuenta que la mayor parte de sus ingresos económicos los perciben de fuentes distintas de la entidad en la que se integran, ya que son sujetos de reconocimiento profesional y experiencia, lo que supone que la remuneración recibida por el ejercicio de sus competencias como consejero independiente no sea determinante en su capacidad retributiva personal. Sino que, por el contrario, pesa en mayor medida su reputación y reconocimiento en el ámbito societario empresarial en cuanto a la eficiencia de la gestión de los intereses societarios[153], aun cuando esta afirmación —indirectamente— haga incrementar sus retribuciones en el caso de ser designados consejeros en los órganos gestores de otras entidades.

Refiriéndonos a la *praxis* societaria, en la hipótesis del nombramiento de consejeros independientes la experiencia evidencia la necesidad de equilibrar la compensación económica acorde a la precisa atracción de personas cualificadas y de reconocimiento profesional y personal dispuestas a ejercer las facultades atribuidas *ex lege* en el seno del órgano de administración de las entidades cotizadas y, en el otro lado de la balanza, la conveniencia de la retribución de los consejeros independientes según la dedicación, cualificación y responsabilidad que, en su caso, se les exige en el ámbito societario. A fin de que el beneficio económico que perciban de la sociedad no comprometa o sea un condicionante de la independencia y neutralidad objetiva que particulariza la actuación de estos consejeros no ejecutivos, sobre cuyo razonamiento volveremos más adelante.

Por otro lado, tampoco podrán ser nombrados como consejeros independientes los que tengan una relación de negocios (o la hayan tenido en el último año) con la sociedad o con una de las entidades del grupo. Esta supeditación, no obstante, no se establece de forma absoluta en cuanto que exige que la relación

153 Sobre ello es relevante el estudio realizado por MORCK, R., "Behavioral Finance in Corporate Governance — Independent Directors and Non-Executive Chairs", *Harvard Institute of Economic Research Discussion*, Paper No. 2037, abril, 2004, quien pone de manifiesto las consideraciones realizadas por HERMALIN, B./ WEISBACH, M. "Boards of directors as an endogenously determined institution: A survey of the economic literature", *Economic Policy Review— Federal Reserve Bank of New York*, 9 (1), 2003; y KANG, D./ SORENSEN, A., "Ownership organization and firm performance", *Annual Review of Sociology*, 25, 1999, págs. 121-144.

referida sea importante o significativa. La conexión negocial reseñada entendemos que se encuentra delimitada tanto desde la perspectiva del objeto, como en cuanto a lo que hace al ámbito subjetivo. En el primer caso, la relación negocial se concreta en la de un proveedor de bienes o servicios, incluidos los que son financieros, y la de asesor o consultor. Desde el aspecto subjetivo, cabe estimar que se trata de una asociación que puede concluirse en nombre propio o en la condición de accionista significativo, consejero o alto directivo de la entidad[154]. La restricción que nos ocupa nos lleva a plantear dos cuestiones prácticas y de comprensión interpretativa de importancia. En primer término, el significado y alcance del concepto de *relación negocial relevante*. A nuestro parecer, la relevancia de la misma va a traer su causa en el beneficio que le comporta al consejero social su realización, por tanto estará vinculada a la obtención de una ventaja de esta misma naturaleza (significativa), pero teniendo en cuenta las circunstancias particulares del caso en concreto. Siendo factible que el que ostenta la condición de consejero independiente preste un servicio a la entidad por el que reciba una contraprestación elevada que se justifique, sin embargo, en la trascendencia del trabajo realizado. A este respecto, ponemos de manifiesto que hubiera sido más preciso y deseable concretar que la remuneración percibida por parte del consejero sea importante o significativa en correspondencia con los ingresos totales del mismo y cuya trascendencia ha quedado indicada con anterioridad. Ya que, como venimos exponiendo, a fin de no influir en la independencia singular de su actuación y que le es esencial, el consejero ha de llevar a cabo la relación de negocios con libertad y al margen de cualquier posible condicionante o influencia.

154 Letra e) del art. 529 *duodecies* de la LSC. Véanse BAINBRIDGE, *Why...op.cit.*, págs. 9 y ss. y en *Independent...op.cit.*, págs. 1034 y ss.; CLARKE, *Three... op.cit.*, págs. 87-90 y 92-93; MATEU DE ROS CEREZO, *La independencia de criterio...op.cit.*, págs. 141-143.

En segundo lugar, no puede obviarse la posibilidad sustantiva de la aplicación de la oportuna dispensa en casos excepcionales, es decir que sea la Junta general de accionistas o el Consejo de Administración quien autorice *la realización por parte de un administrador o una persona vinculada de una determinada transacción con la sociedad, el uso de ciertos activos sociales, el aprovechamiento de una concreta oportunidad de negocio, la obtención de una ventaja o remuneración de un tercero*[155]. Aunque esta previsión no resulte concluyente en lo que concierne a la modalidad de consejeros independientes por una duplicidad de motivos, a saber: la garantía de la propia imparcialidad de los que la conceden respecto del consejero social dispensado y la necesidad de que se asegure la inocuidad de la operación autorizada para el patrimonio social, o su realización en condiciones de mercado y la transparencia del proceso.

Por último, en ningún caso, serán nombrados como consejeros externos independientes los accionistas significativos, consejeros ejecutivos o altos directivos de una sociedad que hubieran obte-

155 Siguiendo lo dispuesto en el art. 230 de la LSC. Sobre la materia, BOQUERA MATARREDONA, J., "La dispensa del conflicto de interés de los administradores por la Junta General", *RdS*, núm. 57, 2019, págs. 21-82; EMPARANZA SOBEJANO, A., "La dispensa del deber de lealtad como instrumento de retribución atípica de los administradores", *RDBB*, Año 36, núm. 148, 2017, págs. 57-61 y en "Los conflictos de interés de los administradores en la gestión de las sociedades de capital", *RDM*, núm. 281, 2011, págs. 13-45; ENCISO ALONSO-MUÑUMER, *Adopción...op.cit.*, págs. 57-84; GARCÍA GARCÍA, E., "Artículo 230. Régimen de imperatividad y dispensa", en AA.VV. *Comentario de la ley de Sociedades de Capital. Tomo III. La junta general. La administración de la sociedad,* (Dirs. GARCÍA-CRUCES GONZÁLEZ, J.A./ SANCHO GARGALLO, I.), Tirant lo Blanch, Valencia, 2021, págs. 3171-3194; JUSTE MENCÍA, J., "Artículo 230. Régimen de imperatividad y dispensa", en AA.VV. *Comentario de la reforma del régimen de las sociedades de capital en materia de gobierno corporativo (Ley 31/2014),* (Coord. JUSTE MENCÍA, J.), Editorial Aranzadi, Pamplona, 2015, págs. 413-425; MATEU DE ROS CEREZO, *La independencia de criterio...op.cit.,* págs. 319-321 con un juicio más crítico.

nido donaciones de la entidad o de su grupo en los últimos tres años[156]. De esta salvedad han de excluirse los meros patronos de una fundación que reciba donaciones. La determinación de los 'accionistas significativos' es evidente que se hace depender de las previsiones preceptivas aplicables en relación con la regulación del mercado de valores. No obstante, en la práctica societaria, tal vez pueda generar mayor incertidumbre la exclusión absoluta que se establece respecto a cualquier patrono de una fundación, sólo por el simple hecho de serlo y sin tener en cuenta las posibles actuaciones que éste realice y que puedan llegar a comprometer su independencia de proceder para con la entidad. Aunque, si atendemos al régimen de las fundaciones como organizaciones carentes de fin lucrativo y cuyo patrimonio queda vinculado al cumplimiento de fines de interés general[157], se infiere que las posibles aportaciones o donaciones patrimoniales que se reciban en la misma no cabe encuadrarlas en el concepto de ingresos. Por su parte, el desempeño del cargo de patrono en la fundación, una vez aceptado, se ha de llevar a cabo de forma gratuita y tan solo se prevé el posible reembolso de los gastos que se hubieran justificado oportunamente y que deriven del desarrollo del mismo en el ejercicio de las funciones atribuidas. Salvo el supuesto en el que el órgano de gobierno y representación de la fundación, el Patronato (autorizado previamente por el Protectorado), hubiera determinado una retribución respecto de los patronos que proporcionen a la fundación unos servicios diferentes de los que son inherentes a dicha posición en la entidad y que, en consecuencia, puedan obtener una ventaja económica concreta por desarrollar esas funciones al margen del cargo societario que ostentan.

156 Letra f) del art. 529 *duodecies* de la LSC.

157 Ley 50/2002, de 26 de diciembre, de Fundaciones (BOE núm. 310, de 27 de diciembre).

C. El requisito de formalidad en el nombramiento como presupuesto de garantía de la independencia

Las singularidades que han de distinguir a los que van a ser designados en la condición de consejeros externos independientes en el órgano gestor de las entidades cotizadas hace que resulte razonable que, sustantivamente, se haya previsto que no puedan ser designados en dicha condición los consejeros cuyo proceso de nombramiento no se corresponda con las exigencias formales establecidas al respecto. El motivo de observar determinados requerimientos o formalidades no es otro que comprobar que el candidato se adecua a los presupuestos de idoneidad reclamados de forma particular a esta modalidad de consejero social, tal es el caso de la carencia de vínculos personales, profesionales o económicos con la entidad o sus integrantes que pueden condicionar su independencia de actuación, o el nivel de profesionalización y las exigencias personales precisados en su designación. Por ello, de no atenderse este requerimiento procedimental entendemos que no es admisible la elección como tal, salvo el supuesto específico de que el nombramiento se haga por cooptación (planteamiento al que ya se ha hecho referencia y sobre el que no procede volver).

En este momento, interesa prestar atención a las formalidades impuestas en el nombramiento de los consejeros independientes en su calificación como condicionante para poder ser nombrado en dicha categoría societaria. Sin embargo, nos ocuparemos con mayor detenimiento de esta materia a posteriori a fin de valorar este especial procedimiento como una forma que altera la proyectada alineación de estos consejeros sociales con la reglamentada independencia de actuación tanto en el sentido propio de ser consejero social y cumplir con el contenido del deber de lealtad para con la sociedad (sentido subjetivo), como su particular concreción respecto de esta catalogación de consejero en cuanto a su actuación en el órgano de administración de la sociedad (sentido objetivo).

El especial procedimiento reconocido para la designación de los consejeros independientes implica que no suponga dificultad alguna entender —siendo más una obviedad— que los que no hayan sido propuestos para su nombramiento o renovación en el cargo por la correspondiente Comisión especializada, no podrán ser designados en esta condición societaria[158]. Necesariamente, como ha quedado expuesto, el Consejo de Administración de las sociedades cotizadas ha de constituir la Comisión de Auditoría y la Comisión de Nombramientos y Retribuciones o, en su caso, esta última dividida en dos separadas[159]. La opción por una o dos Comisiones ha sido precisada en la recomendación que el CBG hace al prever que se trate de una sola comisión, salvando la excepción de las sociedades de elevada capitalización en las que se aprobarán dos comisiones diferenciadas[160]. Dejando al margen esta última consideración, dicha Comisión se conformará solo por consejeros no ejecutivos nombrados por el Consejo de Admi-

158 Letra h) del art. 529 *duodecies* de la LSC. En un sentido diverso, MATEU DE ROS CEREZO, *La independencia de criterio...op.cit.*, págs. 141-143.

159 Art. 529 *quindecies* de la LSC.

160 Principio 22 y Recomendación 48 del CBG (acerca de crear las Comisiones de Auditoría y la de Nombramientos y Retribuciones y la posibilidad de separar esta última en dos diferenciadas en los supuestos en los que la entidad presente un volumen relevante). Para ampliar esta información: ALONSO UREBA, *Diferenciación...op.cit.*, pág. 772; BAUTISTA SAGÜÉS, *Categorías...op.cit.*, pág. 186; ESTEBAN VELASCO, *Consejeros...op.cit.*, págs. 520-527; GARCÍA DE ENTERRÍA LORENZO VELÁZQUEZ, *La composición...op.cit.*, págs. 551-578; MIRÓ MORIANO, I., "Comisiones dentro del consejo: comisión de nombramiento y retribuciones", en AA.VV. *Comentario práctico a la nueva normativa de gobierno corporativo Ley 31/2014, de reforma de la Ley de Sociedades de Capital*, CMS ALBIÑANA & SUÁREZ DE LEZO, Dykinson, Madrid, 2015, págs. 197 y ss.; PACHECO CAÑATE, M., "La comisión de auditoría: reflexiones sobre la independencia, funciones y responsabilidades", RdS, núm. 67, 2023; RONCERO SÁNCHEZ, *Transparencia...op.cit.*, págs. 793-838.

nistración (al menos dos, han de ser consejeros independientes) y su presidente será un consejero independiente de entre los que formen parte de la misma. A lo que cabe añadir la atención a determinados atributos por parte de sus integrantes, nos referimos a que —en la medida de los posible— éstos cuenten con los conocimientos y experiencias en materia de gobierno corporativo, sobre el análisis y evaluación estratégica de recursos humanos, acerca de la selección de consejeros y directivos sociales (incluida la evaluación de los requisitos de idoneidad), del desempeño de funciones de alta dirección, y del diseño de políticas societarias y planes retributivos. En lo que concierne a la composición de la Comisión, ésta habrá de concretarse con criterios objetivos y claros. Requiriéndose que sea diversa, atendiendo al principio de proporcionalidad en cuanto al género, experiencia profesional, habilidades, capacidades personales y conocimientos sectoriales y, en las sociedades con un nivel considerable de internacionalización, la experiencia internacional y la diversa procedencia geográfica de los integrantes que la conformen. Asimismo, en el caso de las sociedades cotizadas se reconoce la presencia de consejeros externos dominicales bien porque según las características, porcentaje y valor de su participación accionarial el accionista representado no tenga control o influencia significativa, ni sea titular de un porcentaje relevante del capital o no se vea afectado por intereses distintos de los propios del accionista minoritario, bien porque cumplan los requerimientos de los consejeros independientes, excepto el tener relación con un accionista significativo. Aunque, en sociedades en las que existan accionistas de control, es recomendable que la composición de la Comisión de Nombramientos y Retribuciones cuente con una mayoría de consejeros sociales independientes, al objeto de reforzar el carácter libre y neutral que ha de distinguir el proceso de selección que tiene atribuido.

Las competencias básicas de la Comisión de Nombramientos y Retribuciones se concretan en la evaluación y supervisión de los principios de gobierno corporativo de la entidad y, de modo particular respecto de la designación de los consejeros, cabe destacar su función de evaluación de las competencias, conocimientos y experiencia necesarios para formar parte del Consejo de Administración de la entidad, la de elevar al Consejo las propuestas de nombramiento de los aspirantes a ser consejeros externos independientes para su designación por cooptación o para su sometimiento a la Junta general de accionistas, y la realización del informe de las propuestas de nombramiento de los restantes consejeros sociales, entre otras. Esto es, en materia de nombramiento de los consejeros, la propuesta de nombramiento o reelección de los miembros del Consejo de Administración difiere en la medida en que corresponde realizarla a la Comisión de Nombramientos y Retribuciones en lo que concierne a los consejeros externos independientes, y al propio Consejo de Administración, en los demás casos. En estos últimos, el papel que desempeña la Comisión especial referida se va a limitar a la simple información sobre las propuestas realizadas por el Consejo de Administración y a valorar si éstas atienden a la política y procedimientos de nombramiento de la sociedad[161].

Observando la imposición de crear la Comisión de Nombramientos y Retribuciones en el órgano de administración de las sociedades cotizadas y a las funciones específicas que se le han atribuido sobre la designación de los consejeros independientes, resulta razonable que los candidatos propuestos al margen de la misma no puedan alcanzar dicha condición social en ningún caso.

---

161 Ello parece ser un simple formalismo, véanse con esta opinión RONCERO SÁNCHEZ, A./ ALONSO UREBA, A., "Sistemas de elección de los consejeros: Comité de nombramiento", en AA.VV. *El gobierno de las sociedades cotizadas,* (Coord. ESTEBAN VELASCO, G.), Madrid, 1999, págs. 213-244. Por su parte, sobre los consejeros externos dominicales, se pronuncia PAZ-ARES RODRÍGUEZ, *Identidad y diferencia del consejero...op.cit.*, pág. 70.

La razón de esta salvedad radica en la imparcialidad y objetividad que ha de distinguir la propuesta de nombramiento del consejero independiente y que se entiende como un matiz relevante para el buen gobierno de las sociedades cotizadas[162]. No obstante, el impedimento sistemático se refiere únicamente a la 'propuesta' de nombramiento, esto es se circunscribe al inicio del proceso de nombramiento que ha de partir de la Comisión especial que nos ocupa. El problema que sobre ello cabe poner de manifiesto es en relación con el proceso de selección específico de los consejeros independientes y que no se valora en un sentido positivo en la práctica societaria. La causa fundamental de esta apreciación se debe tanto al contenido de la actuación que ejerce la Comisión de Nombramientos y Retribuciones en el mismo, como a la inevitable presencia constante de consejeros ejecutivos en el proceso[163]. Circunstancias que hacen que los consejeros externos independientes sean propuestos y nombrados, en la mayor parte de los casos, con la influencia y participación de los consejeros ejecutivos o por otros posibles grupos de presión de la entidad, y ello puede afectar o influir en el carácter independiente que les singulariza en cuanto a su actuación en el órgano social al margen de posibles condicionantes o vínculos con los directivos de la sociedad o con los accionistas de control.

En relación con el adecuado funcionamiento y la organización de esta Comisión especial, conviene indicar que está facultada

---

162 Como queda reflejado en los resultados publicados en el último *Índice Spencer Stuart de Consejos de Administración 2022...op.cit.*, pág. 30.

163 En concreto, del total de consejeros independientes, el 75% de ellos fueron elegidos a propuesta del presidente del Consejo o de un accionista significativo y el 25% se eligieron después de un procedimiento de selección por parte de la Comisión de Nombramientos y Retribuciones. El 56% de los consejeros nombrados en el pasado año se hizo con la colaboración de un consultor externo durante el proceso. Para ampliar esta idea GUTIÉRREZ URTIAGA/SÁEZ LACAVE, *Deconstructing Independent...op.cit.*, págs. 71-76.

para tener acceso a la información que se considere necesaria a fin de cumplir sus objetivos de manera adecuada. Al igual que se le exige a sus miembros una oportuna dedicación al cumplimiento de las funciones atribuidas, el mantenimiento de reuniones con cierta frecuencia, contar con recursos suficientes y disponer de una correcta planificación. La evaluación y selección de los consejeros sociales, por su parte, ha de hacerse analizando las aptitudes, conocimientos y experiencias y, a su vez, el tiempo y la dedicación necesarios para desempeñar las competencias asignadas en el propio órgano de administración de la sociedad, asimismo analizar otras ocupaciones del consejero y concretar el perfil y capacidades exigidas y sus competencias, a través de la elaboración de una matriz sobre éstas. De tal modo que concierne a la Comisión de Nombramientos y Retribuciones la evaluación de los candidatos o aspirantes a ser designados consejeros sociales y hacer constar en el acta correspondiente (o, si procede, en el Informe o propuesta) su adecuación a la categoría societaria a la que vayan a adscribirse y pormenorizar las razones que lo justifican en cada caso. La significación de la labor de dicha Comisión, en este sentido, nos lleva a plantear el oportunismo de acordar o concretar una reunión individualizada con cada uno de los aspirantes a ser nombrados consejeros para completar la información de la que disponen sobre ellos.

Como ya se ha puesto de manifiesto, en cuanto al nombramiento, reelección y separación de los consejeros independientes corresponde a esta específica Comisión elevar la pertinente propuesta de nombramiento al Consejo de Administración para su posterior aprobación por parte de la Junta general de accionistas. Si bien, no puede eludirse la referencia a la eventual elección de los consejeros sociales por el sistema de cooptación en el propio Consejo de Administración y que evidencia un proceso que, en cierto modo, altera la competencia para el nombramiento de los consejeros. Ya que implica que las vacantes anticipadas que se generen en dicho órgano social, sin que existan suplentes, sean cubiertas por accionistas que designe el Consejo de la entidad, correspondiendo a la Junta general la ratificación de esos nombramientos por cooptación en la primera reunión que se celebre[164]. Es decir, va a ser el Consejo de Administración el que designe al consejero social hasta que se reúna la primera Junta general de accionistas que es la facultada para corroborar la designación que se hubiera realizado. La aplicación de este sistema en las sociedades cotizadas permite una doble excepcionalidad: de un lado, en sentido cualitativo en la medida en que no se exige que el consejero social designado por el Consejo de Administración sea, al mismo tiempo, accionista de la entidad; y otra desde la perspectiva de la temporalidad, en cuyo caso se prevé la posibilidad de que si la vacante a cubrir surge una vez que se hubiera convocado la Junta general de socios, pero aún no se hubiera celebrado, sea el Consejo de Administración el facultado para designar al consejero social hasta el momento en el que se celebre la siguiente Junta de accionistas. No obstante lo anterior, también en este particular supuesto de designación de consejeros sociales, es manifiesta la concreta intervención de la Comisión de Nombramientos y Retribuciones en lo que respecta a los catalogados como consejeros independientes. Y ello porque, ya ha quedado apuntado, se le atribuye a esta Comisión especial la autoridad para elevar al Consejo de Administración las propuestas de nombramiento de consejeros independientes para su designación por el sistema de cooptación y, en cuanto al resto de los consejeros sociales designados por esta misma alternativa, dicha Comisión sólo habrá de informar sobre las proposiciones que se realicen.

164 Véanse el art. 145 del RRM y el art. 222 de la LSC. Así como, el art. 529 *decies* de la LSC en lo que respecta al sistema de cooptación en las sociedades cotizadas. Sobre ello, ROJO FERNÁNDEZ— RÍO, *La facultad...op.cit.*, págs. 367-434.

Asimismo, conviene justificar las situaciones excepcionales en las que, por razones acreditadas de urgencia, no se haya atendido al requerimiento formal de la propuesta de nombramiento (o reelección) de los consejeros que nos ocupan. Nos referimos a la eventualidad de que se hubiera nombrado un consejero independiente sin que, con anterioridad, la Comisión especializada haya hecho su propuesta, siempre que se trate de un supuesto amparado en causas de urgencia. La superación de esta cuestión no puede hacerse sino acudiendo al contenido de los estatutos sociales o, en su caso y de conformidad con el mismo, al del Reglamento interno del propio Consejo de Administración. Pues no es desproporcionado apreciar la posibilidad de que, en situaciones debidamente justificadas por razones extraordinarias de inmediatez o celeridad en el entorno societario, la Junta general de accionistas o el propio Consejo de Administración (cuando sea conveniente) nombren un consejero independiente prescindiendo de la propuesta proporcionada por la Comisión de Nombramientos y Retribuciones. A mayor abundamiento, ha de tenerse en cuenta que los consejeros externos que ostentan la condición de independientes van a ser designados atendiendo a unas precisas condiciones de idoneidad y al margen de posibles condicionantes que limiten su actuación objetiva e imparcial en el órgano de administración. Exhortos que respaldan el singular tratamiento previsto para el nombramiento de estos consejeros. Pese a ello, y aun cuando la creación de la Comisión de Nombramientos y Retribuciones es preceptiva en el planteamiento de las sociedades cotizadas, no puede pasar desapercibido el hecho de que se trata de una Comisión específica de carácter consultivo. La trascendencia de su participación al presentar la propuesta de designación de los consejeros independientes a la Junta general de accionistas para su aprobación (o, en su caso, al Consejo de Administración) ha de conceptualizarse como una sugerencia o recomendación que debe observarse al inicio del procedimiento de designación. Pero, también, es admisible y se recomienda que puedan participar proponiendo posibles candidatos tanto expertos externos, como cualquier consejero social (incluidos los accionistas significativos, consejeros dominicales o consejeros ejecutivos) con la salvedad de que en estas hipótesis la Comisión especial garantice que, junto al cumplimiento de los requisitos impuestos a esta categoría social, el aspirante presentado carece de relaciones o nexos de dependencia que condicionen el desempeño de su cargo. A tal fin, en la medida en que dichos órganos sociales —con anterioridad a la aprobación de la propuesta— valoren los presupuestos necesarios para ser designado en tal condición, nada impide que los aspirantes que acrediten la concurrencia de las exigencias que le son singulares puedan ser nombrados como consejeros independientes en casos puntuales. Una solución en contrario, consideramos, haría suponer que el que hubiera sido designado al margen de la propuesta referida de la Comisión especial que cumple un papel de asesor, pese a reunir las exigencias sustantivas que se imponen para alcanzar dicha designación societaria y habiendo sido procedentemente valorado por el órgano social del que dependa su nombramiento, deba dejar el cargo ocupado por la falta de atención de una formalidad procedimental que, en hipótesis excepcionales, resulta ser dispensable. Incrementándose con ello la inseguridad jurídica por los contingentes efectos que de esta situación derivan respecto de los mismos.

3. PUNTUALIZACIÓN SOBRE OTRAS CONDICIONES DE CONSEJEROS EXTERNOS. EL EUFEMISMO DE LOS 'OTROS CONSEJEROS'

La sistemática del derecho societario, como se ha apuntado, distingue diversas categorías de consejeros sociales que pueden formar parte del Consejo de Administración de las sociedades cotizadas y que, siendo externos a la entidad, no van a desempeñar funciones ejecutivas o de dirección en el seno de la misma. Estos son, los consejeros independientes, los dominicales y una última designación de carácter residual que se corresponde con *otros consejeros externos* a la sociedad. Sin embargo, y aun cuando se tipifican conceptualmente las dos primeras clasificaciones de consejeros sociales, no cabe afirmar lo mismo respecto de estos últimos. En cuyo caso, se plantea una imprecisa designación en la condición de 'otros consejeros externos', por cuanto en ella quedarían encuadrados los consejeros anteriores que hubieran perdido las condiciones de idoneidad que les hacen ser independientes o, cuando proceda, dominicales según el caso. De este modo nos hemos permitido hacer referencia al posible eufemismo de esta nominación con la que se pretende titular como consejeros sociales carentes de funciones ejecutivas (externos) diversas coyunturas societarias no siempre de fácil acogida.

Apreciaciones que permiten considerar que en dicha condición podrían ser designados tanto los consejeros que siendo catalogados como independientes —en atención a sus precisas condiciones personales y profesionales que les distinguen— no puedan llevar a cabo sus funciones supervisoras en la entidad sin estar condicionados por las relaciones con la sociedad o su grupo, sus accionistas significativos o sus directivos; o si incurriesen en alguna de las causas de incompatibilidad que, a modo preventivo, impiden que desempeñen su cargo con la independencia que le es exigida en la norma sustantiva[165], en las disposiciones estatutarias o en el Reglamento interno de funcionamiento del Consejo de Administración, pero que se mantienen en dicho órgano social

---

165 Tal es el caso de que hubieran pasado los doce años previstos como temporalidad máxima en el cargo. Aunque, como ya ha quedado indicado, la independencia que distingue a esta modalidad de consejero social externo está en examen (*vid.* PAZ-ARES RODRÍGUEZ, *Identidad y diferencia del consejero... op.cit.*, pág. 93).

sin que puedan ser nombrados en la condición de consejeros dominicales, ni tampoco de consejeros ejecutivos. Asimismo, cabría incluir en dicho título a los consejeros externos independientes que cumpliendo las exigencias de esta particular condición social, en base a las previsiones dispositivas, posean una participación accionarial en la entidad que resulte ser significativa de acuerdo a las exigencias legales. Además, de los consejeros sociales que no posean o representen una participación accionarial igual o superior a la que se considere significativa *ex lege* o los consejeros dominicales que pierdan dicha condición como consecuencia de la venta de su participación por parte del accionista al que representaban, pero que no cabe que sean reelegidos como consejeros independientes porque el accionista al que representaban hasta ese momento no hubiera traspasado la totalidad de sus acciones en la sociedad, como ha quedado indicado en un momento precedente. En este sentido, el criterio sistemático hace estimar la naturaleza excluyente de la condición de consejero independiente y la de consejero dominical[166], por cuanto será independiente el que —atendiendo las condiciones previstas— disponga de una participación accionarial que no sea significativa (3% o más del capital o de los derechos de voto), mientras que el consejero dominical que pierda dicha condición tras la venta de su participación por el accionista al que representaba solo cabe que sea reelegido como consejero externo independiente cuando dicho accionista hubiera vendido la totalidad de sus acciones sociales y, como es obvio, reuniese los presupuestos requeridos para alcanzar dicha posición societaria.

Comprobada la separación referida, hemos de prestar atención particular a la figura de los 'otros consejeros externos' en

166 En este sentido, SÁEZ LACAVE, *Consejeros dominicales...op.cit.*, págs. 13-15 y 49; PAZ-ARES RODRÍGUEZ, *Identidad y diferencia del consejero...op.cit.*, págs. 204-205.

las sociedades cotizadas, la cual aglutina a los consejeros sociales que no pueden ostentar la condición ni de consejeros dominicales, ni de independientes. En cuyo caso, previo informe de la Comisión de Nombramientos y Retribuciones, será el Consejo de Administración el que elabore el IAGC en el que determine y explique las diversas propuestas de nombramiento de los consejeros y las situaciones específicas que se suceden en la práctica mercantil y que se alejan de los supuestos reglamentarios (dominical e independiente)[167]. En consecuencia, va a ser el propio Consejo el que —previo informe de la Comisión de Nombramientos y Retribuciones— se encargue de determinar en el pertinente Informe anual mencionado si dicho consejero social cumple con las condiciones y requisitos de independencia establecidas en las disposiciones normativas o si puede calificarse como consejero dominical, en caso contrario acreditará su consideración como un consejero no ejecutivo encuadrable en este tercer grupo de consejeros externos.

No obstante, parece que estas aclaraciones no son admitidas con rotundidad en la pragmática societaria, lo que ha llevado a que un sector significativo de la doctrina apueste por impeler una categoría societaria típica, al estilo de los consejeros inde-

[167] Para ampliar esta materia, puede consultarse SÁNCHEZ CALERO, *Los administradores...op.cit.*, págs. 906-916. El modelo de dicho Informe ha sido modificado con la revisión hecha en junio de 2020 al CBG, en concreto hacemos referencia a la Circular 1/2020, de 6 de octubre, de la CNMV por la que se modifican la Circular 5/2013, de 12 de junio, que establece los modelos de informe anual de gobierno corporativo de las sociedades anónimas cotizadas, de las cajas de ahorros y de otras entidades que emitan valores admitidos a negociación en mercados oficiales de valores; y la Circular 4/2013, de 12 de junio, que establece los modelos de informe anual de remuneraciones de los consejeros de sociedades anónimas cotizadas y de los miembros del consejo de administración y de la comisión de control de las cajas de ahorros que emitan valores admitidos a negociación en mercados oficiales de valores (BOE núm. 270, de 12 de octubre).

pendientes y de los dominicales, frente a la implementación de una forma de designación accesoria o incidental que resulta infructuosa en determinadas hipótesis (*otros consejeros externos*), como sucede con la concreción de la participación accionarial significativa del consejero en la entidad y que, al mismo tiempo, solvente la diferenciación que supone la reducida consideración de la participación significativa si la comparamos con otros referentes comunitarios[168]. En este sentido, y teniendo en cuenta que el consejero dominical es el accionista con una participación accionarial en la entidad superior al 3% (o el que lo representa) y el consejero independiente es el que —atendiendo a determinados presupuestos de idoneidad— desempeña sus funciones sin estar condicionado por relaciones con el equipo gestor ni con los accionistas de control de la sociedad y siendo una incompatibilidad reconocida el ser titular de una participación significativa en la sociedad, se plantea la posibilidad de considerar una conceptualización sistemática y de carácter intermedio referida a los *consejeros microdominicales* (o también calificados como *consejeros dominicales pequeños* o *poco significativos*)[169]. Es decir, en esta clasificación quedarían encuadrados los consejeros sociales que cuenten con una participación accionarial cuya cuantificación se encuentre entre ambos planteamientos, pero manteniendo el te-

168 CONTHE, *Consejeros...op.cit.*, quien alude a los consejeros 'paradominicales' (designado por una institución pública haciéndose valer de su facultad de coacción sobre la entidad); GARCÍA-OCHOA MAYOR/ ZAPATA BENITO, *Análisis...op.cit.*, págs. 55-58. Por su parte, PAZ-ARES RODRÍGUEZ, *Identidad y diferencia del consejero...op.cit.*, pág. 210, pone de manifiesto que lo que interesa del consejero dominical es la función de representación de los intereses del *dominus* que realiza y no tanto la cuantificación de su participación (o de la que representa). Un estudio comparativo puede consultarse en REDÍN GOÑI/ GONZÁLEZ PERALTA, ¿Qué esperamos...op.cit.

169 Para ampliar esta materia GEORGESON/ URÍA MENÉNDEZ/ DAVIS POLK & WARDWELL, *Estudio relativo...op.cit.*; PAZ-ARES RODRÍGUEZ, *Identidad y diferencia del consejero...op.cit.*, pág. 207, quien los califica como ‹buenos y malos dominicales›; SÁEZ LACAVE, *Consejeros dominicales...op.cit.*, págs. 11-35.

nor reglamentario vigente respecto del resto de consideraciones que compete a estos consejeros sociales. La hipotética modalidad de consejero aludida quedaría delimitada por aquellos que no pueden ser nombrados consejeros externos independientes por ser accionistas que, aún cumpliendo las exigencias requeridas, tienen más de un 3% del capital de la sociedad[170], pero que tampoco poseerían (o representarían) una participación accionarial de control en la entidad que les permita ser nombrados consejeros significativos con influencia sobre el control societario. A tal fin, cuando los consejeros sociales dominicales posean o representan a accionistas que no superan los márgenes para ser considerados significativos y reúnan los presupuestos demandados a los que aspiran a ser nombrados consejeros independientes en el órgano de administración de estas entidades, podrán ser designados en la categoría de consejeros microdominicales.

El planteamiento propuesto implica, y así ha de entenderse, la modulación de los rígidos requerimientos que pesan sobre los diversos consejeros externos determinados en la norma societaria interna respecto de las previsiones comunitarias[171]. Por tanto, teniendo o representando una participación accionarial concreta y no incurriendo en ningún supuesto enunciado en negativo por cuanto impiden ser designado en la categoría de consejero independiente y, además, reuniendo los condicionantes de idoneidad que les son exigidos, van a poder desempeñar su cargo sin limitaciones que coarten sus decisiones y en el mejor beneficio

---

170 En otros ordenamientos, es factible que se designen como independientes a los microdominicales que representen participaciones de hasta un 10% en una sociedad cotizada. Para ampliar esta materia: GARCÍA-OCHOA MAYOR/ ZAPATA BENITO, *Análisis...op.cit.*, págs. 55-59; GEORGESON/ URÍA MENÉNDEZ/ DAVIS POLK & WARDWELL, *Estudio relativo...op.cit.*, págs. 10-11.

171 Consúltense sobre ello GARCÍA-OCHOA MAYOR/ ZAPATA BENITO, *Análisis...op.cit.*, págs. 55-58; GEORGESON/ URÍA MENÉNDEZ/ DAVIS POLK & WARDWELL, *Estudio relativo...op.cit.*, págs. 10-11.

del interés social. De este modo, van a actuar como consejeros externos independientes en la competencia de supervisión de los significativos y de los que desempeñan puestos directivos con facultades ejecutivas en la entidad, y ocupando los posibles cargos en las correspondientes Comisiones especiales y en otros empeños propios. La relevancia que para el buen gobierno corporativo de las entidades cotizadas tiene la presencia de consejeros independientes en el Consejo de Administración y en las Comisiones especiales que han de crearse en su seno y las imposiciones que necesariamente han de cumplir los aspirantes a ser designados en esta condición societaria, hace que a nivel interno o bien no se esté integrando este tipo de consejeros o, en su caso, los nombrados no resulten ser verdaderos o eficaces consejeros independientes[172]. A lo que se añade, en refuerzo de esta consideración, el particular y complejo proceso que ha de seguirse para su nombramiento y la ralentización del mismo en lo que concierne a la valoración de los requerimientos positivos para ostentar la condición de consejero independiente y de la no concurrencia de las causas de incompatibilidad (o en sentido negativo) indicadas. Eventualidades que han servido de justificación para plantear una designación intermedia entre los consejeros externos independientes y los dominicales, a fin de que los que reúnan los condicionantes para poder ser designados consejeros independientes, pero representen a accionistas minoritarios y no significativos, puedan formar parte del órgano de administración de las sociedades cotizadas y, en su caso, llevar a cabo las funciones propias

172 Como se pone de manifiesto en el último *Índice Spencer Stuart de Consejos de Administración 2022...op.cit*. Al igual en otros ordenamientos, tal es el caso de la *Sarbanes-Oxley Act* de USA, en cuyo caso se reconoce que, si los consejeros externos tienen acciones de la entidad, su labor como consejeros les genera un coste por la supervisión y asesoramiento que realizan, pero al mismo tiempo un beneficio en forma del mayor valor de sus acciones. Por tanto, en términos netos se reduce el coste del primero.

y que singularizan a estos consejeros sociales. Téngase en cuenta que la tendencia en el ámbito societario propugna el incremento paulatino del porcentaje de la presencia de consejeros independientes en detrimento de los consejeros dominicales.

La precisión del término consejero microdominical (*consejeros dominicales pequeños* o *poco significativos*) está siendo objeto de estudio por parte de la CNMV. Aunque, si bien en la consulta pública que emitió la Comisión respecto a la *Guía técnica sobre las Comisiones de Nombramientos y Retribuciones* recomendaba como una buena práctica societaria que en su composición se definieran los criterios sobre la diversidad y formación y, a su vez, fuera deseable que —de haber consejeros dominicales entre sus miembros— preferiblemente fueran microdominicales[173], finalmente esta identificación no ha sido recogida en el tenor de la *Guía técnica 1/2019 sobre las Comisiones de Nombramientos y Retribuciones*[174]. En esta última, se establece respecto de la composición de dicha Comisión que sea diversa teniendo en cuenta el principio de proporcionalidad, en lo que respecta al género, experiencia profesional, competencias, y las capacidades personales y conocimientos sectoriales según el caso. En el supuesto de entidades con un nivel relevante de internacionalización, se tienden a que los aspirantes cuenten con la requerida experiencia internacional o sean diversos por su concreta procedencia geográfica. Por su parte, en lo que concierne a las sociedades cotizadas, según el tamaño y estructura accionarial, tales criterios pueden referirse también a la presencia en la Comisión especial referida de consejeros dominicales. Y siendo aconsejable que formen par-

173 *Consulta pública sobre la Guía técnica de Comisiones de Nombramientos y Retribuciones,* 20 de noviembre de 2018, para su consulta: https://www.cnmv.es/loultimo/ISGNRFINAL.pdf (último acceso, enero 2023).

174 *Guía técnica 1/2019 sobre las Comisiones de Nombramientos y Retribuciones...op.cit.*

te de la misma consejeros dominicales que por las características, porcentaje y valor de su participación accionarial, el accionista representado no tenga control o influencia significativa sobre la gestión de la entidad, ni sea titular de un porcentaje relevante del capital, ni tampoco pueda verse afectado por intereses distintos de los que son propios de los accionistas minoritarios. Así como, los que cumplan con los requisitos para ser considerados consejeros externos independientes, salvo en lo que se refiere al hecho de tener relación con un accionista significativo. Pese a que, en las sociedades que tengan un accionista de control, se considere recomendable que la Comisión de Nombramientos y Retribuciones cuente con una mayoría de consejeros externos independientes, a fin de fortalecer la objetividad e independencia del proceso de selección.

En definitiva, cabe considerar la necesidad de atender cada caso en concreto, aunque observando los aspectos que distinguen a la entidad de que se trate referidos tanto a su dimensión societaria como a su composición. A fin de que de manera progresiva puedan estructurarse ordenadamente otras categorías sociales acordes a las realidades del momento en dicho ámbito, como lo es la designación de los consejeros microdominicales con facultades propias de los consejeros externos independientes, pero con una incursión prudente y paulatina en la que se analice no sólo la titularidad de un porcentaje reducido de capital social, sino que ello se ponga en relación con otros parámetros que pueden llegar a subordinar su actuación societaria, como lo son las eventuales relaciones de negocio con la sociedad.

No obstante, debe hacerse una última salvedad en este sentido, pues la adyacencia de esta figura social a la condición de los consejeros independientes no solo se refiere a la asunción de las indicadas competencias de supervisión y control de los que realizan funciones ejecutivas en el seno del órgano gestor y que desempeñan como miembros del Consejo de Administración de las entidades cotizadas, sino que su aproximación también puede hacer que éstos se integren en las Comisiones especiales creadas en el seno de la sociedad o que, en su caso, puedan contar con las prerrogativas específicas singulares de aquéllos.

Capítulo II

ALINEACIÓN DEL CONSEJERO INDEPENDIENTE CON LA ACEPCIÓN OBJETIVA DE LA INDEPENDENCIA QUE LE ES SINGULAR

SUMARIO: 1. LA HIPÓTESIS DE ESTA ASOCIACIÓN Y SU SIGNIFICATIVA PRESENCIA EN LA SOCIEDAD. 2. SINGULARIDADES DEL PROCEDIMIENTO DE DESIGNACIÓN DEL CONSEJERO INDEPENDIENTE. 2.1. Consideraciones sobre el nombramiento o reelección de los consejeros independientes. 2.2. Aspectos discutibles en relación con las formalidades del proceso de designación. 2.3. La publicidad del nombramiento y la excepcionalidad al trámite de legalidad. 3. LA SEPARACIÓN DEL CONSEJERO INDEPENDIENTE COMO CONDICIONANTE DE LA AUTONOMÍA DE SU ACTUACIÓN SOCIETARIA. 4. EL RESPALDO DE LA INDEPENDENCIA DE ACTUACIÓN EN SENTIDO OBJETIVO DESDE EL DISCERNIMIENTO TEMPORAL. 5. LA RETRIBUCIÓN DE LOS ADMINISTRADORES SOCIALES Y LAS NECESARIAS SALVEDADES EN RELACIÓN CON LOS CONSEJEROS INDEPENDIENTES. 5.1. Observaciones sobre la retribución de los administradores sociales en las sociedades de capital. 5.2. Conversión del criterio interpretativo de la retribución de los consejeros sociales. 5.3. La remuneración de los consejeros en las sociedades cotizadas. Pormenores sobre los consejeros externos independientes. A. Observaciones sobre la retribución de los consejeros sociales que integran el órgano de administración en las sociedades cotizadas. B. Particulares consideraciones sobre la remuneración de los consejeros externos independientes. C. Especialidades en relación con los elementos retributivos en el caso de los consejeros independientes. 5.4. Un apunte sobre el fortalecimiento de la transparencia de la remuneración de los consejeros sociales.

Analizada la relevancia en la *praxis* societaria de la designación de consejeros sociales independientes que conformen los Consejos de Administración de las sociedades cotizadas y su necesaria presencia en las Comisiones específicas que han de crearse en este órgano de administración, así como los atributos que le confieren su singularidad respecto de otros consejeros sociales (internos y externos a la entidad), corresponde en esta parte de contenido específico de nuestro análisis detenernos en el distintivo propio de esta categoría societaria.

La originalidad de la determinación de la independencia en la nominación de esta modalidad de consejero nos ha llevado a dilucidar sobre el atributo que, por otro lado, y como ha quedado indicado, es propio e innato a la condición de consejero o administrador social en cuanto a la observancia del deber de lealtad que pesa sobre los mismos. La previsión sistemática de esta particular categoría de consejero social en las entidades cotizadas es el argumento que coadyuva a distinguir la perspectiva subjetiva y objetiva de este carácter de independencia. En consecuencia, el nombramiento de consejeros externos independientes evidencia en el aspirante la formalidad del cumplimiento de los atributos de cualificación profesional y personal que le son requeridos y, en sentido negativo, la no concurrencia de las eventualidades precautorias que condicionarían la independencia de su actuación en el órgano de administración del que forman parte y que ha de ser interpretada en su sentido objetivo.

No obstante, la reseñada alineación de dichos consejeros con la actuación independiente que le es singular, y siendo leales al examen pragmático de esta categoría social, consideramos preciso estudiar tres relevantes coyunturas que pueden alterar esta combinación. En concreto, y de acuerdo con un criterio personal y subjetivo, apreciamos la necesidad de reflexionar sobre las siguientes materias: el sistema de nombramiento y destitución de los consejeros externos independientes, el criterio de la temporalidad en relación con el régimen establecido sobre las incompatibilidades que impiden ser designado en dicha condición y el tratamiento de la retribución acordada para compensar el cargo del consejero independiente. Asuntos que han de ser reflexionados desde su naturaleza preventiva o conservadora de la singular independencia de actuación de los consejeros sociales que nos ocupan.

1. LA HIPÓTESIS DE ESTA ASOCIACIÓN Y SU SIGNIFICATIVA PRESENCIA EN LA SOCIEDAD

La diversa o heterogénea conformación del órgano de administración de las sociedades cotizadas responde a la requerida observancia de los principios de gobierno corporativo, y cuyo objetivo es que la administración social actúe de modo autónomo respecto de los grupos de control u otras posibles influencias en la sociedad, asegurando la garantía del interés social sobre los individuales de los que forman parte de la entidad. El limitado contenido positivo sobre la materia en lo que hace a la integración del órgano de administración de las sociedades cotizadas, requiere acudir tanto a las previsiones aplicables a las sociedades de capital de forma supletoria, como a las recomendaciones recogidas en el código de buen gobierno de estas entidades a fin de completar su reglamentación.

La singularidad de la designación de consejeros externos independientes reside, como hemos tenido ocasión de indicar en la exposición sistemática previa, en una serie de reivindicaciones de carácter personal y profesional que le son propias y, además, en que —a diferencia de otros consejeros sociales— éstos van a desempeñar las funciones que tienen atribuidas en el órgano de administración sin estar condicionados por posibles relaciones con la entidad o su grupo, los accionistas significativos o los directivos de la misma. Esta última consideración, es decir que los consejeros independientes deban proceder al margen de eventuales relaciones o vínculos que puedan limitar la autonomía de su actuación, implica que en su quehacer en el órgano de administración al que pertenecen haya de asegurarse la independencia inferida en un sentido objetivo.

El nombramiento como consejero social en una entidad de capital, en líneas generales, supone la asunción del particular estatuto jurídico conformado por el conjunto de facultades, deberes y el régimen de responsabilidad que le es inherente a dicha posición societaria y entre los que destaca la obligación de actuar con lealtad o fidelidad a la sociedad, lo que equivale a ejercer el cargo de forma que prime la independencia referida a la actuación de buena fe en interés del conjunto de los socios que la conforman. Deber de administrar y gestionar los intereses ajenos en las relaciones externas como un fiel representante en el mejor interés de la sociedad que, como es sabido, se impone de manera imperativa en el ámbito societario. Aunque nos detendremos en esta materia cuando proceda[175], hay que reseñar ahora que esta independencia deducida en sentido subjetivo se pregona de cualquier consejero que conforme el órgano de administración de las sociedades de capital, al margen de su posible catalogación. Por tanto, el consejero externo calificado de independiente asume el respeto y atención al contenido del deber de lealtad en el ejercicio de las facultades que tiene atribuidas en el órgano de administración y que abarca el compromiso de obrar de buena fe en defensa del interés social y de no ejercitar sus facultades con fines diversos de los que le son innatos, siendo fiel al vínculo de confianza que le une a la sociedad en la que se halla —en el sentido de guardar secreto sobre las informaciones, datos, informes o antecedentes a los que haya tenido acceso en el desempeño de su cargo— y, al mismo tiempo, evitando los posibles conflictos de intereses con la sociedad y, en su caso, adoptar las medidas necesarias para impedir que se incurra en estas situaciones. La falta de atención de las obligaciones indicadas implicará la atribución de la correspondiente responsabilidad en defensa del interés social. Como es obvio, queda a salvo el régimen de dispensa por parte de la Junta general de accionistas o del propio Consejo de Administración, según proceda, de autorizar que el consejero social o la persona

175 *Infra CAPÍTULO III. 1. El cumplimiento de las obligaciones societarias asumidas por los consejeros externos independientes.*

vinculada al mismo puedan llevar a cabo algunas actuaciones en casos singulares y excepcionales[176].

Sin embargo, como ya hemos advertido, la condición específica de consejero externo independiente se clasifica en base a su particular *independencia*, lo que hace pensar que —además de la asunción del deber de lealtad propio de cualquier consejero social— estos consejeros se distinguen por la observancia de la independencia en su perspectiva objetiva en relación con el desempeño de las competencias que tienen asignadas en la gestión de la sociedad. Ello significa que, junto a ser un fiel representante que procede de buena fe y en el mejor interés de la entidad, el consejero independiente actuará al margen de posibles vínculos o relaciones con la sociedad o su grupo, los accionistas significativos y otros directivos, no pudiendo incurrir en las situaciones de incompatibilidad que condicionarían su autonomía de proceder. Estas últimas están previstas reglamentariamente *numerus apertus* haciendo factible que puedan completarse bien en los estatutos sociales o en el Reglamento interno del Consejo de Administración de la entidad de que se trate. Es, por tanto, en la posición de consejero independiente en la que cabe deducir que confluyen y se armonizan la perspectiva subjetiva (consustancial a los administradores o consejeros sociales) de la actuación de los consejeros sociales y la objetiva autonomía que se pregona respecto de esta categoría típica de consejero que lleva a cabo las facultades que tiene asignadas en el Consejo de Administración (y en las Comisiones especiales del mismo) al margen de posibles condicionantes o vínculos que subordinen el desempeño de su cargo.

176 Art. 230 de la LSC (en esta materia BOQUERA MATARREDONA, *La dispensa...op.cit.*, págs. 21-82; GARCÍA GARCÍA, *Artículo 230...op.cit.*, págs. 3171-3194; JUSTE MENCÍA, *Artículo 230...op.cit.*, págs. 413-425).

Conciliando estas previsiones positivas con las recomendaciones prácticas, en relación con el grupo de consejeros internos y externos del órgano gestor de las entidades cotizadas, el CBG reconoce la aplicación de la composición equilibrada del Consejo de Administración. Esto es, una mayoría de consejeros externos no ejecutivos suficiente para asegurar la actuación imparcial y objetiva en el desempeño de las facultades atribuidas, por cuanto se trata de consejeros garantes del interés social y que evitan los posibles conflictos de intereses que surjan en el seno de la sociedad, y cuya pretensión es propiciar la tutela de las situaciones controvertidas de agencia que puedan acaecer entre directivos y accionistas, y entre accionistas representados y no representados (o con una menor representación) en el Consejo de Administración[177]. Causa que trae como consecuencia que se recomiende que el número de consejeros sociales ejecutivos sea el mínimo necesario de acuerdo con la complejidad de la entidad o grupo societario en cuestión, y que éste se establezca en relación con el porcentaje de participación en el capital de los mencionados consejeros.

El criterio general de composición respecto de las entidades cotizadas es que la cuantificación de los consejeros externos o no ejecutivos sea la suficiente para garantizar la independencia respecto de los grupos de control, lo que supone que se trate de una mayoría en relación con los consejeros ejecutivos que integran el órgano de gestión social. Si bien, al objeto de ser proporcionales en la composición y representación en el Consejo de Administración de la entidad, la cuantificación de los que se califican como consejeros externos ha de distribuirse de modo adecuado entre

177 Recomendación 15 del punto III.3.2.2. Añadiéndose que el número de consejeras suponga, al menos, el 40% de los miembros del Consejo de Administración antes de que finalice 2022 y en adelante, no siendo con anterioridad inferior al 30%.

los que integran este colectivo. A este respecto, la previsión de consejeros independientes en el órgano gestor de la entidad no sólo va a modificar la conformación de los Consejos de Administración de las sociedades cotizadas, por cuanto han de tener una representación mayoritaria, sino además implica la alteración del aspecto cualitativo del mismo en la medida en que han de satisfacer unas particulares características de idoneidad que les hacen ser singulares. De este modo, nada impide considerar que el criterio de proporcionalidad se prevé en cuanto a la adecuada conveniencia y oportunidad de los consejeros externos dominicales y de los independientes[178]. O, lo que es lo mismo, entre la participación accionarial y el porcentaje de capital representado en el órgano de administración social (consejeros externos dominicales). En consecuencia, los consejeros sociales independientes han de contar con una representación suficiente y de relevancia para que los accionistas significativos no puedan ejercer una influencia desproporcionada e indebida en relación a su participación en el capital societario[179]. Así, el porcentaje de los conse-

178 Recomendaciones 15 y 16 del punto III.3.2.2. La composición del Consejo será de cinco a quince miembros, siendo mayoría dominicales o independientes, y los ejecutivos serán el mínimo necesario. El Consejo habrá de reunirse, al menos, ocho veces al año. Y, como mínimo, una vez al año ha de evaluar la calidad de su funcionamiento y el desempeño de los cargos de los consejeros, entre otros aspectos. Así, también se ha previsto en los Principios de Buen Gobierno Corporativo desarrollados por el Instituto de Consejeros-Administradores, la Asociación española de Consejeros, a través de su Comité de Normas Profesionales, 5ª edic., marzo de 2017 y que recogen el estado de las mejores prácticas internacionales en materia de buen gobierno corporativo (para su consulta: http://iconsejeros.com/sites/default/ files/archivos/documentos/18-5Edicion-1108PrinBuenGobCorporativo.pdf — último acceso, enero 2023—).

179 Recomendación 16. A ello se añade la necesidad de proporcionar transparencia en cuanto al nombramiento de consejeros dominicales, en el sentido de que sean las sociedades las que justifiquen dicha designación. De forma particular, cuando sus criterios hagan que se trate de manera diferente las peticiones de acceso al Consejo de accionistas con participaciones accionariales

jeros que sean dominicales, en correspondencia con el conjunto de los consejeros sociales externos, no puede superar la relación existente entre el capital de la entidad que representan éstos y el resto del capital social. Por su parte, la designación de consejeros externos independientes ha de ser tal que represente la mitad de la composición del órgano de administración para que los socios significativos no obtengan una autoridad no compensada en dicho órgano societario y teniendo reservadas funciones de control y propuestas de decisiones en el mismo[180]. Pese a la indicación de un porcentaje mínimo de consejeros independientes en el órgano gestor de la sociedad, ésta queda supeditada a la valoración de las funciones que dicha modalidad de consejero social realiza en el seno de la entidad y que se concretan tanto en las facultades de supervisión de los que desempeñan las competencias ejecutivas o directivas, como en el resto de funciones que se le pueden asignar de manera particular o que asumen en las propias Comisiones especiales creadas *ex lege* en el órgano de administración societario y de las que, necesariamente, han de formar parte[181].

La recomendación general en relación con el nombramiento de consejeros independientes, sin embargo, resulta de compleja observancia si atendemos a los aspectos cualitativos del tipo de sociedad de que se trate. De modo excepcional, es posible que

similares. *Vid.* VELASCO SAN PEDRO, L. A., "Retribuciones de los consejeros y altos directivos (Recomendaciones 35 a 41)", *RdS*, núm. 27, 2006-2, págs. 137-147.

180 Recomendación 17 del punto III.3.2.2.

181 Véanse ALONSO UREBA, A., "Las comisiones especializadas de supervisión y control en el modelo de consejo de administración de la sociedad cotizada", en AA.VV. *Sociedades cotizadas y transparencia en los mercados,* (Dirs. RODRÍGUEZ ARTIGAS, F./ FERNÁNDEZ DE LA GÁNDARA, L./ QUIJANO GONZÁLEZ, J./ ALONSO UREBA, A./ VELASCO SAN PEDRO, L.A./ ESTEBAN VELASCO, G.- Coord. RONCERO SÁNCHEZ, A.), vol. I, Editorial Aranzadi, Madrid, 2019, págs. 905-968; RONCERO SÁNCHEZ, *Transparencia... op.cit.*, págs. 793-838; VÁZQUEZ RUANO, *Principios...op.cit.*, págs. 180-186.

el porcentaje de consejeros externos independientes indicado sea, al menos, de un tercio de los integrantes que lo conforman, como sucede en las sociedades cotizadas que no cuenten con una elevada capitalización[182] o en entidades en las que el accionista —bien individualmente considerado, o bien actuando de modo concertado con otros— englobe un porcentaje elevado en el capital social o que pueda controlar más del 30%[183]. La cuantificación recogida trae como consecuencia que los consejeros independientes tengan una influencia suficiente para representar el capital social. Este porcentaje, reiteramos, deberá ser proporcional al número de consejeros externos dominicales previsto en el órgano societario, de manera que se garantice un equilibrio entre el capital flotante y el capital estable que conforma la sociedad.

A mayor abundamiento, y como ha quedado indicado en un momento precedente de nuestro estudio, se reconoce la participación de los consejeros sociales que ostentan la condición de independientes en la composición de las diversas Comisiones especiales que se crean por imperativo legal en el seno del Consejo de Administración de las entidades cotizadas (Comisión de Auditoría y la Comisión de Nombramientos y Retribuciones[184]). El elemento cuantitativo de su designación está precisado en una mayoría de ellos, pues en la conformación de dichas Comisiones

182 Como lo son las que no están incluidas en el índice IBEX-35 (Recomendación 17). *Vid.* MATEU DE ROS CEREZO, R., *El Código Unificado de Gobierno Corporativo*, Pamplona, 2007, págs. 228-232 que establece otros supuestos concretos.

183 Recomendación 17 del punto III.3.2.2. Sin embargo, en las sociedades de elevada capitalización o en las que exista una pluralidad de accionistas representados en el Consejo de Administración y no tengan vínculos entre sí, es recomendable que el porcentaje se atenúe.

184 Sobre ello, ALONSO UREBA, *El modelo...op.cit.*, págs. 70-71 y en *Las comisiones...op.cit.,*, págs. 920-945, considera la Comisión de Auditoría como una instancia con funciones supervisoras en el seno de la entidad y con 'relevancia externa'; PACHECO CAÑATE, La comisión...op.cit.

se prevé la necesidad de que únicamente estén compuestas por consejeros no ejecutivos o externos[185]. Asimismo, de forma preceptiva se establece que su presidencia debe recaer en uno de los consejeros que ostente la categoría de externo independiente. En igual sentido, se refuerzan las facultades del aludido Consejero Independiente Coordinador en los casos en los que el presidente del Consejo de Administración ocupe, al mismo tiempo, el cargo de consejero ejecutivo[186], como tendremos ocasión de analizar cuando corresponda.

2. SINGULARIDADES DEL PROCEDIMIENTO DE DESIGNACIÓN DEL CONSEJERO INDEPENDIENTE

La Junta general de accionistas, como es manifiesto, asume por norma la competencia del *nombramiento y separación de los administradores, de los liquidadores y, en su caso, de los auditores de cuentas, así como el ejercicio de la acción social de responsabilidad contra cualquiera de ellos*[187]. Por tanto, compete a la Junta general la designación de los administradores sociales, sea cual sea la forma en la que se haya configurado el órgano de gestión de la sociedad. De la misma manera, sucede para el caso del cese del cargo *ad nutum* de los administradores de la sociedad y que

185 Art. 529 *quaterdecies* de la LSC, al cual se remite el Principio 20 del CBG.

186 Art. 529 *septies* de la LSC.

187 Art. 160 de la LSC. La convocatoria de la junta le corresponde únicamente al Consejo de Administración, sin que se permita la posible convocatoria por parte del consejero delegado o, en su caso, de la correspondiente comisión ejecutiva (cuestión polémica que, no obstante, fue interpretada por el TS en la Sentencia de 14 de marzo de 2005 —RJ 776/2004—). Véase GARCÍA-CRUCES GONZÁLEZ, J. A., "Artículo 160. Competencia de la junta", en AA.VV. *Comentario de la ley de Sociedades de Capital. Tomo III. La junta general. La administración de la sociedad,* (Dirs. GARCÍA-CRUCES GONZÁLEZ, J.A./ SANCHO GARGALLO, I.), Tirant lo Blanch, Valencia, 2021, págs. 2243-2282.

supone la facultad de la Junta de accionistas de cesar libremente al administrador cuando así lo considere y sin que sea preciso que ello conste en el orden del día de la convocatoria, aspecto este último sobre el que volveremos[188].

La cuestión relativa a la designación de los integrantes del órgano de administración de las sociedades cuyos valores han sido admitidos a negociación en un mercado regulado, tiene un alcance significativo. No sólo por el hecho de que se impone la necesaria configuración del mismo en la forma de Consejo de Administración, cuanto porque las particularidades de su composición son las que han justificado que el sistema general del nombramiento de los consejeros sociales quede exceptuado. La facultad de la Junta general de accionistas para el nombramiento de los administradores sociales, y de consejeros, es un reflejo de la consideración de ésta como órgano decisorio que debe dirigir y gestionar la entidad. Sin embargo, en la *praxis* societaria de las entidades cotizadas queda patente que los consejeros sociales que forman parte del Consejo de Administración suelen ser propuestos —de forma directa o indirecta— por los consejeros sociales que ejercen funciones ejecutivas y, en concreto, por el Presidente ejecutivo o el Consejero delegado. Fundamentalmente porque, salvo en el supuesto de los consejeros externos independientes, como ha quedado explicado, se ha asignado al propio Consejo la facultad de realizar las propuestas de nombramiento o reelección del resto de los miembros que integran el Consejo de Administración de estas entidades para que, posteriormente, puedan ser nombrados por la Junta de accionistas. Propuesta que, por otro lado, deberá ir acompañada del procedente informe justificativo del órgano gestor en el que se valore la competencia, experiencia y méritos del aspirante en cuestión. La licencia confe-

188 *Infra 3. La separación del consejero independiente como condicionante de la autonomía de su actuación societaria.*

rida al órgano de administración, en este sentido, se corresponde con las propias singularidades del tipo societario que nos ocupa y de las que cabe reseñar, aunque no procede profundizar sobre ello en el tema que abordamos en este momento, las que distinguen la diversa posición que ostenta la Junta general de socios y los diversos accionistas que la conforman y, por consiguiente, la ausencia de una efectiva actuación de dicho órgano societario, lo que supone la reducción de la soberanía que le es propia.

Además de esta concreta excepcionalidad en el nombramiento de los consejeros sociales en las entidades cotizadas, en el caso de los catalogados como consejeros externos independientes se ha instaurado un proceso de designación distinto, cuyas notas generales ya han quedado apuntadas con anterioridad. Si bien, no podemos sino volver sobre la exigencia impuesta a estos consejeros del cumplimiento de unos atributos de idoneidad de naturaleza profesional y de experiencia, y la asignación de las funciones de control y supervisión de los que ejercen facultades ejecutivas en la sociedad[189] para evidenciar esta particular disposición. En consecuencia, el nombramiento de consejeros independientes responde al ejercicio de la facultad supervisora o de vigilancia en el seno del órgano de administración de dichas entidades y la representación en él de los intereses del conjunto de los accionistas, a fin de evitar las posibles situaciones de conflicto de intereses que puedan plantearse con los que cuentan con una titularidad accionarial relevante u otros interesados. En cumplimiento de estas competencias va a ser preciso no sólo la observancia de los presupuestos sustantivos ya referidos, sino también que los aspirantes a ser designados en la condición de consejeros independientes cuenten con la previa y necesaria información acerca de la entidad a cuyo órgano de administración van a integrarse al

[189] Sobre la relación mercantil que vincula al consejero y a la entidad, puede consultarse MATEU DE ROS CEREZO, *Los consejeros...op.cit.*, pág. 240.

objeto de que puedan desempeñar las funciones que le son encomendadas de manera efectiva[190].

La institución de una imposición formal concreta para la designación de los consejeros externos independientes se subordina de nuevo, en nuestra consideración, a la garantía de la independencia que les hace ser una categoría específica. Por cuanto en esta figura societaria confluye la independencia que es innata a la actuación de los administradores o consejeros en general como fieles representantes que desempeñan su cargo de buena fe y en beneficio del interés social, y la interpretación objetiva del término. Así, ha de comprobarse y confirmarse que el aspirante a ser nombrado en dicha condición cumple las previsiones sistemáticas que son precisas para poder alcanzar esta calificación social, y las aptitudes y experiencia requeridas. No incurriendo, además, en ninguno de los planteamientos preventivos que, en su caso, se estiman como posibles condicionantes de una actuación imparcial y autónoma en beneficio del interés del conjunto de los accionistas de la sociedad.

2.1. Consideraciones sobre el nombramiento o reelección de los consejeros independientes

La designación de consejeros independientes en el Consejo de Administración de la sociedad cuyos valores han sido admitidos a negociación en un mercado regulado va a precisar, además de la atención a los presupuestos sustantivos y la no concurrencia de las situaciones de incompatibilidad advertidas, la observancia y el

190 Recomendaciones 29 a 31 del CBG. En esta opinión, ESTEBAN VELASCO, G., "El Gobierno de las sociedades cotizadas. La experiencia española", *CdCom*, núm. 35, 2001, pág. 33; SÁEZ LACAVE, *Consejeros dominicales...op.cit.*, págs. 47-52.

cumplimiento del correspondiente proceso formal determinado para su nombramiento. La exégesis de este imperativo permite considerar que la falta de esta formalidad sea un condicionante de carácter absoluto para poder ser designado en dicha condición. Esta justificación deriva de la propia taxonomía positiva y cabe integrarla con un razonamiento práctico que la evidencia, y que dimana tanto de los atributos específicos que hacen a esta modalidad de consejero externo ser singular (caracterizados por la imparcialidad en su criterio y la autonomía en el desenvolvimiento de sus funciones en el cargo), como de la especial función a la que están llamados a desempeñar en el órgano de administración societario.

Los aspectos que distinguen a los consejeros independientes que forman parte del Consejo de Administración de las sociedades cotizadas han hecho que el sistema de su designación presente determinados requerimientos de carácter formal y que, en el caso de no cumplirse, van a impedir ser nombrado en esta categoría societaria. El proceso singular se inicia, como ha quedado apuntado, con una propuesta de designación por parte de la Comisión especial creada en el seno del órgano de administración social, a la que le prosigue la elección y el nombramiento de dichos consejeros. Piénsese que, de seguir el proceso habitual previsto para la designación de administradores o consejeros sociales en las sociedades de capital, sería la Junta general de accionistas la que los nombrase de forma directa. Circunstancia que, en el ámbito de las sociedades cotizadas, permitiría a las mayorías designar en dicha condición a personas con las que tuvieran algún tipo de vinculación o relación de confianza en cuanto a sus propios intereses, alterándose el criterio de independencia e imparcialidad que ha de caracterizar el ejercicio de las funciones por parte de los consejeros sociales.

El trámite del nombramiento o reelección de consejeros sociales en una sociedad cotizada se hace mediante el acuerdo de la Junta general de accionistas, atendiendo a la propuesta realizada por el propio Consejo de Administración[191] y al necesario informe justificativo en el que se valora la competencia, experiencia y méritos aportados por el candidato[192]. Aspectos que hacen suponer que en dicha propuesta participen, en cierta forma, los consejeros ejecutivos que conforman dicho órgano social. El papel que adquiere el Consejo de Administración en la designación de los consejeros sociales trae causa en la mencionada falta de participación de los accionistas en la Junta general y, por consiguiente, es el *órgano de administración* el que asume aspectos que debieran recaer sobre el órgano social soberano, como lo es la responsabilidad en el proceso de nombramiento de los consejeros. Sin embargo, ya se ha indicado, estos requerimientos formales y sustantivos de carácter general se ven alterados cuando se propone el nombramiento de consejeros externos independientes. Respecto de éstos, el proceso es diverso en la medida en que compete hacer la propuesta de nombramiento o reelección a la Comisión especial que, necesariamente, ha de crearse en el Consejo de Administración. Nos referimos, a la Comisión de Nombramientos y Retribuciones que es la única a la que se le ha asignado la facultad de iniciar el proceso de designación de los consejeros independientes con la realización de la proposición de su nombramiento o, en su caso, de la renovación tras la oportuna comprobación de los condicionantes para ser elegido

---

191 Art. 529 *decies*. No siendo procedente la designación de suplentes en este caso.

192 Autores como SÁNCHEZ-CALERO GUILARTE, *Los consejeros ...op.cit.*, consideran que es acertado, pero relativo en cuanto a su efectividad; otros destacan la relevancia del criterio formal de esta modalidad de consejero y no tanto el particular procedimiento de designación (MATEU DE ROS CEREZO, *La independencia de criterio...op.cit.*, págs. 140-142). Por su parte, autores como CONTHE, M., considera que este concreto procedimiento lleva a calificar a los consejeros independientes como 'inmaculados' ("¿Tienen ombligo los consejeros?", conferencia impartida en el VI Congreso nacional de Derecho de Sociedades, Málaga, febrero, 2023).

en esta categoría societaria. Es decir, que el candidato cumple con los requerimientos de idoneidad para poder obtener dicha calificación y, a su vez, cuenta con las aptitudes y la experiencia necesarias, y que no incurre en ninguno de los planteamientos o condicionantes que limitan la independencia en el desempeño de las competencias que tiene atribuidas en el órgano gestor de la entidad. En nuestra consideración, la indicada propuesta realizada por la Comisión de Nombramientos y Retribuciones y el informe del Consejo respecto de la valoración de la experiencia, méritos y competencia del aspirante a ser consejero independiente pueden entenderse como elementos que, en cierto modo, pretenden conferir seguridad y certeza en lo que hace a la delimitación de la precisa autonomía de proceder que particulariza a estos consejeros sociales[193]. Fundamentalmente, por cuanto para su presentación ha debido comprobarse que el candidato no sólo cumple las especiales características que le son definitorias, pues corresponde a esta Comisión la evaluación de los méritos exigidos y la experiencia necesaria, al igual que la definición de las facultades y aptitudes impuestas, la valoración del tiempo y la dedicación demandados para el desarrollo eficaz de las funciones encomendadas, sino además y lo que es más importante, que el aspirante carece de vínculos o está inmerso en alguna de las situaciones que pueden condicionar su singular independencia de actuación o suponer una influencia en la misma. No obstante, y a

193 Exigencia que es un reflejo del incremento de la transparencia en los mercados. En el mismo sentido, véanse: ALONSO UREBA, *El modelo...op.cit.,* págs. 48-51; BAUTISTA SAGÜÉS, *Categorías...op.cit.*, pág. 186; MIRÓ MORIANO, *Comisiones...op.cit.,* págs. 198-200; SÁEZ LACAVE, *Consejeros dominicales... op.cit.,* págs. 47-49. Esta exigencia ya se había puesto de manifiesto ante las carencias de la regulación anterior (MARTÍ LACALLE, R., "El ejercicio de las competencias de los órganos sociales en las sociedades anónimas cotizadas", en AA.VV. *Las competencias de los órganos sociales en las sociedades de capital,* (Coord. EMBID IRUJO, J.M.), Tirant lo Blanch, Valencia, 2005, págs. 154-159 que plantea propuestas *lege ferenda*).

efectos de no ser reiterativos, salvamos la hipótesis excepcional del nombramiento que, cuando proceda, pueda hacerse en una situación en la que sea preciso extremar la celeridad del proceso y, en consecuencia, nada impida eludir la propuesta de dicha Comisión especial, aunque —de ningún modo— ello afecte a la imposición de evaluar oportunamente a los aspirantes según los presupuestos que se le exigen para su designación como consejeros independientes y al requerimiento de actuar con la debida prudencia en este sentido.

En todo caso, conviene tener en cuenta que la amplitud de los presupuestos con la que se han redactado las disposiciones reglamentarias trae como consecuencia que se otorguen generosas facultades de valoración al órgano de administración y que ello pueda ocasionar situaciones no tan favorables en la práctica societaria. La extensa expresión con la que se reconoce esta facultad a la Comisión de Nombramientos y Retribuciones permite confirmar que le corresponde asumir un papel básico y destacado en el inicio del procedimiento de designación de los consejeros externos independientes y, a su vez, en el propio hecho de confirmar el cumplimiento de las exigencias impuestas y de asegurar la objetividad en la selección de los candidatos o aspirantes a ser designados en esta categoría social. En este sentido, no cabe negar que corresponde al propio Consejo de Administración la apreciación del nivel de independencia que singulariza a estos consejeros, pero a través de la Comisión especial de Nombramientos y Retribuciones que es la facultada para llevar a cabo la comprobación de que el candidato carece de vínculos o está inmerso en alguna de las incompatibilidades referidas[194]. La pregonada relevancia de la actuación de dicha Comisión queda mermada, sin embargo, en lo que respecta a la

[194] En el último estudio Índice Spencer Stuart de Consejos de Administración 2022...*op.cit.*, se pone de manifiesto que el 77% de los consejeros independientes que se han nombrado han sido elegidos a propuesta del Presidente

designación del resto de consejeros sociales en cuyo caso resulta menor. Ya que la propuesta de nombramiento o reelección de cualquier consejero social que no sea catalogado como independiente, necesariamente, ha de hacerla el propio Consejo de Administración y sólo se impone como salvedad que esté precedida del pertinente informe de dicha Comisión especial. En este planteamiento, cabe entender que el contenido del informe emitido por la Comisión de Nombramientos y Retribuciones no va a ser más que una simple descripción expositiva de las características que le conciernen para aspirar a dicho cargo.

2.2. Aspectos discutibles en relación con las formalidades del proceso de designación

El específico proceso de selección de los consejeros externos independientes no se ha valorado en un sentido positivo en la práctica societaria. Ello es debido, fundamentalmente, al contenido de la actuación que ejerce la Comisión de Nombramientos y Retribuciones en el mismo y, a pesar de su conformación, a la presencia inevitable de consejeros sociales ejecutivos en dicho proceso[195]. En concreto, en lo que se refiere a la Comisión de Nombramientos cuando ésta está separada de la Comisión de Retribuciones, siendo poco frecuente que sus integrantes puedan debatir y deliberar sin que concurran los consejeros ejecutivos.

La precisa participación de la Comisión de Nombramientos y Retribuciones al inicio del proceso de nombramiento (o reelec-

---

del Consejo o de un accionista significativo, mientras que un 23% contó con la participación la Comisión de Nombramientos y Retribuciones.

195 Cuestión puesta de relevancia por GUTIÉRREZ URTIAGA/ SÁEZ LACAVE, *Deconstructing Independent...op.cit.*, págs. 85-87; PAZ-ARES RODRÍGUEZ, *Identidad y diferencia del consejero... op.cit.*, págs. 93-95, en relación con los consejeros dominicales.

ción) de los consejeros independientes en las sociedades cotizadas, junto al informe del Consejo de Administración en el que se valora la experiencia, méritos y competencia de quien aspira a ostentar dicho cargo, aun cuando es un hecho de importancia para el buen gobierno corporativo de estas entidades, no es menos cierto que también plantea incertidumbres en un sentido pragmático. Diversas pueden ser las cuestiones que se suscitan en esta materia en relación con la combinación en la figura de los consejeros que nos ocupan de la independencia entendida en su aspecto subjetivo y objetivo, y cuyos interrogantes pueden ser óbices a nuestro entender para desintegrar dicha armonización. El análisis metodológico de estas previsiones, algunas ya apuntadas, nos va a permitir constatar si la finalidad que las justifica o que se pretende cumplir con su determinación, resulta acorde con la práctica societaria o con los objetivos perseguidos por la misma.

En primer término, la observancia hermenéutica permite poner de manifiesto la falta de regulación de aspectos destacados sobre la Comisión de Nombramientos y Retribuciones y que son de trascendencia en el tema que abordamos, tal es el caso de los siguientes: su composición, los principios de su funcionamiento y las cuestiones que suscitan las recomendaciones contenidas en el CBG en relación con los elementos orgánicos de esta Comisión especial. Entre otros aspectos, interesa poner de relieve que sobre su conformación orgánica se establece que la Comisión de Nombramientos y Retribuciones se constituya solo por consejeros no ejecutivos nombrados por el Consejo de Administración (dos, al menos, han de ser consejeros independientes) y su presidente será un consejero independiente de entre los que formen parte de la misma[196]. Pero se guarda silencio en lo que hace al resto de directrices relacionadas con dicha Comisión es-

[196] Art. 529 *quindecies*. Véase la *Guía técnica 1/2019 sobre las Comisiones de Nombramientos y Retribuciones...op.cit.*, págs. 6 y 7.

pecial, lo que supone que hayan quedado al margen de las previsiones sistemáticas elementos de relevancia como pueden serlo el número de integrantes que han de conformarla y su funcionamiento, lo cual deja libertad a las disposiciones estatutarias para su concreción e, incluso, al contenido del propio Reglamento interno de funcionamiento del Consejo. Esta reserva puede ser completada con el contenido de los principios del CBG, en cuyo caso se recomienda que la Comisión de Nombramientos y Retribuciones se componga de una mayoría de consejeros externos independientes y que los que la integran se designen de acuerdo con los conocimientos, aptitudes y experiencia que son necesarios para el desarrollo de las funciones que tienen atribuidas[197]. La Comisión de Nombramientos y Retribuciones ha de estar compuesta de forma mayoritaria por consejeros independientes (al menos, dos), pero también por otros consejeros externos (dominicales y otros). Imposición que va a impedir que sean designados como consejeros independientes los aspirantes propuestos por accionistas que no formen parte de este órgano societario. Estos principios e instrucciones indicativas de buen gobierno corporativo sobre dicha Comisión consideramos que pueden dar lugar a dos situaciones dispares en el ámbito práctico. De un lado, que efectivamente en la composición de la Comisión especial exista una mayoría de consejeros externos independientes, en cuyo caso y si tenemos presente que la propuesta para la designación de esta modalidad de consejero la realiza la propia Comisión, podría apreciarse la objetividad y falta de condicionantes o influencias en su formulación. La necesidad de que la Comisión indicada se conforme por consejeros externos con una cuantificación mínima de consejeros independientes no ha de entenderse, en el aspecto material, sino como una forma de favorecer la neutralidad e imparcialidad en el desempeño de

197 Principio 22 y Recomendación 47 del CBG.

sus funciones, lo que —en el supuesto de la designación de los consejeros independientes— adquiere una notoria trascendencia. No obstante, y aun teniendo en cuenta las bondades de este planteamiento, consideramos que hubiera sido aconsejable establecer un sistema de selección neutro o de naturaleza objetiva de aplicación en el momento inicial al concreto de realización de la correspondiente propuesta. De este modo, se otorgaría un mayor rigor y nivel de imparcialidad al proceso de designación de los catalogados como consejeros independientes.

De otro que, en un sentido contrario, no pueda garantizarse esa mayoría de consejeros independientes en la conformación de la Comisión de Nombramientos y Retribuciones. Por tanto, la confluencia de un conjunto de consejeros externos en la misma (siendo, al menos, dos independientes) ha de estimarse como una forma de limitar la posible influencia de los accionistas significativos en la elección de estos consejeros sociales, pero con ello no puede afirmarse con rotundidad que se consiga eliminar de modo absoluto su participación. Ya que —como ha quedado advertido— compete al propio Consejo de Administración la elección de los consejeros externos que van a integrar la Comisión especial. En esta hipótesis, convendría analizar el ocasional recurso a mecanismos que garanticen la forma en la que se concluye la propuesta del aspirante a ser consejero independiente y si ésta se lleva a cabo con un criterio autónomo y neutro respecto del candidato. Ello supondría reparar en la importancia de la actuación de la Comisión de Nombramientos y Retribuciones, la cual no quedaría simplificada en la mera ratificación de la candidatura, sino que tomaría parte en la misma y en el proceso de evaluación de las competencias, conocimientos y experiencia necesarios para pertenecer al Consejo de Administración. Pues de ello se hace depender la propuesta de nombramiento del consejero independiente que, a posteriori, se eleve al Consejo para su posterior aprobación por la Junta general de accionistas.

Por último, tampoco puede pasar desapercibida la necesidad y responsabilidad de comprobar si, en efecto, el candidato o aspirante a ser consejero independiente está realmente alejado o es ajeno respecto del resto de los integrantes que componen la Comisión de Nombramientos y Retribuciones y de los que forman parte del Consejo de Administración de la entidad. Es decir, tratar de asegurar que no se vea influenciado por relaciones o intereses respecto de los que ejercen las funciones ejecutivas[198] (o son internos) y que, a su vez, no mantienen vínculos significativos.

Las inquietudes esbozadas apremiaron la necesidad de unos indicadores que ordenasen oportunamente el procedimiento de designación de los consejeros sociales y, al mismo tiempo, le otorgasen al proceso la transparencia y seguridad que lo justifica, más aún en cuanto a la figura de los consejeros externos independientes en relación con la garantía de la integridad de las funciones de intermediación y supervisión que están llamados a ejercer en el órgano de administración social. Reflejo de ello parecen haber sido las puntualizaciones sobre la materia contenidas en la *Guía técnica sobre Comisiones de Nombramientos y Retribuciones* de la CNMV[199]. Aun cuando los principios y buenas prácticas previstos en la misma sobre el adecuado funcionamiento de esta Comisión especial no sean de carácter vinculante, entendemos conveniente aludir a ellos a efectos de prever su oportuna concordancia con las disposiciones sistemáticas referenciadas. En principio, y atendiendo a la materia que nos ocupa, es indudable el refuerzo que se hace sobre la independencia de la Comisión de Nombramientos y Retribuciones y el fomento del correcto ejercicio de sus funciones en los procesos de selección y evaluación

198 Consúltese PAZ-ARES RODRÍGUEZ, *Identidad y diferencia del consejero...op. cit.*, págs. 94-95.

199 *Guía técnica 1/2019 sobre las Comisiones de Nombramientos y Retribuciones...op.cit.*, págs. 7 y 8 de la misma.

de los criterios que singularizan a los aspirantes a ser nombrados consejeros independientes en el Consejo de Administración de las sociedades cotizadas. En concreto, es un principio básico de su adecuado funcionamiento la neutralidad de actuación tanto en lo que concierne a las instrucciones y posibles vínculos con terceros que puedan condicionarla, como en cuanto a la libertad o autonomía de criterio y de juicio de los miembros que la componen. A lo que se añade, en nuestra opinión, la necesidad de manifestar una actitud escéptica y crítica en lo que concierne a las propuestas e informes de personas ajenas a esta Comisión y, de modo específico, de las presentadas por consejeros ejecutivos y altos directivos de la sociedad o por los propios consejeros dominicales[200]. Esta singularidad, como queda patente, adquiere una especial importancia en el supuesto de la propuesta de designación de los que van a ser nominados como consejeros independientes, por lo que hemos apercibido el oportunismo de contar con un adecuado asesoramiento externo en lo que respecta a la evaluación de los presupuestos de idoneidad exigidos, lo que —a mayor abundamiento— dotaría de más objetividad y determinación la justificación de la propuesta de nombramiento que se curse siguiendo las formalidades vigentes.

Las particularidades que distinguen la actuación de la Comisión de Nombramientos y Retribuciones han de ponerse en relación con su precisa composición. Pues, como se ha indicado, en las sociedades cotizadas es admisible que, según el tamaño y estructura accionarial, exista una presencia notable de consejeros dominicales en su conformación. La posibilidad de que la cuantificación de estos últimos sea mayoritaria respecto del resto de los consejeros no ejecutivos que integran la Comisión especial, hace abogar porque en entidades con un accionista de control

200 A este respecto, CONTHE, *Consejeros...op.cit.*; PAZ-ARES RODRÍGUEZ, *Identidad y diferencia del consejero...op.cit.*, pág. 95.

o con un grupo relevante que pueda alterar su objetividad, sea recomendable una presencia mayor (o más elevada) de consejeros sociales independientes. Orientación con la que se pretende fortalecer la objetividad e imparcialidad que ha de singularizar el proceso de selección de los aspirantes a ser designados en la condición de consejeros externos independientes.

La valoración de la idoneidad de los candidatos sociales, al margen de la categoría de consejero a la que se opte, es competencia de la Comisión especial, la cual ha de dejar constancia de dicha evaluación, así como de la adecuación del candidato a los requerimientos oportunos de acuerdo con la clasificación a la que vaya a adscribirse. Si bien, en relación con la designación de los consejeros independientes y de la pluralidad profesional y personal que les distingue, a nuestro entender, ha de calificarse como una buena *praxis* societaria la elaboración en su propio Reglamento de funcionamiento de una matriz con las competencias necesarias que determinen las aptitudes y conocimientos para que la propia Comisión pueda concretar con ecuanimidad las funciones y competencias que asumen y, del mismo modo, los conocimientos y experiencia adecuados en el desempeño de sus facultades en el órgano de administración social. Incluyendo, en su caso, parámetros comprobables y homogéneos respecto de las singularidades exigidas de las que no se sistematizan unos criterios determinantes. Ello podría redimir la heterogénea valoración que la Comisión especializada hace respecto de la posible concurrencia de circunstancias o condicionantes precautorios en el candidato o aspirante a dicha condición social.

El desenvolvimiento efectivo de esta facultad en beneficio de las buenas prácticas societarias implica, también, que con mesura podamos sugerir la disyuntiva de la externalización de la búsqueda de candidatos. Siendo una posibilidad factible que se lleguen a acuerdos contractuales con servicios de expertos externos que actuarán con absoluta independencia respecto de la sociedad.

En igual sentido, como se ha expuesto, cabe que se ofrezca la alternativa de aportar nombres de candidatos a cualquier consejero social, debiendo actuar la Comisión de Nombramientos y Retribuciones con especial cautela cuando los candidatos los presentan accionistas significativos, consejeros dominicales o consejeros ejecutivos de la entidad y, a su vez, que se requiera al candidato información suficiente y periódica sobre el resto de las actividades que lleven a cabo y acerca de los potenciales conflictos de intereses que pudiera tener en relación con la sociedad. Esta última imposición conlleva la necesidad de atender tanto a la concurrencia de los presupuestos en sentido negativo o incompatibilidades que limitan la independencia del aspirante, como la valoración en general de su actuación en el ámbito societario y que ha de ser autónoma e imparcial. Al mismo tiempo, el candidato deberá ser informado de los requerimientos que se le solicitan en un momento previo a su nombramiento, referidos a la precisa dedicación de tiempo suficiente a la entidad, al necesario conocimiento de la situación de la misma, y las obligaciones sociales que ha de asumir y el régimen de responsabilidad en el desempeño de su cargo, entre otros extremos. Sobre ello, interesa fomentar el diálogo constructivo, en el sentido de que los miembros del órgano social expresen con libertad sus opiniones y lo hagan con una actitud crítica al objeto de beneficiar el análisis y las propuestas presentadas, junto al diálogo interno en el seno de la propia Comisión especial de forma regular o puntual con el presidente del Consejo de Administración, el primer ejecutivo o el consejero coordinador y, cuando sea procedente, con los directivos sociales. Sin que, en ningún caso, ello pueda influir en la independencia que ha de singularizar la actuación de la Comisión de Nombramientos y Retribuciones. Asimismo, cabría potenciar la capacidad de análisis suficiente y la utilización de asesoramiento de expertos sobre aspectos técnicos o que resulten de relevancia para la concreta designación del aspirante, si su participación no supone una situación de conflicto de intereses en la sociedad.

Si la propuesta está fundada en un proceso de reelección, junto a las prácticas indicadas con anterioridad, la Comisión de Nombramientos y Retribuciones ha de valorar en su informe el desempeño del cargo que ha desarrollado el consejero independiente con anterioridad, la evaluación de éste durante su mandato y la capacidad para mantenerse en el puesto que venía ocupando hasta ese momento.

En segundo término y atendido el presupuesto formal de la propuesta de nombramiento de los consejeros externos independientes que ha de ser rigurosa y objetiva e incluirse en el IAGC[201], cabe atender a la materia relativa a la designación de los consejeros sociales. La propuesta de nombramiento o reelección de los consejeros independientes parte de la Comisión de Nombramientos y Retribuciones, pero su nombramiento es una competencia que *ex lege* se otorga a la Junta general de socios. Salvo cuando el cargo queda vacante de manera anticipada, en cuyo caso se aplica el ya referido sistema de cooptación. La cuestión sobre la que conviene llamar la atención respecto de la designación por cooptación de los designados consejeros sociales independientes es la influencia que ello puede tener en su propia singularidad. Y es que en la medida en que es el propio Consejo de Administración el que nombra al aspirante, previa propuesta de nombramiento realizada por la Comisión de Nombramientos y Retribuciones, nada impide considerar que éste pueda mostrar una inclinación al mismo, lo que podría implicar una merma de su especial independencia, aunque con posterioridad sea la Junta general la que necesariamente deba ratificar el nombramiento realizado. En este sentido, apreciamos el carácter fundamental del informe justificativo que ha de emitir el Consejo de Administración en el que se valora la

[201] Autores como SÁNCHEZ-CALERO GUILARTE, *Los consejeros independientes...op.cit.*, consideran que es acertado, pero relativo en cuanto a su efectividad.

competencia, experiencia y méritos del candidato propuesto, y que se acompaña de la correspondiente propuesta que realiza la Comisión de Nombramientos y Retribuciones.

Sin embargo, en las sociedades cotizadas, surge el inconveniente del modo de asegurar que los accionistas titulares del interés social (y, en particular, los minoritarios) ejerzan su derecho de voto y expresen su parecer en la Junta general. Pues, a diferencia de otros derechos como los económicos, en estas entidades los socios se muestran desinteresados en el ejercicio de ciertas facultades de naturaleza política que tienen reconocidas. Se trata de compañías abiertas en las que lo importante es la conjunción de una notable variedad de socios (significativos, institucionales y pequeños inversores[202]), siendo en la mayor parte de los casos meros inversores y no tanto considerados en su condición de accionistas societarios. Socios que, junto a su carácter diverso, se muestran poco participativos en los órganos sociales y ello supone una dificultad para el correcto desenvolvimiento de las funciones de la Junta general en relación con el órgano de gestión societaria y, por consiguiente, la concentración de las competencias gestoras y directivas en los consejeros ejecutivos y en los accionistas significativos. De este modo, la Junta general de accionistas no va a ejercer de manera efectiva las facultades que tiene atribuidas y,

202 En este sentido, ESTEBAN VELASCO, *La renovación...op.cit.*, pág. 185; GONDRA ROMERO, *La estructura...op.cit.*, págs. 525-529; PEINADO GRACIA, J. I., "Comentario al artículo 522 LSC: La representación del accionista en la junta general", "Comentario al artículo 523 LSC: Conflicto de intereses con el representante" y "Comentario al artículo 524 LSC: Delegación de la representación y ejercicio del voto por parte de entidades intermediarias", en AA.VV. Tratado de Sociedades de Capital, (Dirs. PRENDES, P./ MARTÍNEZ-ECHEVARRÍA, A./ CABANAS, R.), tomo II, Cizur Menor, 2017, págs. 1009-1038; RECALDE CASTELLS, *La reforma...op.cit.*, pág. 175, cita al prof. PAZ-ARES en sus consideraciones con ocasión del *Informe Olivencia;* SÁNCHEZ-CALERO GUILARTE, *Creación de valor...op.cit.*, págs. 877-878; TAPIA HERMIDA, *Fomento...op.cit.*, págs. 7-8; VIVES RUIZ, *Junta general...op.cit.*, pág. 192.

en particular, las que se refieren a su función de control o supervisión del órgano de administración de la entidad en cuestión[203]. El calificativo empleado por la dogmática jurídica y la pragmática societaria para precisar la inactividad de los socios en las entidades cotizadas ha sido el de 'absentismo del socio o del accionista'[204], lo que supone que la participación de los accionistas en la adopción de decisiones por parte del órgano soberano y, más aún, en la supervisión de los que ejercen las funciones de administración de la entidad sea insignificante en las sociedades abiertas y cuyo capital es disperso. De este modo, la toma de decisiones por parte de la Junta general de accionistas se hará con los socios de control en cuanto que el voto favorable permitirá la aprobación del nombramiento (o destitución) de los consejeros sociales y, en el caso que nos ocupa, el peso del mayoritario puede afectar dicha designación mediante el sistema de mayorías[205]. Aunque no corresponde profundizar sobre el particular, hemos de poner de manifiesto someramente el esfuerzo realizado por el legislador para tratar de superar esta contingencia en relación con la implicación de la Junta general de accionistas y los principios de

203 *Vid.* ALONSO LEDESMA, *El papel...op.cit.*, págs. 615-706; FERNÁNDEZ DE LA GÁNDARA, *Administradores...op.cit.*, págs. 83-104; FERNÁNDEZ TORRES, *La Junta...op.cit.*; SÁEZ LACAVE, *Consejeros dominicales...op.cit.*, págs. 47-49; SÁNCHEZ CALERO, *Los administradores...op.cit.*, págs. 780-781.

204 Sobre ello véanse ALONSO UREBA/ GARCIMARTÍN ALFÉREZ/ PERDICES HUETOS/ GÓMEZ-SANCHA TRUEBA, *Transparencia...op.cit.*, pág. 13; RECALDE CASTELLS, *Organización...op.cit.*, pág. 81.

205 Véanse BEBCHUK, L. A./HAMDANI, A., "Independent Directors and Controlling Shareholders", *University of Pennsylvania Law Review*, núm. 165 (6), 2017, págs. 1271-1272. Tal vez debiera plantearse la previsión de una 'mayoría reforzada' en el caso de la aprobación de la designación o destitución de los consejeros sociales independientes. Téngase en cuenta que en estas sociedades con accionistas mayoritarios no se pueden inferir la afección de la independencia de los consejeros que nos ocupan si se designan por socios de control mediante la regla de mayoría. Si bien, el consejero designado a través del sistema de representación proporcional va a ser dominical.

buen gobierno respecto de las compañías cotizadas. En este sentido, la aprobación de la Directiva 2017/828 en lo que respecta al fomento de la implicación a largo plazo de los accionistas y el Reglamento de Ejecución (UE) 2018/1212[206] han evidenciado la previsión de ciertas medidas resolutorias en cuanto al contenido que abordamos. De un lado, mediante el reconocimiento expreso del derecho de las sociedades a identificar a sus accionistas (incluidos los beneficiarios últimos), el cual va a significar que las entidades puedan comunicarse de forma directa con los socios y se les facilite tanto el ejercicio de sus derechos como su implicación activa en la entidad. De otro, la determinación del régimen de los asesores de voto (o también denominados en su terminología anglosajona *proxy advisors*) en el funcionamiento de las Juntas generales de accionistas de las sociedades cotizadas, en particular, a fin de realizar un análisis previo de las propuestas que se formulen en la Junta de accionistas y hacer las correspondientes recomendaciones al respecto sobre el ejercicio del derecho de voto derivado de la titularidad de las acciones.

2.3. La publicidad del nombramiento y la excepcionalidad al trámite de legalidad

El acuerdo de nombramiento de los consejeros que van a integrar el órgano de administración de las sociedades cotizadas, además de la atención a las premisas procedimentales indicadas, requiere el cumplimiento de unas formalidades de publicidad.

206 *Vid.* TAPIA HERMIDA, *Fomento...op.cit., passim*. En el sistema italiano los socios minoritarios han de nombrar a un consejero externo independiente, mientras que en el supuesto de Reino Unido se plantea un proceso de doble voto para nombrar a los consejeros independientes. Esto es, la aprobación mayoritaria por parte de la Junta general y, además, la aceptación por la mayoría de los accionistas minoritarios.

Esto es, tanto la inclusión de la oportuna categoría de consejero en su designación, como de forma preceptiva su inscripción en el Registro mercantil para que surta efectos frente a terceros.

Aun cuando corresponde al registrador mercantil la calificación de la legalidad del documento presentado en lo que hace a su forma extrínseca, la capacidad y legitimación de los otorgantes o de quienes lo suscriban, y la validez de su contenido, en el caso de la designación de los consejeros externos independientes se prevé una salvedad que llama la atención en la *praxis* societaria. Nos referimos, en particular, a la denominación otorgada a los consejeros, la cual queda excluida del ámbito de la calificación registral (nada se dice sobre el control de legalidad notarial) aunque ésta sea objeto de inscripción. Así, va a ser suficiente para proceder a la inscripción de los designados en la categoría de consejeros independientes que conste su nombramiento en el acuerdo presentado y que se ha elevado a documento público para poder acceder al Registro quedando al margen la aplicación del control preventivo de legalidad por parte del registrador mercantil. Por consiguiente, una vez que el consejero independiente ha sido nombrado atendiendo a la observancia de las imposiciones formales establecidas al respecto, procede darle al acuerdo de designación la necesaria publicidad registral a fin de que a partir de ese momento la designación adquiera validez y surta los oportunos efectos jurídicos[207], pero sin que haya una comprobación preventiva de la adecuación de dicho nombrado a la legalidad. Y ello a pesar de la trascendencia de la integridad de las funciones

207 Salvando al colectivo notarial que se manifiesta en sentido contrario, esta disposición se ha valorado de modo positivo en general. *Vid.* GARRIDO GARCÍA, *Los consejeros...op.cit.*, pág. 977; PÉREZ HEREZA, J., "Consejeros independientes, seguridad preventiva y *soft law*", *El Notario del siglo XXI*, núm. 61, mayo/ junio, 2015, págs. 40-43. Por su parte, autores como MATEU DE ROS CEREZO, *La independencia de criterio...op.cit.*, pág. 142 señalan que esta apreciación es reflejo de la *falsa* consideración de norma imperativa.

de intermediación y supervisión que los que ocupan el cargo de consejeros independientes ejercen en el órgano de administración social de la compañía.

Una interpretación lógica a esta salvedad y que justificaría que se haya fijado un tratamiento distinto en el supuesto de los consejeros independientes pasa por aseverar tanto la concreta influencia del órgano de administración en la nominación o reelección, como la significación que se le confiere al papel de la Comisión especial y del propio Consejo de Administración en el trámite de la correspondiente designación de esta modalidad societaria. Entendida como una garantía indispensable para salvaguardar la adecuación del proceso de designación de los candidatos a ser consejeros independientes y que éstos satisfacen las exigencias del perfil al que aspiran. Asimismo, puede reconocerse que el argumento válido de este pormenor en la premisa formal se hace depender de la celeridad del tráfico mercantil societario, la cual se vería limitada si se volviera sobre el análisis y acreditación de los requerimientos impuestos *ex lege* (al igual que en los estatutos sociales o en el Reglamento interno de funcionamiento del Consejo) para ser designado en dicha catalogación[208]. Razón que se confirma si se tiene en cuenta, también, que quedaría vacío de contenido el específico y riguroso proceso de nombramiento de los que tratan de alcanzar la condición de consejeros independientes en las compañías cotizadas, y la necesaria y relevante participación en el mismo de la Comisión especial de Nombramientos y Retribuciones en cuanto al inicio del proceso de designación

208 De este modo es como parece haber ocurrido en otros supuestos, sirvan de ejemplo las siguientes resoluciones: RDGRN 9 de marzo de 2015 sobre la legalidad del negocio transmisivo en una escritura de declaración de unipersonalidad (BOE de 9 de abril) o la RDGRN de 19 de febrero del mismo año en la que se interpreta con rigor el contenido del art. 217 de la LSC (BOE de 13 de marzo).

con la elaboración de la propuesta y del informe de adecuación requerido al órgano de administración, tal y como hemos tenido ocasión de analizar.

Sin embargo, la cuestión principal que puede suscitarse a este respecto se corresponde con la asignación de la responsabilidad en la hipótesis de que la calificación del consejero social no sea la que proceda en atención a sus singularidades. Esto es, que se hubiera designado en la condición de consejero externo independiente a un aspirante por un equívoco. En este planteamiento, el eventual error no cabe entender que repercute en la validez del acuerdo adoptado por el órgano societario que corresponda, obviamente, si el acuerdo referido se ha aprobado cumpliendo las exigencias reglamentarias de aplicación. En consecuencia, no cabe apreciar que sea posible la impugnación del acuerdo de nombramiento que prevea una catalogación de consejero social equivocada, si el mismo no resulta opuesto al interés social en beneficio de uno o varios socios o de terceros[209], sino que lo que procederá será la solicitud del cese del consejero por el error o, en su caso, la incorrección advertida en dicha designación[210]. No pudiendo sostenerse, en ningún caso, que la asignación incorrecta de la categoría de consejero social afecta a la validez de los acuerdos adoptados por parte del órgano competente para ello[211]. A este respecto, la designación como consejero independiente del candidato que, por una equivocación, no cumple los requisitos de idoneidad necesarios para ostentar dicha condición no debe interferir en la validez jurídica del acuerdo en cuestión si, como es evidente, éste se hubiera adoptado en atención de los presupuestos y exigencias normativas.

209 Art. 204 de la LSC.
210 Arts. 223, 224 y 230 de la LSC.
211 Apartado 6º del art. 529 de la LSC.

Sin embargo, en principio, podría aducirse el recurso de la competencia supervisora reconocida a la CNMV[212], la cual está facultada para incoar e instruir los expedientes sancionadores a los que den lugar los incumplimientos de las obligaciones contenidas en su tenor y que se refieran a la ordenación y disciplina del mercado de valores. A pesar de esta previsión, nos manifestamos en consonancia con el sector doctrinal que se ha posicionado en contra de la extensión de la competencia supervisora de la CNMV respecto de las materias no recogidas de modo expreso en el contenido de la propia disposición[213]. En concreto, la catalogación de los diversos consejeros sociales que pueden integrar el órgano de administración de las sociedades cotizadas no se reconoce en el texto reglamentario del mercado de valores, por lo que no sería posible su admisión en dicha previsión, quedando al margen de la misma. A mayor abundamiento, si la pretensión del legislador hubiera sido aceptar la facultad de supervisión de la CNMV a cualquier aspecto relacionado con las entidades cuyos valores son admitidos a negociación en un mercado regulado, lo hubiera previsto de modo preciso y concreto, tal y como lo ha hecho respecto de otras materias.

No aplicándose la competencia de la CNMV sobre el tema que planteamos, ha de considerarse que la responsabilidad imputable al posible error cometido en la calificación del consejero social debe recaer sobre el órgano que asume esta competencia. En cuanto que, en el caso de los consejeros externos independientes, es a la Comisión de Nombramientos y Retribuciones a la que se

212 D.A. 7ª de la LSC.

213 En este mismo sentido, BAUTISTA SAGÜÉS, *Categorías...op.cit.*, pág. 185; MATEU DE ROS CEREZO, *Los consejeros...op.cit.*, pág. 232 y en *La independencia de criterio...op.cit.*, pág. 142, quienes consideran que no es admisible una aplicación extensiva de la LMV porque iría en contra del principio de tipicidad del Derecho administrativo sancionador.

le atribuye de modo particular la facultad de realizar la propuesta formal de designación al órgano competente para su posterior nombramiento y no simplemente aportar una mera información acerca de las candidaturas presentadas. Dicha propuesta ha de hacerse, como se ha examinado, una vez que se han valorado los requisitos precisos para ostentar la categoría de consejero externo en cuestión y el resto de extremos que ha de atender y cumplir el aspirante. Consecuencia de lo cual, la propuesta realizada por la Comisión especial se singulariza por su rigurosidad, formalidad y objetividad. La Comisión de Nombramientos y Retribuciones ha de evaluar de manera individual a los candidatos y hacer constar en el acta correspondiente (o, si procede, en el Informe o propuesta) su adecuación a la categoría a la que se adscribe y pormenorizar las razones que lo justifican. De modo genérico, es dicha Comisión especial la que asume la potestad de apreciar las competencias, experiencia y conocimientos requeridos e impuestos en cada caso. Definiendo, asimismo, las facultades y aptitudes que les corresponden a los consejeros que aspiran a ser designados como independientes, y el tiempo y dedicación precisos para ejercer el cargo que van a ocupar de manera efectiva[214]. A ello se añade la imposición de su oportuno reflejo en el IAGC que elabora el Consejo de Administración. Así, las sociedades cotizadas deben cumplir con el deber de elaborar y dar publicidad como hecho relevante al IAGC que se ha de comunicar a la CNMV[215]. En cuyo

[214] A este respecto, SUÁREZ DE LEZO CRUZ-CONDE, R., "Competencias supervisoras de la CNMV", en AA.VV. *Comentario práctico a la nueva normativa de gobierno corporativo Ley 31/2014, de reforma de la Ley de Sociedades de Capital*, CMS ALBIÑANA & SUÁREZ DE LEZO, Dykinson, Madrid, 2015, págs. 221-225.

[215] Art. 540 de la LSC. Respecto del sistema anterior, pueden consultarse: DÍAZ RUIZ, E., "El informe anual de gobierno corporativo (art. 540 LSC)", en AA. VV. *Junta general y Consejo de Administración en la sociedad cotizada*, (Dirs. RODRÍGUEZ ARTIGAS, F./FERNÁNDEZ DE LA GÁNDARA, L./QUIJANO GONZÁLEZ, J./ALONSO UREBA, A./VELASCO SAN PEDRO, L./ESTEBAN

texto, compete al Consejo de Administración determinar una explicación detallada de la estructura del sistema de gobierno de la entidad y de su funcionamiento en la práctica, el cual ha de contar con un contenido mínimo y del que nos interesa poner de manifiesto de modo especial —junto a las previsiones sobre la estructura de propiedad de la sociedad— la distribución del órgano de administración. En este último caso, se hace referencia a los extremos que a continuación se detallan respecto de la materia que nos ocupa: la información relativa a la composición, las reglas de organización y funcionamiento del Consejo de Administración y de las Comisiones que lo conforman; la identidad y remuneración de sus miembros, funciones y cargos dentro de la sociedad, sus relaciones con accionistas con participaciones significativas; y la información de los poderes que asumen los miembros del Consejo, entre otros. Por tanto, en el IAGC habrá de quedar constancia no sólo del conjunto de los consejeros sociales que son miembros del órgano gestor, sino también de las competencias que tienen asignadas y han asumido en función de la categoría social que ocupen. De igual modo, la composición del Consejo de Administración en las compañías cotizadas desde la perspectiva cuantitativa es un aspecto esencial para el cumplimiento adecuado de sus facultades y un elemento prioritario de los principios de gobierno corporativo, por lo que constará en el Informe anual referido el grado de seguimiento de las recomendaciones y de los

VELASCO, G.— Coord. RONCERO SÁNCHEZ, A.), Tomo II, Pamplona, 2016, págs. 1057-1063; DURÁN CASTIÑEIRA, B., "El informe anual de gobierno corporativo", en AA.VV. *Comentario práctico a la nueva normativa de gobierno corporativo Ley 31/2014, de reforma de la Ley de Sociedades de Capital*, CMS ALBIÑANA & SUÁREZ DE LEZO, Madrid, Dykinson, 2015, págs. 217-220; SÁNCHEZ CALERO, F., "Informe anual de gobierno corporativo", en AA. VV. *Derecho de Sociedades Anónimas Cotizadas*, (Dirs. ALONSO UREBA, A./ ESTEBAN VELASCO, G./ FERNÁNDEZ DE LA GÁNDARA, L./ QUIJANO GONZÁLEZ, J./ RODRÍGUEZ ARTIGAS, F./ VELASCO SAN PEDRO, L.), Tomo II, Pamplona, 2006, págs. 1456-1467.

principios contenidos en el CBG o, en su caso, la explicación de la falta de observancia a los mismos y la razonada justificación de ello[216]. Exigencias que sustentan que sea el Consejo de Administración, a través de la Comisión particular creada en el mismo, el órgano social que asuma la responsabilidad sobre la integridad del procedimiento de designación de los consejeros sociales que nos ocupan y que, con posterioridad, compete aprobar a la Junta general de accionistas. Pues la propuesta que realiza la Comisión especial se eleva al Consejo de Administración para que éste la someta a su oportuna aprobación.

3. LA SEPARACIÓN DEL CONSEJERO INDEPENDIENTE COMO CONDICIONANTE DE LA AUTONOMÍA DE SU ACTUACIÓN SOCIETARIA

La duración del cargo de un consejero social en el órgano de administración de la entidad cotizada vendrá establecida en los estatutos de la propia sociedad, como es sabido, pero no podrá superar los cuatro años[217]. No obstante, se reconoce la posible reelección por períodos de igual duración máxima, dicha reelección podrá hacerse una o varias veces. Sin embargo hay que recordar que, respecto de los consejeros externos independientes, se establece una limitación temporal para su designación. Previéndose

[216] El principio 'cumplir o explicar' (para ampliar la materia, VÁZQUEZ RUANO, *Principios...op.cit.*, págs. 111-115).

[217] Art. 529 *undecies* de la LSC. Pueden consultarse, entre otros: APILÁNEZ PÉREZ DE ONRAITA, *Nombramiento...op.cit.*, págs. 161-164. Por su parte, autores como MARTÍNEZ MARTÍNEZ, *Admisibilidad...op.cit.*, págs. 267-272; MATEU DE ROS CEREZO, *La pluralidad...op.cit.*, págs. 223-229; y SÁNCHEZ CALERO, *Los administradores...op.cit.*, pág. 123, ponen de manifiesto la posibilidad de establecer distinta temporalidad en el nombramiento en función de la categoría de consejero de que se trate.

la extinción de esta condición de consejero social pasados doce años, materia sobre la que volveremos[218].

De acuerdo con las previsiones generales, los consejeros que integran el órgano de administración de una compañía cotizada pueden cesar en su cargo bien de forma voluntaria presentando su dimisión, o contra su propia voluntad. En este último supuesto, se concreta la facultad de la Junta general de accionistas de acordar su cese o separación en cualquier momento y sin que se requiera tampoco que conste en el orden del día de la precisa convocatoria. Así como, también puede cesar el consejero social de manera directa cuando concurra alguna de las causas reglamentarias, o previstas en las disposiciones estatutarias de la entidad de la que formen parte o de la norma interna que rige el funcionamiento propio del órgano de administración. Por su parte, y con igual alcance, el consejero independiente podrá concluir su mandato antes del término establecido bien dimitiendo de su cargo de forma voluntaria, o bien dejarlo por otros motivos. En esta hipótesis, hemos de volver sobre la singular participación de la Comisión especial por tratarse de consejeros externos designados en la condición de independientes, en el sentido de que una vez que éste ha decidido cesar de su cargo, ha de ser la Comisión de Nombramientos y Retribuciones la encargada de elevar la propuesta de separación al Consejo de Administración, a fin de que éste la someta a la oportuna aprobación posterior por parte de la Junta general de accionistas que es el órgano facultado[219]. Y ello a diferencia del resto de consejeros sociales, respecto de los cuales la Comisión especial únicamente habrá de informar las propuestas de separación. De este modo, la formulación de la separación de los consejeros independientes ha de derivar de la Comisión de

218 *Infra 4. El respaldo de la independencia de actuación en sentido objetivo desde el discernimiento temporal.*

219 Art. 529 *quindecies* de la LSC.

Nombramientos y Retribuciones que es la que ostenta la competencia para valorar en su informe que concurre una causa justificada, de acuerdo con la naturaleza, tamaño y complejidad de la compañía en concreto de la que formen parte. Si bien, y aun cuando sea éste el requerimiento formal previsto *ex lege* por el proceso de cese de los consejeros independientes, consideramos que la singularidad de estos consejeros sociales junto a la protección de la integridad de las funciones de intermediación y supervisión que ejercen en el órgano de administración en el que se integran, ha de implicar una participación mayor por parte de la misma si ha sido el consejero el que libremente decide dejar su cargo, la cual se hace depender tanto de las exigencias singulares que distinguen el nombramiento de estos consejeros, como de los presupuestos de idoneidad que han de atender en cuanto al mantenimiento de su condición social (o su posible reelección). La actuación de la Comisión de Nombramientos y Retribuciones en este sentido, entendemos que no ha de limitarse a elevar la propuesta de separación del consejero independiente al Consejo de Administración. Antes, al contrario, si al momento del nombramiento le concierne realizar la propuesta y el informe de adecuación del aspirante, debe promediar en prestar atención a la particular posición del mismo. Es decir, recibido el escrito o nota en la que el consejero independiente argumenta las razones de su renuncia, la Comisión especial tendrá que valorar su contenido y, en su caso, convocar las pertinentes reuniones con el afectado a fin de disponer de una información completa sobre la justificación del cese[220]. La distinción del proceso de designación de los consejeros independientes y del cumplimiento de los atributos

220 Siguiendo las previsiones contenidas en la *Guía técnica 1/2019 sobre las Comisiones de Nombramientos y Retribuciones...op.cit.*, algunas de las causas de la renuncia del consejero pueden ser las siguientes: personales (salud, compromisos familiares, exceso de trabajo, etc.) o de otra naturaleza. Tales como lo son: discrepancias con la estrategia de la entidad, con otros miembros del

que le son propios a esta categoría de consejero social según las funciones que desarrolla en el órgano de administración de la entidad cotizada, han de estimarse como razones suficientes para inferir esta conveniente intervención de la Comisión de Nombramientos y Retribuciones.

Sobre los consejeros externos independientes, además, en los supuestos en los que el cese antes del cumplimiento de su mandato traiga causa en su propia renuncia personal se recomienda hacer una especial difusión de las causas que le han llevado a ello. En el sentido de que, pese a que el cese se comunique como hecho relevante, el motivo que lo hubiera ocasionado se incluya en el IAGC. Por lo que parece apropiado que sea el Consejo de Administración de la compañía el que haya de publicitar las razones y circunstancias del cese del consejero, incorporando la concreción de los motivos en el Informe anual. Por consiguiente, se estarían justificando las razones y circunstancias del cese por escrito a todos los que integran el órgano de administración de la sociedad cotizada a la que pertenece y, de equivalente modo, se le otorga la necesaria publicidad general en el IAGC[221]. La explicación que justificaría esta orientación interpretamos que no es otra que tratar de salvar la repercusión que esta eventualidad tendría respecto de terceros y del resto de integrantes del órgano de administración social.

En un sentido similar, puede establecerse el planteamiento especial de la destitución del consejero independiente que incurra en cualquiera de las incompatibilidades previstas como condicionantes de la singular independencia de actuación que le caracteriza o, en

---

Consejo o de la dirección, con accionistas significativos o con cualquier otro interviniente en el gobierno corporativo de la entidad.

221 La Recomendación 24 del CBG hace referencia a que lo haga por medio de una carta.

su caso, que tenga una situación de conflicto de intereses respecto del interés social de la entidad de la que forma parte. Circunstancias que, en el caso de los administradores sociales, permiten a cualquier accionista solicitar su cese por acuerdo de la Junta general de socios. En lo que concierne a los consejeros independientes, dicha solicitud corresponderá realizarla al Consejo de Administración de la entidad, tras la propuesta presentada por la específica Comisión de Nombramientos y Retribuciones que, como ha quedado definido, es la que ha de valorar el cumplimiento de las exigencias normativas o estatutarias para ostentar dicha catalogación de consejero social. Si bien, a pesar de esta apreciación, la pragmática nos lleva a argüir que nada impediría que otros consejeros sociales —en garantía del interés del conjunto de accionistas propio de la atención del deber de lealtad innato a su condición— puedan proponer el cese de un consejero externo independiente que vele por la defensa de un interés distinto al social en perjuicio de la sociedad. Con la debida evidencia, eso sí, la propuesta presentada por un consejero en este sentido habrá de ser estimada por el Consejo de Administración (mediante la Comisión especial al tratarse de consejeros independientes) para, en su caso, proceder a elevarla a la Junta general de accionistas a fin de que ésta proceda a su aprobación.

En otro orden, y prestando una especial atención al posible menoscabo de la particular independencia de actuación que es propia de los consejeros independientes, conviene examinar el supuesto del cese del consejero debido al ejercicio de la referida competencia que tiene reconocida la Junta general de accionistas de separación *ad nutum* (sin justa causa) en cualquier momento y sin que se hubiera incluido en el orden del día de la convocatoria de la misma, ni se prevea la limitación del plazo por el que fueron nombrados[222]. El reconocimiento y aplicación de esta facultad de

---

222 Art. 223 de la LSC. Para ampliar esta información, véanse: ALONSO UREBA, *El modelo...op.cit.*, págs. 70-79 y en "El modelo de Consejo de Administración

la Junta general a la categoría de los consejeros externos independientes en las entidades cotizadas *stricto sensu,* y sin atender al particular sistema formal de cese referido, dejaría sin efecto las exigencias reglamentarias impuestas y, en consecuencia, podría apreciarse como una restricción del contenido de su propia y característica autonomía. Pues la apreciación de la independencia de actuación de los consejeros independientes en el órgano de administración, entendida en su sentido objetivo, infiere no sentirse sometido a condicionantes o limitaciones más allá de velar por la tutela del interés social. De este modo, la posibilidad de verse cesado en su empeño en cualquier momento de su mandato y al margen de causa alguna que lo justifique les haría actuar, en cierta forma, coartados o subordinados al posible condicionante de su destitución. Fundamento que puede hacerse extensible en lo que hace al ámbito de los inversores y del propio mercado societario en cuanto a la incertidumbre sobre el verdadero carácter independiente de esta modalidad de consejero social.

de la Sociedad cotizada tras la reforma legal de 2014 y el CBG de 2015", en AA.VV. *Junta General y Consejo de Administración de la Sociedad cotizada,* (Dirs. RODRÍGUEZ ARTIGAS, F./ FERNÁNDEZ DE LA GÁNDARA, L./ QUIJANO GONZÁLEZ, J./ ALONSO UREBA, A./ VELASCO SAN PEDRO, A./ ESTEBAN VELASCO, G.), Tomo II, Pamplona, 2016 págs. 47-48; ESTEBAN VELASCO, G., "La administración de la sociedad de responsabilidad limitada", en AA.VV. *Tratado de la sociedad limitada,* (Coord. PAZ-ARES RODRÍGUEZ, J. C.), Madrid, 1997, págs. 757-758; GARCÍA DE ENTERRÍA LORENZO VELÁZQUEZ, J., "Los pactos de indemnización del administrador cesado", en AA.VV. *Estudios jurídicos en homenaje al profesor Aurelio Menéndez,* (Coord. IGLESIAS PRADA, J.L.), vol. 2, Civitas, Madrid, 1996, págs. 1808-1813; JUSTE MENCÍA, J., *Los Derechos de Minoría en la Sociedad Anónima,* Aranzadi, Cizur Menor, Pamplona, 1995, págs. 318-319; MATEU DE ROS CEREZO, *La independencia de criterio...op.cit.,* págs. 347—349; SÁEZ LACAVE, M.ª I., "Nombramiento y cese de los consejeros minoritarios", *Indret: Revista para el Análisis del Derecho,* núm. 3, 2012, págs. 12-15; SÁNCHEZ CALERO, *Los administradores... op.cit.,* págs. 206-208 y 500-501. Resulta de interés la STS (Sala de lo Civil, Sección 1ª), núm. 761/2012 de 11 diciembre (TOL3.007.384| Fallo: Fallo desestimatorio| REC: 1207/2010| RES: 761/2012).

Precisión que ha de ser corroborada en base a la necesaria designación de la Comisión de Nombramientos y Retribuciones en el seno del órgano de administración de las compañías cotizadas y el reconocimiento sustantivo de sus competencias mínimas[223], lo cual no puede quedar invalidado por la aplicación prioritaria de una regla en materia de sociedades de capital que, respecto de las entidades cotizadas, tiene reconocida su aplicación supletoria. La designación de los consejeros externos independientes precisa de la propuesta previa que ha de hacer la Comisión especial basada en razones objetivas y adecuadamente explicadas para que la Junta general de accionistas o, si procede en el sistema de cooptación, el Consejo de Administración puedan nombrarlos con la pertinente información sobre los aspirantes a ocupar dicha condición. Requisito que —como se ha expuesto— se extiende, del mismo modo, a los supuestos de reelección y separación en el caso de los consejeros independientes. Reflexión que nos lleva a sugerir que el cese de estos consejeros, sin contar con la precisa propuesta de la Comisión de Nombramientos y Retribuciones, pueda interpretarse como un supuesto de impugnación del acuerdo aprobado por la Junta de accionistas al resultar contrario a las prescripciones normativas[224].

La aplicación de esta prerrogativa de la Junta general de accionistas respecto de la terminación del cargo en el caso de los consejeros independientes tampoco quedaría sustentada en los argumentos generales que se alegan en relación con el resto de sociedades de capital. De un lado, nos referimos a la relación de confianza que manifiesta la Junta general al momento de nombrar a los consejeros sociales para desempeñar las funciones que

---

223 Ello podría considerarse un fraude de ley (apartado 4º del art. 6 del Ccivil).

224 Véase PAZ-ARES RODRÍGUEZ, *Identidad y diferencia del consejero...op.cit.*, págs. 115-116, sobre la revocación *ad nutum* acordada por un conjunto de accionistas sindicados.

asumen en el órgano de gestión y representación de la compañía. Pero que, en el caso de los consejeros externos independientes, no cabe confirmar que quede patente. Puesto que lo que aprueba la Junta general es la propuesta que presenta el Consejo de Administración de acuerdo con la que realiza (junto al adecuado informe) la Comisión especial de Nombramientos y Retribuciones, cuya actuación resulta significativa tanto al inicio del proceso de designación de los consejeros independientes, como en lo que concierne a su cese. De otro, tampoco cabe establecer una correspondencia en cuanto a la capacidad de la Junta general para nombrar de manera libre a los administradores o consejeros sociales, facultad únicamente limitada por las incompatibilidades y prohibiciones sistemáticas[225], y la designación de los consejeros

[225] Art. 212 de la LSC. Resulta ilustrativo en la pragmática societaria y sobre la materia que abordamos en este momento la destitución de varios consejeros externos independientes por la Junta general de accionistas de la entidad *Indra* por el voto a favor de la *Sociedad Estatal de Participaciones Industriales (SEPI)*, la empresa de defensa *SAPA* y el fondo *Amber* (cuenta con más del 4% del capital social). En este sentido, la CNMV no solo se ha manifestado alarmada por la situación, sino además ha planteado la posible consideración de un delito de imposición de acuerdos lesivos (por parte de los asistentes a la Junta general) de acuerdo con el art. 291 del Código Penal. Téngase en cuenta, a este respecto, la previsión del art. 519 de la LSC acerca de la posibilidad de que los accionistas que representen el 3% del capital social, como mínimo, soliciten que se publique un complemento a la convocatoria de la Junta general ordinaria de accionistas para incluir uno o varios puntos en el orden del día de forma justificada y, si procede, de la propuesta de acuerdo acreditada. El cese de los consejeros independientes en el caso que indicamos está en proceso de investigación por la CNMV. Asimismo, es de destacar la STS de 11 de noviembre de 2014 (núm. 609/2014) y la STS de 12 de noviembre del mismo año (núm. 608/2014) en el caso *ACS vs. IBERDROLA*, en el que se plantea como una de las cuestiones esenciales la necesaria justificación para destituir a los administradores (apartado 1º del art. 223 de la LSC) en su aplicación a los designados por el sistema de representación proporcional. Sin embargo, ello confronta con la especial tutela de los accionistas minoritarios. Aunque el TS no es rotundo en su argumentación porque considera que hay abuso en la revocación ordinaria de consejeros mi-

independientes. Ya que la elección de estos últimos se somete a un concreto y específico procedimiento formal que resulta inexcusable para alcanzar dicha condición[226]. La analogía de estas formalidades con la finalidad de la designación de los consejeros independientes en las sociedades cotizadas, esto es el propio desarrollo de la función de supervisión de los que ejercen las funciones ejecutivas y la tutela del interés social sobre los particulares, requiere de la atención de unas especialidades que se hallan vinculadas a las de su cese. Si bien es cierto que es competencia de la Junta general de accionistas el nombramiento de los consejeros sociales, sin embargo, cuando éstos ostentan la condición de independientes en las sociedades cotizadas se precisa *ex lege* la propuesta preceptiva realizada a priori por la Comisión especial y cuya intervención responde a la necesidad de conferir garantía y seguridad jurídica a dicha designación. Por lo que, en el supuesto del cese de los consejeros que nos ocupan, no cabe eludir la participación de la Comisión a la que compete elevar al Consejo las

noritarios en la alegación de una causa no probada, con anterioridad se había pronunciado acerca de la no necesidad de que concurriera justa causa para cesar a miembros del Consejo nombrados por el sistema de representación proporcional (STS de 2 de julio de 2008 —núm. 653/2008— y STS de 24 de noviembre de 2011 —núm. 830/2011— en las que el TS estima que el hecho de que la mayoría destituya a un consejero nombrado por la minoría, no convierte en abusiva la destitución). Por su parte, la AP de Barcelona en el caso *Acciona vs. FCC* (SAP de Barcelona de 12 de junio de 2006), pone de manifiesto que la facultad de la Junta de separar *ad nutum* a los administradores sociales se encuentra limitada en el derecho de representación proporcional de las minorías (aunque pueden ser separados mediando justa causa). así, se determina que: *(...) no cabe considerar el nombramiento de los consejeros con independencia del origen subjetivo de su nombramiento; el dato relevante en este caso no es tanto la actitud y cualidades personales de los nombrados, o las mayores o menores garantía de independencia que personalmente ofrezcan, sino la fuente u origen de su nombramiento (...).* Véanse los comentarios de MATEU DE ROS CEREZO, *La independencia de criterio...op.cit.*, págs. 362-370 y SÁEZ LACAVE, *Consejeros dominicales...op.cit.*, págs. 47-49.

[226] Letra h) del art. 529 *duodecies* de la LSC.

propuestas tanto de nombramiento como de reelección y separación de estos consejeros para su sometimiento a la decisión de la Junta general de socios, así la libre revocación ha de acomodarse a las prescripciones sistemáticas del nombramiento. A menos que, como se ha indicado, en casos excepcionales se acepte que los consejeros puedan instar dicha propuesta al Consejo de Administración, el cual en todo caso deberá valorarla a través de la Comisión especial correspondiente.

Conviene señalar que, no obstante en el caso de las entidades cotizadas, a pesar de que el nombramiento, reelección o el cese de los consejeros externos independientes es una facultad que compete a la Junta general de accionistas, lo habitual es que las decisiones en el seno de la misma —como se ha advertido precedentemente— se adopten con la aquiescencia mayoritaria de los accionistas de control. Circunstancia que puede dar lugar a situaciones de conflicto de interés respecto de los consejeros independientes[227]. A fin de solventar este impedimento que supondrían una merma de la autonomía que es distintiva de estos consejeros, se ha optado como medida paliativa no sólo por otorgar a un órgano específico competencias en materia de nombramiento de los consejeros independientes, sino además garantizar su propio carácter y actuación autónoma. En el sentido de que, como ha quedado indicado, la Comisión especial de Nombramientos

[227] ALONSO UREBA, *El modelo...op.cit.*, págs. 47-48; JUSTE MENCÍA, *Los Derechos...op.cit.*, págs. 318-319; SÁEZ LACAVE, *Nombramiento...op.cit.*, págs. 12-15. Autores como BEBCHUK, L. A./ ROE, M. J., "A theory of path dependence in corporate ownership and governance", *Stanford Law Review*, vol. 52, núm. 1, 1999, págs. 775-808; COOLS, S., "Europe's Ius Commune on Director Revocability", *European Company and Financial Law Review*, vol. 8°, núm. 2, 2011, págs. 205-206, ponen de manifiesto que la regla de la libre revocabilidad de los administradores resulta desfavorable cuando el capital está concentrado, por cuanto los socios mayoritarios pueden asegurarse el control de la entidad.

y Retribuciones es la facultada para elevar al Consejo de Administración la propuesta de nombramiento de los consejeros independientes antes de su sometimiento a la decisión de la Junta de accionistas y que se presentará una vez que se ha comprobado la concurrencia de los presupuestos de idoneidad exigidos para alcanzar esta catalogación. Así como, en iguales términos, se ha establecido en cuanto a las propuestas para la reelección o separación de dichos consejeros. Distinguiendo a esta Comisión su actuación independiente e imparcial en el ejercicio de las funciones que desempeña en el órgano de administración porque, principalmente, ha de conformarse sólo por consejeros externos no ejecutivos, debiendo ser su mayoría independientes.

Cabe completar las consideraciones anteriores con las recomendaciones previstas en el CBG en lo que hace a las compañías cotizadas. A este respecto, el tenor resulta axiomático al estimar que las causas de separación y dimisión de los consejeros sociales no pueden ser un condicionante de la libertad de criterio que singulariza el desempeño de sus competencias societarias, debiendo tener en cuenta el cambio de circunstancias sobrevenidas y garantizando la estabilidad en el cargo de los que ostentan la condición de consejeros externos independientes que no incumplan las obligaciones asumidas en la entidad[228]. Por lo que se sugiere que el Consejo de Administración no proponga la separación de los consejeros independientes a la Junta general de accionistas hasta que no se hubiere cumplido el período de su mandato, a menos que concurra justa causa, la cual ha de ser apreciada por el mismo, previo informe de la Comisión de Nombramientos y Retribuciones. En este sentido, pueden ser supuestos concretos

[228] Principio 12 y Recomendación 21 del CBG. Pueden consultarse también los Principios de Buen Gobierno Corporativo del Instituto de Consejeros-Administradores, la Asociación española de Consejeros, a través de su Comité de Normas Profesionales, pág. 12.

que justificarían el cese de estos consejeros sociales, entre otros, la acreditación de la falta de dedicación del tiempo necesario al desempeño de las funciones que le son propias, el incumplimiento de las competencias y obligaciones que ha asumido para con la entidad o que incurra en algunas de las ya examinadas circunstancias o condicionantes que le impidan mantenerse en la condición de consejero externo independiente por limitar la particular autonomía de su actuación.

4. EL RESPALDO DE LA INDEPENDENCIA DE ACTUACIÓN EN SENTIDO OBJETIVO DESDE EL DISCERNIMIENTO TEMPORAL

La aludida concurrencia en la figura de los consejeros externos independientes del criterio subjetivo del concepto de la actuación independiente propia de la observancia del deber de velar por el interés social sobre otros particulares actuando de buena fe (innato a su propia condición de consejero social) y el especial criterio delimitador en sentido objetivo de dicho carácter en relación con su actuación autónoma y al margen de posibles condicionantes, nos ha llevado a analizar de forma individualizada los supuestos sistemáticos que limitan la particular independencia que se pregona respecto de esta modalidad de consejero social. No obstante este estudio, se ha podido comprobar que la sistemática mencionada carece de un criterio taxonómico, por lo que se incluyen incompatibilidades que hemos calificado de carácter absoluto sobre las que no es posible admitir la excepcionalidad, de otras de naturaleza relativa que toleran una interpretación *a sensu* contrario si se aplica la excepción correspondiente y —como es evidente— el candidato reúne el resto de imposiciones de idoneidad exigidas para ostentar la condición de consejero independiente. En lo que nos compete en este momento y como habíamos participado, consideramos preciso dedicar un mayor análisis de estas últimas en relación con el presupuesto de la temporalidad, el cual va a ser determinante para considerar la limitación (o no) del que aspira a ser designado consejero independiente en el Consejo de Administración de la entidad cotizada. El criterio de duración o permanencia ha sido utilizado en la hipótesis sustantiva para, en su caso, aplicar la relatividad del condicionante en beneficio del que pretende ser nombrado en dicha categoría social, a pesar de que la conceptualización de esta catalogación de consejero se hace con un marcado criterio de rigor. Pues, como ha quedado referido, el primer atisbo del precepto parte de la imposibilidad absoluta de ser considerado consejero independiente si concurre cualquiera de los planteamientos que se relacionan en el tenor reglamentario pero, sin embargo, de una lectura juiciosa de algunas de las circunstancias, cabe deducir la supuesta interpretación en un sentido opuesto si se cumple la singularidad (*....salvo que...*). Permitiéndose, en estas últimas, la designación como consejero independiente.

En concreto, la excepción de la temporalidad hay que ponerla en consonancia con la cualificación del que aspira a ser consejero independiente y con la cualidad profesional o social de aquél. Esto es, los que hubieran mantenido una relación como empleados, socios del auditor externo (incluidos los responsables de auditoría) o un vínculo negocial significativo con la sociedad. Así como, los que hubieran sido consejeros sociales durante un tiempo continuado, y los consejeros ejecutivos de la sociedad del grupo. Obviamente, corresponde que nos detengamos en las consideraciones del contenido positivo que son las que afectan a la posible designación del aspirante por condicionar su peculiar independencia de actuación, siendo conscientes de la posible alteración de este criterio temporal en las previsiones estatutarias o en el propio Reglamento interno de funcionamiento del Consejo de Administración de la compañía de que se trate.

En el primer grupo de casos, la posición profesional del candidato y la salvedad temporal guarda equivalencia de duración en el supuesto de los empleados de la sociedad del grupo y de su condición de socio del auditor externo de la sociedad (o responsable del informe de auditoría) o de una sociedad de su grupo, pues se considera que respecto de aquéllos han debido pasar tres años para poder ser designado como consejero externo independiente, al igual que se impide aspirar a dicha condición al que hubiera sido durante los últimos tres años socio del auditor externo o responsable del informe de auditoría. De este modo, y sin reiterar los razonamientos que esgrimíamos para justificar estas incompatibilidades o condicionantes[229], entendemos la conveniencia de atender a la correlación de la duración del vínculo laboral en cada caso. El paralelismo de previsión temporal cabe justificarlo en un criterio de coincidencia, pues no es factible su equivalencia siguiendo un razonamiento reglamentario lógico en atención a las especificaciones que le son singulares en cada una de las previsiones. De un lado, ambas posiciones difieren en cuanto a su propia naturaleza, no pudiendo homologarse la posición de empleado de la sociedad del grupo con un vínculo laboral y el ostentar la condición de socio del auditor externo (o del responsable del informe de auditoría). De otro, de acuerdo con un juicio cualitativo, la dependencia laboral que vincula al candidato con la entidad matriz resulta ser de índole genérica, mientras que la posición de ser socio del auditor externo (o responsable del informe de auditoría) implica la asunción de una concreta posición jurídica con el fin de cumplir un objetivo común, esto es la realización de la correspondiente auditoría externa a la entidad de que se trate. Atributos profesionales que no son equivalentes si lo que se trata es de valorar el criterio objetivo de la actuación independiente y au-

229 *Supra CAPÍTULO II* en el epígrafe *2.2. Condicionantes que pueden limitar la tendencia objetiva de la independencia del consejero.*

tónoma que distingue a esta modalidad de consejeros sociales en el desempeño de sus competencias supervisoras en el órgano de administración de las sociedades cotizadas. Ya que, si el aspirante satisface el conjunto de exigencias particulares de idoneidad que se le exigen para ocupar el cargo de consejero independiente, el ser un trabajador de una entidad del grupo societario mediante un contrato laboral por el que recibe una remuneración a cambio de cumplir con los servicios acordados, nada impide que trascurrido el tiempo estimado (tres años desde el cese de la relación) pueda formar parte del órgano gestor de la entidad sin ejercer funciones ejecutivas y sin estar condicionado en el desempeño de sus competencias supervisoras por intereses particulares o influenciado por los directivos sociales o por los accionistas principales de la entidad. Aunque, en este caso, entendemos apropiado que se valore el objeto del vínculo laboral que le unía a la sociedad para verificar que de sus relaciones previas con la misma no se infieren condicionantes que subordinen la autonomía propia de su actuación como consejero independiente.

Sin embargo, con un criterio personal, no puede llegarse a semejante afirmación en la hipótesis del socio del auditor externo o responsable del informe de auditoría, por cuanto la temporalidad de los últimos tres años no resulta acreditativa, en todo caso, de la garantía de la imparcialidad y objetividad de criterio del aspirante en el desenvolvimiento de las facultades supervisoras de los que cuentan con funciones ejecutivas en la entidad, en cuanto que la conexión entre ambos y la oportuna realización de las actividades que le son inherentes al auditor, comprenden la disposición de información de carácter privilegiado sobre la sociedad auditada a fin de poder concluir un informe completo (en relación con la contabilidad, la gestión societaria, la situación financiera, entre otros aspectos). La especialidad de las competencias concernientes al estado financiero de una compañía, pese a que se llevan a cabo por auditores que desempeñan su cargo con independencia y observando la neutralidad, es factible apreciar que influye en la posición del candidato a ser nombrado consejero independiente. A mayor abundamiento, si se estima que el vínculo laboral genérico deja de ser una incompatibilidad pasados tres años, en el planteamiento específico del socio del auditor no puede aplicarse con rigor idéntica duración temporal (los últimos tres años). El nexo mantenido con los que desarrollan los cometidos de auditoría puede suponer que la facultad de supervisión en el seno de la sociedad por parte de los que tienen atribuidas las facultades para revisar la política y procedimientos de la entidad auditada en beneficio del interés social, no se desarrolle con una efectiva objetividad y autonomía de criterio y, en consecuencia, tampoco se aporte un discernimiento independiente y profesional sobre las decisiones que deben ser adoptadas por parte del Consejo de Administración. A su vez, ha de recordarse que los auditores de cuentas y las sociedades de auditoría deben inhibirse de participar en la gestión de la entidad auditada y tampoco pueden influir en los que tengan un vínculo laboral, comercial o de otro tipo con ella. Estas circunstancias permiten respaldar que, en la incompatibilidad que nos ocupa, sea conveniente la ampliación del límite mínimo del presupuesto temporal o, en su caso, y dependiendo del tipo de nexo existente en relación con el auditor externo (o con el responsable de la realización del informe de auditoría), incluso, la posibilidad de que pueda considerarse una incompatibilidad que impida al aspirante ser nombrado en la condición de consejero independiente. Esta última previsión cabe ser avalada si se presta una especial atención a la necesaria capacidad para que, junto al cumplimiento de los parámetros de profesionalidad, experiencia y conocimientos, puedan llevar a cabo con eficiencia el control y supervisión respecto de los que cuentan con facultades ejecutivas en el órgano de administración de la sociedad y al margen de influencias de los directivos o de los accionistas de control.

En otro orden, también se aplica el criterio de la temporalidad como una excepcionalidad en el caso del mantenimiento de un vínculo de negocios significativo (proveedor de bienes o servicios, incluidos los financieros, y la de asesor o consultor) con la sociedad o con una entidad de su grupo. En esta hipótesis, es indiscutible que la permanencia de dicho nexo negocial en el momento en el que el aspirante se postula a ser designado como consejero independiente, haya de entenderse como un impedimento categórico sobre el que no cabe la admisión de prueba en contrario. Pues el mantenimiento de dicha relación dificulta la necesaria separación de los intereses particulares del aspirante sobre la tutela del interés del conjunto de los accionistas que integran la compañía a la que va a pertenecer y, al mismo tiempo, los efectos de dicha relación negocial significativa influirían en el ejercicio independiente de su cargo respecto a la vigilancia y supervisión de los que desempeñan las competencias ejecutivas en la misma. Tampoco podrá ser nombrado consejero independiente el candidato que, aunque ya no tuviera esa dependencia negocial con la sociedad, la hubiera mantenido durante el último año. Sobre ello, debiera valorarse la naturaleza del vínculo y su calificación para poder equilibrar si el plazo estimado resulta ser coherente con el contenido de la unión con la entidad y con la determinación de su cualificación significativa. En el sentido de que no cabe apreciar una correlación determinante entre ser un proveedor de productos o bienes para la sociedad, con la de ser un proveedor de servicios específicos como los financieros o los de asesoramiento o consultoría que, por su propia significación, pueden ser condicionantes de la actuación independiente que ha de pregonarse en concreto de la modalidad de consejero social que abordamos. Más aún, teniendo en cuenta que el nexo empresarial al que nos referimos ha de ser relevante o significativo, es decir que le reporte un beneficio al proveedor de esa misma consideración (significativa). Si bien es cierto que se trata de una incompatibilidad regida más por el aspecto económico propiamente dicho que por el vínculo profesional de la relación, la conclusión de dicho vínculo de negocios significativo con la entidad en el último año se estima más que suficiente para garantizar la falta de condicionantes para que el aspirante pueda ser designado en calidad de consejero independiente. Sin embargo, en todo caso, podrá ser nombrado en esa misma categoría social el que hubiera mantenido una relación negocial de suministro de bienes o de servicios, siempre que no pueda considerarse significativa. Determinación que, entendemos, requiriere concretar la proporcionalidad entre la remuneración percibida y los productos o servicios de que se trate en cada supuesto en particular.

En cuanto al segundo grupo de posibles planteamientos que se han reputado restrictivos de la independencia que es singular de estos consejeros externos, no podrán ser designados como independientes los que hubieran sido consejeros ejecutivos de la sociedad del grupo, a menos que hubieran pasado cinco años desde el cese de la relación, ni tampoco los consejeros sociales que hubieran ocupado dicho cargo por un plazo continuado superior a doce años. Ambas situaciones se han previsto con una metodología diversa, en la medida en que mientras la primera se determina como una incompatibilidad relativa, en consonancia con el condicionante general de haber sido empleado de la entidad del grupo, la segunda es una limitación absoluta que en todo caso impide aspirar a la condición de consejero independiente.

Atendiendo a la esencia de los consejeros independientes y a la finalidad que con su nombramiento trata de cumplirse en el órgano de administración de las sociedades cotizadas, y no tanto al sentido literal de su tipicidad, no podrán aspirar a dicha condición los consejeros ejecutivos de las sociedades del grupo. Es manifiesto que el condicionante deriva de la cualidad de los consejeros sociales ejecutivos que son los que, siendo internos a la compañía, ejercen las funciones de dirección en la entidad o su grupo y sin ser relevante la naturaleza del vínculo orgánico que les una a la misma. La consecución de las competencias propias de los consejeros ejecutivos son las que se estima que complican la confirmación de una posible actuación imparcial y objetiva en beneficio del interés del conjunto de los accionistas y al margen del que es propio de los accionistas significativos y de los directivos o de otras posibles influencias singulares y, en consecuencia, impiden la designación en la condición de consejeros independientes. No obstante, pese a que no es cuestionable la repercusión que para la actuación del consejero independiente supondría haber ocupado el cargo de consejero con funciones ejecutivas en una entidad del grupo, si hubieran transcurrido cinco años desde la conclusión de esa relación, el candidato puede ser nombrado consejero independiente en el órgano de administración societario. De este modo, se afirma que dicho plazo es más que suficiente para que el aspirante que hubiera sido consejero ejecutivo de la sociedad del grupo pueda llevar a cabo sus funciones supervisoras en el Consejo de Administración de la sociedad con autonomía e imparcialidad de criterio respecto de posibles condicionantes con la entidad o el grupo, sus accionistas significativos o los directivos de la misma. Tal vez este principio temporal que excepciona la incompatibilidad referida no sea adecuado si nos basamos en la seguridad y garantía que aporta la contratación temporal de los consejeros externos independientes en el órgano gestor de una compañía tanto a los que integran la sociedad, como al propio mercado en relación con las funciones de control e intermediación que ejercen en cuanto a los que llevan a cabo las facultades de gestión y dirección de la misma.

En otro orden, como ha quedado referido, el mantenimiento continuado en el cargo de consejero por un período superior a doce años supone que el aspirante no pueda alcanzar la categoría de consejero independiente, aunque ello no obsta que sea permisible ser designado en otra modalidad societaria. Recordamos que, pese al silencio normativo, cabe interpretar esta incompatibilidad en sentido amplio en relación con los diversos cargos que el aspirante a consejero independiente pueda ocupar en las

Comisiones especiales que se crean en el seno del Consejo de Administración de la sociedad. La extensión del plazo temporal indicado en el que se mantiene un vínculo entre la sociedad y el consejero de la misma, se estima un condicionante para poder desempeñar las funciones de consejero independiente como tal. Esto es, en el sentido de ejercer el cargo con la independencia de actuación que es propia de ser un consejero social (derivada del cumplimiento del deber de lealtad) y la singular autonomía que caracteriza a esta modalidad de consejero en el ejercicio de sus funciones supervisoras sin posibles condicionantes. El requerimiento de integrar en el órgano de administración de las sociedades cotizadas a personas con cualificaciones reconocidas y de prestigio profesional y técnico, y que estén dispuestas a dedicarle el tiempo preciso a la entidad, a su propia formación y a la adquisición del adecuado conocimiento de la compañía a la que van a pertenecer, son aspectos que nos hacen reflexionar sobre la conveniencia de designar a los consejeros independientes con un único mandato temporal de necesario cumplimiento y definido desde el principio de su propuesta (máximo de cuatro años) [230]. Aunque, en todo caso, ello no impida su factible reelección formulada por la oportuna proposición de la Comisión de Nombramientos y Retribuciones (cuando así lo estime) por una única vez con la misma temporalidad[231]. Esta opción permitiría que el consejero independiente se empeñase en su adecuada formación sobre la sociedad y sus funciones, en la obtención de la información necesaria para su desenvolvimiento, dedicase el tiempo suficiente y necesario a la entidad y al cumplimiento de su ocupación y, a su vez, en lo que hace a la correspondiente preparación en el ámbito societario. Aspectos que, al mismo tiempo, garantizarían el mantenimiento de sus atributos esenciales de independencia,

230 SÁNCHEZ—CALERO GUILARTE, *Los consejeros...op.cit.*, págs. 604-652.

231 *Vid.* SÁNCHEZ CALERO, *Los administradores...op.cit.*, págs. 789-790.

evitando la consolidación de relaciones o vínculos en la entidad que puedan resultar un condicionante de la misma. Piénsese en el papel que están llamados a ejercer los consejeros independientes en el órgano de administración de las sociedades cotizadas, respecto a la supervisión de los que desempeñan las funciones ejecutivas y la garantía de la tutela del interés común de los accionistas desde una óptica patrimonial y de la viabilidad a largo plazo de la empresa, maximizando su valor económico.

La restricción inflexible que venimos analizando no puede concebirse si no es en consonancia con los parámetros ocasionales que permiten su aplicación. De un lado, se hace preciso superar el período temporal indicado (doce años), lo que significa que no habiéndolo agotado el aspirante puede optar a ser designado como consejero social independiente, siempre que además acredite los requerimientos personales y profesionales que son precisos en dicha categoría social. En caso contrario, se valora que se han generado relaciones o vínculos de confianza con el resto de integrantes del órgano de administración y de la concreta entidad, y con los accionistas de control, afectándose de este modo la independencia interpretada en sentido objetivo que caracteriza la actuación de estos consejeros en el Consejo de Administración social, en concreto en el ejercicio de las facultades de supervisión. De otro, la necesidad de que dicha prolongación temporal sea *continuada* o se hubiera mantenido sin irrupción. La fatal consecuencia que los posibles vínculos adquiridos producen sobre la reducción de la singular autonomía de esta modalidad de consejero social han de equipararse a los beneficios de la experiencia lograda sobre la entidad de cuyo órgano gestor el candidato forma parte, lo que permite pensar que en la *praxis* societaria puedan emplearse técnicas que hagan posible la interrupción de esa permanencia al objeto de que no se alegue el preciso carácter prolongado y, de este modo, mantener en el cargo de consejero independiente a personas que por su reconocido prestigio profesional y su cualificación técnica o experiencia interesan a la sociedad de que se trate. La necesidad de superar estas contingentes alternativas y evitar con ello la influencia de los accionistas significativos y de los consejeros que ejercen funciones ejecutivas o directivas en la integridad de la actuación independiente de estos consejeros sociales, justificaría de nuevo la propuesta planteada acerca del nombramiento de consejeros independientes con un único mandato temporal definido desde su propuesta y siendo posible una sola reelección con igual duración máxima.

5. LA RETRIBUCIÓN DE LOS ADMINISTRADORES SOCIALES Y LAS NECESARIAS SALVEDADES EN RELACIÓN CON LOS CONSEJEROS INDEPENDIENTES

La materia relativa a la retribución de los administradores sociales afecta tanto a la vinculación de los mismos con la compañía de la que forman o van a formar parte, como en lo que se refiere a la gestión de la propia sociedad, pues en ocasiones ésta se condiciona a los resultados del ejercicio económico. El régimen de la retribución que perciben los consejeros de las entidades por el desempeño de sus competencias no puede exceder de lo que sea necesario y factible para la sociedad en cuestión, por lo que es un tema de significativa importancia y, más aún, en el caso de las sociedades cotizadas en las que confluyen una diversidad de tipos de consejeros sociales en el órgano de administración y gestión de la entidad con diversas funciones[232]. A su vez, la retribución que se determine

[232] Destacando el problema que supone la retribución de los administradores sociales, pueden consultarse: LEÓN SANZ, F. J., "El gobierno corporativo de las sociedades cotizadas", *Diario La Ley*, núm. 8109, 20 de junio de 2013; ORTIZ DEL VALLE, Mª. C., "La retribución de los consejeros ejecutivos de las sociedades de capital: constancia estatutaria de la retribución y autonomía del contrato", en AA.VV. *La Administración de las Sociedades de Capital*

ha de resultar oportuna en atención al perfil del consejero que se vaya a designar y que se corresponda con la dedicación, cualificación y responsabilidad que, en su caso, se le exija.

La retribución que reciben los consejeros sociales debe caracterizarse por su precisión y claridad a efectos de cumplir con la exigencia de transparencia que imponen los principios de gobierno corporativo e información al conjunto de socios integrantes de la sociedad, en concreto cuando se trata de entidades cotizadas. La tendencia general, a este respecto, se inclina por la determinación de la retribución de los consejeros sociales según los principios de prudencia y equilibrio de acuerdo con los intereses de la compañía y del propio mercado[233]. Las principales cuestio-

---

desde una Perspectiva Multidisciplinar, (Dirs. CAMACHO DE LOS RÍOS, F.J./ ESPIGARES HUETE, J.C./ VELASCO FABRA, G.— Coord. ORTIZ DEL VALLE, Mª. C.), Editorial Aranzadi, Madrid, 2019, págs. 286-294; PAZ-ARES RODRÍGUEZ, J. C., *"Perseverare diabolicum (A propósito de la STS 26-II-2018)", Diario La Ley*, núm. 9165, Sección Tribuna, 23 de Marzo de 2018; RUIZ MUÑOZ, M., "La retribución de los administradores y altos ejecutivos de las sociedades de capital: libertad, transparencia y control (La modificación de la LSC por la Ley 31/2014 y el ALCM)", en AA.VV. *Estudios sobre el futuro Código Mercantil: libro homenaje al profesor Rafael Illescas Ortiz*, Getafe. Universidad Carlos III de Madrid, 2015, págs. 860-893, disponible en el recurso electrónico: http://hdl.handle.net/10016/21007 (último acceso, enero 2023) y en "Nuevo régimen jurídico de la retribución de los administradores de las sociedades de capital", *RdS*, núm. 46, 2016, págs. 60-110; SÁNCHEZ—CALERO GUILARTE, J., "La retribución de los administradores de sociedades cotizadas (La información societaria como solución)", *RdS*, núm. 28, 2007, págs. 21-22; SÁNCHEZ GIMENO, S., "La retribución de los administradores de sociedades de capital y las relaciones de prestación de servicios distintos al desempeño del cargo en caso de concurso de acreedores", *Anuario de derecho concursal*, núm. 8, 2006, págs. 97-147. Así como, el estudio *El Gobierno Corporativo y los Inversores Institucionales*, presentado por Georgeson y Cuatrecasas, Madrid, febrero 2023, págs. 22-23.

233 A este respecto, se entiende que deben ponderarse los intereses de la sociedad, pero teniendo presente la atracción, motivación y retención de los administradores a la misma (ADAMS/ HERMALIN/ WEISBACH, *The Role... op.cit.*, págs. 58–107; FARRANDO MIGUEL, I., "La retribución de los adminis-

nes prácticas que han surgido en esta materia, bien es conocido, derivan de las modificaciones que la reglamentación para la mejora del gobierno corporativo introdujo en la norma de aplicación y, más concretamente, en los últimos pronunciamientos jurisprudenciales sobre la materia[234], los cuales han modificado el criterio interpretativo que se había seguido hasta el momento.

Respecto del tema que nos concierne en este trabajo, valoramos el interés de abordar la cuestión de la retribución de los catalogados como consejeros externos independientes en el seno de las entidades cotizadas en la medida en que dicha compensación pueda considerarse una supeditación de la alineación de estos consejeros sociales con la particular autonomía y neutralidad de actuación que le es propia entendida en su sentido objetivo. Aunque no resulta procedente profundizar en el examen de los numerosos estudios realizados por la reconocida doctrina sobre la retribución de los administradores sociales, adelantamos que va a ser conveniente hacer alusión a ciertas referencias genéricas por cuanto —como ha quedado advertido— carecemos de un régimen retributivo particular para los consejeros independientes sobre el que haya que prestar una concreta atención.

El perfil de los consejeros sociales en el desempeño de su cargo en el seno del órgano de administración de la entidad en la que se integran, así como la responsabilidad que asumen en la misma,

---

tradores de las sociedades cotizadas y el mercado de los ejecutivos. (Un primer examen desde la óptica mercantil a la sentencia del Tribunal Supremo, Sala Segunda de lo penal, de 17 de julio de 2006)", *RdS*, núm. 27, 2006-2, págs. 373-374; JENSEN, M. C./ MURPHY, K. J., "Remuneration: Where we've been, how we got to here, what are the problems, and how to fix them", *Finance Working Paper*, núm. 44, julio, 2004, págs. 19-20).

234 De interés sobre lo expuesto es la STS 98/2018, de 26 de febrero de 2018 (TOL6.531.146| Civil| Fallo: Fallo desestimatorio, Estima parcialmente y casa| REC: 1390/2015| RES: 99/2018| ECLI: ES:TS:2018:639).

se relaciona con la remuneración que les corresponde recibir y ésta es relevante en cuanto a los principios de buen gobierno de las sociedades cotizadas. Así, habrá de ser la idónea y suficiente no sólo para captar a ciertos consejeros por su cualificación específica y de reconocimiento profesional dispuestos a ejercer las facultades atribuidas en el órgano gestor, sino también para compensar la dedicación de tiempo a la compañía, sus identificativas cualidades profesionales, al igual que el régimen de responsabilidad que asumen al aceptar el cargo. Pero, en contraposición, dicha retribución no puede resultar excesiva y ser un condicionante para el efectivo ejercicio de las competencias de los administradores o consejeros sociales y su libertad de criterio en defensa del interés del conjunto de los socios.

En orden a la remuneración de los consejeros que forman parte del Consejo de Administración de las sociedades cotizadas, la política retributiva adquiere una dimensión especial respecto de los que ostentan la condición de consejeros externos independientes porque se trata de uno de los incentivos esenciales para atraer a la entidad a personas con un determinado prestigio profesional y personal, y con una formación especializada en el ámbito societario. Además de la concurrencia en ellos del resto de presupuestos de idoneidad que les hacen ser una categoría específica de consejeros sociales, como ha quedado apuntado. Las particularidades que distinguen a los consejeros externos independientes desde la perspectiva profesional y personal, y la imposición a esta categoría social de la precisa dedicación de tiempo, los compromisos formativos transigidos para con la entidad y el esfuerzo necesario para el desempeño adecuado de las específicas competencias que tienen asignadas en el órgano gestor de la compañía, junto al régimen de obligaciones y responsabilidad de los administradores sociales, hacen que en la práctica el beneficio patrimonial que reciban por el cargo que ocupan sea un tema que cobra una concreta consideración pragmática.

No obstante lo anterior, ello se confronta con la necesidad de salvaguardar el carácter independiente que es propio de estos consejeros sociales y que implica, no sólo su actuación en favor del interés social de acuerdo al principio de la buena fe, sino que en ningún caso en el desenvolvimiento de sus funciones societarias puedan verse influenciados o condicionados por la compensación económica recibida por parte de la entidad a cuyo órgano gestor pertenecen.

5.1. Observaciones sobre la retribución de los administradores sociales en las sociedades de capital

La sistemática concerniente a la retribución de los administradores o consejeros sociales precisa, a nuestro modo de ver, prestar una especial atención a dos principios fundamentales. De un lado, el control de la Junta general de accionistas en materia de retribución de los administradores sociales, siendo dicho órgano el competente para aprobar el importe máximo anual a retribuir entre los mismos. De otro, la relevancia conferida a las previsiones estatutarias en el sentido de que la norma general prevé que el cargo de administrador sea gratuito, a menos que los estatutos sociales establezcan lo contrario, determinando de este modo el sistema de remuneración que será aplicable. Debiendo, a continuación, concretarse una serie de conceptos retributivos posibles. Si bien, en el supuesto de la retribución de los consejeros que asumen funciones ejecutivas en el órgano de administración y gestión de la compañía, se impone necesariamente la formalización de un contrato con la sociedad en el que se concrete y detalle la retribución que les corresponde recibir por las funciones societarias comprometidas y de la responsabilidad que asumen al aceptar el cargo. Dicho contrato debe ser aprobado por parte del propio Consejo de Administración que se encarga de la gestión social. De este modo, en lo que respecta a la remuneración que compete a los que forman parte del órgano de administración societaria, se presume la gratuidad del cargo *ex lege*, pero con la salvedad de que en los estatutos sociales se hubiera previsto un determinado sistema de remuneración o, lo que es lo mismo, los conceptos retributivos que van a recibir los administradores sociales en el desempeño de sus competencias[235], aunque no se

235 Art. 217 de la LSC. *Vid.* ALCOVER GARAU, G., "La retribución de los administradores de las sociedades de capital: Coordinación de su régimen jurídico mercantil, laboral, tributario y contable", *RdS*, núm. 5, 1995, pág. 141; ÁLVAREZ-ROYO VILLANOVA, S., "Remuneración del administrador social", en AA.VV. *La Administración de las Sociedades de Capital desde una Perspectiva Multidisciplinar*, (Dirs. CAMACHO DE LOS RÍOS, F.J./ ESPIGARES HUETE, J.C./ VELASCO FABRA, G.— Coord. ORTIZ DEL VALLE, Mª. C.), Editorial Aranzadi, Madrid, 2019, págs. 327-348; DOMÍNGUEZ GARCÍA, *Retribución... op.cit.*, págs. 1068-1069; GALLEGO SÁNCHEZ, *Artículo 217...op.cit.*, págs. 1545-1555; GARCÍA-CRUCES GONZÁLEZ, *La prestación...op.cit.*, *passim*; GRIMALDOS GARCÍA, *Capítulo XII...op.cit.*, págs. 276-278; JUSTE MENCÍA, J., "Retribución de consejeros", en AA.VV. *El gobierno de las sociedades cotizadas*, (Coord. ESTEBAN VELASCO, G.), Marcial Pons, Madrid, 1999, pág. 502; LEÓN SANZ, F. J., "Artículo 217. Remuneración de los administradores", en *Comentario de la reforma del régimen de las sociedades de capital en materia de gobierno corporativo (Ley 31/2014). Sociedades no cotizadas*, (Coord. JUSTE MENCIA, J.), Civitas-Thomson, Madrid, 2015, págs. 273-300; PAZ-ARES RODRÍGUEZ, *El enigma...op.cit.*, págs. 32-53 y en *Perseverare...op.cit.;* POLO SÁNCHEZ, *Los administradores...op.cit.*, pág. 192; RONCERO SÁNCHEZ, A., "Retribución de los Consejeros Ejecutivos: Adecuación de la retribución y deberes de actuación de los administradores", en AA.VV. *Derecho de sociedades: revisando el derecho de sociedades de capital*, (Dirs. GONZÁLEZ FERNÁNDEZ, Mª. B./ COHEN BENCHETRIT, A.- Coords. OLMEDO PERALTA, E./ GALACHO ABOLAFIO, A. F.), Tirant lo Blanch, Valencia, 2018, págs.1061-1092 y en *La retribución...op.cit.*, págs. 121-149; SÁNCHEZ ÁLVAREZ, *Remuneración...op.cit.*, págs. 714-717 y 723-728; SÁNCHEZ CALERO, *Los administradores...op.cit.*, págs. 159-160; SÁNCHEZ GIMENO, *La retribución... op.cit.*, págs. 97-147. Algunos, incluso, han planteado la posibilidad de incluir un sistema retributivo *combinado o mixto* con carácter cumulativo: BLANQUER UBEROS, R., "La retribución de los administradores, su constancia estatutaria y la atribución de facultades de concrección a la Junta General", en *Estudios de Derecho Mercantil en homenaje al profesor Manuel Broseta Pont*, Vol. 1, 1995, págs. 445-447; JUSTE MENCÍA, *Retribución...op.cit.*, págs. 502-

incluya el importe preciso de dichos conceptos (salvo que la retribución se corresponda con una cantidad fija). Esta matización supone no sólo una alteración de la mencionada presunción, sino también ha de entenderse como una previsión que trata de tutelar el interés de los socios frente al sistema de remuneración que se hubiera establecido para los administradores sociales y que conlleva el incremento de la transparencia e información que se les ofrece[236]. La libertad de autonomía por vía estatutaria sobre la posibilidad de que los administradores reciban una retribución por el cumplimiento de las facultades que tienen en el órgano de administración social, queda justificada por razones de transparencia y en cuanto a la garantía de los intereses de los socios (en particular, de los minoritarios)[237], al suponer que su conjun-

503; POLO SÁNCHEZ, *Los administradores...op.cit.*, págs. 191-193; RONCERO SÁNCHEZ, *Retribución...op.cit.*, págs. 366-367; SÁNCHEZ CALERO, *Los administradores... op.cit.*, págs. 250-251; TUSQUETS TRÍAS DE BES, F., *La remuneración de los administradores de las sociedades mercantiles de capital*, Civitas, Madrid, 1998, págs. 144-145. Cabe mencionar, a este respecto, la Resolución de la Dirección General de los Registros y del Notariado, núm. 4315/2013, de 3 abril 2013 (RJ\2013\3669. BOE núm. 97 de 23 de abril).

236 En opinión de algunos autores la gratuidad no encaja en las sociedades cotizadas, pueden consultarse a este respecto: FARRANDO MIGUEL, *La retribución...op.cit.*, págs. 377-379; MARTÍNEZ SANZ, F., "Art. 130. Retribución", en AA.VV. *Comentarios a la Ley de Sociedades Anónimas*, (Dirs. ARROYO, I./ EMBID, J. M.), vol. II, 2001, Madrid, págs. 1340-1344; SÁNCHEZ— CALERO GUILARTE, *La retribución...op.cit.*, pág. 26; TAPIA HERMIDA, A. J., "La alta dirección empresarial (administradores y altos cargos)", en *Estudios de Derecho Mercantil en homenaje al profesor Manuel Broseta Pont*, tomo III, Valencia, 1995, pág. 3754; TUSQUETS TRÍAS DE BES, *La remuneración...op.cit.*, págs. 119-124.

237 Con esta opinión DOMÍNGUEZ GARCÍA, *Retribución...op.cit.*, pág. 1072; LEÓN SANZ, *Artículo 217...op.cit.*, págs. 273-280; PETIT LAVALL, Mª. V., "Novedades en el régimen de remuneración de los administradores de las sociedades de capital: la retribución extraestatutaria de los consejeros ejecutivos", en AA.VV. *Derecho de sociedades y de los mercados financieros: libro homenaje a Carmen Alonso Ledesma*, (Coords. FERNÁNDEZ TORRES, I./ ARIVAS VARONA, F. J./ MARTÍNEZ ROSADO, J.), Marcial Pons, Madrid, 2018,

to mantenga cierto control sobre la posible retribución a los administradores o consejeros sociales, en cuanto que corresponde a la Junta general la determinación del límite máximo de dicha retribución. En consonancia con ello, en el supuesto de que en los estatutos de la sociedad se recoja que el cargo de administrador es retribuido deberá especificarse el sistema concreto de remuneración de manera precisa, en caso contrario, no se podrá disponer la posible remuneración ni aún por el acuerdo posterior alcanzado por parte de la Junta general de accionistas.

A pesar de que, como advertíamos, no procede en este trabajo realizar un análisis exhaustivo de la retribución de los que ocupan el cargo de administrador en las sociedades de capital en general, en lo que nos concierne, cabe señalar que la retribución que les corresponde a los consejeros sociales debe interpretarse en su amplio sentido. En cuanto que el Consejo de Administración no sólo va a tener en cuenta las acciones y facultades que aquéllos asumen en la sociedad, sino además su posible pertenencia a las diversas comisiones especiales que se aprueben y otros criterios evaluables diversos, lo que puede generar disfunciones en la práctica societaria. Motivo que parece justificar que se haya establecido una lista enunciativa de posibles conceptos retributivos para los consejeros sociales[238] y de

págs. 649-671; RIBAS FERRER, *El gobierno...op.cit.,* págs. 300-302; RONCERO SÁNCHEZ, *Comentario...op.cit.*, págs. 85 y 92; SÁNCHEZ-CALERO GUILARTE, *La retribución...op.cit.,* págs. 44-45. Por su parte, otros autores entre los que destacan TALÉNS VISCONTI, E. E., "La retribución de los administradores y directores generales de las sociedades cotizadas", *DN*, Año 24, núm. 267, enero/ febrero, 2013, pág. 51, reconocen que esta salvedad también beneficia a los propios administradores sociales.

[238] A este respecto, diversos autores ya habían manifestado la necesidad de concretar los conceptos directos e indirectos de la retribución, entre otros véanse: ÁLVAREZ-ROYO VILLANOVA, *Remuneración...op.cit.,* págs. 338-339; DOMÍNGUEZ GARCÍA, *Retribución...op.cit.,* págs. 1068-1069; PETIT LAVALL, *Novedades...op.cit.,* págs. 655-659. Por su parte, FARRANDO MIGUEL,

entre los que cabe concretar los siguientes: los que consisten en una asignación económica concreta y fija, las retribuciones variables con indicadores de referencia, la participación de los administradores en los beneficios sociales que, por su previsión especial, requiere la determinación estatutaria del montante o del porcentaje máximo[239], la remuneración en acciones o en op-

La retribución...op.cit., págs. 374-375 considera que la retribución engloba cualquier prestación facilitada por la sociedad con independencia de su naturaleza, pero los pagos en especie o *in natura* no son remuneraciones indirectas ni ilícitos en sí mismos; GALLEGO SÁNCHEZ, *Artículo 217...op.cit.*, págs. 1546-1555; GARCÍA-CRUCES GONZÁLEZ, *La prestación...op.cit.*, *passim*. En un sentido distinto, *vid.* MARTÍNEZ SANZ, *Art. 130...op.cit.*, págs. 1344-1345; RONCERO SÁNCHEZ, *Retribución... op.cit.*, págs.1061-1092 y en *La retribución...op.cit.*, págs. 121-149; SÁNCHEZ CALERO, F., "Administradores. Artículos 123 a 143", en AA.VV. *Comentario a la Ley de Sociedades Anónimas*, (Dir. SÁNCHEZ CALERO, F.), vol. IV, 1994, Madrid, pág. 163; YANES YANES, P., "Límites y cautelas de buen gobierno en la retribución variable del consejero", en AA.VV. *Sociedades cotizadas y transparencia en los mercados,* (Dirs. RODRÍGUEZ ARTIGAS, F./ FERNÁNDEZ DE LA GÁNDARA, L./ QUIJANO GONZÁLEZ, J./ ALONSO UREBA, A./ VELASCO SAN PEDRO, L.A./ ESTEBAN VELASCO, G.- Coord. RONCERO SÁNCHEZ, A.), vol. I, Editorial Aranzadi, Madrid, 2019, págs. 1159-1190. Nada impide que se pueda establecer un sistema combinado o mixto (BLANQUER UBEROS, *La retribución...op.cit.*, págs. 445-447; JUSTE MENCÍA, *Retribución...op.cit.*, pág. 502; MARTÍNEZ SANZ, *Art. 130...op.cit.*, págs. 1345-1346; POLO SÁNCHEZ, *Los administradores... op.cit.*, págs. 191-193; SÁNCHEZ ÁLVAREZ, *Remuneración...op.cit.*, págs. 731-732 y 734-736; TUSQUETS TRÍAS DE BES, *La remuneración...op.cit.*, págs. 144-145; VICENT CHULIÁ, F., *Compendio crítico de derecho mercantil,* Valencia, 1981, págs. 647-649).

239 Autores como ÁLVAREZ-ROYO VILLANOVA, *Remuneración...op.cit.*, págs. 346-347; GALLEGO SÁNCHEZ, E., "Artículo 218. Remuneración mediante participación en beneficios" y "Artículo 219. Remuneración mediante entrega de acciones", ambos trabajos en AA.VV. *Comentario a la Ley de Sociedades de Capital,* (Dirs. ROJO, A./ BELTRÁN, E.), t. I, Cizur Menor, Civitas, Madrid, 2011, págs. 1556-1567; GRIMALDOS GARCÍA, *Capítulo XII...op.cit.*, págs. 278-279; SÁNCHEZ— CALERO GUILARTE, *La retribución...op.cit.*, págs. 26-27; YANES YANES, *Límites...op.cit.*, págs. 1159-1190, señalan los problemas derivados de fijar la retribución en una parte de las ganancias sociales.

ciones sobre acciones[240], las dietas de asistencia, sistemas de ahorro o previsión e, incluso, otras posibles indemnizaciones por el cese cuando éste no esté motivado en el incumplimiento de las competencias que el administrador hubiera asumido para con la compañía. Las indicaciones referidas, en todo caso, han de respetar el importe máximo anual previsto para el conjunto de los administradores sociales y que requiere necesariamente de la aprobación por parte de la Junta general de accionistas, lo cual supone que no se modificará hasta tanto no se acuerde su alteración por este mismo órgano societario[241].

Sin embargo, pese a lo expuesto, no puede llegarse a igual consideración en cuanto a la cantidad máxima de remuneración de los administradores sociales, referencia respecto de la que se guarda silencio, a excepción de la imposición de que en su concreción se observe el criterio de la razonabilidad según la relevancia de la sociedad, su situación económica y los estándares de

240 Siguiendo lo dispuesto en el art. 219 de la LSC.

241 Véase la RDGRN de 20 de febrero de 1991 (BOE núm. 55, de 5 de marzo) y la RDGRN de 19 de febrero de 2015 (BOE núm. 62, de 13 de marzo). En sociedades cotizadas, sin embargo, la política de remuneración tiene que aprobarse por la Junta general como mínimo cada tres años. No obstante, pese al acuerdo de la Junta general, si la retribución de los administradores no se ha previsto en los estatutos el acuerdo puede declararse nulo (FARRANDO MIGUEL, *La retribución...op.cit.,* págs. 380 y 391). Para ampliar esta idea, pueden consultarse también: PAISAN RUÍZ, P., "Consideraciones entorno a la retribución de administradores de las sociedades de capital tras la entrada en vigor de la Ley 31/2014, de 3 de diciembre, por la que se modifica la Ley de sociedades de capital para la mejora del gobierno corporativo", *Economist&Jurist*, núm. 187, febrero, 2015, que propone una posible redacción de una condición estatutaria retributiva del órgano de administración de una sociedad de responsabilidad limitada. Así como, JUSTE MENCÍA, *Retribución...op. cit.,* págs. 502 y 515; MARTINEZ SANZ, *Art. 130...op.cit.*, págs. 1345; RONCERO SÁNCHEZ, *La retribución...op.cit.*, págs. 121-149; SÁNCHEZ CALERO, *Administradores...op.cit.,* pág. 163; TUSQUETS TRÍAS DE BES, *La remuneración...op.cit.,* pág. 5133.

mercado de empresas comparables[242]. Esta exigencia comprende una actuación cautelosa para su determinación a fin de evitar la asunción excesiva de riesgos y la retribución de resultados desfavorables para la sociedad de que se trate y, al mismo tiempo, conseguir que se promueva el interés social, es decir la rentabilidad y sostenibilidad de la entidad a largo plazo. En el caso de que la Junta general de accionistas no se hubiera pronunciado respecto del modo en el que han de distribuirse los conceptos objeto de la retribución, serán los propios administradores sociales los que lo deban acordar. Cuando el órgano de administración se haya conformado en forma de Consejo de Administración, le compete a éste la facultad de confirmar el modo de promediar los criterios a retribuir entre los consejeros sociales, atendiendo a las facultades y responsabilidades de los que ocupan dicho cargo y de las funciones que, en su caso, han asumido en la gestión y dirección de la compañía a la que pertenecen.

Junto a lo indicado, conviene hacer mención especial al supuesto en el que un miembro del Consejo de Administración sea nombrado consejero delegado o asuma funciones ejecutivas por otro título, en cuyo caso existe una concurrencia de regímenes diversos. El planteamiento indicado precisa de la conclusión de un contrato con la entidad que requiere la previa aprobación por parte del órgano de administración[243] y en el que, tal y como se

---

242 Aunque éste no ha sido el criterio general seguido a nivel internacional (puede consultarse FARRANDO MIGUEL, *La retribución...op.cit.*, págs. 388-389).

243 Esta materia puede ampliarse con la consulta de: ÁLVAREZ-ROYO VILLANOVA, *Remuneración...op.cit.*, págs. 356-362; DOMÍNGUEZ GARCÍA, *Retribución...op.cit.*, págs. 1059-1064; JUSTE MENCÍA, J./ CAMPINS VARGAS, A., "La retribución de los consejeros delegados o de los consejeros con funciones ejecutivas. El contrato entre el consejero ejecutivo y la sociedad (arts. 249.3 y 4 y 529 *octodecies* LSC)", en AA.VV. *Junta general y Consejo de Administración en la sociedad cotizada*, (Dirs. RODRÍGUEZ ARTIGAS, F./FERNÁNDEZ DE LA GÁNDARA, L./QUIJANO GONZÁLEZ, J./ALONSO UREBA, A./VELAS-

ha adelantado, han de constar necesariamente los conceptos que son objeto de retribución por las funciones que se hubieren contraído. Una hipótesis opuesta haría inferir que el consejero social no percibirá retribución alguna por el desempeño de las facultades ejecutivas que tenga asignadas en el órgano gestor. La aplicación de estos regímenes en cuanto a la retribución de los administradores y de los gerentes de una sociedad se ampara en la concurrencia de un presupuesto objetivo de diversificación de las actividades de cada uno de los cargos a desempeñar[244].

CO SAN PEDRO, L./ESTEBAN VELASCO, G.— Coord. RONCERO SÁNCHEZ, A.), Tomo II, Pamplona, 2016, págs. 784-791; PETIT LAVALL, *Novedades... op.cit.*, págs. 655-659; TALÉNS VISCONTI, *La retribución...op.cit.*, págs. 54-55; VÁZQUEZ RUANO, T., "Administrador social vs. cargo de alta dirección en la sociedad. Posible compatibilidad", *RdS*, núm. 45, 2015, págs. 291-320, en cuanto que la retribución de un integrante del órgano de administración es mayor que la de un directivo vinculado a la entidad por una relación laboral. Habrá que atender a la teoría del doble vínculo. Aunque no así en el supuesto de las sociedades cotizadas, sobre ello FERNÁNDEZ ARMESTO, J., "La retribución de los consejeros", en *El Gobierno de la Empresa: en busca de la transparencia y la confianza*, (Dir. BUENO CAMPOS, E.), Madrid, 2004, págs. 201-202.

244 STS 441/2007, de 24 de abril (TOL1.069.800| Civil| Fallo: Estima y casa| REC: 735/2000| RES: 441/2007) y la STS 1147/2007, de 31 de octubre (TOL1.174.759| Civil| Fallo: Estima parcialmente y casa| REC: 3915/2000| RES: 1147/2007). Estos pronunciamientos consideran que para estimar la inaplicación de las normas societarias es necesario que *las facultades y funciones que fueron atribuidas... por vía contractual rebasen las propias de los administradores (...)*, lo que resulta —en parte— contradictorio con el propio carácter del órgano de administración social (en este sentido, SÁNCHEZ ÁLVAREZ, *Remuneración...op.cit.*, págs. 725-727; SÁNCHEZ CALERO, *Administradores...op.cit.*, págs. 204-205). Por su parte, la DGRN en la Resolución de 7 de marzo de 2013 (BOE núm. 87, de 11 abril), en la Resolución de 27 de abril de 2013 (BOE núm. 128, de 29 mayo) y en la Resolución de 25 de febrero de 2014 (BOE núm. 80, de 2 abril) reconoce de forma expresa que: *el cargo de administrador será retribuido siempre y cuando éste desarrolle funciones de gerente o de personal de alta dirección, estableciéndose dicha remuneración, por el conjunto de sus funciones, en un importe comprendido entre...euros y... euros. La remuneración de los administradores será fijada, para cada ejercicio,*

En cuyo caso, la retribución del gerente o alto directivo se ha de regir por lo previsto en el contrato laboral de alta dirección que hubiere suscrito con la compañía[245]. La observancia del principio de libertad de pactos implica que sea en el propio contenido del contrato en el que se delimiten los acuerdos alcanzados respecto a la contraprestación que corresponde obtener al consejero de la sociedad por las funciones ejecutivas realizadas, al igual que la indemnización que —en su caso— puede reclamar por la no renovación o por la resolución del contrato sin causa justificada. Y ello, a pesar de que no se hubiera concretado una previsión estatutaria en ese sentido, siempre que no quepa apreciar que se trata de una ocultación contraria a Derecho o, como han calificado los órganos judiciales resolutorios, un supuesto de *fraus legis*[246].

---

por acuerdo de la junta general, de conformidad con los presentes estatutos y el artículo 217 de la Ley de Sociedades de Capital.

245 Así se ha reconocido, entre otras, en la RDGRN de e 29 de abril de 2013 sobre la remuneración de los administradores que no se puede condicionar a determinadas circunstancias concurrentes en la persona del administrador (BOE núm. 128, de 29 de mayo) y la RDGRN de 17 de junio de 2016 (BOE núm. 175, de 21 de julio. Ratificada por la AP de Barcelona 295/2017 de 30 de junio. TOL6.217.953| Civil| Fallo: Fallo estimatorio| REC: 254/2016| RES: 295/2017| ECLI: ES: APB:2017:5446). Pues en dicho contrato necesariamente se hará referencia al contenido mínimo previsto en el art. 4 del RD 1382/1985.

246 Coincidimos con los que afirman que en la práctica la acumulación de cargos o designaciones suele hacerse a fin de aprovecharse de aspectos laborales como la indemnización por despido, al respecto son de interés los trabajos de: GARCÍA DE ENTERRÍA LORENZO VELÁZQUEZ, *Los pactos...op.cit., passim*; JUSTE MENCÍA, J., "Limitaciones al poder de representación del factor en el giro o tráfico del establecimiento. Actuación del administrador societario en calidad de factor", en *Derecho de sociedades: Libro homenaje al profesor Fernando Sánchez Calero*, Vol. 2, Madrid, 2002, págs. 1354-1356. Algunos pronunciamientos relevantes en este sentido son: STS 448/2008, de 29 de mayo (TOL1.336.006| Civil| Fallo: Estima y casa| REC: 322/2002| RES: 448/2008) en concreto en el Fundamento Jurídico 8º; la STS 1147/2007, de 31 de octubre (TOL1.174.759| Civil| Fallo: Estima parcialmente y casa| REC: 3915/2000| RES: 1147/2007) en el Fundamento Jurídico 2º; y la STS 441/2007, de 24 de abril (TOL1.069.800| Civil| Fallo: Estima y casa| REC:

En definitiva, nada obsta afirmar la distinción entre la retribución que los consejeros sociales van a poder percibir por las facultades que lleven a cabo en el órgano de gestión de la entidad, de las retribuciones que corresponden a los consejeros que ejercen funciones ejecutivas en la misma. Siendo competencia de la Junta general de accionistas la oportuna aprobación de las primeras. Esto es, se reconoce una doble modalidad de retribución de condición alternativa: la que corresponde a quien ejerce el cargo de administrador o consejero social y que ha de determinarse en los estatutos de la entidad a la que pertenece, y la remuneración del sujeto que realiza diversas funciones en la sociedad en virtud del contrato que hubiera celebrado con la misma[247], en particular las que son de naturaleza o de carácter ejecutivo. En razón de ello, es factible apreciar que reglamentariamente se admite el posible abono del cargo de consejero social y el de director general, consejero delegado u otro puesto ejecutivo similar[248]. Si bien, este reconocimiento conlleva que de modo necesario en el contrato suscrito con la sociedad se indiquen los conceptos que van a ser retribuidos por el desempeño de las mencionadas facultades o competencias societarias. No obstante, y a pesar de que éste ha sido el criterio interpretativo seguido tradicionalmente, los últimos pronunciamientos judiciales han alterado de manera sustantiva esta exégesis lógica, de cuyo análisis nos ocupamos con mayor interés a continuación.

735/2000| RES: 441/2007), Fundamento Jurídico 4º. En un sentido diverso, PAZ—ARES RODRÍGUEZ, *El enigma...op.cit.*, págs. 11-13 que destaca la distinción entre la 'gestión de la sociedad' (corresponde al administrador) y la 'gestión de la empresa' (propia de los gerentes).

247 Esta retribución puede determinarse en los propios términos del contrato que se celebre con la entidad y que ha de ser aprobado por el Consejo de Administración por mayoría de dos tercios de sus miembros (PAISAN RUIZ, *Consideraciones...op.cit., passim*).

248 Art. 249 de la LSC.

5.2. Conversión del criterio interpretativo de la retribución de los consejeros sociales

La interpretación metodológica de la taxonomía sobre la retribución de los consejeros sociales había seguido una tendencia de índole alternativa (y no cumulativa) en lo que concierne a los consejeros a los que se le delegan funciones ejecutivas. Sin embargo, esta interpretación razonable y sencilla en cuanto a su análisis, ha sido superada por los órganos judiciales que han realizado un esfuerzo (con más o menos acierto) para tratar de esclarecer esta materia en correlación con su evolución pragmática.

La modificación categórica mencionada trae causa en la Sentencia del TS 98/2018, de 26 de febrero[249]. Consecuencia de este pronunciamiento, lo que hasta este momento se entendía como un modo alternativo en cuanto a la aplicación del régimen establecido a la retribución de los administradores (o consejeros) sociales, se ha reputado que ha de interpretarse de manera cumulativa. Afectándose, de este modo, a las previsiones sobre la retribución de los administradores o consejeros en general, y a la fijación del sistema de retribución y la limitación de su importe en relación con los consejeros delegados o ejecutivos, en particular. En este último caso, el nuevo criterio exegético conmina que se preste atención al contenido dispuesto en los estatutos sociales y al acuerdo de la Junta general de socios sobre la materia. Ello comporta que el concepto sistemático de retribución de los ad-

[249] La STS de 26 de febrero de 2018 (TOL6.531.146| Civil| Fallo: Fallo desestimatorio, Estima parcialmente y casa| REC: 1390/2015| RES: 99/2018| ECLI: ES:TS:2018:639) modifica la interpretación sobre la retribución de los consejeros ejecutivos, al entender que ésta incluye de modo cumulativo la retribución de las funciones deliberativas y de las ejecutivas (para ampliar su comentario: ORTIZ DEL VALLE, *La retribución...op.cit.*, págs. 295-304; PAZ-ARES RODRÍGUEZ, *Perseverare...op.cit.*). Esto es, el concepto "en su condición de tales" se refiere a los administradores no ejecutivos y a los ejecutivos.

ministradores sociales, por *su condición de tales*, se entienda que hace referencia a la retribución de las funciones decisorias que desempeñan en el ejercicio de su cargo y, además, a las que sean de naturaleza ejecutiva o directivas. Glosa de la que se deduce que el régimen de aprobación de las retribuciones de los consejeros sociales que desempeñan funciones ejecutivas no se limite a la exigencia de un contrato aprobado por la mayoría de los dos tercios de los que conforman el Consejo de Administración, sino que, también, ha de someterse de manera indispensable a su previsión vía estatutaria y a la pertinente aprobación por parte de la Junta general de accionistas de la compañía.

Por tanto, la mencionada decisión del TS ha supuesto el cambio del criterio alternativo en el régimen de la retribución de los administradores o consejeros sociales hacia un sistema cumulativo. En este sentido, se establece de modo expreso en la resolución aludida que la prescripción reglamentaria que se ocupa de determinar la regla general en materia de retribución de los administradores sociales:

> *exige la constancia estatutaria del carácter retribuido del cargo de administrador y del sistema de remuneración, cuestión objeto de este recurso, para todo cargo de administrador, y no exclusivamente para una categoría de ellos. [...]*

A lo que el TS añade:

> *La condición del administrador no se circunscribe al ejercicio de facultades o funciones de carácter deliberativo o de supervisión, sino que son inherentes a su cargo tanto las facultades deliberativas como las ejecutivas. De ahí que el art. 209 TRLSC prevea, con carácter general, que «es competencia de los administradores la gestión y la representación de la sociedad en los términos establecidos en esta ley. [...]*

Esto es, se sostiene que los que integran el Consejo de Administración y ejercen en el seno del mismo funciones ejecutivas lo hacen en su condición de administradores o consejeros sociales. Ya que, únicamente, en dicha condición van a poder recibir la delegación de las indicadas competencias por parte del órgano de administración societario. Convenir las razones que han llevado al TS a puntualizar esta nueva deducción no es tarea fácil ya que no pueden desprenderse con determinación de la propia argumentación judicial. Puesto que en esta tesis no sólo se hace referencia a las recomendaciones de la Comisión europea para las sociedades cotizadas y, al mismo tiempo, se admite su extensión a las no cotizadas, sino también se sustenta en el contenido de la ordenación de la retribución de los administradores sociales y que es propia de los consejeros delegados o ejecutivos. De este modo, el Tribunal elude la mención que la previsión reglamentaria ha hecho en varias ocasiones a los administradores *en su condición de tales* y cuya interpretación permitía su distinción de los administradores sociales que, de forma particular, tienen asignadas competencias ejecutivas.

A mayor abundamiento, el TS realiza un razonamiento exegético que destaca la importancia de la Junta general de accionistas como órgano soberano de la entidad, y la pretensión del refuerzo de la misma y del incremento de su participación sobre el órgano gestor (el Consejo de Administración). Argumentaciones que justifican que los estatutos sociales de la compañía deban determinar el sistema de remuneración de los administradores sociales por el ejercicio de sus funciones de gestión y decisión como órgano de administración societaria, lo cual ha de entenderse asimismo como un mecanismo de protección o tutela respecto de los socios que forman parte de la sociedad en la medida en que dichas remuneraciones van a estar previstas vía estatutaria. Y, en ningún caso, la cuantificación podrá superar el importe máximo anual que la Junta general de socios hubiera aprobado en este sentido.

Al objeto de arbitrar un discernimiento deductivo, podemos afirmar que este cambio de criterio interpretativo parece sustentarse en la conocida 'teoría del vínculo'[250] fundada en la confluencia de la relación mercantil de un administrador con el vínculo laboral de alta dirección, por la que tanto las funciones de deliberación y control, como las competencias directivas y ejecutivas en la sociedad se entienden inherentes o innatas al cargo que se ostenta al ser designado administrador (o consejero) social. Es decir, el administrador no puede percibir una retribución por ser alto directivo y otra distinta por las funciones que tenía que realizar en su condición de administrador societario en la gestión de la entidad a la que pertenece. La exigencia de que la Junta general de socios apruebe la fijación del sistema de retribución y los límites del importe máximo para el conjunto de los consejeros sociales equipara la relación existente entre la condición de éstos y la de la sociedad. A pesar de que, como se ha puesto de manifiesto, para el consejero delegado se requiera la suscripción de una relación contractual donde se detallen los conceptos por los que pueda obtener una retribución en cuanto al desempeño de la asunción de las funciones ejecutivas. Respecto de los consejeros delegados, se confirma que no pueden percibir por el ejercicio de las facultades ejecutivas aceptadas de manera eventual una remuneración prevista contractualmente y reconocida por el órgano de administración de la compañía de la que forman parte. Sino que, sólo les corresponde la retribución señalada en los estatutos sociales de la entidad para los administradores y que ha debido ser previa y, convenientemente, aprobada por la Junta general de accionistas. Por consiguiente, la línea argumentativa secunda que

250 Es ilustrativa sobre ello la ya clásica Sentencia de la Sala de lo Contencioso-Administrativo del TS, de 13 de noviembre de 2008 relativa al *caso Mahou* (STS núm. 7060/2008, de 13 de noviembre, rec. 2578/2004. CENDOJ. Ref. 28079130022008100730). El Prof. PAZ-ARES RODRÍGUEZ hace una crítica a esta teoría ("Ad imposibilia nemo tenetur (o por qué recelar de la novísima jurisprudencia sobre retribución de administradores)", *InDret. Revista para el análisis del Derecho*, núm. 2, 2009, págs. 10-12).

la prestación de alta dirección laboral que asume el gerente no contiene un *aliquid novi*, sino que resulta equivalente en cuanto a la perspectiva funcional del cargo que se ostenta[251].

Con similar criterio, se concluye cuando no se diferencie la actividad desempeñada por el administrador o consejero social en cada caso, ni ésta sea sustancialmente distinta, en cuya hipótesis habrá que tener en cuenta y prestar atención solo al régimen jurídico mercantil[252]. En cuanto que se considera que únicamente es compatible la relación de carácter laboral en la entidad con la de carácter mercantil del cargo de administrador social que se ocupa cuando las funciones que se realizan en la primera resultan diversas de las propias del administrador y se considera que son de naturaleza básica u ordinaria. En caso contrario, ambas relaciones (la mercantil y la laboral) se entienden incompatibles, debiendo prevalecer la calificación mercantil sobre la laboral, de lo que se deduce que sólo se puedan percibir remuneraciones por dicha función si se hubiera reconocido en los estatutos sociales el carácter remunerado del cargo societario en cuestión[253]. Consecuencia del cambio interpretativo que analizamos, la remu-

251 Al respecto pueden consultarse la ya indicada STS 448/2008, de 29 de mayo, en concreto en el Fundamento Jurídico 4º (un análisis de la misma, puede consultarse en ORTIZ DEL VALLE, *La retribución...op.cit.*, págs. 307-315). Sin embargo, autores como PAZ—ARES RODRÍGUEZ, *El enigma...op.cit.*, establecen que los consejeros ejecutivos, además de la retribución estatutaria que les corresponde por su cargo, han de recibir una retribución contractual añadida en su condición de *ejecutivos* que fija el Consejo. No obstante, indica que, si hay una divergencia entre la teoría y la práctica, una de dos ha de quedar superada (utilizando la expresión: *Tertium non datur*).

252 Como así se indicó expresamente en la referida STS de 21 de enero 1991. Véase nuestro trabajo VÁZQUEZ RUANO, *Administrador...op.cit.*, págs. 291-320.

253 STS de 10 de julio 2014 (TOL4.469.409| Civil| Fallo: Fallo estimatorio| REC: 1858/2012| RES: 367/2014), en las que las cláusulas por las que se elimina el cobro de la indemnización por despido se consideran nulas y se entiende aplicable el mínimo indemnizatorio legal previsto en la normativa laboral.

neración prevista para los consejeros sociales que desempeñan funciones ejecutivas en una entidad quedará, también, afectada por la denominada *reserva estatutaria* de la retribución de los administradores sociales. De este modo, en lo que se refiere a la retribución de los consejeros que llevan a cabo funciones ejecutivas, se entiende superado el régimen alternativo al que ya hemos hecho referencia.

Apuntados los aspectos esenciales de la nueva valoración del TS sobre la retribución de los administradores sociales en las entidades de capital, corresponde poner en evidencia los efectos que derivan de ello y que, por consiguiente, van a modelar la *praxis* societaria. En primer lugar, en lo que hace al contenido estatutario de la sociedad, éste deberá contener el sistema de remuneración de los administradores sociales como tales y en lo que hace a sus funciones ejecutivas que, en su caso, desempeñen. Exigencia que permite afirmar la imposibilidad de que la autonomía de la voluntad —vía estatutaria— prevea que el cargo de administrador es gratuito y que algunos consejeros sociales puedan recibir una retribución por el desenvolvimiento de las funciones ejecutivas que hubieran asumido al aceptar el cargo. En segundo término, el reconocimiento de la competencia de la Junta general de accionistas para aprobar el importe máximo de la remuneración que vayan a percibir los consejeros sociales y, cuando proceda, la política detallada de los conceptos que engloban dichas remuneraciones. Así, la cantidad o importante correspondiente al ejercicio de las facultades ejecutivas tiene que estar previsto en el montante máximo anual que dicho órgano social hubiera establecido y acordado. Por último, conviene apuntar el supuesto concreto en el que el Consejo de Administración de la compañía nombre un consejero delegado o le atribuya funciones ejecutivas. Respecto del cual, no sólo se precisa la formalización de una relación contractual con la entidad de la que va a formar parte y que tiene que aprobar el propio órgano de gestión societario, sino que al mismo tiempo se requiere la previa regulación estatutaria de la retribución que por ello va a recibir el consejero, así como que se atienda a los límites máximos establecidos por la Junta general de accionistas en este sentido.

5.3. La remuneración de los consejeros en las sociedades cotizadas. Pormenores sobre los consejeros externos independientes

La especial sistemática aplicable a las entidades cotizadas en materia de retribución de los consejeros sociales, determina que nos centremos de forma particular en esta materia. Y, más aún, en lo que hace a los consejeros externos independientes, por cuanto la necesidad de atraer a la sociedad a sujetos en los que concurran unos criterios de idoneidad precisos y alusivos, no solo a afectos personales, sino fundamentalmente al reconocimiento profesional, experiencia y cualificación técnica para desempeñar en el órgano de administración correspondiente las funciones de supervisión de los que cuentan con facultades ejecutivas, hace plantear la posible ventaja añadida a través de fórmulas de maximización de valor que, en parte, han sido aceptadas en otros ordenamientos próximos[254]. La justificación de esta aceptación se hace depender de cuestiones o razones de relevancia económica[255].

Sin embargo, el aliciente que supone para el aspirante a ser consejero independiente la retribución convenida con la compañía puede estimarse, en algunos planteamientos y según el

254 Para ampliar esta materia véanse ADAMS/ HERMALIN/ WEISBACH, *The Role...op.cit.*, págs. 58–107; GUTIÉRREZ URTIAGA/ SÁEZ LACAVE, *Deconstructing...op.cit.*, págs. 83-85; SHILL, G.H., "The Golden Leash and the Fiduciary Duty Of Loyalty", *UCLA Law Review*, 64, junio 2017.

255 *Vid.* PAZ-ARES RODRÍGUEZ, *Identidad y diferencia del consejero...op.cit.*, pág. 126.

caso, una rémora de la singular independencia o autonomía de actuación entendida en su sentido objetivo que le es propia en el desempeño de su cargo social en el órgano de administración. Es decir, un condicionante que en cierto modo pueda subordinar la libertad e imparcialidad de criterio que les distingue en el adecuado ejercicio de sus competencias societarias.

A. *Observaciones sobre la retribución de los consejeros sociales que integran el órgano de administración en las sociedades cotizadas*

El tema de la retribución de los consejeros de las sociedades cotizadas ha sido uno de los más cuestionados en la *praxis* societaria. La idea principal sobre la que pesa dicho debate no es tanto que el consejero reciba una remuneración por el desempeño de su cargo societario, cuanto que la entidad se valga de personas cualificadas en su órgano de gestión y administración social, y que desarrollen sus funciones de modo adecuado y en beneficio de los intereses del conjunto de los accionistas sobre los posibles particulares. Los principios de gobierno corporativo han supuesto la incorporación al derecho sustantivo de una regulación específica en lo que respecta a la remuneración de los consejeros en las sociedades cotizadas[256], la cual consideramos que supone una

256 Arts. 529 *sexdecies* a *novodecies* de la LSC. *Vid.* COSTAS COMESAÑA, J., "Contenido y aprobación de la política de retribuciones", en AA.VV. *Sociedades cotizadas y transparencia en los mercados,* (Dirs. RODRÍGUEZ ARTIGAS, F./ FERNÁNDEZ DE LA GÁNDARA, L./ QUIJANO GONZÁLEZ, J./ ALONSO UREBA, A./ VELASCO SAN PEDRO, L.A./ ESTEBAN VELASCO, G.- Coord. RONCERO SÁNCHEZ, A.), vol. I, Editorial Aranzadi, Madrid, 2019, págs. 1051-1084; ESTEBAN VELASCO, *El Gobierno...op.cit.,* págs. 64-66; SÁNCHEZ ÁLVAREZ, *Remuneración...op.cit.,* págs. 743-747; TALÉNS VISCONTI, *La retribución...op.cit.,* pág. 49; VÁZQUEZ LÉPINETTE, T., "Límites procedimentales y límites sustantivos a la retribución de los administradores de so-

mejora de la tutela del interés general por la observancia de la transparencia en el ámbito societario y de la información que se ofrece al conjunto de los accionistas. Los pilares sobre los que se sustenta este régimen se concretan, de forma básica, en la imposición del conocimiento de la retribución y del oportuno procedimiento que se hubiera adoptado para su concreta determinación.

La primera nota singular del sistema retributivo de los consejeros de las compañías cuyos valores han sido admitidos a negociación en un mercado regulado es la consideración, como norma general, de la remuneración del cargo social. Con la salvedad de que se hubiera previsto la gratuidad del mismo vía estatutaria. Por tanto, se establece una disposición contraria a la regla aplicable al resto de sociedades de capital a la que nos hemos referido en un momento precedente. En este sentido, compete al Consejo de Administración de la entidad la determinación de la remuneración de cada uno de los consejeros sociales en relación con la condición que ostentan en el órgano gestor de la sociedad y atendiendo a las funciones y responsabilidades que tienen atribuidas y que, al aceptar el nombramiento, hubieran asumido. Pero sin que ello suponga, en ningún caso, que con dicha compensación se satisfaga una cantidad superior o desproporcionada a la que resultase correspondiente en relación con el desempeño de sus competencias en el órgano social al que pertenecen.

ciedades anónimas cotizadas y de entidades financieras especial referencia al anteproyecto de ley de economía sostenible", en *Estudios de derecho del mercado financiero: homenaje al profesor Vicente Cuñat Edo*, (Coord. GONZÁLEZ CASTILLA, F.), Madrid, 2010, págs. 272-277 (en cuanto al régimen de remuneración antes de la reforma de la LSC). A este respecto, conviene atender a la Ley 5/2021, de 12 de abril, por la que se modifica el texto refundido de la LSC y otras normas financieras, en lo que respecta al fomento de la implicación a largo plazo de los accionistas en las sociedades cotizadas a fin de adaptar dichos textos a la Directiva (UE) 2017/828 del Parlamento Europeo y del Consejo, de 17 de mayo de 2017.

Partiendo del principio de retribución del cargo de consejero social en las entidades cotizadas, habrá de atenderse al riguroso procedimiento previsto para su determinación y aprobación, a fin de evitar situaciones de conflicto de interés de los que participan en su concreción y ello, en consonancia, con la atención de la transparencia y la adecuada información sobre el mismo. A este respecto, se impone la precisa aprobación de la política de remuneraciones dentro del sistema retributivo que se hubiera previsto en los estatutos de la sociedad y que se halla limitado por el importe máximo de remuneración que de forma anual se va a satisfacer al conjunto de los consejeros sociales que la conforman. La propuesta de la política de remuneraciones del Consejo de Administración ha de estar motivada y acompañarse del correspondiente informe específico de la Comisión de Nombramientos y Retribuciones[257]. Junto a estos requerimientos procedimentales singulares, además, es preciso atender a los criterios de publicidad, a tal fin se exige que estos documentos se publiquen en la página electrónica corporativa de la compañía[258]. Imposición

257 *Vid.* PALÁ LAGUNA, R., "La Comisión de nombramientos y retribuciones. La política de remuneración y el informe anual sobre remuneraciones de los consejeros (arts. 529 novodecies, 529 quindecies y 541 LSC)", en AA.VV. *Junta general y Consejo de Administración en la sociedad cotizada*, (Dirs. RODRÍGUEZ ARTIGAS, F./FERNÁNDEZ DE LA GÁNDARA, L./QUIJANO GONZÁLEZ, J./ALONSO UREBA, A./VELASCO SAN PEDRO, L./ESTEBAN VELASCO, G.— Coord. RONCERO SÁNCHEZ, A.), Tomo II, Pamplona, 2016, págs. 822-834.

258 Como es sabido, en el caso de las sociedades cotizadas la disposición de una página electrónica corporativa es obligatoria y ha de ser creada por acuerdo de la Junta general de accionistas e inscribirse en el RM y publicado en el BORME. Por su parte, compete al Consejo de Administración —como órgano gestor de la entidad— lo relativo al traslado, modificación y supresión de la página corporativa. Para ampliar esta información: BOQUERA MATARREDONA, J., "La página web corporativa de las sociedades cotizadas", en AA.VV. *Sociedades cotizadas y transparencia en los mercados*, (Dirs. RODRÍGUEZ ARTIGAS, F./ FERNÁNDEZ DE LA GÁNDARA, L./ QUIJANO GONZÁLEZ, J./ ALONSO UREBA, A./ VELASCO SAN PEDRO, L.A./ ESTEBAN VELASCO,

que, en consecuencia, implica que los accionistas tengan el adecuado conocimiento sobre esta materia[259]. En todo caso, compete a la Junta general de accionistas la aprobación de la política de remuneraciones, al menos, cada tres años y como punto separado del orden del día. Esto es, superado el trámite de aprobación, la política de remuneraciones va a ser la que rija durante los tres ejercicios siguientes a aquél en el que se hubiera llegado al acuerdo correspondiente. Si bien, en el supuesto de que se planteasen nuevas políticas, su aprobación se hará con anterioridad a la finalización del último ejercicio de aplicación de la anterior, pudiendo la Junta precisar que la nueva política sea de aplicación desde la fecha de aprobación y durante los tres ejercicios siguientes.

El modo de distribución de la cantidad global retributiva entre los consejeros sociales que integran el órgano gestor compete determinarlo al propio Consejo de Administración, el cual basará su decisión teniendo en cuenta no sólo las funciones y responsabilidades que cada uno de los consejeros tuviera asignadas en dicho órgano social, sino también su pertenencia a las diversas Comisiones especiales que lo integran y a otras circunstancias objetivas y que resulten de relevancia[260]. Respecto de estas últi-

G.- Coord. RONCERO SÁNCHEZ, A.), vol. I, Editorial Aranzadi, Madrid, 2019, págs. 641-682.

259 A este respecto, BOQUERA MATARREDONA, *La página...op.cit.,* págs. 641-682; COSTAS COMESAÑA, *Contenido...op.cit.,* págs. 1051-1084; SÁNCHEZ— CALERO GUILARTE, *Sociedades...op.cit.,* págs. 278-279.

260 ALFARO ÁGUILA— REAL, J., "Remuneraciones y sistema de incentivos", en AA.VV. *Cuadernos de Derecho para ingenieros. Gobierno corporativo,* (Dirs. AGÚNDEZ, M. A./ MARTÍNEZ— SIMANCAS, J.- Coord. PAZ-ARES RODRÍGUEZ, J. C.), La Ley— Madrid, 2009, pág. 97; COSTAS COMESAÑA, *Contenido...op.cit.,* págs. 1051-1084; HERMOSILLA GIMENO, R., "Inversores institucionales y su papel en el Gobierno corporativo", en AA.VV. *Cuadernos de Derecho para ingenieros. Gobierno corporativo,* (Dirs. AGÚNDEZ, M. A./ MARTÍNEZ— SIMANCAS, J.- Coord. PAZ-ARES RODRÍGUEZ, J. C.), La Ley— Madrid, 2009, págs. 139-140; JENSEN/ MURPHY, *Remuneration...op.cit.,*

mas, cabe mencionar, la situación económica que singularice a la entidad en concreto y, además, los estándares del propio mercado, entre otras situaciones significativas. En cuanto a la retribución de los consejeros que tengan asignadas funciones ejecutivas, corresponde al Consejo de Administración la fijación de la misma, y de los términos y condiciones de los contratos que se hubieran concluido con la compañía y, en un sentido equivalente, aquélla se deberá ajustar a la política de remuneraciones de la entidad en cuestión[261]. En la mencionada política se plasmará el montante de la retribución fija anual y su variación en el período al que la política de retribuciones se refiera, los parámetros para la fijación de los componentes variables, y los términos y condiciones esenciales de los contratos concluidos.

A pesar de estas previsiones sistemáticas que, en parte, resultan admisibles en la pragmática societaria, destacamos el oportunismo de la tendencia dogmática que propugna que *lege ferenda* se concrete una delimitación máxima de la retribución de carácter

pág. 20. Por su parte, TERREROS CEBALLOS, *El consejero...op.cit.*, págs. 32-34 destaca la necesidad de valorar en la retribución tanto el aspecto cuantitativo como el cualitativo.

[261] Art. 529 *octodecies. Vid.* FARRANDO MIGUEL, *La retribución...op.cit.*, págs. 373-374; JENSEN/ MURPHY, *Remuneration...op.cit.*, págs. 19-20); JIMÉNEZ SÁNCHEZ, G. J., "Unas ideas previas al debate sobre la reforma sobre la remuneración de los administradores de las sociedades anónimas cotizadas", en AA.VV. *La retribución de los administradores en las sociedades cotizadas. Estudio especial de las opciones sobre acciones y otros derechos referidos a las cotizaciones*, Madrid, 2003, *passim*; JUSTE MENCÍA/ CAMPINS VARGAS, *La retribución...op.cit.*, págs. 784-791; SÁNCHEZ JIMÉNEZ, R., "La remuneración de los consejeros en las sociedades cotizadas", en AA.VV. *Comentario práctico a la nueva normativa de gobierno corporativo Ley 31/2014, de reforma de la Ley de Sociedades de Capital*, CMS ALBIÑANA & SUÁREZ DE LEZO, Dykinson, Madrid, 2015, págs. 203-210. En este mismo sentido, los Principios de Buen Gobierno Corporativo del Instituto de Consejeros-Administradores, la Asociación española de Consejeros, a través de su Comité de Normas Profesionales, pág. 12.

cuantitativo de los que ocupan el cargo de consejeros sociales. El argumento favorable de esta pretensión no es otro que evitar los efectos adversos que las referidas disposiciones están generando en algunos casos[262].

B. Particulares consideraciones sobre la remuneración de los consejeros externos independientes

Los principios generales referenciados con anterioridad en materia de retribución del cargo de consejero en el órgano de administración societario y sus criterios han de entenderse aplicables a los que ostentan la condición de consejeros independientes, en la medida en que no se establece una reglamentación particular en este sentido. El recurso supletorio al régimen retributivo indicado, sin embargo, no puede ser inflexible si atendemos a la cualidad de la modalidad de consejero que nos ocupa. Dichos consejeros, externos a la entidad y que no asumen funciones ejecutivas, presentan unas particularidades de idoneidad que permiten considerar que —en su caso— el régimen de la retribución que le es aplicable adquiere una dimensión singular. Pues la independencia o autonomía de actuación (interpretada en sentido objetivo) que les caracteriza ha de ser equilibrada, real y efectiva y, en consecuencia, no ha de verse influenciada por relaciones o intereses diversos al social, ni por otros posibles condicionantes que supediten el desempeño de sus funciones y de la tutela del conjunto del interés social en el órgano de administración de la entidad. La independencia que es propia de esta categoría de consejero so-

262 E, incluso, en lo que hace al aspecto cualitativo como indica PAZ— ARES RODRÍGUEZ, *Ad imposibilia...op.cit.*, pág. 6. Puede verse un estudio de referencia sobre la retribución de los consejeros independientes en distintos países: REDÍN GOÑI/ GONZÁLEZ PERALTA, ¿Qué esperamos...op.cit., siendo usual que se establezca alguna forma limitativa.

cial externo ha de apreciarse en cuanto a su actuación en relación con la competencia supervisora de los que ostentan las facultades ejecutivas en la compañía y que ha de ser objetiva e imparcial, esto es al margen de posibles situaciones que limiten dichos caracteres o que condicionen el desenvolvimiento adecuado de su cargo con la autonomía que le es particular, por lo que la remuneración que reciban no puede afectar esa singularidad. Fundamento que, según se argumentó cuando fue procedente, ha permitido limitar la posibilidad de ser designado en la condición de consejero independiente al aspirante que hubiera recibido de la sociedad (o su mismo grupo) cualquier cantidad o beneficio retributivo que, siendo significativo para el mismo, responda a un concepto diferente al de la remuneración que le corresponde recibir en su condición de consejero social.

La retribución de los consejeros independientes, consideramos, no debe superar el límite razonable que suponga integrar en la entidad cotizada a una persona distinguida por su reconocimiento profesional, cualificaciones personales y por su experiencia en el sector societario. Razón por la que se ha previsto como medida de intervención la necesaria participación de la Comisión específica de Nombramientos y Retribuciones y la imposición a la misma de la realización del Informe justificativo al respecto. Comisión a la que compete, en igual sentido, la revisión periódica de los programas de retribución de los consejeros sociales y velar porque dichas compensaciones retributivas cumplan el presupuesto de transparencia e información que le es exigible en el contenido reglamentario. Así, en materia de retribución de los consejeros de las sociedades cotizadas resulta inexcusable la participación de dicha Comisión especial[263], en concreto, en lo que concierne a la realización formal de la pertinente propues-

---

[263] *Guía Técnica 1/2019 de la CNMV sobre las Comisiones de Nombramientos y Remuneraciones.*

ta al Consejo de Administración de la política de retribuciones y las condiciones contractuales de los consejeros sociales y de la alta dirección de la entidad. La propuesta referida ha de atender al procedimiento predeterminado y acorde con el principio de transparencia descrito en el Informe anual de funcionamiento de esta Comisión especial y en el Informe anual sobre Remuneraciones del Consejo de Administración de la compañía. Debiendo distinguirse en base a su claridad, precisión y verificación, así como estar fundada en criterios de carácter objetivo. A lo que se añade, la coherencia de la misma en relación con las circunstancias específicas de la propia sociedad de que se trate y su estrategia de empresa, y teniendo en cuenta el impacto en el rendimiento sostenible y a largo plazo, y la asunción de los posibles riesgos. Circunstancias que implican que la política de remuneraciones deba ser revisada anualmente por la propia Comisión especial, al igual que las condiciones de los contratos de los consejeros sociales ejecutivos y de alta dirección de la entidad.

La participación de la Comisión especial de Nombramientos y Retribuciones, también, se refiere a la determinación o verificación de las remuneraciones devengadas de los consejeros sociales y de la alta dirección. En cuyo caso, corresponde a la misma la evaluación del cumplimiento de los criterios y objetivos según el ejercicio anterior, el cual ha de precisar la propuesta sobre las remuneraciones individuales de los consejeros sociales y, en concreto, de los ejecutivos y verificar, del mismo modo, que la política de remuneraciones se aplica de forma correcta. En el sentido de que no se estén realizando retribuciones a consejeros que con anterioridad no se hubieran previsto.

La garantía de la independencia que distingue a la categoría de consejeros que nos ocupa nos permite afirmar que, junto a lo anterior, es preciso que en la determinación de la retribución que les corresponde prime la observancia de la cautela y prudencia, a fin de no afectar a sus propias singularidades y condicionar el criterio imparcial y autónomo que ha de distinguir su actuación en el órgano gestor de la entidad. Sobre este apreciación se hace preciso discernir entre los parámetros de su cuantificación. Pues, de un lado, una retribución limitada puede ser la causa por la que los sujetos que aspiran a ser designados (o mantenerse) en la condición de consejeros externos independientes en el órgano de administración de una entidad cotizada, pierdan su disposición para ello. Ya que al formar parte de la compañía asumen, no sólo el cumplimiento de las obligaciones societarias que derivan del cargo pertinente y la disciplina del régimen de responsabilidad que le es imputable, sino también el rigor de la atención a las exigencias concretas de idoneidad que se corresponden con su particular condición societaria. Y ello, como no puede ser de otro modo, ha de verse compensado[264]. Pero, en un sentido opuesto, conviene apreciar que incrementar la cuantía de la retribución de manera desproporcionada que corresponde a los que van a ocupar el cargo de consejeros sociales independientes en virtud de la cualificación que el aspirante posee y de la satisfacción de las imposiciones que la aplicación de las previsiones dispositivas les exige, puede ocasionar efectos adversos en su actuación independiente y autónoma. En la medida en que la consecución de la retribución solicitada, les haga actuar no siguiendo un criterio neutro y autónomo al margen de posibles condicionantes o de cualquier forma de subordinación, sino a favor de las indicaciones o intereses de los que hubieran influido en la determinación de la misma. Es decir, supeditando su quehacer en el órgano de admi-

[264] Entre otros, ECHEVARRÍA ABONA, *¿Constituyen...op.cit.*, pág. 74; REDÍN GOÑI/ GONZÁLEZ PERALTA, *¿Qué esperamos...*op.cit.; TALÉNS VISCONTI, *La retribución...op.cit.*, pág. 56. Por su parte, autores como ADAMS/ HERMALIN/ WEISBACH, *The Role...op.cit.*, págs. 58–107; MORCK, *Behavioral... op.cit.*, consideran que lo relevante para los consejeros independientes es su reputación, pues ello les hará poder participar en diversas entidades.

nistración al que pertenecen haciendo prevalecer ciertos intereses o beneficios particulares.

Aun cuando reglamentariamente solo se establecen las consideraciones formales expuestas sobre la retribución de los consejeros sociales, guardándose silencio respecto de la singularidad de los que ocupan el cargo de consejeros externos independientes, cabe completarlas con las recomendaciones del CBG en las entidades cotizadas, las cuales son precisas en su contenido al reconocer de manera expresa que[265]:

> *La remuneración del consejo de administración será la adecuada para atraer y retener a los consejeros del perfil deseado y retribuir la dedicación, cualificación y responsabilidad que exija el cargo, pero sin comprometer la independencia de criterio de los consejeros no ejecutivos, con la intención de promover la consecución del interés social, incorporando los mecanismos precisos para evitar la asunción excesiva de riesgos y la recompensa de resultados desfavorables.*

Por lo que se recomienda que la remuneración aprobada para compensar el cargo societario de consejero independiente resulte ser la necesaria para atraer y retener a los consejeros según el perfil que se precise en la compañía y a fin de compensar la dedicación, cualificación y responsabilidad que su posición exige. Pero, al mismo tiempo, ésta no debe ser tan elevada que comprometa la independencia de criterio y actuación de los consejeros que, no desempeñando funciones ejecutivas, de forma específica se distinguen por dicha calificación. Apreciación que, de nuevo, nos lleva a considerar que se hace alusión a la tendencia o interpretación en sentido objetivo de la independencia que, junto a la actuación de buena fe y en el mejor interés de la sociedad, concurre en esta modalidad de consejero social y que significa una

265 Principio 25 y Recomendación 56 del CBG. Véanse, sobre ello, JUSTE MENCÍA/ CAMPINS VARGAS, *La retribución...op.cit.*, pág. 792.

actuación supervisora en el órgano de administración de la entidad de modo autónomo y sin posibles condicionantes o influencias que la limiten. El criterio general previsto para la admisible cuantificación de la compensación retributiva que van a recibir los consejeros sociales (y, en concreto, los no ejecutivos) hay que ponerlo en relación con las variables sobre las que se determinan las retribuciones acordadas y las que consisten en la entrega de acciones o instrumentos vinculados a las acciones (como las *stock options*)[266], materia sobre la que volveremos.

Asimismo, el cumplimiento del deber de transparencia sobre el régimen retributivo de los consejeros sociales trae como consecuencia que sea necesario que se proporcione la oportuna información acerca de la retribución económica en el espacio electrónico corporativo de la compañía cotizada. Datos que se integran, según las recomendaciones de gobierno corporativo, con la información relativa a los que conforman el órgano de administración de la sociedad[267]. Siguiendo un criterio propio, dicha información ha de singularizarse por su conceptualización. Esto es, en lo que concierne a la perspectiva cualitativa es preciso informar a través de la página electrónica de la entidad del perfil profesional y biográfico de los que aspiran a ser consejeros sociales, al igual que de la categoría en la que los candidatos van a incluirse. En cuanto al ámbito funcional, hay que presentar los datos de los posibles Consejos de Administración de los que el consejero en cuestión forme parte y, asimismo, sobre las actividades de cualquier tipo que realice a cambio de recibir una remuneración económica. En lo que afecta al ámbito cuantitativo es necesario que en el espacio electrónico correspondiente se prevea la información con-

266 El Código recomienda que los consejeros no ejecutivos queden excluidos de las remuneraciones variables, como analizaremos cuando proceda (véase la Recomendación 56).

267 Recomendación 18.

cerniente a las acciones de la sociedad de las que el consejero sea titular y otros datos relacionados con la fecha de su primer nombramiento y las posteriores reelecciones, cuando proceda. La falta de atención de estas indicaciones, como es sabido, habrá de justificarse debida y oportunamente en el IAGC[268].

C. *Especialidades en relación con los elementos retributivos en el caso de los consejeros independientes*

La taxonomía de la condición de los consejeros que integran el órgano de administración de las sociedades cotizadas infiere no sólo de sus precisos elementos definitorios, sino también de las funciones que desarrollan en el seno del mismo y que, consideramos, se hallan en correspondencia con los elementos que han de integrar la retribución en cada caso.

Las especiales competencias que asume el consejero externo independiente en el órgano gestor de la compañía se basan en la supervisión de las que desarrollan los consejeros internos ejecutivos o los que cuentan con cargos directivos en la sociedad en defensa del interés social sobre los particulares y, en concreto, de custodiar el interés de los que no forman parte del Consejo de Administración o cuentan con una representación que resulta insignificante. Pero, al mismo tiempo, el consejero independiente puede haber asumido funciones en las Comisiones especiales que integran el órgano de administración de la sociedad y en cuya conformación, necesariamente, debe haber una presencia mayoritaria de consejeros externos independientes. El carácter imparcial y objetivo que distingue el desempeño del cargo de los consejeros independientes en estas Comisiones especiales nos

268 De acuerdo con el principio normativo de 'cumplir o explicar' (art. 540 de la LSC). Sobre ello, VÁZQUEZ RUANO, *Principios...op.cit.*, págs. 115-119.

permite afirmar que la retribución que se corresponda con ello ha de ser moderada, pero esta apreciación no obsta que deba estar en estrecha vinculación con la actividad desarrollada por parte del mismo y la pertinente dedicación a la Comisión de que se trate. De este modo, habrá de atenderse a las competencias que asume el consejero al momento de integrarse en la Comisión de Nombramientos y Retribuciones y las que, en su caso, le corresponden por integrar la Comisión de Auditoría. En ellas, la dedicación al cargo y los específicos conocimientos que se le exigen, entendemos, han tener un reflejo en la retribución económica que van a percibir por parte de la sociedad. Aunque volveremos sobre ello con un mayor análisis[269], conviene recordar que la primera de estas Comisiones especiales tiene asignadas competencias en relación con la designación y el cese de los consejeros sociales y altos directivos, con la retribución asignada en cada caso, con el cumplimiento de los deberes de los consejeros que conforman la entidad, con la atención a los principios y reglas de gobierno corporativo y en lo que se refiere a la Política de Responsabilidad Corporativa. En lo que hace a la Comisión de Auditoría, de modo general, ésta es la que se ocupa de llevar a cabo las funciones de supervisión del control interno y del sistema de gestión de riesgos en el seno de la compañía siguiendo las políticas establecidas por el Consejo de Administración societario, al igual que le compete hacer un seguimiento de la función de auditoría interna y evaluar la eficacia de la auditoría externa que, cuando sea procedente, se hubiera realizado.

Los componentes de la remuneración de los consejeros sociales, como es sabido, pueden ser cantidades fijas o variables, participación en los beneficios, la entrega de acciones u otros instrumentos financieros referenciados y pagos por resolución

269 *Infra CAPÍTULO III* en el apartado *2.2. Funciones específicas de los que ostentan la condición de consejeros externos independientes.*

contractual. Si bien, cabe considerar que -a diferencia de los consejeros ejecutivos- los consejeros que son externos a la entidad y, en particular, los que ostentan el cargo de independientes han de quedar al margen de las posibles remuneraciones variables que se vinculen al rendimiento de la sociedad y del propio consejero, así como de la entrega de acciones, opciones u otros instrumentos financieros, salvo algún planteamiento específico[270], como indicaremos según proceda. La justificación de dicha exclusión se basa en las posibles situaciones de conflicto de intereses que surjan entre los que son particulares de los propios consejeros remunerados y los de la entidad o del conjunto de socios que la conforman, en base a su contabilidad y de los resultados cuando han de deliberarse estos conceptos retributivos[271]. No pudiendo afirmarse con rotundidad que, respecto de ello, la actuación del consejero social independiente sea imparcial o quede al margen de posibles aspectos condicionantes en las deliberaciones que resulten precisas. Al contrario, la posible variación de su retribución y la incertidumbre que esta circunstancia le ocasiona en el ejercicio adecuado del cargo que ocupa, ha de estimarse como un factor que es determinante en su actuación (u omisión) y, al mismo tiempo, en la participación y adopción de las decisiones societarias. Pues, frente a la tutela del interés social o del general

270 En el mismo sentido se indicó en el *Informe Cadbury*, punto 4.13 y en el Informe Winter. Para ampliar esta idea: ADITHIPYANGKUL, P./ LEUNG, T.Y., "Large Shareholders and Independent Director Equity Compensation", *Australian Accounting Review*, núm. 77, vol. 26, Issue 2, 2016, págs. 208-220; GUTIÉRREZ URTIAGA/ SÁEZ LACAVE, *Deconstructing...op.cit.*, pág. 90; REDÍN GOÑI/ GONZÁLEZ PERALTA, ¿Qué esperamos...op.cit. A nivel interno, ya se recogió en el *Informe Olivencia* y actualmente esta previsión se encuadra en la Recomendación 57 del CBG, en cuyo caso las retribuciones variables se reducen a los consejeros ejecutivos, teniendo en cuenta ciertas limitaciones (consúltense las Recomendaciones 58 a 61).

271 *Vid.* GALLEGO SÁNCHEZ, *Artículo 217...op.cit.*, págs. 1546-1555; SÁNCHEZ— CALERO GUILARTE, *La retribución...op.cit.*, págs. 44-45; YANES YANES, *Límites...op.cit.*, págs. 1159-1190.

de los accionistas que componen la compañía y respecto de la rentabilidad de la entidad a largo plazo, se sobrepondrá el propio interés individual en relación con la cuantificación de la retribución de su cargo. De este modo, cabe admitir la supeditación de su actuación en la deliberación y adopción de las decisiones que se lleven a cabo en la entidad.

En concreto, y volviendo sobre los datos analíticos del último Índice Spencer Stuart de Consejos de Administración de compañías cotizadas en España[272], puede extraerse que, de las 100 entidades analizadas, lo habitual es retribuir a los consejeros sociales únicamente mediante honorarios fijos (el 44%) o a través de honorarios y dietas de asistencia (el 45%). Sin embargo, ninguna de las entidades que han participado en dicho Informe retribuye a los consejeros externos en función de los resultados que hubieran obtenido, y sólo el 1% (una entidad) retribuye a los consejeros con honorarios fijos, junto a dietas de asistencia y una compensación en función de los resultados. En este sentido, el 90% de las sociedades analizadas compensa la función llevada a cabo por los consejeros con honorarios fijos, mientras que en el 55% se abonan las oportunas dietas por asistencia a las reuniones del Consejo de Administración societario, y un porcentaje bastante más reducido (4%) aplica una remuneración acorde con los resultados alcanzados en su caso.

La retribución global que se recibe por pertenecer al Consejo de Administración de la sociedad y por formar parte de las Comisiones especiales en razón de la tipología de consejero social de que se trate es la siguiente:

272 *Índice Spencer Stuart de Consejos de Administración 2022...op.cit.*

	Consejeros ejecutivos	Consejeros independientes	Consejeros dominicales
Total compañías	72.876 (Consejo 64.307 y Comisiones 8.569)	139.614 (Consejo 93.548 y Comisiones 46.066)	92.862 (Consejo 75.878 y Comisiones 16.983)
Total IBEX-35	96.302 (Consejo 80.841 y Comisiones 15.460)	187.536 (Consejo 117.105 y Comisiones 70.431)	124.967 (Consejo 91.980 y Comisiones 32.986)

* Tabla de elaboración propia. Fuente: *Spencer Stuart*

Los datos expuestos hacen pensar que la aplicación a los consejeros independientes de la retribución variable consistente en la participación (o porcentaje) en los beneficios sociales, ha de apreciarse como un impedimento del distintivo de autonomía de actuación que les hace ser singulares, en cuanto pueda interpretarse como una alteración de la neutralidad y objetividad de su comportamiento en el órgano de administración social y, al mismo tiempo, en las deliberaciones y en la adopción de decisiones en las que participe, lo que cabe suponer una forma de subordinar el desarrollo oportuno de su cargo. Pues, aun cuando el montante económico de beneficio máximo debe estar previsto vía estatutaria y es la Junta general de accionistas el órgano que ha de concretar el porcentaje aplicable dentro del máximo indicado, el consejero independiente va a actuar en razón de lo que le suponga alcanzar dicha retribución. De este modo queda al margen la autonomía e imparcialidad que caracteriza dicha posición social, al estar condicionada su actuación por la máxima obtención de beneficios sociales a corto plazo, pero no en base al amparo del interés de la sociedad, sino primando el particular al depender su propia retribución de ello.

Más aún si recordamos que dicha participación será detraída de los beneficios líquidos de la compañía, tras haberse cubierto las atenciones de la reserva legal y de la estatutaria, y de haberse reconocido a los accionistas sociales un dividendo del 4% del valor nominal de las acciones o el tipo más alto indicado en los estatutos de la entidad. Por lo que, la actuación del consejero externo independiente a este respecto estará guiada en la pretensión de conseguir su retribución y ello se confrontará con la existencia de dividendos suficientes para compensar a los accionistas a corto plazo. Siendo más recomendable, a efectos de no influir en las especiales condiciones de la modalidad de consejero que nos atañe, la pertinente atribución de una cuantía retributiva fija desde el inicio de su mandato o, en su caso, complementada con un porcentaje variable en atención a conceptos retributivos convenientes y detallados de manera adecuada como los son las dietas que, en su caso, deben justificarse y acreditarse con precisión.

Sin embargo, como ha quedado advertido, nada impide que puedan determinarse supuestos excepcionales en los que el elemento objeto de retribución que se hubiera establecido en relación con el consejero social permita que no se aprecie una confrontación de intereses, tal y como ocurre con la posibilidad de que la retribución se haga con la entrega de acciones en la entidad[273]. En la medida en que ésta se condicione a que el consejero en cuestión mantenga dichos títulos hasta su cese en el cargo y que, en ningún caso, esta asignación le haga pasar de ser un accionista ordinario a uno significativo con influencia sobre el control societario[274]. Es decir, como ha quedado analizado con anterioridad, el consejero independiente no podrá poseer o re-

273 En solo 4 compañías (4% del total de compañías analizadas), una parte de la retribución de los consejeros se realiza en forma de acciones u opciones. Este es el caso de *Amper, BBVA, Dia* y *Grenergy*. Hay una compañía (Indra) cuyos consejeros han decidido destinar aproximadamente el 50% de su retribución a la compra de acciones que se mantienen hasta el cese como consejero.

274 Algunos se refieren a una cuantía mínima o simbólica, véanse ECHEVARRÍA ABONA, *Constituyen...op.cit.*, pág. 72; MATEU DE ROS CEREZO, *El estatuto... op.cit.*, pág. 31.

presentar el límite de participación de un 3% del capital de la entidad en cuestión o, en la hipótesis de los paraísos fiscales, de un 1%, y sus sucesivos múltiplos[275]. El apoyo a esta premisa, salvo específicas limitaciones, se halla justificado en la posibilidad de que el consejero externo independiente pueda participar en el capital accionarial de la compañía. Aspecto que supone, asimismo, que sea admisible la retribución de esta modalidad de consejero mediante acciones, siempre que no se supere el umbral que lo hace merecedor de la condición de accionista significativo, la cual impediría que actuase con independencia e imparcialidad de criterio en el cumplimiento de sus facultades supervisoras y de control en el seno del Consejo de Administración de la sociedad.

En refuerzo del fundamento reseñado, la inclusión en la remuneración de los consejeros independientes de una parte en acciones sociales resulta ser una propuesta retributiva que, puede considerarse un mecanismo que incentiva y fomenta la disposición de sus intereses con el interés a largo plazo de la sociedad. Produciendo una adscripción que cabe evaluar de forma conveniente. Ha de tenerse en cuenta que en la hipótesis de que la retribución de los consejeros sociales sea mediante la entrega de acciones, debe conferirse la pertinente publicidad de hechos relevantes, de acuerdo con la reglamentación del mercado de valores[276]. En este sentido,

275 Siguiendo lo dispuesto en el art. 32 del Real Decreto 1362/2007, de 19 de octubre, en relación con los requisitos de transparencia relativos a la información sobre los emisores cuyos valores estén admitidos a negociación en un mercado secundario oficial o en otro mercado regulado de la UE.

276 Art. 289 de la LMVSI (con anterioridad art. 228 y D.A. 8ª del TRLMV). *Vid.* PALÁ LAGUNA, R., "La obligación de información del Consejo a los mercados: Folletos y Hechos Relevantes", en AA. VV. *Derecho de Sociedades Anónimas Cotizadas*, (Dirs. ALONSO UREBA, A./ ESTEBAN VELASCO, G./ FERNÁNDEZ DE LA GÁNDARA, L./ QUIJANO GONZÁLEZ, J./ RODRÍGUEZ ARTIGAS, F./ VELASCO SAN PEDRO, L.), Tomo II, Pamplona, 2006, págs. 1304-1308; SÁNCHEZ— CALERO GUILARTE, *La retribución...op.cit.*, pág. 50.

ha de requerirse que el consejero directivo de la compañía cuyas acciones estén admitidas a negociación en un mercado regulado, comunique a la CNMV tanto las entregas de acciones sociales y los derechos de opción sobre acciones que reciban en ejecución de un sistema de retribución, como los propios sistemas de retribución y sus modificaciones, referenciados al valor de las acciones que se establezcan. Estas imposiciones se reconocen, en iguales términos, en lo que concierne a la entrega de acciones y de derechos de opción sobre acciones que los consejeros de las sociedades cotizadas perciban en ejecución de los sistemas de retribución previstos, así como con los sistemas de retribución y sus modificaciones, referenciados al valor de las acciones que se establezcan.

En un sentido equivalente, y en relación con el procedimiento de fijación de la retribución de los consejeros sociales en las entidades cotizadas, la transparencia de las remuneraciones que van a percibir es un elemento básico del buen gobierno corporativo que se refleja en su adecuado conocimiento. Esto implica que el conjunto de integrantes del órgano de administración y de la sociedad dispongan de la información suficiente a fin de contar con un conocimiento efectivo del régimen de retribuciones que se hubiera establecido y sea favorable para los consejeros sociales. En el caso de las sociedades cotizadas, como se ha indicado, la necesidad de que dicha remuneración conste en el correspondiente espacio electrónico de información corporativa de la compañía[277] se complementa con el cumplimiento de la exigencia de que las retribuciones asignadas queden reflejadas en la estructura sobre la administración que constará en el IAGC que elabora el Consejo de Administración. Informe que, a su vez, ha de ser comunicado a la CNMV y al que necesariamente se le ha de dar la correspondiente publicidad.

277 Siguiendo el art. 539 de la LSC.

Las exigencias formales y de publicidad precedentes se acentúan con la imposición de la elaboración del Informe anual sobre remuneraciones de los consejeros sociales (IAR)[278] por parte del Consejo de Administración y su pertinente publicación. En dicho Informe no solo deberá quedar constancia de la retribución de los mismos, sino también habrá de incluirse la información precisa sobre la política de remuneraciones aplicable al ejercicio en curso y, al mismo tiempo, un resumen de la asignada en el ejercicio cerrado. Este Informe, y el de Gobierno Corporativo, se difundirán como hechos relevantes de manera simultánea.

5.4. Un apunte sobre el fortalecimiento de la transparencia de la remuneración de los consejeros sociales

La adecuada transparencia de los accionistas y la tutela de los intereses de los inversores sociales sobre la remuneración de los administradores de las sociedades de capital, pese a ser un tema de indudable trascendencia en la *praxis* societaria, no se había tratado de forma homogénea a nivel comunitario. Circunstancia que justificó la aprobación de la Directiva 2017/828 (conocida como *Directiva de Derechos de los Accionistas*) por la que se modifica la Directiva 2007/36/CE en diversos aspectos. El objetivo esencial de la misma, y que evidencia su nominación, fue la mejora del gobierno corporativo de las empresas mediante el fomento de la implicación a largo plazo de los accionistas en las entidades cotizadas europeas (*shareholder engagement*) y el efectivo conocimiento de la política de retribución de los consejeros sociales, al tiempo que impulsa su crecimiento y competitividad en el mercado societario (esencialmente, el transfronterizo). A tal fin, las materias esenciales abordadas en la norma comunitaria de refe-

278 De acuerdo con el art. 541 de la LSC.

rencia —y que ya hemos apuntado— se centran en las siguientes: la identificación de los accionistas de las diversas compañías, la transmisión de información, la facilitación del ejercicio de los derechos de los accionistas, la transparencia de los inversores institucionales, los gestores de activos y los asesores de voto (*proxy advisors*), las operaciones con partes vinculadas y, el que nos interesa en este momento, la remuneración de los administradores sociales (derecho de voto sobre la política de remuneración, la información que se debe facilitar y el derecho a votar sobre el informe de remuneraciones y la transparencia).

Centrándonos en el tema que nos ocupa, la pretensión de esta nueva reglamentación se basó en la mejora de la efectividad de los sistemas de retribución a través de la previsión del principio conocido como *say on pay* en las sociedades cotizadas y cuya finalidad no es otra que conseguir el incremento de la transparencia sobre esta materia, debiendo los consejeros sociales rendir cuentas al respecto (*detailed and user-friendly information on the remuneration policy*). Y, de este modo, los accionistas van a contar con la precisa información antes de ejercitar su derecho a voto en la Junta general para poder participar con el debido conocimiento en cuanto a la relación entre el rendimiento y la remuneración percibida por los consejeros sociales que forman parte del órgano gestor de la entidad[279]. Esto es, la Junta general de accionistas ha de manifestar su voto en relación con la política de remuneración que se hubiera presentado y con una periodicidad mínima cuatrienal. Ha de tenerse en cuenta que, como es evidente, la política de remuneración de los administradores o consejeros sociales tiene que contribuir a la estrategia de la compañía, a sus intereses y a la sostenibilidad a largo plazo de la misma, no pudiéndose vincular a la consecución de objetivos a corto plazo.

[279] En concreto, el art. 9 *bis*.

Por su parte, como norma general, el derecho de voto de los accionistas sobre la política de remuneración y el resultado de esa votación se presenta con carácter vinculante para la sociedad, a menos que los Estados miembros —siguiendo el margen de libertad que se confiere para la transposición del tenor dispositivo comunitario— colijan que la votación de la política de remuneración en la Junta resulte ser consultiva.

Asimismo, se determina la información que deberá precisar el contenido de la política de retribuciones de los administradores sociales, al objeto de alcanzar la estrategia empresarial pertinente y la sostenibilidad a largo plazo de la sociedad. Y cuyas previsiones harán necesaria alusión a los siguientes extremos de forma clara, completa y comprensible, a saber: la explicación del modo en que dicha política contribuye a la sostenibilidad a largo plazo de la entidad; la descripción de los componentes de la remuneración fija y variable, incluidas las bonificaciones y otras prestaciones, y la proporción relativa de cada componente; la explicación del modo en que las condiciones laborales de los empleados se han tenido en consideración en la elaboración de la política; las condiciones esenciales de los contratos de los administradores sociales, en cuyo caso comprenderán su duración, plazos de preaviso, características de los sistemas de pensión complementaria o jubilación anticipada, las previsiones de terminación y los pagos vinculados; y las medidas previstas para evitar o gestionar los posibles conflictos de intereses que pudieran plantearse.

No obstante, la transposición de la Directiva 2017/828 al ordenamiento interno, ha supuesto la modificación de la LSC (y de otras leyes financieras[280]) en esta materia tras la aprobación de la

280 Sobre ello, cabe aludir a las siguientes: la Ley 35/2003, de 4 de noviembre, de Instituciones de Inversión Colectiva (supresión del 2º e) del apartado 1 del art. 46, se introducen los arts. 47 *ter* y 47 *quater*); la Ley 22/2014, de

Ley 5/2021[281], en lo que respecta al fomento de la implicación a largo plazo de los accionistas en las sociedades cotizadas. En relación con el derecho de los socios a pronunciarse sobre las remuneraciones de los consejeros sociales en dichas compañías, aun cuando se mantiene el régimen vigente, se incluyen modificaciones sustanciales y de relevancia en lo que hace a la remuneración de las funciones ejecutivas llevadas a cabo por los consejeros sociales internos y en cuanto al contenido determinado en relación con el IAR.

La retribución de los consejeros sociales en su condición de tales en las entidades de capital (integrantes del órgano de administración o de sus comisiones) ha de ceñirse al sistema de remuneración (y conceptos retributivos) que se hubiere determinado en los estatutos sociales y a la política de remuneraciones de la entidad en la que se incluirá, al menos, el importe máximo de la remuneración anual a satisfacer y las pautas para su distribución en base a las funciones que cada uno de ellos desempeñe en el órgano de administración y a la asunción de la correspondiente responsabilidad. Así, compete a la Junta general de socios la aprobación del importe máximo de la remuneración anual y éste permanecerá vigente en tanto no se apruebe su modificación de acuerdo con el mismo procedimiento. En el caso de las compañías cotizadas la política de remuneraciones de los consejeros socia-

12 de noviembre, por la que se regulan las entidades de capital riesgo, otras entidades de inversión colectiva de tipo cerrado y las sociedades gestoras de entidades de inversión colectiva de tipo cerrado, y por la que se modifica la Ley 35/2003, de 4 de noviembre, de Instituciones de Inversión Colectiva (nuevos arts. 67 *bis* y 67 *ter*); la Ley 22/2015, de 20 de julio, de auditoría de cuentas; la LMV; y Ley 58/2003, de 17 de diciembre, General Tributaria (nueva letra d) al art. 93.1º).

281 Hacemos referencia a la aludida Ley 5/2021, por la que se modifica la LSC y otras normas financieras, en lo que respecta al fomento de la implicación a largo plazo de los accionistas en las sociedades cotizadas.

les, de igual modo, deberá atender al sistema de remuneración estatutariamente previsto y que tiene que aprobar la Junta general de accionistas como punto separado del orden del día, al objeto de que pueda aplicarse durante un período máximo de tres ejercicios, como ya se ha mencionado.

Por su parte, corresponde al Consejo de Administración de la sociedad, previo informe de la Comisión de Nombramientos y Retribuciones y de forma motivada, la determinación individual de la remuneración de cada modalidad de consejero social en su condición de tal en el margen estatutario y en consonancia con la política de remuneraciones pertinente. La garantía de la transparencia a este respecto hace que se prevea la exigencia de que la propuesta de la política de remuneraciones del Consejo, como se ha establecido, sea motivada y se acompañe del Informe que ha de elaborar la correspondiente Comisión especial. Debiendo, asimismo, de publicarse ambos documentos en la página electrónica corporativa de la sociedad desde la convocatoria de la necesaria Junta general. En este sentido, no puede pasar desapercibida la imposición de que en la política de remuneraciones se explique el proceso que se ha seguido para la adopción de las decisiones y las medidas destinadas a evitar las posibles situaciones de conflictos de intereses. A este respecto es destacable la función que ha de desempeñar la Comisión de Nombramientos y Retribuciones en estas entidades, aun cuando cualquier remuneración que perciban los consejeros sociales por el ejercicio de su cargo y de las funciones ejecutivas desempeñadas en el órgano de administración de la sociedad ha de corresponderse con la política de remuneraciones vigente en cada momento, con las excepciones justificadas en el beneficio de los intereses a largo plazo y la sostenibilidad de la entidad o para asegurar su viabilidad o, si procede, que en la propia política de remuneraciones se hubiera previsto el procedimiento y las condiciones a tal efecto.

Con mayor rigor que las previsiones comunitarias, a nivel interno, si hubiera nuevas políticas de remuneraciones de los consejeros sociales éstas habrán de someterse de nuevo a la votación de la Junta general con anterioridad a la finalización del último ejercicio de aplicación de la anterior. Reivindicación con la que, consideramos, se trata de evitar la interpretación de lo que pueda ser una modificación de relevancia o que haga factible que surja alguna controversia.

Las remuneraciones de los consejeros sociales se incluirán en el Informe de gestión y en el IAR[282]. En cuyo caso, persevera el aludido principio *say on pay* o el derecho de los accionistas a pronunciarse sobre la remuneración de los administradores sociales, pero de un modo más riguroso. Pues el voto de la Junta general de accionistas se prevé con carácter vinculante. Imposición que queda compensada con la posibilidad de que en los supuestos en los que la propuesta de una nueva política de remuneraciones sea rechazada por parte de la Junta general, la compañía mantenga la aplicación de la política en vigor y someta a la siguiente Junta general de accionistas una nueva política de remuneraciones[283].

[282] Arts. 529 *novodecies,* 538 y 541, respectivamente. Para ampliar esta materia, véanse PALÁ LAGUNA, *La Comisión...op.cit.,* págs. 822-834; PORTELLANO DÍEZ, P., "La ultraactividad de la política de remuneraciones de las sociedades cotizadas", *La Ley mercantil*, núm. 64, diciembre, 2019; QUIJANO GONZÁLEZ, J., "Retribución de Consejeros y Directivos: la reciente evolución en el Derecho Español", en *Estudios de derecho mercantil en homenaje al profesor José María Muñoz Planas,* (Coords. PILOÑETA ALONSO, L.M./ IRIBARREN BLANCO, M.), Civitas, Madrid, 2011, págs. 683-710. El modelo de Informe anual de remuneraciones de los consejeros de sociedades anónimas cotizadas y de los miembros del consejo de administración ha sido modificado con la aludida Circular 1/2020, de 6 de octubre, de la CNMV por la que se modifican la Circular 4/2013, de 12 de junio.

[283] Siguiendo lo previsto en el art. 9 *bis* apartado 2º de la Directiva 2007/36/CE, sobre el ejercicio de determinados derechos de los accionistas de sociedades cotizadas.

Eventualidad que va a permitir a los consejeros sociales de las entidades cotizadas continuar con la retribución que se hubiera previsto con anterioridad y hasta el momento en el que se apruebe la nueva política de retribuciones[284]. Es decir, hasta que no esté vigente la siguiente política se mantendrá la aplicación provisional de la que se hubiera aprobado con anterioridad. Si bien, como ya estaba previsto, dicha votación por parte de la Junta general tiene la naturaleza de consultiva respecto del IAR. Por lo que, si fuera rechazado, la sociedad solo podrá seguir aplicando la política de remuneraciones en vigor en la fecha de celebración de la Junta y hasta la siguiente ordinaria que se celebre. El contenido del IAR se presenta más estricto en este sentido y deberá estar accesible en la página electrónica de la sociedad y, de igual modo, habrá de comunicarse a la CNMV.

Además, el contenido sustantivo precisa con un mayor detalle la política de remuneraciones, debiendo ésta contribuir a la estrategia empresarial y a los intereses y la sostenibilidad a largo plazo de la sociedad. Y, a su vez, se hace necesario que se explique la forma en la que se establece, describiendo los distintos componentes de la remuneración fija y variable de los administradores sociales (incluyendo bonificaciones y otras prestaciones). En todo caso, la fijación de los criterios que se hubieran previsto tiene que hacerse de forma clara y completa. En relación con ello, conviene llamar la atención sobre la opción que se ofrece de que la remuneración a los administradores sociales se pueda determinar en acciones, pues esta posibilidad se condiciona formalmente a que la política de retribuciones detalle los períodos de devengo y, si procede, la retención de las acciones tras la consolidación.

284 Es lo que PORTELLANO DÍEZ, *La ultraactividad...op.cit.*, denomina 'ultraactividad' en un sentido opuesto a la retroactividad.

Téngase en cuenta que es admisible que las entidades de capital prevean, con carácter eventual o temporal, ciertas excepciones a la política de remuneraciones las cuales únicamente cubrirán situaciones en las que esa excepción resulte necesaria para los intereses a largo plazo y la sostenibilidad de la sociedad en su conjunto o para asegurar su viabilidad. Si bien, esta posibilidad queda supeditada a la atención de los siguientes condicionantes: la política deberá reflejar el procedimiento a emplear, así como, los presupuestos para poder destinarlas y, a su vez, han de especificarse los componentes de la misma que puedan ser excepcionados.

Capítulo III

APROXIMACIÓN AL ESTATUTO JURÍDICO DE LOS CONSEJEROS INDEPENDIENTES

SUMARIO: 1. EL CUMPLIMIENTO DE LAS OBLIGACIONES SOCIETARIAS ASUMIDAS POR LOS CONSEJEROS EXTERNOS INDEPENDIENTES. 1.1. Los deberes fiduciarios que ha de observar el consejero independiente. La precisa diligencia en su actuación. A. Referencia a los deberes fiduciarios que comprometen al consejero en la sociedad. B. La atención a la diligencia en la función de supervisión de los consejeros sociales y la obligación-derecho de información. C. La regla de la discrecionalidad empresarial en el marco de la administración societaria (*the business judgment rule*). 1.2. El deber de lealtad social y las situaciones de conflicto de interés. A. El contenido del deber de lealtad que asumen los consejeros sociales. B. La posible concesión de dispensa en determinadas situaciones de conflicto de interés. 2. INDICACIONES SOBRE LA PARTICIPACIÓN DEL CONSEJERO EXTERNO INDEPENDIENTE EN EL ÓRGANO DE GESTIÓN SOCIETARIO Y DEBERES ESPECÍFICOS. 2.1. Facultades inherentes a la condición de consejero social y particularidades del consejero externo independiente. 2.2. Funciones específicas de los que ostentan la condición de consejeros externos independientes. A. La posición del consejero independiente y su función en las Comisiones especiales creadas en el Consejo de Administración. B. Especial referencia a la figura del Consejero Independiente Coordinador (CIC). 3. PREVISIONES SOBRE EL RÉGIMEN DE RESPONSABILIDAD DEL CONSEJERO EXTERNO INDEPENDIENTE. 3.1. La responsabilidad social respecto de la posición que ocupan los consejeros externos independientes. A. Anotaciones sobre la posible incursión en responsabilidad de los consejeros sociales que integran el órgano de administración. B. La responsabilidad que asume el consejero externo independiente en el desempeño de sus competencias supervisoras en el seno de la entidad. B.1. Previsiones sobre el sistema actual de imputación de responsabilidad social. B.2. Coherencia de la aplicación homogénea del régimen de responsabilidad de los consejeros sociales. B.3. Un apunte sobre la póliza D&O (Directors and Officers Liability Insurance). C. Conjeturas sobre el ejercicio de las oportunas acciones de responsabilidad social. 3.2. Planteamiento de la responsabilidad del consejero frente a situaciones de conflicto de interés.

La designación en el órgano de administración de las sociedades cotizadas de consejeros externos independientes con facultades de supervisión de los consejeros que dirigen la entidad y disponen de competencias ejecutivas, hace preciso detenerse en su concreto estatuto jurídico. Las previsiones sustantivas en la materia —como ha quedado patente— no hacen un tratamiento excesivo antes, al contrario, se acotan en su delimitación conceptual (y no del todo precisa) y en la concreción de los presupuestos de idoneidad que le son exigibles y que se han previsto como situaciones de incompatibilidad que, en un sentido preventivo y salvo ciertas excepciones, no pueden concurrir en el que aspira a ser designado o mantenerse en la condición de consejero independiente. Pero, sin embargo, no se establece un régimen específico y ordenado que difiera de la aproximación tradicional y genérica de los administradores o consejeros sociales de las entidades de capital en lo que hace a la asunción de sus obligaciones societarias y a la responsabilidad en el desempeño de sus funciones en el órgano de administración. Motivo que ha requerido que centremos nuestra atención en este tema en la parte general del estudio que se presenta. Pues, si bien en las precedentes que han sido de carácter singular se ha hecho una disección analítica de la figura típica del consejero externo independiente y de los condicionantes que pueden ser impedimentos o tachas del distintivo de autonomía que le es propio basándonos en la taxonomía reglamentaria, corresponde en la que nos ocupa confrontar la admisión de la aplicación supletoria del régimen ordinario de los consejeros sociales de las entidades de capital a esta categoría específica de consejero.

No obstante, en relación con lo anterior, no pueden pasar desapercibidas las funciones que, sin ser ejecutivas, están llamados a desarrollar los consejeros independientes en el Consejo de Administración de las sociedades cotizadas (y en las concretas Comisiones especiales de las que formen parte) y su particular significación, los cuales han de ejercer su cargo no sólo de buena fe y en el mejor beneficio del interés social de la compañía a la que pertenecen (siguiendo el criterio deontológico), sino además al margen de posibles vínculos o relaciones con la sociedad, los accionistas significativos o los directivos de la misma, así como de cualquier condicionante que pueda subordinar la independencia característica del cargo en el desempeño de sus competencias societarias. Siendo esta última exégesis, como se ha razonado, la que tipifica la singularidad de estos consejeros externos.

1. EL CUMPLIMIENTO DE LAS OBLIGACIONES SOCIETARIAS ASUMIDAS POR LOS CONSEJEROS EXTERNOS INDEPENDIENTES

La clasificación reglamentaria de los consejeros sociales que van a integrar el Consejo de Administración de las sociedades cotizadas no sólo repercute en la conformación cualitativa y cuantitativa del propio órgano de gestión de estas entidades, sino también en el particular estatuto jurídico personal de los consejeros que forman parte del mismo. En concreto, en lo que concierne a los consejeros externos independientes, y como hemos tenido ocasión de verificar, dicha singularidad se ha reflejado en el preciso proceso formal de su nombramiento (reelección y destitución) y en las funciones que éstos asumen en el seno del Consejo de Administración y en las Comisiones específicas que han de crearse en el mismo y que, de modo preceptivo, precisan de la presencia mayoritaria de consejeros en la categoría de independientes. Junto a ello, y aun cuando no se hace una alusión expresa reconociendo un régimen determinado y preciso de esta modalidad de consejero social, hemos de aludir al conjunto de deberes u obligaciones que tradicionalmente los administradores o consejeros sociales asumen al aceptar su cargo en las sociedades de capital y, de manera concreta, en las posibles precisiones en el caso de los que se catalogan como consejeros externos independientes en las compañías cotizadas. Consecuencia de lo cual habrá que prestar atención, asimismo, al régimen de su responsabilidad.

La observancia de la sistemática sobre las sociedades cuyos valores son admitidos a negociación en un mercado regulado no han alterado, en lo sustancial, los deberes y el sistema de responsabilidad clásico de los que integran el órgano de administración. En este sentido, no cabe afirmar con un criterio riguroso la existencia de un estatuto jurídico específico respecto de los consejeros externos independientes. Antes bien, se mantiene prácticamente el establecido para el resto de los administradores sociales que conforman el órgano de administración de las sociedades de capital y cuyo régimen, en este caso, resulta de aplicación accesoria. El Consejo de Administración es el órgano colegiado y preceptivo de gestión de las entidades cotizadas y ha de actuar de forma colaborativa y basándose en la confianza entre los miembros que lo integran, pese a que difieren en cuanto a las facultades que tienen atribuidas en consonancia con su propia calificación societaria, distinguiéndose en la composición del órgano gestor de la entidad los que ejercen funciones ejecutivas y directivas de los que, careciendo de dichas facultades, se ocupan de la supervisión de éstas o de los que representan a los accionistas significativos. Discernimiento que permite comprender que el conjunto de consejeros sociales que forman parte del órgano de administración de estas sociedades, con independencia de su condición social, tengan como punto de unión la tutela del interés social del colectivo de accionistas sobre los particulares y actúen en beneficio y mejor interés del mismo. De este modo, la asunción del cargo le compromete al cumplimiento de los deberes societarios de diligencia y fidelidad, y de lealtad a la entidad a la que pertenecen propios de su condición de consejeros sociales y, en igual sentido, a un equivalente régimen de responsabilidad social. Las funciones ejecutivas y supervisoras de las que se hace cargo el órgano de administración de la sociedad y sus consejeros han de ejercerse respetando dichos postulados. Por consiguiente, los deberes generales aludidos se van a exigir a los que ostentan el cargo de consejero social de manera individual y siendo indiferente, en este sentido, la forma que hubiera adoptado el órgano de administración de la compañía y la singular categoría de los consejeros sociales que lo componen.

El contenido autonormativo recogido en los informes y códigos de gobierno corporativo de las entidades cotizadas, pese a incluir una referencia a los deberes fiduciarios que precisan observar los consejeros sociales en el desempeño de su cargo y el régimen de responsabilidad que asumen por su incumplimiento, no ha resultado determinante en la materia que nos ocupa. Circunstancia que llevó a que las Comisiones designadas para su elaboración impulsaran, en cada caso, la precisa intervención legislativa[285]. Reflejo

[285] Fundamentalmente en el *Informe Aldama* (págs. 48-49), la consiguiente aprobación de la Ley 26/2003 de 17 de julio, por la que se modifican la Ley 24/1988, de 28 de julio, del Mercado de Valores, y el texto refundido de la Ley de Sociedades Anónimas, con el fin de reforzar la transparencia de las sociedades anónimas cotizadas, y hasta las previsiones del *Estudio sobre propuestas de modificaciones normativas* (2013). Entre otros, ALONSO UREBA, *Las comisiones...op.cit.*, págs. 905-968; MAMBRILLA RIVERA, V. M., "Las concretas manifestaciones del deber general de diligencia de los administradores", en AA.VV. *Junta general y Consejo de Administración en la sociedad cotizada*, (Dirs. RODRÍGUEZ ARTIGAS, F./FERNÁNDEZ DE LA GÁNDARA, L./QUIJANO GONZÁLEZ, J./ALONSO UREBA, A./VELASCO SAN PEDRO, L./ ESTEBAN VELASCO, G.— Coord. RONCERO SÁNCHEZ, A.), Tomo II, Pamplona, 2016, págs. 352-356; QUIJANO GONZÁLEZ, J., "Deberes fiduciarios de los administradores", en AA.VV. *Cuadernos de Derecho para ingenieros. Gobierno corporativo,* (Dirs. AGÚNDEZ, M. A./ MARTÍNEZ— SIMANCAS, J.- Coord. PAZ-ARES RODRÍGUEZ, J. C.), La Ley— Madrid, 2009, págs. 161-162; y QUIJANO GONZÁLEZ, J./ MAMBRILLA RIVERA, V., "Los deberes fiduciarios de diligencia y lealtad. En particular, los conflictos de interés y las operaciones vinculadas", en AA. VV. *Derecho de Sociedades Anónimas Cotizadas*, (Dirs. ALONSO UREBA, A./ ESTEBAN VELASCO, G./ FERNÁNDEZ DE LA

inicial de ello fueron las previsiones contenidas en la norma sobre las S.A. y las que se ocuparon de reglamentar el mercado de valores en relación con los consejeros integrantes del órgano gestor en las sociedades cotizadas[286], ambos contenidos modificados por la posterior aprobación de la Ley de Transparencia que determinó un elenco de deberes tradicionales de necesaria observancia para los que ostentan el cargo de administradores o consejeros sociales. Previsiones sustantivas que quedaron superadas por el contenido reglamentario de la LSC, la cual reconoce de manera expresa el estatuto jurídico de los administradores sociales. Esto es, los deberes que corresponde atender a los que aceptan dicho cargo en las sociedades de capital al encargarse de la gestión y dirección social de la misma[287]. No obstante, como se ha advertido, en materia de obligaciones y responsabilidad no se han distinguido las diversas modalidades de consejeros sociales que pueden conformar el órga-

GÁNDARA, L./ QUIJANO GONZÁLEZ, J./ RODRÍGUEZ ARTIGAS, F./ VELASCO SAN PEDRO, L.), Tomo II, Pamplona, 2006, págs. 918-921.

286 Sobre la regulación anterior contenida en el art. 114 de la LMV, véanse DUQUE, J. F., "Del texto refundido de la LSA de 1989 a la Ley de Transparencia de 2003: Hitos y situación actual del ordenamiento español en materia de gobierno corporativo", en AA. VV. *Derecho de Sociedades Anónimas Cotizadas*, (Dirs. ALONSO UREBA, A./ ESTEBAN VELASCO, G./ FERNÁNDEZ DE LA GÁNDARA, L./ QUIJANO GONZÁLEZ, J./ RODRÍGUEZ ARTIGAS, F./ VELASCO SAN PEDRO, L.), Tomo II, Pamplona, 2006, págs. 260-275; EMBID IRUJO, J. M., "Los deberes de los administradores de las sociedades cotizadas. (El artículo 114 de la Ley del Mercado de Valores", *RDBB*, núm. 96, Año 23, octubre— diciembre, 2004, págs. 7-34; MATEU DE ROS CEREZO, *El estatuto...op.cit.*, págs. 165-168; QUIJANO GONZÁLEZ/ MAMBRILLA RIVERA, *Los deberes...op.cit.*, págs. 971-978.

287 Capítulos III y V del Título VI de la LSC (arts. 225 a 241 *bis*). El *Informe Olivencia* en materia de gobierno corporativo en las sociedades cotizadas concretó el deber general de diligencia en el desempeño del cargo por parte de los consejeros siguiendo las previsiones de un *ordenado empresario* y de un *representante legal*. Así, se establece que las normas de funcionamiento interno de las entidades han de concretar las obligaciones que derivan de los deberes generales de diligencia y lealtad que asumen los consejeros.

no de administración de una sociedad cotizada, pese a que es bien sabido que en el Consejo de Administración de estas sociedades hay una variedad de consejeros sociales por las funciones que van a desempeñar en cada caso y entre los que cabe distinguir a los que cuentan con funciones ejecutivas (consejeros internos) y los externos a la entidad que son los que carecen de las mismas, ya sean en su consideración de consejeros dominicales, independientes u otros consejeros sociales.

La distinta posición orgánica que, según las funciones específicas que llevan a cabo en el seno de la sociedad, ocupan ambos grupos de consejeros en las compañías cotizadas hace preciso detenernos en el contenido de los deberes y del régimen de responsabilidad al que éstos deben atender. En particular, en lo que concierne a los consejeros externos independientes los cuales, por remisión general y como ha quedado reseñado, están sometidos al régimen de obligaciones y de responsabilidad típico que impera respecto del resto de administradores o consejeros del órgano de gestión de las sociedades de capital. Aunque, adelantamos, a este respecto la necesidad de hacer un esfuerzo interpretativo que vaya más allá de la mera dogmática, a fin de considerar las salvedades que son propias e innatas de la posición social de los consejeros independientes y que serán abordadas seguidamente.

1.1. Los deberes fiduciarios que ha de observar el consejero independiente. La precisa diligencia en su actuación

Las previsiones dispositivas en materia societaria no hacen una mención expresa en cuanto a los presupuestos en sentido subjetivo que ha de reunir un administrador social para poder ostentar dicho cargo. Siendo razonable afirmar que el aspirante a ser administrador o consejero de una sociedad ha de tener la formación, conocimientos y experiencia precisas para poder desempeñar adecuadamente las funciones que tenga encomendadas en el órgano de administración de la misma, de lo que derivan las obligaciones que ha de atender y cumplir en el puesto en el que va a ser designado. En concreto, aludimos al deber de lealtad y al deber de diligencia de un 'ordenado empresario' y a la oportuna obligación de información societaria. Es decir, ejercer las funciones que corresponden al administrador social siguiendo el criterio tradicional de un fiel representante de la entidad de la que forma parte y actuando de buena fe y en el mejor interés de la sociedad en su conjunto, evitando los posibles conflictos de intereses que, en su caso, puedan surgir[288]. Además, habrá de informarse sobre las cuestiones precisas de la sociedad a la que pertenece y desempeñar su ocupación con la diligencia que le es debida, siendo responsable de la supervisión de la compañía de que se trate y actuando de forma discrecional, y en atención a las exigencias reglamentarias y las disposiciones estatutarias o de ordenación interna aprobadas en el seno de la misma.

A. *Referencia a los deberes fiduciarios que comprometen al consejero en la sociedad*

Los deberes fiduciarios constituyen un conjunto de imposiciones que han de cumplir los que forman parte de la administración de la sociedad y que se determinan en los principios de gobierno corporativo. Básicamente por la relación de confianza que vincula a los que ocupan esos puestos en la entidad y los socios que la conforman[289], y por la necesidad de que los que se encargan

---

[288] Arts. 228 y 229 de la LSC. Para ampliar esta materia: RECALDE CASTELLS, *Comentario...op.cit.*, págs. 76-79.

[289] Véanse DIEZ PICAZO, L., *La representación en el Derecho privado*, Madrid, 1979, págs. 99 y 106; GARRIGUES, J., *Tratado de Derecho mercantil*, III, vol. I, Madrid, 1963, págs. 471-475; SÁNCHEZ-CALERO GUILARTE, J., "La reforma de los deberes de los administradores y su Responsabilidad", en AA.VV. *Estu-*

de la administración y gestión societaria protejan el interés social del conjunto de los accionistas sobre cualquier otro que resulte singular o particular.

El Consejo de Administración de las sociedades de capital asume de modo colectivo, y sus integrantes unitariamente, la responsabilidad directa sobre la administración social y la supervisión de la dirección de la entidad con el propósito común de promover el interés del conjunto de los socios que la componen. Los deberes esenciales que adquiere el que es designado consejero externo independiente y, en consecuencia, integrante del Consejo de Administración de las sociedades cuyos valores son admitidos a negociación en un mercado regulado, son coincidentes con los básicos de los administradores de las sociedades de capital. En cuanto que los consejeros independientes, es más que evidente, forman parte del órgano de administración societaria y ejercen sus funciones en beneficio del interés social o del colectivo de accionistas y sin verse condicionados en su actuación por intereses particulares o de ciertos grupos de accionistas significativos o de control, ni por los que en el órgano gestor llevan a cabo las funciones ejecutivas o directivas.

Las obligaciones clásicas del desempeño del cargo de consejero o administrador en las sociedades de capital se centran, fundamentalmente, en la *diligencia de un ordenado empresario y un representante leal*, a fin de evitar situaciones de conflicto de intereses en cuanto a la teoría de los costes de agencia[290]. Esto es, la

dios sobre el futuro Código Mercantil: libro homenaje al profesor Rafael Illescas Ortiz, Getafe. Universidad Carlos III de Madrid, 2015, págs. 894-917, disponible en el recurso electrónico: http://hdl.handle.net/10016/21008 (último acceso, enero 2023). Así como, la STS núm. 662/2011, de 4 de octubre, sala de lo civil (TOL2.277.131| REC: 1065/2007| RES: 662/2011).

290 Arts. 225 a 229 de la LSC. Véanse AGRAWAL, A./ KNOEBER, C. R., "Outside Directors, Politics, and Firm Performance", *Working Paper, College of Mana-*

observancia de la diligencia de un ordenado empresario en lo que concierne a las facultades de gestión interna en la compañía de la que forman parte, y la lealtad respecto de la función de representación externa que les compete en su condición social. Estos deberes sociales, bien es conocido, han sido objeto de diversas modificaciones normativas, aunque con mayor precisión y alcan-

gement, North Carolina State University, july, 1999, págs. 5-16; ALONSO UREBA, A., "El gobierno de las grandes empresas (reforma legal versus códigos de conducta", en AA.VV. *El gobierno de las sociedades cotizadas*, (Coord. ESTEBAN VELASCO, G.), Marcial Pons, Madrid, 1999, págs. 95-135; BHAGAT, S./ BLACK, B. S., "Do Independent Directors Matter?", *Working Paper*, Columbia University, 1997 (reeditado "Board Independence and long-term firm performance", 2000), págs. 1-44; FERNÁNDEZ DE LA GÁNDARA, *El debate...op.cit.*, págs. 55-93; GARCÍA DE ENTERRÍA LORENZO VELÁZQUEZ, J., "Los deberes de conducta de los administradores. Deber de diligencia y deber de lealtad", en *La reforma de la Ley de Sociedades de Capital y el nuevo marco legal del gobierno corporativo*, Clifford Chance, 2014, págs. 23-27; HART, O.F., "Corporate Governance: Some Theory and Implications", *The Economic Journal*, núm. 105, 1999, págs. 678-689; IGARTUA ARREGUI, F./ JUSTE MENCÍA, J., "Deberes de los administradores (reforma de la LSA por la Ley de Transparencia)", *RdS*, núm. 24/2005, págs. 75-89; LLEBOT MAJÓ, J.O., "El deber de diligencia (art. 225.1 LSC)", en AA.VV. *Junta general y Consejo de Administración en la sociedad cotizada*, (Dirs. RODRÍGUEZ ARTIGAS, F./FERNÁNDEZ DE LA GÁNDARA, L./QUIJANO GONZÁLEZ, J./ALONSO UREBA, A./VELASCO SAN PEDRO, L./ESTEBAN VELASCO, G.— Coord. RONCERO SÁNCHEZ, A.), Tomo II, Pamplona, 2016, págs. 321-324; QUIJANO GONZÁLEZ, *Deberes...op.cit.*, pág. 163; RIBAS FERRER, V., "Artículo 225. Deber de diligente administración", en AA.VV. *Comentario a la Ley de Sociedades de Capital*, (Dirs. ROJO, A./ BELTRÁN, E.), t. I, Civitas, Madrid, 2011, págs. 1608-1620 y en la misma obra "Artículo 226. Deber de lealtad", págs. 1620-1626; RODRÍGUEZ ARTIGAS, F., "El deber de diligencia", en AA. VV. *El gobierno de las sociedades cotizadas*, (Coord. ESTEBAN VELASCO, G.), Marcial Pons, Madrid, 1999, págs. 419-445; SÁNCHEZ-CALERO GUILARTE, *Los consejeros...op.cit.*, págs. 90-97 y en *La reforma...op.cit.*, págs. 894-917; VELERDAS PERALTA, A., "Órgano de Administración (II). Deberes y responsabilidad de los administradores", en AA.VV. *Derecho de sociedades de capital. Estudio de la Ley de sociedades de capital y la legislación complementaria*, (Dir. EMBID IRUJO, J. M./ Coords. FERRANDO VILLALBA, Mª. L./ HERNANDO CEBRIÁ, L./ MARTÍ MOYA, V.), Marcial Pons, Madrid, 2016, págs. 288-290.

ce se ha regulado la obligación de ser leal o fiel a la entidad a cuyo órgano de administración pertenece el consejero social. Si bien, respecto del deber de diligencia que pesa sobre el administrador o consejero, a pesar de que su contenido no ha sufrido cambios sustanciales y se mantiene su fácil adaptación a las circunstancias según el caso[291], la novedad se encuentra en el reconocimiento de la regla de *la tutela de la discrecionalidad empresarial* respecto a la adopción de las decisiones que se adopten en el seno de la sociedad, similar a la prevista en el sistema societario norteamericano (*the business judgment rule*) y sobre la que nos ocuparemos cuando proceda.

A las imposiciones indicadas, y de necesaria observancia, se añade un conjunto de pautas de comportamiento que las complementan, como tendremos ocasión de analizar a posteriori. Por tanto, de acuerdo con la aplicación del mencionado régimen prescriptivo, a los designados en la condición de consejeros externos independientes les corresponde actuar con la diligencia y lealtad debida en la sociedad en cuyo órgano de administración se integran, lo que implica que en el desempeño de sus funciones de supervisión y control de los que dirigen la sociedad y en la tutela de los intereses del conjunto de socios y de los que cuentan con una menor representación en el órgano de gestión (o no representados) deban informarse de los aspectos relacionados con la misma y de las materias que le son propias en relación con las deliberaciones o debates en los que participen. En igual sentido, corresponde a los consejeros independientes asumir la precisa preparación de las reuniones tanto del Consejo de Administración, como de las Comisiones especiales en las que participen y a las que han de asistir e intervenir de manera activa en sus discu-

291 *Vid.* IGARTUA ARREGUI/ JUSTE MENCÍA, *Deberes...op.cit.*, págs. 75-89; SÁNCHEZ-CALERO GUILARTE, *Los consejeros...op.cit.*, y en *La reforma...op. cit.*, págs. 894-917.

siones y planteamientos. A estas exigencias tradicionales que son innatas a la propia condición de consejero social, las facultades específicas que han de desempeñar los consejeros independientes permiten afirmar que, a su vez, son responsables de poner en conocimiento del resto de integrantes de la compañía cualquier irregularidad que detecten en el desempeño de su cargo y han de vigilar las situaciones de riesgo que se puedan generar en el seno de la sociedad. En su actuación, admiten el cumplimiento del deber de evitar los conflictos de interés que puedan surgir en la entidad, lo que supone que tendrán que abstenerse de asistir y deliberar en actos particulares o concernientes a intereses propios al margen del social, debiendo ser transparentes respecto de los supuestos en los que se aborden situaciones personales, familiares o con otros sujetos o entidades con las que les una algún tipo de vínculo o relación que sea de relevancia.

B. *La atención a la diligencia en la función de supervisión de los consejeros sociales y la obligación-derecho de información*

El estándar clásico de diligencia que le es exigible a los consejeros sociales en el desarrollo de la actividad que les compete en el seno de la entidad y en la adopción de las decisiones en la misma, como norma general, se corresponde con la de un *ordenado empresario*[292]. Imposición reglamentaria que precisa su aprehen-

---

[292] Art. 225.1º de la LSC. Para ampliar esta materia: CERRATO CRESPÁN, I., "El deber general de diligencia de los administradores y la protección de la 'discrecionalidad empresarial', en AA.VV. *Comentario práctico a la nueva normativa de gobierno corporativo Ley 31/2014, de reforma de la Ley de Sociedades de Capital*, CMS ALBIÑANA & SUÁREZ DE LEZO, Dykinson, Madrid, 2015, págs. 76-77; FONT GALÁN, J. I., "El deber de diligente administración en el nuevo sistema de deberes de los administradores sociales", *RdS*, núm. 25, 2005-2, pág. 93; HERNANDO CEBRIÁ, L., *El deber de diligente administra-*

sión teniendo en cuenta las características de la sociedad de que se trate. La obligación básica de la actuación diligente referida se completa con la necesidad de observar la naturaleza del cargo que se ocupa en la sociedad y las funciones que le han sido asignadas al consejero respecto de la composición del órgano de administración en cuestión. Esto es, consideramos que ha de perfilarse el régimen a tener en cuenta siguiendo un criterio funcional, pues el deber de diligencia exigible se halla íntimamente relacionado con las facultades o competencias propias del puesto que se ocupe en la sociedad, así como de la dedicación y el esfuerzo a realizar para su adecuado desempeño en cada caso. Motivo que determina, a nuestro parecer, la necesidad de distinguir la calificación del consejero social a fin de comprender las aptitudes profesionales y los conocimientos que, en un sentido objetivo, se espera de él en el desenvolvimiento de las competencias que ha asumido en la compañía en cuyo órgano gestor se integra. Ello significa, a su vez, que el consejero social en su concreción individual ha de observar una correcta dedicación al ejercicio de las facultades de dirección y control en el órgano social al que pertenece y adoptar las medidas que sean necesarias en su cumplimiento. Al igual que respecto al conocimiento del negocio de la sociedad y de las reglas o principios de gobierno que la rigen, participando en los programas de formación y actualización societaria que, según las circunstancias pertinentes, se hubieran organizado en la entidad.

La amplitud del concepto jurídico del deber de diligencia —referido a las aptitudes y conocimiento que son requeridos para

ción en el marco de los deberes de los administradores sociales. La Regla del —buen— juicio empresarial, Marcial Pons, Madrid, 2009; LLEBOT MAJÓ, *El deber...op.cit.*, págs. 327-330, autor que lo califica como un efecto disuasorio *ex ante*; QUIJANO GONZÁLEZ/ MAMBRILLA RIVERA, *Los deberes...op.cit.*, págs. 935-946; RIBAS FERRER, *Artículo 225...op.cit.*, págs. 1610-1621; SÁNCHEZ-CALERO GUILARTE, *La reforma...op.cit.*, págs. 898-899; VELERDAS PERALTA, *Órgano...op.cit.*, págs. 289-291.

desarrollar las funciones de administrador social en un sentido objetivo y en base a un comportamiento prudente[293]— hace que sea preciso delimitarlo en función de la sociedad en concreto y de la condición de administrador o consejero social que resulte procedente[294]. Pues se trata de una obligación que no se aplica al conjunto de los administradores sociales siguiendo un criterio homogéneo, sino flexible basado en la compañía en particular, en el sentido de que los administradores o consejeros de la sociedad se comprometen a observar la obligación de informarse oportunamente acerca de la entidad y de los extremos precisos para el desempeño de sus específicas funciones societarias, contando con la formación y exigencias requeridas para ello. En la línea tradicional, cabe entender que el administrador social cumple con un comportamiento diligente si actúa de buena fe, sin interponer el interés personal o ciertos intereses que sean particulares en los asuntos societarios sobre los que delibera o decide respecto del interés social, contando con una información suficiente y, además, llevando a cabo sus competencias societarias con arreglo a un procedimiento de decisión adecuado[295]. En este sentido, y en la medida en que su actuación se integra en el órgano de administración de la sociedad, habrá de ofrecer una dedicación apropiada a la ocupación del cargo societario que ostenta y adoptar las me-

293 GALLEGO SÁNCHEZ, *Artículo 212...op.cit.*, págs. 1503-1504.

294 Sobre ello, pueden consultarse, entre otros: FONT GALÁN, *El deber...op.cit.*, págs. 93-99; LLEBOT MAJÓ, *El deber...op.cit.*, pág. 329; MAMBRILLA RIVERA, *Las concretas...op.cit.*, págs. 348-349; PAZ—ARES RODRÍGUEZ, *Responsabilidad... op.cit.*, pág. 82; SERRANO CAÑAS, J. M., "La incorporación de la "Business Judgment Rule" al Derecho español: el proyectado art. 226 de la Ley de Sociedades de Capital", *La Ley mercantil*, núm. 6, septiembre, 2014, págs. 30-44.

295 *Vid.* CERRATO CRESPÁN, *El deber...op.cit.*, págs. 81-82; DÍAZ MORENO, A., "La *business judgment rule* en el Proyecto de Ley de modificación de la Ley de Sociedades de Capital", *Análisis Gómez-Acebo & Pombo*, julio 2014, págs. 5-6; MAMBRILLA RIVERA, *Las concretas...op.cit.*, págs. 360-362; SERRANO CAÑAS, *La incorporación...op.cit.* págs. 37-40.

didas oportunas para el correcto cumplimiento de sus funciones. Un consejero social diligente debe asegurar la dedicación efectiva de tiempo y esfuerzos necesarios para desarrollar debidamente las actuaciones que le corresponden como administrador de la sociedad y en beneficio del interés general del conjunto de los accionistas.

La observancia de la obligación de diligencia implica, del mismo modo, que se exija a los administradores o consejeros sociales que en el desempeño de sus facultades supervisen el funcionamiento de la entidad y se informen de manera suficiente de los términos que sean necesarios sobre ella. La referida información oportuna acerca de la sociedad se reconoce de modo explícito como un derecho y, al mismo tiempo, en la calificación de una obligación derivada de la actuación diligente de los administradores o consejeros sociales[296] y que se define en la imposición de recabar u obtener información adecuada sobre la marcha y el buen funcionamiento de la compañía de la que forman parte al objeto de atender los deberes que se le exigen por su condición y,

[296] Siguiendo lo dispuesto en el art. 225 de la LSC. A este respecto consúltense, ALFARO ÁGUILA-REAL, J., "Artículo 225. Deber general de diligencia", en AA.VV. *Comentario de la reforma del régimen de las sociedades de capital en materia de gobierno corporativo (Ley 31/2014)*, (Coord. JUSTE MENCÍA, J.), Editorial Aranzadi, Pamplona, 2015, págs. 313-324; ALONSO UREBA, *El modelo...op.cit.*, págs. 219-220; BAUTISTA SAGÜÉS, *Categorías...op.cit.*, pág. 186; CERRATO CRESPÁN, *El deber...op.cit.*, pág. 78; DÍAZ MORENO/ JUSTE MENCÍA, *Artículo 245...op.cit.*, págs. 491-495; MAMBRILLA RIVERA, *Las concretas...op.cit.*, págs. 362-371; OTERO MOYANO, J., "Funcionamiento del consejo de administración de sociedades cotizadas: información con la que deben contar los consejeros de sociedades cotizadas y deber de asistir a las reuniones del consejo y evaluar anualmente su funcionamiento", en AA.VV. *Comentario práctico a la nueva normativa de gobierno corporativo Ley 31/2014, de reforma de la Ley de Sociedades de Capital*, CMS ALBIÑANA & SUÁREZ DE LEZO, Dykinson, Madrid, 2015, págs. 177-178; QUIJANO GONZÁLEZ/ MAMBRILLA RIVERA, *Los deberes...op.cit.*, págs. 936-945; SÁNCHEZ-CALERO GUILARTE, *La reforma...op.cit.*, pág. 902.

de modo equivalente, a fin de adoptar las decisiones y participar en las deliberaciones sociales que sean de su competencia con el conocimiento suficiente. Respecto de ello, se añade la imposición de una actitud activa por parte del consejero o administrador social en lo que se refiere a la información requerida, entendiendo que no tendrá una actuación diligente el administrador que no haga lo posible por recabar la información que sea conveniente en cuanto al ejercicio de las facultades que le son propias.

Si bien, como se ha indicado, el deber de diligencia debe ponerse en relación con el cargo que se ostenta en el órgano gestor de la entidad y, también, en cuanto a la modalidad societaria de que se trate. En el supuesto de las sociedades cotizadas, ello requiere prestar atención a las características particulares de esta forma societaria cuyo órgano gestor se conforma necesariamente como un Consejo de Administración y a la catalogación de los consejeros sociales que lo integran y cuyas funciones no son equiparables, ya que van a depender de que sean consejeros externos no ejecutivos o, por el contrario, internos (los cuales cuentan con facultades ejecutivas y de dirección)[297] y, en su caso, de las posibles delegaciones que se hubieran llevado a efecto. Pues, como es manifiesto, no puede exigirse un modo equivalente de observancia del deber de información al que ha de ejercer las competencias ejecutivas de dirección de la sociedad y a los consejeros externos a la misma, los cuales carecen de dichas facultades. Atendiendo al criterio de la clasificación de los consejeros sociales, en la hipótesis de los consejeros externos independientes —como hemos tenido ocasión de profundizar en un momento previo— la aceptación del cargo implica el ejercicio de las facultades de supervisión y gestión de las actuaciones ejecuti-

[297] LLEBOT MAJÓ, *El deber...op.cit.*, págs. 339-340, siendo la diligencia mayor respecto de los que cuentan con funciones ejecutivas; VELERDAS PERALTA, *Órgano...op.cit.*, pág. 291.

vas y de dirección que se desarrollan en el núcleo de la sociedad, junto a la defensa de los intereses del conjunto de los accionistas (en particular, de los que cuentan con una menor representación en el órgano gestor) y la neutralización de cualquier posible situación de conflicto de interés que surja[298]. El matiz que respecto de estos consejeros se establece en cuanto a la observancia de la diligencia en el desempeño de su cargo entendemos que ha de ser el preciso para el ejercicio de las funciones de supervisión y control de los que desarrollan competencias directivas en la compañía, protegiendo el interés social con autonomía e imparcialidad de criterio y, en consecuencia, evitando los conflictos de intereses o tratando de solventar los que pudieran plantearse. Asimismo, en lo que concierne al cumplimiento de las funciones propias de las Comisiones especiales de las que el consejero independiente forme parte y, cuando proceda, de la designación como presidente, y participar en la declaración del cumplimiento de las recomendaciones de gobierno corporativo de la sociedad, o ejercer otros quehaceres más específicos (como lo es el supuesto de ser designado CIC). Por consiguiente, el cargo de consejero externo independiente no puede concebirse como un puesto social pasivo, sino activo en cuanto a los presupuestos de idoneidad profesional y de experiencia requeridos, al igual que los condicionantes personales que le son singulares, y en cuanto a la responsabilidad que asumen dentro del órgano gestor societario. Debiendo ser diligentes en su actuación y respecto del cumplimiento de los compromisos que se les imponen *ex lege* sobre la adecuada dedicación de tiempo, la necesaria preparación en relación con su actividad y la cualificación técnica y experiencia profesional indispensables. No obstante, desde una perspectiva pragmática cabe poner de manifiesto que la actuación diligente y activa que asumen los consejeros que nos ocupan al aceptar el

298 *Vid.* MATEU DE ROS CEREZO, *El estatuto...op.cit.*, págs. 170-173.

cargo societario es uno de los aspectos de gobierno corporativo que ha de mejorarse[299] y, de modo concreto, en lo que concierne al incremento del tiempo que se dedica en el Consejo de Administración a los debates y a las deliberaciones sobre los asuntos de interés para la sociedad y respecto del tratamiento de los temas estratégicos de la misma[300]. Los consejeros independientes en el ámbito nacional no suelen reunirse por lo general de forma separada y al margen de la absoluta presencia de consejeros con competencias ejecutivas, lo que cabe entender como una forma que, en cierto modo, puede coartar el eficiente desempeño de dicho cargo. Este aspecto se confirma si reparamos en los hábitos ordinarios de otros Estados comunitarios e, incluso, en la disciplina impuesta en la materia en el sistema USA[301].

En virtud de la delimitación de las funciones encomendadas, los consejeros externos independientes se particularizan tanto

299 En particular, puede consultarse el Principio 13 y la Recomendación 25 del CBG. En esta opinión, PAZ-ARES RODRÍGUEZ, *Identidad y diferencia del consejero...op.cit.*, pág. 93.

300 Véase de nuevo el *Índice Spencer Stuart de Consejos de Administración 2022... op.cit.*

301 Consultar la *Sarbanes-Oxley Act* (DRAVIS, B., *The Role of Independent Directors after Sarbanes — Oxley*, USA, 2007, págs. 99-103; PETIT LAVALL, *Propuestas...op.cit.*, págs. 415-418) y las previsiones de la Comisión de Bolsa y Valores (*Securities and Exchange Comisión* —SEC—) sobre los estándares de cotización propuestos por la Bolsa de Nueva York (NYSE) y el *Nasdaq Stock Market, Inc.* (NASDAQ) —15 & 25, 334 & 336—. En concreto, NYSE Rule 303.A, establece la necesidad de que el 'director independiente' sea externo a la entidad y que no mantenga vínculos dentro de la misma. Por su parte, y en términos similares, NASDAQ Rule 5605 califica al director independiente al sujeto opuesto al ejecutivo o a cualquier sujeto relacionado con la sociedad o que mantengan vínculos que coarten su independencia. En ambos casos, se establece la delimitación junto a un catálogo de situaciones que limitan su independencia, como lo son: ser o haber sido empleado de la entidad, ser o haber sido familiar de un ejecutivo de la misma, ser socio o empleado de la firma de auditoría, o percibir pagos de la entidad en exceso, entre otros planteamientos.

por la independencia de actuación que es inherente a la condición de consejero social (desempeñar su cargo de buena fe en interés de la sociedad) como por tratarse de consejeros distinguidos por su actuación autónoma al margen de posibles condicionantes o vínculos que subordinen el ejercicio de su cargo con independencia (entendida en sentido objetivo). Esta perspectiva se reafirma en el desarrollo de sus competencias extremando la observancia de la obligación de diligencia en el ejercicio de las funciones supervisoras que tienen asignadas en el órgano de administración de las sociedades cotizadas y respecto de las que ostenten en las Comisiones especiales en las que participen (o, incluso, presidan), al igual que el deber que pesa sobre ellos de exigir la oportuna y necesaria información acerca de la sociedad para llevar a cabo sus funciones de modo efectivo (deber— derecho de información[302]) y en cuanto al tiempo dedicado al cumplimiento de dichas facultades societarias. El deber de diligencia que asumen los consejeros independientes apreciamos que se ha de perfilar en atención a unas obligaciones de hacer y de preciso

[302] En este sentido, ALFARO ÁGUILA-REAL, *Artículo 225...op.cit.*, págs. 317-323; ARMSTRONG, C.S./ CORE, J.E./ GUAY, W.R., "Do independent directors cause improvements in firm transparency?", *Journal of Financial Economics*, núm. 113, 2014, págs. 383–403; CHEN, X./ CHENG, Q./ WANG, X., "Does increased board independence reduce earnings management? Evidence from recent regulatory reforms", *Review of Accounting Studies*, núm. 20, 2015, págs. 899–933; FONT GALÁN, *El deber...op.cit.*, pág. 168; KAPLAN, S.N./ REISHUS, D., "Outside directorships and corporate performance", *Journal of Financial Economics*, núm. 27, 1990, págs. 389–410; MAMBRILLA RIVERA, *Las concretas...op.cit.*, págs. 368-371; MUÑOZ PAREDES, J. Mª., *La información de los consejeros en la sociedad anónima*, Pamplona, 1999, págs. 28-33; QUIJANO GONZÁLEZ/ MAMBRILLA RIVERA, *Los deberes...op.cit.*, págs. 943-944; SILA, V./ GONZALEZ, A./ JENS, H., "Independent director reputation incentives and stock price informativeness", *Journal of Corporate Finance*, 47, 2017, págs. 219-235; VELASCO SAN PEDRO, L. A., "La información en el consejo de administración: derechos y deberes del Consejo y de los consejeros", en AA.VV. *El gobierno de las sociedades cotizadas*, (Coord. ESTEBAN VELASCO, G.), Marcial Pons, Madrid, 1999, págs. 305-315.

cumplimiento *so* pena de incurrir en la correspondiente responsabilidad por un comportamiento negligente, a saber: ejercer el cargo y sus competencias con el estándar de diligencia debido (un *ordenado empresario*), cumpliendo con las disposiciones normativas y con lo previsto en los estatutos de la sociedad y en los Reglamentos internos de funcionamiento de la misma en defensa de los intereses del conjunto de los accionistas, y neutralizando los posibles conflictos de intereses que puedan surgir en la compañía. Así como, participando activamente en el Consejo de Administración societario y en las específicas Comisiones en las que se integre, lo que supone la necesaria asistencia a las reuniones en cada caso y, si fuera necesario, habrán de oponerse de manera formal a los acuerdos que se pretendan adoptar y resulten contrarios a las normas o las previsiones estatutarias y, a su vez, a los que sean opuestos al interés social o cuando se trate de decisiones que perjudican a accionistas no representados (o que cuenten con menor presencia) en el Consejo de Administración de la entidad[303].

No obstante, reparamos que la asignación a los consejeros independientes en las sociedades cotizadas de una función básica de supervisión y control en lo que concierne al buen gobierno de la compañía requiere que la aplicación de las obligaciones referidas haya de determinarse, con un criterio general, en el deber de control o vigilancia (*duty of vigilance*) de las actuaciones ejecutivas o directivas que se llevan a cabo en la sociedad[304]. Esto es,

---

303 Siguiendo la Recomendación 23 del CBG.

304 Apartado 2º del art. 225 de la LSC y Principio 13 del CBG. Sobre ello, véanse ALFARO ÁGUILA-REAL, *Artículo 225...op.cit.*, págs. 313-324; LLEBOT MAJÓ, J. O., *Los deberes de los administradores de la Sociedad Anónima*, Madrid, 1996, *passim*; MARCOS FERNÁNDEZ/ SÁNCHEZ GRAELLS, *Necesidad...op. cit.*, págs. 499-568; PÉREZ CARRILLO, E. F., "El deber de diligencia de los administradores de sociedades", *RdS*, núm. 14/2000, págs. 275-324; REDÍN GOÑI/ GONZÁLEZ PERALTA, ¿Qué esperamos...op.cit.; RODRÍGUEZ RUIZ

compete a los consejeros independientes la ineludible adopción de las medidas necesarias para que dicha función sea efectiva y para cumplir con los objetivos pertinentes en atención al interés del conjunto de la sociedad, al igual que en cuanto a las contribuciones estratégicas. En su actuación va a resultar esencial la garantía del interés social frente a los posibles conflictos que puedan plantearse entre directivos y accionistas de la entidad, y entre accionistas representados y no representados en el Consejo de Administración de la misma, y la información necesaria en cuanto a las materias que sean objeto de deliberación y de adopción de decisiones sociales, ya que representan el interés de los diferentes *stakeholders* de la entidad[305]. En este sentido, el de-

DE VILLA, D., *Los consejeros independientes en las sociedades de capital españolas*, La Ley, Madrid, 2008, págs. 43-50; SÁNCHEZ-CALERO GUILARTE, J., "Las políticas en materia de control/ supervisión de riesgos, información financiera y sistemas internos de control de riesgos e información. La Comisión de Auditoría y sus relaciones al respecto con el Consejo de Administración (art. 529 ter 1º. B) y D) en relación con el art. 529 *quaterdecies* LSC)", en AA.VV. *Junta general y Consejo de Administración en la sociedad cotizada*, (Dirs. RODRÍGUEZ ARTIGAS, F./FERNÁNDEZ DE LA GÁNDARA, L./QUIJANO GONZÁLEZ, J./ALONSO UREBA, A./VELASCO SAN PEDRO, L./ESTEBAN VELASCO, G.— Coord. RONCERO SÁNCHEZ, A.), Tomo II, Pamplona, 2016, pág. 236 y en *Los consejeros...op.cit.*, págs. 603-652.

305 Recomendaciones 26 a 32 del CBG y art. 529 *quinquies* de la LSC (en cuanto a las sociedades cotizadas). Aunque el deber de información resulta más relevante respecto de los consejeros con competencias ejecutivas, se recomienda que los consejeros sean periódicamente informados de los movimientos en el accionariado y de la opinión que los accionistas significativos, inversores y agencias de calificación tengan sobre la sociedad y su grupo. Para ampliar esta materia, DÍAZ MORENO/ JUSTE MENCÍA, *Artículo 245...op.cit.*, págs. 491-495; MATEU DE ROS, *La independencia de criterio...op.cit.*, pág. 225; OTERO MOYANO, *Funcionamiento...op.cit.*, págs. 177-178; SÁNCHEZ-CALERO GUILARTE, *Los consejeros...op.cit.*, págs. 603-652. Por su parte, algún autor ha defendido que las obligaciones de información y transparencia de las sociedades cotizadas es en sí misma una especialidad diferenciadora de la labor de los Consejos de Administración (TAPIA HERMIDA, *Las sociedades cotizadas...op.cit.*, pág. 14)

ber-derecho de información que se reconoce a los que ocupan el cargo de consejeros externos independientes, a nuestro modo de interpretar, va a suponer una garantía de la efectividad respecto de la realización de su función en el órgano gestor societario, de la aportación al mismo de su competencia profesional y de la pertinente dedicación de tiempo en cuanto al puesto que ocupan en el seno de la entidad[306]. Así, asumen la obligación de obtener la información necesaria o, cuando sea procedente, pedir asesoramiento en atención a la complejidad de los asuntos societarios que vayan a tratarse, a fin de forjarse un conocimiento suficiente. Consecuentemente, cabe exigirles a los consejeros independientes una precisa actuación para disponer de la información adecuada en el ejercicio de las funciones de supervisión que le son propias y, sobre ellas, determinar un juicio objetivo, neutro y autónomo, al igual que acerca de las materias que puedan resultar forzadas por las intervenciones de otros consejeros sociales o por los miembros ejecutivos que dirigen la sociedad.

El deber de obtener la precisa información que se vincula a la actuación diligente de los consejeros independientes en el desempeño de sus competencias, sin que se afecte a la confidencialidad que tienen que respetar en virtud del deber de lealtad sobre el que volveremos[307], resulta correlativo al reconocimiento de esta misma prerrogativa frente a los que han de proporcionarle dicha información y que serán los que integran el órgano de administración social. Particularidad que implica que estos con-

---

306 En este sentido, ARMSTRONG/ CORE/ GUAY, *Do...op.cit.*, págs. 383–403; CHEN/ CHENG/ WANG, *Does...op.cit.*, págs. 899–933; KAPLAN/ REISHUS, *Outside...op.cit.*, págs. 389–410; MATEU DE ROS CEREZO, *El estatuto...op. cit.*, págs. 170-173; SILA/ GONZALEZ/ JENS, *Independent...op.cit.*, págs. 219-235; VELASCO SAN PEDRO, *La información...op.cit.*, págs. 305-315.

307 En igual sentido, pero en relación con los consejeros dominicales, puede consultarse PAZ-ARES RODRÍGUEZ, *Identidad y diferencia del consejero...op.cit.*, págs. 93-95 y 156-174.

sejeros tienen el derecho a obtener información previa sobre la sociedad y de las sesiones del Consejo de Administración y de las Comisiones especiales en las que participe. El reconocimiento de este derecho de información se concreta en una serie de facultades que lo integran, cuáles son: participar en la configuración del orden del día y presentar enmiendas o propuestas que sean necesarias, recibir con suficiente antelación el orden del día respecto de las sesiones, la posibilidad de convocar reuniones del Consejo de Administración y, también, de las Comisiones especiales cuando se estime necesario, obtener información permanente sobre cualquier asunto de relevancia, las decisiones que se hubieran tomado, y de los acuerdos ejecutados o adoptados en cada caso, solicitar asesoramiento para el cumplimiento de sus competencias en el órgano de gestión, y la facultad de recibir las actas de las sesiones del Consejo de Administración, entre otros documentos necesarios. En todo caso, la observancia escrupulosa de la exigencia de informarse acerca de la compañía y de los aspectos que sobre ella sean necesarios en sus actuaciones, tiene una concreción activa en cuanto que se le imputa al consejero externo independiente la obligación de hacerse con la debida información y, como ha quedado expuesto, otra de carácter pasivo relativa al reconocimiento de su derecho a recibir esa información. La dificultad que puede plantearse en cuanto a esta última es que no suponga, en ningún caso, una subordinación o condicionante para el adecuado desenvolvimiento de las funciones del consejero independiente en la sociedad y en beneficio del interés social respecto de los miembros del Consejo de Administración que se la hayan de proporcionar (en concreto, de los consejeros que ejercen las competencias ejecutivas[308]). Debiéndose atenuar

[308] En esta consideración véanse GUTIÉRREZ URTIAGA/ SÁEZ LACAVE, *Deconstructing...op.cit.*, págs. 64-79; y PAZ-ARES RODRÍGUEZ, *Identidad y diferencia del consejero...op.cit.*, pág. 94 quien alude a KASTIEL, K./ NILI, Y.,

en lo posible esta contingencia que influiría en la independencia de la actuación que le es propia en su comprensión objetiva.

A lo anterior hay que añadir la dedicación apropiada y continua de tiempo por parte del consejero independiente y el esfuerzo que ha de invertir en el ejercicio de su cargo y la adopción de las medidas que sean precisas para poder llevar a cabo las atribuciones que tiene asignadas en el órgano de administración de la sociedad cotizada. Los consejeros externos independientes aceptan, como parte del deber de diligencia al que se comprometen, asistir a las sesiones de Consejo de Administración (y, en su caso, a las de las Comisiones especiales a las que pertenezcan por su condición) y participar de manera activa y no pudiendo eximirse de la atención a esta exigencia, salvo causa debidamente justificada. Asimismo, han de dedicar el tiempo suficiente para el eficaz desarrollo de sus funciones societarias, participando en los programas de orientación y actualización que corresponda durante el tiempo en el que formen parte del órgano de administración social. La atención a esta exigencia quedará verificada, al tratarse de consejeros independientes, por la Comisión de Nombramientos y Retribuciones desde el momento inicial de su nombramiento en el que dicha Comisión tiene que elevar la propuesta de designación de los mismos al Consejo de Administración para su posterior aprobación por parte de la Junta general de accionistas tras haber comprobado los requerimientos que le son impuestos. Sin embargo, observamos que en el supuesto que nos atañe se hace complejo concretar unas referencias unitarias sobre la dedicación de tiempo de los consejeros independientes que resulte adecuada, esencialmente, por el conjunto de funciones diversas que llevan a cabo tanto en el propio Consejo, como en las Comisiones especiales en las que participen o en otras po-

"Captured Boards: The Rise of Superdirectors and the Case for a Board Suite", *Wisconsin Law Review*, núm. 19, 2017, págs. 21 y ss.

sibles competencias que desarrollen en la sociedad y ello puede dificultar la precisa valoración del tiempo y la dedicación requeridos en el desempeño del cargo por parte de la Comisión especial. En concreto, pese a que en el caso de las Comisiones especiales reglamentariamente se establecen las facultades mínimas que les corresponden cumplir a los consejeros que las conforman, nada impide que esa relación funcional se amplíe por disposición estatutaria o, en su caso, por el contenido del propio Reglamento interno de funcionamiento del Consejo de Administración. A mayor abundamiento, tampoco es posible afirmar categóricamente la correspondencia de competencias o funciones que se le asignan a estos consejeros en las Comisiones creadas *ex lege* en el órgano de administración, ya que en el caso de la Comisión de Auditoría es bien sabido que las exigencias para integrarse en la misma son más estrictas por las específicas atribuciones que han de ejercerse.

C. La regla de la discrecionalidad empresarial en el marco de la administración societaria (the business judgment rule)

Los administradores sociales o, en su caso, los consejeros que integran el órgano de gestión y administración de las sociedades de capital tienen reconocidas las competencias necesarias para gestionar y representar a la entidad en beneficio del interés social, pero quedan sometidas al oportuno riesgo empresarial en cuanto que el ejercicio de su actividad pueda perjudicar el patrimonio social. La adopción de decisiones por su parte en el desempeño de sus funciones no sigue un criterio único, sino que en el proceso de adopción de aquéllas se plantean diversas posibilidades. Pues de su actuación no puede exigirse que necesariamente se alcance un concreto resultado, sino que —en todo caso— se vele de manera prioritaria por el interés social del conjunto de los accionistas sobre cualquier otro que resulte particular y en el mejor beneficio del interés de la entidad de que se trate.

Los deberes fiduciarios y, en particular, la analizada obligación de diligencia que tienen que respetar los administradores o consejeros sociales se corresponde con el reconocimiento de cierta libertad en el desempeño de sus funciones y ello a pesar de que el cumplimiento de la actuación diligente no asegure, en todo caso y como se ha señalado, el resultado positivo de la conducta. En este sentido, cabe justificar el establecimiento de mecanismos necesarios para garantizar las decisiones adoptadas por parte de los que integran el órgano de administración societario en la medida en que hubieran observado las exigencias reglamentarias. Sin embargo, dicha libertad de actuación no debe interpretarse en un sentido absoluto[309]. El amparo de las decisiones adopta-

309 En este sentido, DÍAZ MORENO, *La business...op.cit.,* pág. 2; por su parte, EMBID IRUJO, J. M., "Business judgment rule y motivación de decisiones" (disponible en el recurso electrónico: http://www.commenda.es/rincon-de-commenda/business-judgment-rule-y-motivacion-de-las-decisiones/ —último acceso, enero 2023—) y en "La protección de la discrecionalidad empresarial en el proyecto de ley para la mejora del gobierno corporativo", Commenda, 2014 (disponible en el recurso electrónico: http://www.commenda.es/rincon-de-commenda/la-proteccion-de-la-discrecionalidad-empresarial-en-el-proyecto-de-ley-para-la-mejora-del-gobierno-corporativo/ —último acceso, enero 2023—) señala el *temor* a que la aplicación de la regla suponga la exoneración de toda responsabilidad de los administradores, pero también una aplicación rígida va a hacer que éstos asuman riesgos excesivos; RONCERO SÁNCHEZ, A., "Protección de la discrecionalidad empresarial y cumplimiento del deber de diligencia", en AA. VV. *Junta general y Consejo de Administración en la sociedad cotizada*, (Dirs. RODRÍGUEZ ARTIGAS, F./FERNÁNDEZ DE LA GÁNDARA, L./QUIJANO GONZÁLEZ, J./ALONSO UREBA, A./VELASCO SAN PEDRO, L./ESTEBAN VELASCO, G.— Coord. RONCERO SÁNCHEZ, A.), Tomo II, Pamplona, 2016, págs. 388-391, justifica la previsión de la protección de la discrecionalidad empresarial en el problema de la 'competencia institucional' en cuanto que los jueces carecen de conocimientos técnicos precisos para enjuiciar las decisiones empresariales, la necesidad de reducir el 'sesgo cognitivo o retrospectivo', reducir la aversión al riesgo de los administradores, y proporcionar seguridad jurídica; y SERRANO MORALES, E./ BERMÚDEZ MADRIGAL, J., "Protección de las decisiones estratégicas y de negocio. Análisis del artículo

das por los administradores sociales puede hacerse a través de dos mecanismos: protegiendo *ex lege* la *discrecionalidad empresarial* o la aludida libertad de actuación que tienen reconocida, o evitando la injerencia de los órganos judiciales en las decisiones comerciales y de negocios que hubieran adoptado, lo que se materializa en la valoración del ámbito de los deberes que han de respetar los administradores sociales en relación con las previsiones normativas que resulten de aplicación. La determinación de ambas posibilidades no ha sido uniforme en la sistemática sobre el gobierno corporativo. Mientras que el sistema anglosajón ha seguido la segunda opción, justificándose en que dicho sistema ya cuenta con principios que amparan las decisiones empresariales que aprueban los administradores sociales en el desempeño de sus funciones en el órgano de administración y, evidentemente, esta circunstancia supone que quede invalidada la aplicación de la regla de la discrecionalidad empresarial. Por tanto, la posible revisión judicial de aquellas decisiones se fundamentará en la valoración que se efectúe sobre el cumplimiento de los deberes societarios exigidos a los que ocupan el cargo de administrador social en la compañía. En un sentido contrario, sin embargo, nuestro legislador se ha decantado por introducir el mecanismo de la tutela de la *discrecionalidad empresarial* previsto en el ámbito norteamericano, se trata de la conocida como *business judgement rule*[310].

---

226 LSC", en AA.VV. *La Administración de las Sociedades de Capital desde una Perspectiva Multidisciplinar*, (Dirs. CAMACHO DE LOS RÍOS, F.J./ ESPIGARES HUETE, J.C./ VELASCO FABRA, G.— Coord. ORTIZ DEL VALLE, Mª.C.), Editorial Aranzadi, Madrid, 2019, págs. 399— 403.

310 La adopción de los principios de los Códigos de buen gobierno se manifiesta en positivo en el test de las resoluciones norteamericanas. *Vid.* ALONSO UREBA, *El modelo...op.cit.*, págs. 65-66; ARSHT, S., "The business judgement rule revisited", *Hofstra L. Rev.*, vol. 8, 1979, págs. 93-134; BRANSON, D. M., "The Rule That Isn't a Rule — The Business Judgment Rule", 36 V *Valparaiso University Law Review*, 2002, págs. 631-654; CERRATO CRESPÁN, *El deber...*

En lo que respecta a la *protección de la discrecionalidad empresarial* de los administradores sociales, de modo sucinto y como ha quedado indicado, la configuración de esta inmunidad parte de los pronunciamientos judiciales norteamericanos, en particular en el Estado de *Delaware*. La delimitación conceptual que inicialmente se hizo, y que es la aceptada de modo mayoritario, puede concretarse en el siguiente tenor[311]:

op.cit., págs. 79-80; FISCHEL, D.R., "The Business Judgement Rule and the Trans Union Case", *The Business Lawyer*, núm. 40, 1985, págs. 1437 y ss.; GÓMEZ ASENSIO, C., "El alcance efectivo de la *business judgement rule* en el derecho español una visión integradora desde el derecho de sociedades y el derecho concursal", *RdS*, núm. 45, 2015, págs. 321-358; GUERRERO TREVIJANO, C., "La protección de la discrecionalidad empresarial en la Ley 31/2014, de 3 de diciembre", *RDM*, núm. 298/2015, págs. 147-182; GURREA MARTÍNEZ, A., "La cuestionada deseabilidad económica de la *business judgment rule* en el Derecho español", *Working Paper Series*, Facultad de Derecho de la Universidad CEU San Pablo, 20015 (disponible en los recursos electrónicos: https://ssrn.com/abstract=2445545 y http://dx.doi.org/10.2139/ssrn.2445545 —último acceso, enero 2023—); HERNANDO CEBRIÁ, *El deber...op.cit.*, págs. 106-152; JOHNSON, L., "The Modest Business Judgment Rule", 55 *The Business Lawyer*, 1999-2000, págs. 625-652; MATEU DE ROS CEREZO, *La independencia de criterio...op.cit.*, págs. 194-200 y 395-404; MCMURRAY, M., "Historical Perspective on the Duty of Care, the Duty of Loyalty, and the Business Judgment Rule", 40 *Vand. L. Rev.*, 1987, págs. 607-620; MILLER, E.S./ RUTLEDGE, T. E., "The Duty of Finest Loyalty and Reasonable Decisions: The Business Judgment Rule in Unincorporated Business Organizations?", 30 *Del. J. Corp. L.*, 2005, págs. 343-352; PAREDES GALEGO, C., "Capítulo I. Los deberes de los consejeros en las sociedades de capital", *Cuadernos de Derecho para Ingenieros 44ª: La responsabilidad de los consejeros,* La Ley, Madrid, 2018, págs. 10-12; PAZ—ARES RODRÍGUEZ, *Responsabilidad... op.cit.*, págs. 71-76; SERRANO CAÑAS, *La incorporación... op.cit.* págs. 35-42; SERRANO MORALES/ BERMÚDEZ MADRIGAL, *Protección...op.cit.*, págs. 404-406; SUESCÚN DE ROA, F., "*The business judgment rule* en los Estados Unidos: una regla con dimensión procesal y fuerza sustantiva", 127 *Vniversitas*, 2013, págs. 341-371; VELERDAS PERALTA, *Órgano... op.cit.*, págs. 295-296.

311 *Aronson v. Lewis. 473 A.2d 805 (1984). Senior Aronson, et al., Defendants Below, Appellants, v. Harry Lewis, Plaintiff Below, Appellee. Supreme Court of Delaware, November 14, 1983. Decided: March 1, 1984.A. v. Lewis, 473*

(...) presunción de que en la toma de una decisión de negocios los administradores de una entidad han actuado de manera informada, de buena fe y en la creencia de que la medida adoptada era una opción beneficiosa para el interés de la compañía.

Por consiguiente, dicha discrecionalidad posibilita que no se pueda interponer contra los administradores o consejeros sociales la acción de responsabilidad por los efectos perjudiciales que generen las decisiones que hubieran adoptado y, al mismo tiempo, permite diferenciar entre una actuación culposa y una actuación que puede resultar aventurada u osada por su parte. Circunstancia que implica, en un sentido negativo, el impedimento al órgano judicial de revisar las resoluciones de los que integran el órgano de administración de la sociedad que han atendido las exigencias indicadas, a saber: la actuación con la debida información, realizada siguiendo los parámetros de la buena fe entendida e interpretada en su sentido subjetivo, y llevar a cabo su actuación en beneficio del interés de la sociedad de forma prioritaria. La información debida implica que, pese a que la adopción de la decisión no resulte adecuada, se hubiera hecho con la suficiente información por parte del administrador o el consejero y que éste contaba con los conocimientos necesarios y con la oportuna formación de criterio al respecto. Además, se exige que hubiera actuado de acuerdo a la buena fe y en beneficio del interés social o del conjunto de los accionistas que integran la entidad, lo que supone que la decisión que se hubiera adoptado sea favorable

---

A.2d 805, 812 (Del. 1984). Para ampliar la información pueden consultarse: DREXLER, D. A./ BLACK, S. L./ GILCHRIST SPARKS, A., *Delaware Corporation Law and Practice*, vol. 2, LexisNexis, USA, 2019. Si bien, el origen de esta regla es el caso *Otis & Co. contra Pensilvania,* de 20 de julio de 1945 *[Otis & Co. v. Pennsylvania R. Co., 61 F. Supp. 905 (E.D. Pa. 1945)]* y FISCHEL, *The Business...op.cit.*, págs. 1437 y ss. También destacada por MATEU DE ROS CEREZO, *La independencia de criterio...op.cit.*, págs. 195-197; PAZ-ARES RODRÍGUEZ, *Identidad y diferencia del consejero...op.cit.*, pág. 131 en cuanto a su aplicación a los consejeros dominicales.

para la misma[312]. Por último, la tutela del interés social evidencia que el consejero o administrador no tenga un interés individual o que prime sobre el interés social otros intereses singulares respecto del asunto de que se trate y que éste se adopte de acuerdo con un proceso formal adecuado. La atención de esta regla de amparo discrecional rechaza la posibilidad de que se realice un juicio de oportunidad acerca de los actos de gestión que lleven a cabo los administradores sociales, salvo que éstos no actuaran de modo objetivo y racional priorizando el interés de la sociedad en la decisión adoptada.

Por su parte, el *American Law Institute* en los *Principles of the Corporate Governance*[313] ha concretado esta regla de discrecionalidad en base al contenido del deber de diligencia que pesa sobre los que ostentan el cargo de administrador o consejero social. Esto es, se establece como norma general que los administradores han de cumplir con el deber de actuar de buena fe en el ejercicio de sus competencias societarias, de acuerdo a la diligencia de una *persona prudente* y, en todo caso, en el mejor interés de la entidad de la que forman parte. La determinación de

312 Véanse LLEBOT MAJÓ, *Los deberes...op.cit.*, págs. 73-85; PAZ-ARES RODRÍGUEZ, *Responsabilidad...op.cit.*, págs. 78-79.

313 *Principles of the Law, Corporate Governance: Analysis and Recommendations, Volume 1 & 2, (1994), 2008 reprint*. Seccion 4.01. Véanse: ARSHT, *The business...op.cit.*, págs. 95-130; BRANSON, D. M., "The American Law Institute Principles of Corporate Governance and The Derivative Action: A View From The Other Side", 43 *Wash. & Lee L. Rev.* 399, 1986, (disponible en el recurso electrónico: http://scholarlycommons.law.wlu.edu/wlulr/vol43/iss2/4 —último acceso, enero 2023—) y en *The Rule...op.cit.*, págs. 631-654; GUERRA MARTÍN, G. J., "El gobierno de las Sociedades Cotizadas Estadounidenses. Su influencia en el Movimiento de Reforma del Derecho Europeo", *RdS*, monográfico, 2003, págs. 436 y ss; JOHNSON, *The Modest...op.cit.*, págs. 625-652; MCMURRAY, *Historical...op.cit.*, págs. 607 y ss; MILLER/ RUTLEDGE, *The Duty...op.cit.*, págs. 343-352; RONCERO SÁNCHEZ, *Protección...op.cit.*, págs. 392-394.

la actuación diligente basada en la prudencia se concreta en dos elementos esenciales: la ausencia de un interés personal o particular en la adopción del acuerdo social y la necesidad de que los administradores cuenten con la información suficiente sobre el mismo para adoptar la decisión con los criterios adecuados y con el debido conocimiento sobre la materia[314]. Por tanto, salvo que se hubieran incumplido dichos extremos, no va a ser posible la interposición de la acción de responsabilidad contra la actuación de los administradores sociales por la inobservancia de la obligación de diligencia que pesa sobre ellos por su propia condición societaria. Atribuyéndose la carga de la prueba de la actuación no diligente por parte del que ocupa el puesto de administrador al que esté legitimado para interponer dicha acción social. En todo caso, el amparo que otorga la *business judgment rule* se extiende a la actuación de los administradores sociales de forma conjunta y respecto de la toma de las decisiones con la debida información

[314] En el asunto *Smith v. Van Gorkom, 488 A.2d 858 (Delaware Supreme Court 1985),* se declaró la responsabilidad de los administradores por adoptar una decisión de fusión sin estar debidamente informados, rechazándose la aplicación de la *Business Judgment Rule* (para ampliar esta información: SMITH v. VAN GORKOM., "The Business of Judging Business Judgment", *41 The Business Lawyer*, N. 4, August 1986, págs. 1187-1193). En un sentido similar, el caso *Cede v. Technicolor Inc, 634 A.2d 371 (Delaware Supreme Court 1993).* En otros planteamientos, pese a existir conflicto de interés, la Corte presume el *entire fairness* de la decisión pues los administradores la han adoptado con la aprobación de asesores independientes o de la mayoría de accionistas minoritarios —tal es el caso *Weinberger v. uop, Inc., 457 A.2d 701 (Delaware Supreme Court 1983* y *Puma v. Marriot (Delaware Supreme Court 1971)—. Vid.* DREXLER/ BLACK/ GILCHRIST SPARKS, *Delaware...op.cit.;* FISCHEL, *The Business...op.cit.,* págs. 1437 y ss.; GUERRA MARTÍN, *El gobierno...op.cit.,* pág. 438; HOLGER FLEISCHER, LL. M., "La '*business judgment rule*' a la luz de la comparación jurídica y de la economía del derecho", *RDM*, núm. 246, octubre-diciembre, 2002, pág. 1731; LLEBOT MAJÓ, *Los deberes...op.cit.,* pág. 80; MCMURRAY, *Historical...op.cit.,* págs. 607-615.

en el seno de la compañía en interés de la misma y al margen de posibles intereses particulares o individuales[315].

A nivel interno y como se ha adelantado, nuestro Derecho societario reconoce de forma expresa la *protección de la discrecionalidad empresarial* siempre que los administradores o consejeros sociales adopten las decisiones estratégicas y de negocio cumpliendo las imposiciones que se establecen al aceptar dicha designación y que han asumido para con la entidad[316]. La competencia para adoptar decisiones societarias engloba el juicio de oportunidad y la asunción del riesgo derivado de las mismas. Por

315 El caso *Graham vs AllisChalmers (Delaware Supreme Court 1963)* delimitó el concepto de 'decisión de negocios' con el siguiente tenor: *(...) tomar una opción respecto a una materia relevante para las operaciones de negocios de la corporación*. No incluyéndose la falta de actuación. De contenido similar, fue el razonamiento del asunto *Dodge v. Ford Motor Co., 204 Mich. 459, 170 N.W. 668, 1919 Mich. LEXIS 720, 3 A.L.R. 413 (Mich. 1919)*.

316 Art. 226 de la LSC. Sobre ello, véanse ALFARO ÁGUILA-REAL, J., "Artículo 226. Protección de la discrecionalidad empresarial", en AA.VV. *Comentario de la reforma del régimen de las sociedades de capital en materia de gobierno corporativo (Ley 31/2014)*, (Coord. JUSTE MENCÍA, J.), Editorial Aranzadi, Pamplona, 2015, págs. 325-360; PAZ-ARES RODRÍGUEZ, *Responsabilidad...op.cit.*, págs. 77-80 (incluso respecto de los que cuentan con facultades de supervisión en la sociedad); RONCERO SÁNCHEZ, *Protección... op.cit.*, págs. 397-401; SERRANO CAÑAS, *La incorporación...op.cit.* págs. 30-44; SERRANO MORALES/ BERMÚDEZ MADRIGAL, *Protección...op.cit.*, págs. 412— 417. Aunque la indicada regla de la *common law* norteamericana ya se había referido en diversos pronunciamientos judiciales, de los que nos interesa destacar los que siguen: SAP de Madrid de 13 de septiembre de 2007 (TOL7.393.687| Civil| Fallo: Fallo desestimatorio| REC: 701/2006| RES: 168/2007| ECLI: ES:APM:2007:11813), SAP de Pontevedra de 24 de enero de 2008 (TOL1.284.971| Civil| Fallo: Fallo desestimatorio), y la SAP de Madrid de 28 de octubre de 2011 (TOL2.341.312| Civil| Fallo: Fallo estimatorio parcial| REC: 46/2011| RES: 316/2011). Sobre ello, también DÍAZ MORENO, *La business...op.cit.*, págs. 3-4. Por su parte, EMBID IRUJO, *Business...op.cit., passim,* plantea la controversia de la ubicación de la norma que podía haber incluido en sede de responsabilidad de los administradores sociales.

consiguiente, la discrecionalidad empresarial abarca el contenido material del deber de diligencia, de modo concreto, la asunción de las decisiones aludidas (estratégicas y de negocio) si se ha observado el estándar de diligencia de un *ordenado empresario*. Es decir, que el que se encarga del desempeño de las funciones de administración en la entidad hubiera *actuado de buena fe, sin interés personal en el asunto objeto de decisión, con información suficiente y con arreglo a un procedimiento de decisión adecuado*. En cuyo caso, se prevé la aplicación de dicho principio como un mecanismo de seguridad para los consejeros sociales que confiarán en que las decisiones adoptadas no van a ser cuestionadas a posteriori y de forma arbitraria. El alcance de la regla de la tutela discrecional hay que entenderlo —por ende— vinculado al deber diligencia pues, a pesar de que éste es una imposición y la otra se configura como un modo de revisión, se reconoce y califica siguiendo un sistema de garantía que permite amparar las decisiones estratégicas y de negocio tomadas por parte de los administradores sociales y en la medida en que éstos actúen siguiendo las previsiones de una conducta diligente, la buena fe, la supremacía del interés social sobre el particular en el asunto objeto de decisión, el contar con la información adecuada y razonable sobre la sociedad y los aspectos relevantes que conciernen a la misma (presupuestos, condiciones y efectos económicos)[317] y, si fuera preciso, requerir el correspondiente asesoramiento de terceros expertos[318]. A lo que se añade, la exigencia formal de adoptar

317 *Vid.* FONT GALÁN, *El deber...op.cit.*, págs. 71-77, quien matiza a este respecto que: *(...) la Business Judgement Rule* propone una *«interpretación funcionalista —no generalista— del deber de diligencia con el objeto fundamental de inmunizar a los administradores frente a posibles imputaciones de responsabilidad por daños causados a la sociedad. Tales criterios (...) integran, pues, el contenido mínimo del deber de diligencia (...)*.

318 La doctrina insiste en la necesidad de eludir el *sesgo retrospectivo* o *la distorsión que se produce en el enjuiciamiento de una conducta o de una decisión*

las decisiones sociales en el marco de un procedimiento decisorio adecuado[319]. De tal forma que, si los consejeros sociales en la adopción de una decisión, un acuerdo o una estrategia societaria, han actuado siguiendo los estándares de diligencia previstos y la formalidad que se impone, con independencia del buen fin de la resolución alcanzada, será posible aplicar la dispensa del ejercicio de la acción de responsabilidad frente a los mismos por el posible perjuicio causado a la sociedad, a fin de evitar la valoración de la decisión que oportunamente hubieran adoptado. El efecto que de ello deriva es la imposibilidad de que los órganos judiciales revisen o valoren el fondo de la decisión acordada, en cuanto que se presume que los administradores sociales han cumplido con las exigencias del deber de diligencia que les corresponde, pese a que nada impide que su actuación les pueda hacer responsables en otro orden o por un comportamiento contrario al deber de lealtad o fidelidad social[320]. Aun cuando la norma guarda silencio al respecto, de la calificación de la presunción indicada cabe colegir que se trata de una presunción *iuris et de iure* que no admite

cuando se conoce su resultado negativo o desfavorable (véase RONCERO SÁNCHEZ, *Protección...op.cit.,* págs. 383-425).

319 ALFARO ÁGUILA-REAL, *Artículo 226...op.cit.,* págs. 330-345; CERRATO CRESPÁN, *El deber...op.cit.,* págs. 81-82; DÍAZ MORENO, *La business...op. cit.,* págs. 5-6; SERRANO CAÑAS, *La incorporación...op.cit.* págs. 37-40. Por su parte, autores como RONCERO SÁNCHEZ, *Protección...op.cit.,* págs. 415-416, consideran que la norma se refiere a un *proceso abstracto* en el que se incluye la recopilación de información suficiente, el análisis de la misma y la reflexión antes de adoptar la decisión social.

320 A este respecto, EMBID IRUJO, *Business...op.cit.;* PAZ-ARES RODRÍGUEZ, *La responsabilidad...op.cit.,* pág. 89; PEINADO GRACIA, J. I., "Abnegación y silencio en la sociedad mercantil(apuntes sobre los conflictos de interés entre el socio y su sociedad)", en AA.VV. *Derecho de sociedades: revisando el derecho de sociedades de capital,* (Dirs. GONZÁLEZ FERNÁNDEZ, Mª. B./ COHEN BENCHETRIT, A.- Coords. OLMEDO PERALTA, E./ GALACHO ABOLAFIO, A. F.), Tirant lo Blanch, Valencia, 2018, págs. 50-52; VIERA GONZÁLEZ, *Las sociedades...op.cit.,* págs. 483-493.

prueba en contrario[321] y no de una presunción *iuris tantum*[322]. De este modo, alejándonos de la interpretación que hacen los órganos judiciales norteamericanos[323], entendemos que no es posible probar que —aun cuando se han cumplido los presupuestos de la discrecionalidad empresarial— la decisión estratégica y de negocio adoptada en la sociedad es opuesta a la diligencia exigida. Por lo que sólo van a ser objeto de examen las conductas que se hubieran llevado a cabo en un sentido opuesto a los mencionados requerimientos, lo que traerá como consecuencia que se determine la responsabilidad oportuna respecto de los que ostentan la condición de administradores o consejeros sociales por su actuación[324].

La armonización del derecho positivo con la pragmática societaria hace factible entender que el reconocimiento de la regla de la protección de la discrecionalidad empresarial de los consejeros sociales y, en concreto, de los que ostentan el cargo de consejeros externos independientes es un beneficio de la actuación que estos desarrollan en el Consejo de Administración de las entidades cotizadas[325]. La atención de la misma se entenderá en sentido

321 Véanse, entre otros: DÍAZ MORENO, *La business...op.cit.*, pág. 5; SERRANO CAÑAS, *La incorporación...op.cit.*, pág. 12, entendiéndose que no cabe exigir responsabilidad a los administradores (*espacio de inmunidad* es como lo ha denominado el prof. RONCERO SÁNCHEZ, *Protección...op.cit.*, pág. 407).

322 En este sentido RECALDE CASTELLS, *Comentario...op.cit.*, págs. 657-658.

323 Como en el asunto *Clark v. Lomas & Nettleton Financial Corp.*, 625 F.2d 49 (5th Cir. *1980*), *cert, denied 450 U.S. 1029 (1981*), en el que no se aplicó la protección de la discrecionalidad empresarial de los administradores porque se presentó un conflicto de sus intereses particulares con los de la propia sociedad.

324 *Vid.* RECALDE CASTELLS, A., "Del «Código Olivencia» a la aplicación de la Ley de Transparencia. (Un balance provisional —y decepcionante— sobre la reforma del «gobierno corporativo» en las sociedades cotizadas españolas)", *RCDI*, núm. 692, 2005, págs. 1861-1904.

325 Autores como EMBID IRUJO, *Business...op.cit.*, ponen de manifiesto el oportunismo de que los administradores, además, motiven o justifiquen sus deci-

positivo por cuanto es un modo de salvar el excesivo riesgo que pudiera asumir el consejero al formar parte del órgano de gestión societaria, siempre que en su actuación haya seguido la diligencia de un *ordenado empresario*, en cumplimiento de la reglamentación y de los estatutos de la sociedad, en defensa del interés colectivo del conjunto de los accionistas y, a su vez, que hubiera neutralizado los posibles conflictos de interés, observado con rigor el deber de información y el requisito formal en la adopción del acuerdo mediante el proceso oportuno. Lo contrario, esto es no amparar la discrecionalidad de las decisiones empresariales sobre las que se pronuncien los consejeros independientes, permitiría una valoración judicial *ex post*. Hipótesis que podría apreciarse como un impedimento o condicionante de la particular independencia de actuación que singulariza a estos consejeros sociales. La adopción diligente de las decisiones que les corresponde por el ejercicio de sus funciones supervisoras en la entidad no puede verse influenciada por factores que minimicen la autonomía de la actuación que le es inherente a su condición. Discernimiento que permite sopesar que no aplicar la regla de la tutela de la discrecionalidad empresarial respecto de los consejeros que nos ocupan va a suponer que actúen limitados por la desconfianza o gravamen implícito a la posible interposición de la acción de responsabilidad basada en las consecuencias negativas que, cuando proceda, hubiera motivado la decisión alcanzada para los intereses de la sociedad. En todo caso, como se ha indicado, se exceptúan los supuestos en los que en el cumplimiento de sus obligaciones para con la compañía aquéllos no hubieran actuado según los cánones de independencia que les singularizan y, como es obvio, no

siones. Por su parte, PAZ-ARES RODRÍGUEZ, J. C., "La responsabilidad de los administradores como instrumento de gobierno corporativo", *RdS*, núm. 20, 2003-1, págs. 80-81 señala la necesidad de que entre el deber de diligencia y el de lealtad se reconozca un tercer deber que es el de independencia. Ello, a su vez, haría concretar un régimen de responsabilidad intermedio.

hubieran observado el contenido del deber de diligencia social y el requisito formal en la adopción del acuerdo que se hubiese aprobado.

Por último, conviene indicar que la regla de la protección de la discrecionalidad empresarial únicamente hace referencia a las decisiones estratégicas y de negocio que los consejeros sociales adopten en el desempeño de su cargo societario[326]. Por lo que su propio contenido excluye de la tutela conferida dos bloques de decisiones. De un lado, las que afecten de modo personal a otros administradores sociales y personas vinculadas; y, de otro, las que tengan por objeto autorizar o dispensar la realización por parte de un administrador social (o persona vinculada) de operaciones singulares. Estas últimas, concernientes a la ejecución de una transacción con la sociedad, el uso de ciertos activos sociales, el aprovechamiento de una concreta oportunidad de negocio, la obtención de una ventaja o remuneración por parte de un tercero y la no competencia con la entidad. La justificación de esta exclusión cabe sustentarla en que las decisiones sobre los temas indicados generan un conflicto de interés para con la sociedad a cuyo órgano gestor pertenece el administrador o consejero.

1.2. El deber de lealtad social y las situaciones de conflicto de interés

A. El contenido del deber de lealtad que asumen los consejeros sociales

El deber de lealtad o fidelidad a la sociedad que se impone a los administradores sociales ha sido desarrollado en mayor medida

326 Art. 226.2º de la LSC. Véase RONCERO SÁNCHEZ, *Protección...op.cit.*, págs. 410-412.

en la sistemática societaria que en el caso de la obligación de la diligencia debida y, además, su contenido resulta más riguroso al tratarse —como es sabido— de una regulación de carácter imperativo. El compromiso de lealtad que pesa sobre los que ostentan el cargo de administrador o consejero social parte de la relación que éstos tienen con la sociedad y de la que deriva la obligación general que se corresponde con el desempeño de sus funciones de acuerdo a un *fiel representante* que se encarga de la administración y representación de los intereses ajenos en las relaciones externas, actuando en base al principio de la buena fe y en el mejor interés de la compañía[327]. Esto es, a pesar de que la lealtad o

[327] Art. 227 de la LSC. *Vid.* ALFARO ÁGUILA-REAL, J., "El interés social y los deberes de lealtad de los administradores", *Anuario de la Facultad de Derecho de la Universidad Autónoma de Madrid*, núm. 20, 2016, págs. 213-236; ARIAS VARONA, F. J., "Régimen general del deber de lealtad de los administradores. Obligaciones básicas y conflictos de interés", en AA.VV. *Comentario práctico a la nueva normativa de gobierno corporativo Ley 31/2014, de reforma de la Ley de Sociedades de Capital*, CMS ALBIÑANA & SUÁREZ DE LEZO, Dykinson, Madrid, 2015, págs. 85-94; CERDÁ MARTÍNEZ-PUJALTE, C. Mª., "Deber de lealtad y conflictos de interés de los administradores, con especial referencia a los deberes de las sociedades cotizadas", en AA.VV. *Estudios de Derecho del Mercado Financiero. Homenaje al profesor Vicente Cuñat Edo*, Universidad de Valencia, Valencia, 2010, págs. 46-50; ESTEBAN VELASCO, *Reorganización...op.cit.*, págs. 111-112; GARCÍA DE ENTERRÍA LORENZO VELÁZQUEZ, *Los deberes...op.cit.*, págs. 23-27; JUSTE MENCÍA, J., "Artículo 227. Deber de lealtad", en AA.VV. *Comentario de la reforma del régimen de las sociedades de capital en materia de gobierno corporativo (Ley 31/2014)*, (Coord. JUSTE MENCÍA, J.), Editorial Aranzadi, Pamplona, 2015, págs. 361-375; MARCOS FERNÁNDEZ/ SÁNCHEZ GRAELLS, *Necesidad...op.cit.*, págs. 512-516; MATEU DE ROS CEREZO, *El Código...op.cit.*, pág. 246 y en *La independencia de criterio...op.cit.*, págs. 207-212 y 222-225; PAZ—ARES RODRÍGUEZ, *Responsabilidad...op.cit.*, págs. 33-37 y en "Anatomía del deber de lealtad", en AA.VV. *Junta general y Consejo de Administración en la sociedad cotizada*, (Dirs. RODRÍGUEZ ARTIGAS, F./FERNÁNDEZ DE LA GÁNDARA, L./QUIJANO GONZÁLEZ, J./ALONSO UREBA, A./VELASCO SAN PEDRO, L./ESTEBAN VELASCO, G.— Coord. RONCERO SÁNCHEZ, A.), Tomo II, Pamplona, 2016, págs. 434-436; y en esta misma obra PORTELLANO DÍEZ, P., "El deber de evitar situaciones de conflicto de interés: entre la imperatividad y la dis-

fidelidad a la sociedad se configura sobre estas tres pretensiones, como norma general, se trata de que se antepongan los intereses de la sociedad o del conjunto de los socios que la conforman a los de los propios administradores, o a intereses particulares o singulares. La observancia de esta imposición básica conlleva que el consejero o administrador social, no sólo deba abstenerse de participar en la deliberación y votación de los acuerdos o decisiones en las que él o una persona vinculada al mismo tenga un conflicto de interés —directo o indirecto sustancialmente—, sino también a adoptar las medidas precisas para evitar incurrir en situaciones en las que sus intereses (propios o por cuenta ajena) puedan entrar en conflicto con los de la sociedad y con sus deberes para con la misma.

La previsión de este deber elemental que, como es evidente, resulta inherente a la condición de administrador o consejero social presenta un contenido que, en principio, puede inferirse abstracto y confuso al carecer de la oportuna delimitación de su alcance[328]. Si bien, la integridad subjetiva de la actuación se con-

---

pensa (arts. 229, 230 y 529 ter.1.h) LSC)", pág. 467; QUIJANO GONZÁLEZ/ MAMBRILLA RIVERA, *Los deberes...op.cit.*, págs. 946-950; SÁNCHEZ-CALERO GUILARTE, *La reforma...op.cit.*, pág. 903; VIERA GONZÁLEZ, *Las sociedades...op.cit.*, págs. 483-493. Por su parte, LLEBOT MAJÓ, *El deber...op.cit.*, págs. 325-326 vincula la fidelidad también al deber de diligencia que pesa sobre los administradores sociales. En cuanto a la concepción originaria del derecho cabe destacar las obras de los profesores GARRIGUES, *Tratado... op.cit.*, págs. 42 y ss., y GIRÓN TENA, J., *Derecho de Sociedades Anónimas*, Valladolid, 1952, págs. 335 y ss.

328 El *Informe Aldama* reforzó la eficacia del deber de lealtad, incluyendo las siguientes recomendaciones: *(...) un consejero leal debe evitar los conflictos de intereses entre los administradores o sus familiares directos y la sociedad, notificando su existencia (si se diese el caso) al Consejo de Administración; no debe desempeñar ningún tipo de cargo en empresas competidoras de la sociedad de la que es consejero. En ningún caso debe utilizar información confidencial de la sociedad para fines privados. Tampoco debe hacer uso indebido de los activos de la sociedad ni aprovecharse de las oportunidades de negocio que conozca*

creta con el reconocimiento expreso y organizado de una serie de obligaciones específicas que conforman la lealtad exigible a los administradores sociales respecto de la sociedad a la que pertenecen y que, en su mayor parte, se corresponden con los *fiduciary duties* del derecho norteamericano[329]. El conjunto de obligaciones que se detallan ha de valorarse en un sentido positivo en la medida en que facilitan su observancia y la verificación de su cumplimiento. Nos referimos a las que se relacionan a continuación y cuyo comentario se hará atendiendo a la figura de los consejeros externos independientes en las sociedades cotizadas por ser la materia que nos ocupa, los cuales —como venimos indicando— son nombrados con la finalidad de desempeñar sus competencias supervisoras en el órgano de administración social en garantía del interés social sobre cualquier otro de carácter particular, por lo que su actuación ha de resultar ajena a las posibles relaciones o vínculos con la entidad, los accionistas significativos y los directivos de la misma, ejerciendo su cargo con imparcialidad y con un criterio libre y autónomo en cuanto a posibles condicionantes, y de carácter objetivo en el desempeño de sus concretas competencias societarias[330].

por el hecho de ser consejero. Sobre ello, pueden consultarse: ARIAS VARONA, *Régimen general...op.cit.*, pág. 86; CERDÁ MARTÍNEZ-PUJALTE, *Deber de... op.cit.*, pág. 47; PAREDES GALEGO, *Capítulo I...op.cit.*, págs. 13-19; PAZ—ARES RODRÍGUEZ, *La anomalía...op.cit.*, págs. 108-116.

329 Art. 228 de la LSC. En este sentido, ALFARO ÁGUILA-REAL, *El interés...op. cit.*, págs. 220-230; ARIAS VARONA, *Régimen...op.cit.*, págs. 87-88; JUSTE MENCÍA, *Artículo 228...op.cit.*, págs. 377-393; MATEU DE ROS CEREZO, *El estatuto...op.cit.*, págs. 173-178 y en *La independencia de criterio...op.cit.*, págs. 218-228; PAZ-ARES RODRÍGUEZ, *Responsabilidad...op.cit.*, págs. 35-37 y en *Anatomía...op.cit.*, págs. 438-442.

330 Como ya puso de manifiesto el *Informe Olivencia* y que con posterioridad recogió el *Informe Aldama* (págs. 21-23). *Vid.* EMBID IRUJO, *Los deberes...op. cit.*, págs. 8-9; GARCÍA DE ENTERRÍA LORENZO VELÁZQUEZ, *Los deberes... op.cit.*, págs. 23-27; RECALDE CASTELLS, A., "Los administradores de las sociedades anónimas en un entorno de gobierno corporativo", *RVEH*, núm. 7,

En primer término, cabe aludir al deber del consejero de no ejercitar sus facultades con fines diversos de aquéllos para los que le han sido concedidas. Esta imposición, entendemos que no genera dudas deductivas porque el compromiso de lealtad implica la realización de las actividades necesarias por parte de los que se encargan de la gestión y administración societaria para la consecución del objeto social, de acuerdo al interés común de los socios. En consecuencia, se entenderá que el consejero social actúa de buena fe si no persigue fines distintos de los que le correspondan por las funciones que tiene atribuidas en el seno de la sociedad. A este respecto, y en el caso concreto que nos ocupa, compete a los designados en la condición de consejeros externos independientes en las sociedades cotizadas ejercer las funciones de supervisión de los que llevan a cabo las facultades ejecutivas y directivas en el órgano de administración a fin de tutelar el interés social o del conjunto de los socios (y, en concreto, de los no representados en el órgano gestor) desde una óptica patrimonial y de rentabilidad de la participación de cada uno de ellos a largo plazo y que suponga una maximización del valor económico de la compañía, para lo cual ha de conseguirse el equilibrio de la pluralidad del conjunto de los intereses societarios[331]. Asimismo, este

2003, pág. 72; SÁNCHEZ CALERO, *Los administradores...op.cit.*, págs. 161 y 710-714.

331 En este sentido, ESTEBAN VELASCO, *Consejeros independientes...op.cit.*, págs. 500-527; FERNÁNDEZ DE LA GÁNDARA, L., *Derecho de Sociedades*, vol. I, Valencia, 2010, págs. 1089-1090; MEGÍAS LÓPEZ, J., *El consejero independiente. Estatuto y funciones*, La Ley, Madrid, 2012, pág. 182 y en *Revisitando...op.cit.*, págs. 235-244; PEINADO GRACIA, Comentario al artículo 523 LSC...op.cit., págs. 1025-1030; SÁNCHEZ-CALERO GUILARTE, *Los consejeros...op.cit.*, págs. 96-97. En un sentido opuesto, sin embargo, se manifiestan los que consideran que los consejeros independientes representan a un grupo de socios, en este sentido destacan: GUTIÉRREZ URTIAGA, M./ SÁEZ LACAVE, M. I., "El mito de los consejeros independientes", *InDret*, abril, 2012, págs. 27-28; MARCOS FERNÁNDEZ/ SÁNCHEZ GRAELLS, *Necesidad...op. cit.*, pág. 545.

cometido ha de extenderse a los empeños que el consejero independiente asuma en el seno de la entidad, nos referimos a los que son propios de las Comisiones especiales de las que forme parte (e, incluso, presida) en correlación con las funciones que, en cada caso, se le asignen, al igual que en correspondencia con su participación en la declaración del cumplimiento de las recomendaciones de gobierno corporativo de la entidad u otras facultades específicas que se le puedan atribuir.

En segundo lugar, los consejeros independientes que integran el órgano de administración societaria tienen que guardar secreto sobre las informaciones, datos, informes o antecedentes a los que hayan tenido acceso en el ejercicio de su cargo en el órgano de gestión y en las Comisiones especiales de las que forme parte (Comisión de Nombramientos y Retribuciones y Comisión de Auditoría, esencialmente)[332]. Limitación que, no siendo terminante, hemos de estimar que responde a la relación de confianza con la que se vincula a la sociedad en cuyo órgano gestor el consejero se integra. Si bien es cierto que la obligación se prevé con un amplio margen en cuanto a su aspecto objetivo, el cual no sólo se refiere a datos e informaciones actuales, sino también se incluyen los precedentes que conciernan a la sociedad, sólo se delimita desde la perspectiva subjetiva en función del cargo social desempeñado o del ámbito funcional que distingue al consejero en el seno de la entidad. Esto es, los consejeros externos independientes habrán de guardar secreto acerca del conocimiento que tengan sobre la

332 En este sentido, ALONSO UREBA, *Las comisiones...op.cit.*, págs. 905-968; GALLEGO SÁNCHEZ, E., "El deber de secreto de los administradores tras la reforma de la Ley de Sociedades Anónimas por la Ley de Transparencia", en AA.VV. *Derecho de las Sociedades Anónimas*, (Dirs. RODRÍGUEZ ARTIGAS, F./FERNÁNDEZ DE LA GÁNDARA, L./QUIJANO GONZÁLEZ, J./ALONSO UREBA, A./VELASCO SAN PEDRO, L./ESTEBAN VELASCO, G.), vol. II, Pamplona, 2006, págs. 991-1028; PACHECO CAÑATE, La comisión...op.cit.; SÁNCHEZ-CALERO GUILARTE, *La reforma...op.cit.*, págs. 904-905.

sociedad por el ejercicio del específico puesto societario que ostentan en la misma y de las facultades que en su desempeño hubieran asumido frente al órgano en el que se integran[333]. De este modo, cabe comprender tanto la información pertinente para ejercer las facultades supervisoras que llevan a cabo en el Consejo de Administración sobre los que ocupan cargos ejecutivos o directivos, como en las Comisiones especiales de las que formen parte, además de otras posibles competencias que hubieran aceptado en su condición de consejero externo independiente. Aun cuando existe una precisión subjetiva y funcional sobre el contenido del cumplimiento de la imposición de guardar secreto, ha de tenerse en cuenta que las competencias que distinguen a los consejeros independientes, sin pretensión de exhaustividad, no sólo se circunscriben al ámbito de la supervisión en el órgano de administración social y a la información necesaria en cuanto a las materias que sean objeto de deliberación y de adopción de decisiones en el Consejo de Administración, antes bien se ha de respetar el secreto sobre las informaciones o datos a los que estos consejeros accedan en las Comisiones de Nombramientos y Retribuciones y en la Comisión de Auditoría a las que pertenezcan (o, incluso, presidan), y en lo que concierne a otros puestos específicos derivados de su condición de consejeros independientes (como lo es su designación como CIC).

En consonancia con lo anterior, sopesamos la conveniencia de traer a colación la limitación del mandato del consejero que nos ocupa. Pues, como es sabido, una vez que ha transcurrido la

333 Autores como GALLEGO SÁNCHEZ, *El deber...op.cit.*, págs. 998-1010; IGARTUA ARREGUI/ JUSTE MENCÍA, *Deberes...op.cit.*, págs. 75-89; MATEU DE ROS CEREZO, *El estatuto...op.cit.*, págs. 177-178, consideran que el deber de guardar secreto se exceptúa en determinadas ocasiones. Véase también SÁNCHEZ-CALERO GUILARTE, *Los consejeros...op.cit.*, y en *La reforma...op. cit.*, págs. 894-917.

temporalidad preceptuada (doce años) los consejeros no podrán ser designados en la condición de independientes, pudiendo ser nombrados consejeros con otra catalogación social o, en su caso, aspirar a ser designados consejeros independientes en una entidad distinta. En este último planteamiento, a efectos de poder aplicar el deber de secreto que pesa sobre ellos en su condición de consejeros externos independientes de la sociedad previa, sólo es factible alegar la buena fe en el desempeño de sus facultades societarias. Es decir, en la medida en que se trata de consejeros independientes singularizados por sus precisos atributos profesionales y personales y, básicamente, por su actuación autónoma y objetiva al margen de posibles condicionantes, habrán de llevar a cabo su nuevo cargo sin que el conocimiento que tengan acerca de los datos, informaciones e informes de la compañía anterior les pueda influir o condicionar en el desarrollo de las competencias asumidas en la nueva sociedad. El consejero independiente (al igual que el resto de consejeros sociales externos a la entidad) ha de atender de modo prioritario y esencial al contenido del deber de lealtad para con la sociedad y ello implica la obligación de guardar secreto en beneficio del conjunto del interés de los accionistas[334].

---

334 Al igual que en el caso de los consejeros dominicales, con independencia de que puedan informar a los accionistas de cuestiones acerca de la sociedad que no alteren el secreto de la información confidencial en perjuicio de los intereses sociales (para ampliar esta idea pueden consultarse: ALFARO ÁGUILA-REAL, J., "Deber de secreto de los administradores", *Almacén de Derecho*, diciembre 2011 (disponible en el recurso electrónico: https://derechomercantilespana.blogspot.com/2011/12/deber-de-secreto-de-los-administradores.html —último acceso, enero 2023—); FARRANDO MIGUEL, I., *El deber de secreto de los administradores de sociedades anónimas y limitadas*, Estudios de Derecho Mercantil, Civitas, Madrid, 2001, págs. 99-100; FELIÚ REY, J., "El deber de secreto de los administradores", en AA.VV. *Gobierno Corporativo: la Estructura del Órgano de Gobierno y la Responsabilidad de los Administradores,* (Dir. MARTÍNEZ-ECHEVARRÍA y GARCÍA DE DUEÑAS, A.), Madrid, 2015, págs. 625-626; PAZ-ARES RODRÍGUEZ, *Anatomía...op.cit.,* págs. 51-

Junto a las obligaciones indicadas que derivan de la observancia del deber de lealtad social, se prevé un elenco de imposiciones en relación con los supuestos de situaciones de conflicto de interés y que cabe reputar en un doble sentido: negativo y positivo. De un lado, se requiere mencionar la imposibilidad de que el consejero social participe en la deliberación y en la votación de acuerdos o decisiones sociales en las que él mismo o una persona con la que mantenga una vinculación tenga un conflicto de intereses[335],

84 y en *Identidad...op.cit.*, págs. 74-76; SÁNCHEZ CALERO, F., "El deber de secreto de los miembros del Consejo de Administración de las sociedades cotizadas", *Anales de la Real Academia de jurisprudencia y legislación*, núm.34, 2004, págs. 260-261, y en el mismo sentido, en *Los administradores...op.cit.*, págs. 216-220).

335 Las personas vinculadas al mismo van a ser las siguientes: el cónyuge o las personas con análoga relación de afectividad, los ascendientes, descendientes y hermanos o del cónyuge del administrador, los cónyuges de los ascendientes, de los descendientes y de los hermanos del administrador y las sociedades en las que el administrador, por sí o por persona interpuesta, se encuentre en alguna de las situaciones contempladas en el apartado primero del artículo 42 del Ccom. (apartado 1º del art. 231 de la LSC). A este respecto, autores como: ALFARO ÁGUILA-REAL, *El interés...op.cit.*, págs. 221-235, y CERDÁ MARTÍNEZ-PUJALTE, *Deber...op.cit.*, págs. 50-55, se han mostrado críticos con la configuración actual del conflicto de interés mediante la lealtad (la transparencia como presupuesto esencial de la norma) y la previsión —aunque acertada— de las personas vinculadas al mismo; GARNACHO CABANILLAS, L., "Transparencia y conflictos de interés de administradores y directivos", en AA.VV. *Sociedades cotizadas y transparencia en los mercados,* (Dirs. RODRÍGUEZ ARTIGAS, F./ FERNÁNDEZ DE LA GÁNDARA, L./ QUIJANO GONZÁLEZ, J./ ALONSO UREBA, A./ VELASCO SAN PEDRO, L.A./ ESTEBAN VELASCO, G.- Coord. RONCERO SÁNCHEZ, A.), vol. I, Editorial Aranzadi, Madrid, 2019, págs. 339-372. Por su parte, QUIJANO GONZÁLEZ/ MAMBRILLA RIVERA, *Los deberes...op.cit.*, págs. 957 y 965; y SÁNCHEZ-CALERO GUILARTE, *La reforma...op.cit.*, pág. 905, plantean la posible necesidad de haber regulado las situaciones de conflicto de interés de forma separada. Es de relevancia la consulta de las siguientes resoluciones en la materia: SAP núm. 113/2014 de Castellón (Sección 3ª), de 31 marzo (TOL4.362.139| Civil| Fallo: Fallo estimatorio parcial| REC: 543/2013| RES: 113/2014); SAP núm. 255/2014 de Málaga (Sección 6ª), de 8 abril (TOL4.558.893| Civil| Fa-

bien de carácter directo o indirecto, en cuanto a la propia materia. Restricción básica que ha de estimarse en función del deber impuesto a los consejeros de la entidad, por cuanto el compromiso con la lealtad que le es exigible se fundamenta en su capacidad para resolver y adoptar decisiones que afectan al conjunto de la sociedad y en el mejor interés de la misma. En equivalencia, se reconoce la posibilidad de establecer la acción de impugnación de los acuerdos adoptados por el órgano de administración que resulten opuestos al interés del colectivo de accionistas que la conforman[336].

De otro, se conmina a que los administradores o consejeros sociales ejerzan sus funciones atendiendo al principio de responsabilidad personal, con libertad de criterio o juicio, y de manera autónoma respecto de las posibles instrucciones y vinculaciones con terceros, y evitando los conflictos de intereses entre los consejeros o sus familiares directos y la propia sociedad[337]. Téngase en cuenta en este sentido que, como venimos infiriendo a lo largo de nuestro análisis, la independencia es un presupuesto deontológico exigible e innato a la condición de consejero social y que deriva del deber de lealtad que asumen para con la sociedad y al margen de su catalogación societaria, de este modo el consejero social va a desempeñar sus competencias de buena fe y con liber-

llo: Fallo desestimatorio| REC: 193/2012| RES: 255/2014); Sentencia núm. 246/2013 del Juzgado de lo Mercantil de Madrid, núm. 3, de 30 octubre (TOL4.010.936| Civil| Fallo: Fallo estimatorio parcial| REC: 245/2013| RES: 246/2013).

336 *Vid.* VICENT CHULIÁ, F., "Grupos de sociedades y conflictos de intereses", *RDM*, núm. 280, 2011, págs. 38-42. Aunque, PAZ-ARES RODRÍGUEZ, *Anatomía...op.cit.*, pág. 440 propone una solución más moderada basada en la inversión de la carga de la prueba.

337 Arts. 228 letra e) y 229 de la LSC. Véanse CERDÁ MARTÍNEZ-PUJALTE, *Deber...op.cit.*, págs. 50-55: SÁNCHEZ-CALERO GUILARTE, *La reforma...op.cit.*, págs. 906-907.

tad de criterio en beneficio del interés del conjunto de los socios. Sin embargo, esta previsión adquiere una singular relevancia en el caso de los consejeros externos independientes que se designan en el órgano de administración de las compañías cotizadas, ya que en dicha condición no solo concurre la necesidad de evitar que prevalezca un interés particular o individual sobre el social y, de este modo, se les requiere ser imparciales y objetivos en el desempeño de sus facultades, sino además en ellos confluye el mandato de una actuación independiente o autónoma significada en su tendencia objetiva. Referida, esta última, a que esté alejada de posibles condicionantes o vínculos y evitando situaciones de desventaja o conflicto entre el conjunto de los diversos intereses que integran la sociedad y el de la entidad y, cuando sea necesario, deben tratar de solventarlos con un criterio neutro y, como es lógico, en base a la prioridad del interés social.

En relación con lo expuesto, la consideración del deber de lealtad compromete a los consejeros sociales a precisar las medidas necesarias para evitar incurrir en situaciones de conflicto de intereses entre el que es particular y el de la sociedad, y con sus deberes para con la misma. A modo interpretativo, la sistemática prevé un catálogo de situaciones en las que se presume que un administrador o consejero se encuentra en una situación de conflicto de interés negocial y, a fin de evitar que se produzca, se establece respecto de ellos y de las personas vinculadas una obligación nominada en sentido negativo de no hacer o de abstenerse de llevarlas a término[338], salvando la hipótesis en la

338 Art. 229 de la LSC. Véase, entre otros, ALONSO LEDESMA, C., "El conflicto de interés como problema jurídico", en AA.VV. *Conflictos de interés en las sociedades de capital: socios y administradores,* (Dir. HERNANDO CEBRIÁ, L.), Marcial Pons, Madrid, 2022, págs. 460-463; ARIAS VARONA, *Régimen... op.cit.,* págs. 91-93; PAZ-ARES RODRÍGUEZ, *Anatomía...op.cit.,* págs. 442-444 que resalta no sólo su novedad, sino también su oportunismo (en concreto, en las págs. 444-446) y en *Identidad y diferencia del consejero...op.cit.,*

que se admite la pertinente dispensa de la que nos ocupamos a continuación. El consejero social deberá inhibirse de realizar transacciones con la entidad hechas en condiciones estándar para los clientes y de escasa relevancia, en cuanto que su información no sea necesaria para expresar la imagen fiel del patrimonio, de la situación financiera y de los resultados de la sociedad, quedando al margen las operaciones de carácter ordinario. Tampoco podrá utilizar el nombre de la sociedad o invocar su condición de consejero de la misma para influir indebidamente en la realización de operaciones privadas, ni usar los activos sociales y la información confidencial con fines privados. No se podrán aprovechar el consejero social de las oportunidades de negocio de la entidad (*corporate opportunities*[339]) y se les niega la obtención de ventajas o remuneraciones de terceros distintos de la sociedad y su grupo asociadas al desempeño de su cargo, a menos que resulten ser atenciones de mera cortesía. Por último, los consejeros no podrán desarrollar actividades por cuenta propia o por cuenta ajena que entrañen una competencia efectiva o potencial con la sociedad de la que forman parte o que les sitúen en un conflicto permanente o estructural con los intereses sociales, en cuanto que supongan prácticas que produzcan un perjuicio evidente para el interés del conjunto de la entidad en beneficio del particular. Imposiciones que se han determinado en negativo, pero que resultan coincidentes con la obligación de hacer de carácter interno y que se refiere a la necesidad de que los consejeros sociales comuniquen al Consejo de Administración cualquier situación

págs. 132-133 precisa que son conflictos de interés transaccionales; SÁNCHEZ-CALERO GUILARTE, *La reforma...op.cit.*, págs. 907-908.

339 HERNANDO CEBRIÁ, L., "La doctrina de las oportunidades de negocio en el derecho español", en AA.VV. *Conflictos de interés en las sociedades de capital: socios y administradores*, (Dir. HERNANDO CEBRIÁ, L.), Marcial Pons, Madrid, 2022, págs. 286-308; QUIJANO GONZÁLEZ/ MAMBRILLA RIVERA, *Los deberes...op.cit.*, págs. 962-963.

de conflicto de interés que pudieran tener con la compañía, bien sea de forma directa o indirecta. Y no sólo en cuanto a las situaciones personales, sino incluso si el conflicto surge con una persona que se encuentra vinculada o relacionada con el mismo[340]. Información que, a su vez, ha de constar en el IAGC específico de las sociedades cotizadas y cuya finalidad es dar a conocer esas circunstancias fuera de la propia entidad en la que se plantean, tanto al resto de integrantes de la sociedad como al propio mercado. Por consiguiente, los consejeros externos independientes que formen parte del órgano de administración de las sociedades cotizadas quedan sometidos a las previsiones imperativas referidas en cumplimiento del deber de lealtad social y, a su vez, están vinculados a los específicos supuestos que —por alterar o influir el régimen de la independencia que les singulariza en lo que afecta al desempeño de sus funciones con autonomía— se presume que generan un conflicto de interés. Estos últimos se refieren a las situaciones condicionantes o incompatibilidades que impiden ser designado (o mantenerse) en la categoría de consejero independiente y que se han establecido de forma preventiva por considerar que influyen en la autonomía de actuación que —en su tendencia objetiva— se pregona de esta modalidad de consejero social[341]. Afirmación que no puede sino hacernos corroborar que, a este respecto y en lo que evidencia a los consejeros externos independientes, el rigor sistemático resulta más estricto y ajustado

340 Entendiendo por personas vinculadas a determinados familiares del propio administrador y las sociedades que éste pueda controlar (sobre las críticas a esta regulación pueden consultarse, entre otros, MATEU DE ROS CEREZO, *Gobierno corporativo...op.cit.*, págs. 33-35. Por su parte, PAZ-ARES RODRÍGUEZ, *Identidad y diferencia del consejero...op.cit.*, págs. 135-136 platea las opciones doctrinales y jurisprudenciales que se han decantado por la consideración de la lista de personas vinculadas (art. 231 de la LSC) un listado enumerativo o, por el contrario, *numerus clausus*. Interpretación, esta última, por la que se postula el autor (págs. 136-137).

341 Art. 529 *duodecies* de la LSC.

si se contrasta con su aplicación al resto de consejeros sociales en las entidades de capital, ya que a las coyunturas reglamentarias en las que se conjetura que el consejero social se halla en una situación de conflicto de interés, han de añadirse los condicionantes específicos que respecto de esta modalidad de consejero se estima que limitan la particular independencia de actuación en el Consejo de Administración de la sociedad, junto a las que en su caso se hubieran recogido vía estatutaria o en el Reglamento interno de funcionamiento de dicho órgano social.

B. La posible concesión de dispensa en determinadas situaciones de conflicto de interés

Las situaciones de conflicto de interés a las que nos hemos referido en el examen anterior se prevén en la norma con un carácter imperativo. En el sentido de que no se puede limitar su contenido por disposiciones estatutarias y tampoco son admisibles los pactos que exoneren o limiten la responsabilidad que genera su incumplimiento por parte de los administradores o consejeros sociales[342]. No obstante, esta previsión no se establece con

342 A este respecto, BOQUERA MATARREDONA, *La dispensa...op.cit.*, págs. 21-82; GARNACHO CABANILLAS, *Transparencia...op.cit.*, págs. 339-372; HERNANDO CEBRIÁ, *La doctrina...op.cit.*, págs. 308-312; MASSAGUER FUENTES, J., "Artículo 232. Acciones derivadas de la infracción del deber de lealtad", en AA.VV. *Comentario de la reforma del régimen de las sociedades de capital en materia de gobierno corporativo (Ley 31/2014)*, (Coord. JUSTE MENCÍA, J.), Editorial Aranzadi, Pamplona, 2015, págs. 427-439; OTERO MOYANO, A., "Imperatividad del deber de lealtad de los administradores y la posibilidad de dispensa", en AA.VV. *Comentario práctico a la nueva normativa de gobierno corporativo Ley 31/2014, de reforma de la Ley de Sociedades de Capital*, CMS ALBIÑANA & SUÁREZ DE LEZO, Dykinson, Madrid, 2015, págs. 95-99; PAZ-ARES RODRÍGUEZ, *Responsabilidad...op.cit.*, págs. 39-41; PEINADO GRACIA, J. I., "Las acciones derivadas de la infracción del deber de lealtad (art. 232 LSC)", en AA.VV. *Junta general y Consejo de Administración*

absoluta contundencia ya que, como se ha adelantado, está previsto un régimen de dispensa *ad hoc* en ciertos casos singulares y excepcionales[343]. Es decir, que la Junta general de accionistas o el propio Consejo de Administración, según proceda, tienen reconocida la facultad de autorizar que el consejero social o la persona vinculada al mismo puedan llevar a cabo algunas de las situaciones indicadas. Por cuanto, si bien es cierto que este sistema de dispensa permite eludir la efectiva observancia de la obligación de lealtad, no lo es menos que también hace factible que se concluyan operaciones que pueden resultar beneficiosas para la entidad de que se trate, lo que nos lleva a entender esta apreciación como la justificación que ha permitido establecer en la norma situaciones excepcionales al respecto.

Atendiendo al ámbito objetivo de la dispensa, ésta se reconoce únicamente en lo que concierne a los siguientes supuestos, cuáles son: realizar una determinada transacción con la sociedad, la facultad de uso de ciertos activos sociales, el aprovechamiento de una específica oportunidad de negocio y la obtención de una ventaja o remuneración por parte de un tercero. Si bien, aunque

en la sociedad cotizada, (Dirs. RODRÍGUEZ ARTIGAS, F./FERNÁNDEZ DE LA GÁNDARA, L./QUIJANO GONZÁLEZ, J./ALONSO UREBA, A./VELASCO SAN PEDRO, L./ESTEBAN VELASCO, G.— Coord. RONCERO SÁNCHEZ, A.), Tomo II, Pamplona, 2016, pág. 569.

343 Art. 229 de la LSC. *Vid.* GONZÁLEZ-MENESES GARCÍA-VALDECASAS, M., "Administradores sociales y conflicto de intereses", en AA.VV. *La Administración de las Sociedades de Capital desde una Perspectiva Multidisciplinar,* (Dirs. CAMACHO DE LOS RÍOS, F.J./ ESPIGARES HUETE, J.C./ VELASCO FABRA, G.— Coord. ORTIZ DEL VALLE, Mª.C.), Editorial Aranzadi, Madrid, 2019, págs. 450-455; OTERO MOYANO, *Imperatividad...op.cit.*, págs. 97-98; PORTELLANO DÍEZ, *El deber...op.cit.*, 480-520; SÁNCHEZ-CALERO GUILARTE, *La reforma...op.cit.*, págs. 912-914. Por su parte, PAZ-ARES RODRÍGUEZ, *Anatomía...op.cit.*, págs. 447-448, pone de manifiesto la necesidad de que concurra una *regla de procedimiento* (el órgano que dispensa), la *regla de equidad* de la transacción y la *regla de transparencia* (en particular, págs. 451-452).

de modo condicionado, también se establece la posible dispensa de la obligación de no realizar actuaciones de competencia con la compañía. La condición impuesta a esta última se concreta en que no se espere que se ocasione un daño o perjuicio para la sociedad o, de esperarse, dicho perjuicio se compense con los beneficios que se prevé obtener de la dispensa concedida. A pesar de lo indicado, si el riesgo sobre el perjuicio referido para la entidad deviene relevante, la Junta general de accionistas —a instancia de cualquier socio— podrá resolver sobre el cese del administrador social que esté llevando a cabo las actividades competitivas en perjuicio de la sociedad.

Por su parte, el ámbito subjetivo o la legitimidad para otorgar la dispensa se concreta en función del planteamiento de que se trate, el cual determina la competencia para acordar la necesaria autorización. Así, corresponde a la Junta general de accionistas la dispensa de la prohibición de obtener una ventaja o remuneración por parte de terceros, o la que afecte a la conclusión de una transacción cuyo valor sea superior al 10% de los activos sociales. Y, al igual, en cuanto al supuesto indicado sobre la dispensa de la obligación de no competir con la sociedad, en cuyo caso se hace imprescindible el acuerdo expreso y separado de la Junta general de accionistas. Requerimientos que suponen dotar de transparencia a la adopción de la decisión correspondiente y que, además, limitan la posibilidad de voto del administrador social que se va a dispensar. En el resto de planteamientos indicados, la autorización podrá ser concedida bien por la Junta general de accionistas o bien por el órgano de administración de la sociedad. Sin embargo, la posibilidad de que sea este último el que conceda la autorización o dispensa no se precisa de manera categórica, antes al contrario, requiere de la concurrencia necesaria de dos presupuestos insalvables. De un lado, que se garantice la independencia de los miembros que otorgan la dispensa respecto del administrador o consejero social afectado por la misma. Exigencia que supone que la dispensa se conceda de acuerdo a un criterio o juicio imparcial y de carácter objetivo, y que la decisión no esté influenciada por la relación o el posible vínculo con el sujeto que va a ser dispensado. Sin embargo, ha de tenerse en cuenta que esta imposición no se ha recogido respecto de las dispensas que otorga la Junta general de accionistas. De otro, se solicita la garantía de la inocuidad de la transacción autorizada para el patrimonio de la sociedad o, cuando proceda, su realización en condiciones de mercado y la adecuada transparencia del proceso. Así, en los casos en los que la dispensa se otorgue para llevar a cabo negocios con la compañía, éstos no pueden suponerle un perjuicio y, en iguales términos, en su desarrollo han de atenderse las condiciones de las operaciones comerciales. Este aspecto en las sociedades cuyos valores son admitidos a negociación en un mercado regulado consideramos que adquiere una relevancia mayor, por cuanto los principios de gobierno corporativo tratan de conferir garantía a la seguridad y propiciar la confianza general en los mercados, siendo fundamental que se preste atención y se observen las imposiciones que sobre la necesaria transparencia se prevén en las disposiciones reglamentarias que resulten de aplicación y en las recomendaciones que se hubieran realizado en la materia.

En último término, y en lo que nos afecta en este momento, conviene aludir que, en la hipótesis de infracción del deber de lealtad o fidelidad a la sociedad, las consecuencias jurídicas para el administrador o consejero social se han ampliado. En concreto, en lo que hace al cumplimiento del deber de lealtad su carácter imperativo se extiende al régimen de responsabilidad que deriva de su falta de observancia del que nos ocuparemos cuando corresponda[344]. Anticipamos que en el supuesto de infracción de

344 *Infra CAPÍTULO III.*

esta obligación se reconoce a la minoría la iniciativa excepcional de poder demandar a los administradores o consejeros sociales en defensa del interés social. Y no sólo es posible interponer las correspondientes acciones de responsabilidad para exigir al administrador (de derecho o de hecho[345]) la indemnización del daño causado al patrimonio social, a los socios o a los acreedores sociales, sino además se concreta la posibilidad de reclamar al miembro del órgano de administración la devolución del enriquecimiento injusto que hubiera obtenido por dicho incumplimiento[346].

Asimismo, cabe recurrir a las acciones civiles de cesación o prohibición del acto, la remoción de los efectos causados y, si procede, la anulación de los comportamientos y contratos celebrados por los administradores o consejeros sociales sin haber llevado a efecto las exigencias de lealtad en el desempeño de sus funciones societarias[347]. Quedando a salvo, la reclamación de la responsabi-

345 Véanse MARTÍNEZ SANZ, F., "Capítulo 2. Los administradores responsables", en AA.VV. *La responsabilidad de los administradores de las sociedades mercantiles*, (Dirs. ROJO, A./ BELTRÁN, E.), 6ª edic., Tirant lo Blanch, Valencia, 2016, págs. 55-65; PERDICES HUETOS, A., "Significado actual de los 'administradores de hecho': los que administran de hecho y los que de hecho administran", *RdS*, núm. 18, 2002, págs. 277-287.

346 Arts. 236 y 239 y apartado 2º del art. 227 de la LSC. Para ampliar esta materia: GIRÓN TENA, *Derecho...op.cit.*, págs. 426-430; HERNÁNDEZ PÉREZ-IRIONDO, I., "Acciones especiales en caso de infracción de los deberes de lealtad", en AA.VV. *Comentario práctico a la nueva normativa de gobierno corporativo Ley 31/2014, de reforma de la Ley de Sociedades de Capital*, CMS ALBIÑANA & SUÁREZ DE LEZO, Dykinson, Madrid, 2015, págs. 101-104; JUSTE MENCÍA, J., "La posición del equipo directivo en la estructura de gobierno de la sociedad cotizada: la responsabilidad de los Consejeros ejecutivos y miembros de Alta Dirección", en AA.VV. *Derecho de las Sociedades Anónimas*, (Dirs. RODRÍGUEZ ARTIGAS, F./FERNÁNDEZ DE LA GÁNDARA, L./QUIJANO GONZÁLEZ, J./ALONSO UREBA, A./VELASCO SAN PEDRO, L./ ESTEBAN VELASCO, G.), Tomo II, Pamplona, 2006, págs. 1049-1050 y en *Artículo 227...op.cit.*, págs. 361-375.

347 Art. 232 de la LSC. *Vid.* MASSAGUER FUENTES, *Artículo 232...op.cit.*, págs. 427-439; PEINADO GRACIA, *Las acciones...op.cit.*, págs. 577-586.

lidad penal y/o administrativa que, si fuera procedente, pudiera exigirse al infractor cuando resulte oportuno[348].

2. INDICACIONES SOBRE LA PARTICIPACIÓN DEL CONSEJERO EXTERNO INDEPENDIENTE EN EL ÓRGANO DE GESTIÓN SOCIETARIO Y DEBERES ESPECÍFICOS

Los consejeros independientes que integran el Consejo de Administración de las sociedades cotizadas asumen un conjunto de competencias propias del órgano de gestión del que forman parte y que pueden concretarse, de modo somero, en las que a continuación se indican. Interesa prestar atención a ellas para poder analizar con mayor rigor el régimen del estatuto jurídico que identifica al consejero externo independiente y, en concreto, en lo que se refiere al cumplimiento de los deberes asumidos y al régimen de responsabilidad que, en caso de inobservancia, pesa sobre el mismo. Teniendo presente, en todo caso, que los consejeros externos independientes se designan dentro del órgano de gestión de las entidades cotizadas por ciertos y especiales condicionantes de idoneidad de carácter personal, profesional y por su reconocimiento en el ámbito societario, por lo que cabe afirmar que han de contar con una experiencia profesional relevante, un reconocido prestigio y una alta cualificación técnica. Además de no incurrir en ninguna de las incompatibilidades o circunstancias condicionantes de la autonomía que es propia del desempeño de su cargo previstas *ex lege* en sentido negativo o de las recogidas en los estatutos sociales o en el propio contenido del Reglamento interno de funcionamiento del Consejo de Administración de la sociedad en cuyo Consejo de Administración se van a integrar.

348 Nos referimos a los arts. 279 y 285 del CP y a otras disposiciones de la LMVSI (sobre ello, PEINADO GRACIA, *Las acciones...op.cit.*, págs. 575-577).

2.1. Facultades inherentes a la condición de consejero social y particularidades del consejero externo independiente

La persona que es designada como consejero dentro del órgano de gestión y administración de la sociedad ha de desempeñar su cargo siguiendo no sólo las previsiones sustantivas, sino además el contenido de las disposiciones estatutarias de la entidad, de los Reglamentos internos de funcionamiento y organización y, a su vez, atendiendo a los principios y prácticas de buen gobierno que en su caso sean de precisa observancia. Asimismo, la capacidad de actuación que es propia de los consejeros sociales se fundamenta en la garantía de la tutela de los intereses del conjunto de los accionistas sobre cualquier otro de carácter particular, lo que supone que en el desempeño de su cargo traten de evitar los conflictos de interés que puedan plantearse con la sociedad o que prevalezcan los intereses particulares o propios de cualquier grupo societario, de los socios mayoritarios o de los minoritarios, sobre el interés social. Ello trae como consecuencia que los consejeros sociales, y en concreto los que ostentan la condición de consejeros externos independientes, lleven a cabo sus funciones con transparencia y asumiendo la responsabilidad del resultado de su conducta. En su condición de miembros que integran el Consejo de Administración de la compañía asumen como suyas las facultades de este órgano colectivo, lo que implica comprometerse con la gestión de la entidad y del propio Consejo, la definición de la estrategia corporativa, la vinculación respecto del régimen de responsabilidad frente a los socios y terceros, y la supervisión de los que llevan a cabo las funciones ejecutivas en el seno del órgano social. Individualmente considerado, como ha quedado expuesto, el consejero social tiene que cumplir el deber de diligencia y contribuir al adecuado funcionamiento del Consejo de Administración al que pertenece, obteniendo la información necesaria para el desenvolvimiento eficiente de sus competencias y ha de actuar de manera independiente y, de modo preciso, asistir a las reuniones y participar en las deliberaciones y responsabilizarse de las actuaciones que le sean propias. En base a esta última imposición, el consejero social no puede deliberar ni adoptar una decisión respecto de una materia que desconozca o de la que dispone de una información insuficiente, ni tampoco en relación con aquello con lo que no esté conforme por resultar la decisión contraria a los intereses sociales, dejando constancia de su oposición en el acta correspondiente. Es decir, debe observar los deberes de lealtad y diligencia que asume al momento de aceptar y ser designado en dicha condición societaria y de cuyo contenido ya nos hemos ocupado en el examen precedente.

Por su parte, la condición de consejero independiente implica que, junto a las facultades propias del que ocupa el cargo de consejero en una sociedad de capital y de las que es responsable, aquél asuma o se comprometa con la entidad cotizada a realizar unas funciones que podemos calificar de específicas y que traen causa en su concreta catalogación. En este sentido, y de manera particular, los consejeros externos independientes son profesionales contratados de forma temporal por la entidad para ejercer las competencias de control y de supervisión tanto de los que son responsables de la gestión diaria de la misma, como de los que llevan a cabo las competencias ejecutivas en un sistema monista de administración social para garantizar el buen funcionamiento del órgano de administración, actuando al margen de factibles vinculaciones con los grupos accionariales de interés o con los directivos de la compañía[349]. La finalidad principal de su actua-

[349] Sobre la relación mercantil que vincula al consejero y a la entidad es de interés la consulta del trabajo de MATEU DE ROS CEREZO, *Los consejeros... op.cit.*, pág. 240. Respecto de la especial función de supervisión que compete realizar a los consejeros independientes se han pronunciado, entre otros: ESTEBAN VELASCO, G., "La separación entre Dirección y Control: el sistema monista español frente a la opción entre distintos sistemas que ofrece el Derecho comparado", en AA.VV. *Derecho de Sociedades Anónimas Cotizadas,*

ción en el seno de las sociedades cotizadas —como venimos manifestando— es el ejercicio de la función de supervisión en el Consejo de Administración y la representación en el mismo de los intereses del conjunto de los accionistas (esencialmente, de los que cuentan con una menor representación o sin ella en el mismo), a fin de evitar las posibles situaciones de conflicto de intereses que puedan plantearse con los que tienen o representan una titularidad accionarial relevante u otros interesados. Ello hace preciso no sólo que el aspirante a consejero externo independiente reúna las condiciones determinadas en relación con los aspectos singulares de carácter personal y profesional que se le exigen para poder ser designado en esta concreta condición, y que no incurra en ninguno de los supuestos contemplados en sentido negativo al tratarse de situaciones preventivas de incompatibilidad, sino además que atienda a unas funciones singulares que se corresponden con su especial categoría societaria. Esto es, junto a su posición social como consejero, se trata de que realicen un esfuerzo o dedicación adicional al desarrollo de las competencias particulares que asumen al momento de aceptar el cargo por las consecuencias que de ello derivan para la entidad. Las mencionadas facultades individuales pueden calificarse, a nuestro modo de entender, de accesorias al puesto que ostentan y van a precisar la dedicación de tiempo suficiente y la adecuada formación desde la perspectiva profesional. Nos referimos, de forma genérica, a la disponibilidad y dedicación a la sociedad de la que van a formar parte y al requerimiento de estar debidamente formado al res-

Tomo II, 1ª edic., Pamplona, 2006, pág. 749; MARTÍN DE VIDALES/ LOPEZ JORRIN, *El Consejo...op.cit.*, pág. 278; PAZ-ARES RODRÍGUEZ, J. C., "El Gobierno de las sociedades. Un apunte de política legislativa", en AA.VV. *Derecho de sociedades. Libro Homenaje a Fernando Sánchez Calero*, Tomo II. Ed. McGraw Hill, Madrid, 2002, pág. 1809 que califica la función supervisora de los consejeros independientes en una *vigilancia de la "línea ejecutiva"*; SÁNCHEZ-CALERO GUILARTE, *Los consejeros...op.cit.*, págs. 27-29.

pecto, profundizar en el conocimiento de la compañía y en lo que influya en el adecuado desempeño de las funciones que tiene encomendadas y a las que se ha comprometido tanto en el momento de su nombramiento o designación, como durante el tiempo en el que perdure su mandato u ocupación en la sociedad[350]. En relación con ello, le corresponde asistir a las reuniones del Consejo de Administración y a las de las Comisiones especializadas de las que forme parte, así como a otros encuentros al margen de las convocatorias del propio órgano de administración para poder establecer su criterio objetivo e informado respecto de las materias de su competencia. Por su parte, la necesidad de que tenga un conocimiento adecuado en el ámbito societario y, de forma precisa, respecto de la sociedad en cuestión de la que forma parte hace esencial la atención del referido deber-derecho de obtener la correspondiente información en un momento previo a las reuniones, y ha de participar de manera activa en los debates y en las votaciones que por el desempeño del mismo le correspondan. Por consiguiente, el papel del consejero externo independiente en las sesiones en las que sea convocado no ha de responder — en nuestro criterio— al cumplimiento de un mero trámite formal derivado de su condición societaria, antes al contrario se le ha de exigir una participación activa en las reuniones y en las deliberaciones que se sucedan, exponiendo con justificación sus razones y el criterio neutral y objetivo que le es propio sobre los asuntos abordados de acuerdo con la posición que ostenta. Teniendo en cuenta que, en los casos que resulten de trascendencia, la aportación del mismo y su valoración ha de quedar debidamente reflejada en el acta del órgano de que se trate.

La intervención del consejero independiente en el órgano gestor de la entidad cotizada entendemos que no ha de interpretarse

---

350 Recomendaciones 25 a 27 y 30 a 32 del CBG. En esta opinión, ESTEBAN VELASCO, *El Gobierno...op.cit.*, pág. 33.

como una simple diligencia para cubrir las exigencias de las prácticas de buen gobierno corporativo en el Consejo de Administración de estas sociedades, cuanto debe dotarse de la eficiencia y garantía que ello supone en relación con la adecuada protección del interés social del conjunto de los accionistas sobre posibles intereses individuales o de diversos grupos accionariales. Y, de este modo, apreciarla en un sentido positivo y necesario para que las decisiones que se adopten en dichos órganos sociales estén afianzadas de la precisa seguridad para el interés colectivo o del conjunto de los que forman parte de la sociedad. Igualmente, ello supone la ausencia de impedimentos para que el consejero obtenga información sobre la compañía, ocupándose de conocer su situación real y del desarrollo de su objeto social. La actuación que, a este respecto, corresponde ejercer a los consejeros independientes en las sociedades cotizadas precisa del oportuno conocimiento de la sociedad para concretar su criterio con razón de causa y con una justificación correcta, y asistir a los intereses del conjunto de los accionistas e inversores con un juicio autónomo y al margen de posibles condicionantes o principios particulares. Por consiguiente, como se ha advertido, los consejeros independientes asumen el deber de formarse, dedicar tiempo suficiente al cargo aceptado, ser competentes, imparciales e independientes en su actuación en el órgano gestor en el que se integran, junto a la requerida obtención de la información necesaria para el oportuno ejercicio de las funciones que tienen atribuidas en cuanto a la administración de la sociedad y que se impone como una de las obligaciones (y/o derecho) principales[351].

Las competencias básicas y las que hemos calificado como adicionales o accesorias referidas a la figura de los consejeros externos independientes del órgano de administración de las entida-

---

[351] En este sentido, la Recomendación 30 del CBG propone expresamente que: *las sociedades ofrezcan también a los consejeros programas de actualización de conocimientos cuando las circunstancias lo aconsejen.*

des cotizadas, han sido puestas en consonancia con los deberes propios de los consejeros de las sociedades de capital, por lo que no procede en este momento su reiteración, sino remitirnos a lo expuesto con anterioridad en este sentido[352].

2.2. Funciones específicas de los que ostentan la condición de consejeros externos independientes

La relevancia de los que son designados en la condición de consejeros externos independientes en las disposiciones normativas y autonormativas internacionales que se han incorporado a nuestro régimen interno, ha hecho no sólo que se prevean ciertos aspectos vinculados con los mismos en la actual reglamentación aplicable a las sociedades de capital, en cuyo caso se ha reforzado su función, competencia y legitimidad en el órgano de administración de las sociedades cotizadas, sino en particular en lo que concierne a su inclusión en las Comisiones específicas creadas en el seno del mismo y a las que el Consejo de Administración encarga el seguimiento de temas sustanciales para el funcionamiento de la entidad. Las disposiciones jurídicas previstas en la materia establecen de modo preceptivo que se han de crear en el Consejo de Administración tanto la Comisión de Nombramientos y Retribuciones (o dos comisiones separadas, cuando proceda) como la Comisión de Auditoría, respecto de las que se recoge con claridad y determinación un elenco de funciones mínimas que se completan con las instrucciones indicativas del CBG. En igual sentido, y como se ha indicado en algún momento previo, se fortalece la independencia en su funcionamiento y la especialización de los que van a formar parte de ellas, al imponerse la presencia mayoritaria

352 *Supra CAPÍTULO II. 3. El cumplimiento de las obligaciones asumidas por los consejeros independientes.*

de consejeros externos (no ejecutivos) y, fundamentalmente, de independientes en su composición y que, de entre éstos últimos, se designe al que va a ocupar el cargo de la presidencia de la Comisión de que se trate.

En otro orden, también se ha previsto de modo expreso la figura del aludido *consejero independiente coordinador* (CIC) en cuanto a las situaciones en las que concurra en una misma persona la condición de presidente del Consejo de Administración de las sociedades cotizadas y de consejero ejecutivo de ella. La justificación de esta designación parte de la premisa general de equilibrar las posibles situaciones de conflicto de interés que la convergencia de los poderes derivados de ambas cualidades societarias haga surgir en la entidad.

A. La posición del consejero independiente y su función en las Comisiones especiales creadas en el Consejo de Administración

La especificidad sistemática en materia societaria reconoce la posibilidad de que el Consejo de Administración de las sociedades cotizadas cree comisiones internas, determinando su composición, miembros y el régimen de las funciones que le son encomendadas. Por tanto, parece que con esta previsión aséptica inicial se deja a la discrecionalidad del órgano de administración societario la aprobación de comisiones específicas para llevar a término funciones concretas que se han de desempeñar en el seno de la entidad. No obstante esta determinación, no se considera una libertad en sentido absoluto, sino limitado a la imposición de la creación de un número mínimo de comisiones delegadas[353] y habiendo sido contundente

---

[353] Art. 529 *terdecies* de la LSC. *Vid.* ALONSO UREBA, *El modelo...op.cit.*, págs. 221-222; BAUTISTA SAGÜÉS, *Categorías...op.cit.*, pág. 186; MIRÓ MORIA-

el propio legislador al exigir que, pese a la regla general anterior, necesariamente el Consejo de Administración de las sociedades cotizadas ha de constituir una Comisión de Auditoría y otra Comisión de Nombramientos y Retribuciones (o dos separadas, según el caso).

La relevancia de hacer referencia a estas Comisiones en este momento del estudio presentado no es otra que la particularidad que se ha previsto en cuanto a su conformación y es que, de manera inevitable, han de estar compuestas exclusivamente por consejeros externos no ejecutivos, algunos de los cuales deberán ostentar la condición de consejeros independientes. Esto es, la composición de estas Comisiones estará conformada por consejeros externos carentes de facultades ejecutivas que, siendo nombrados por el Consejo de Administración, pueden ser consejeros dominicales, otros consejeros externos o, en su caso, consejeros independientes. Aunque estos últimos contarán con una cuantificación definida. Razón que nos lleva a considerar que los consejeros independientes no se pueden calificar como únicos integrantes del órgano de administración que desempeñan funciones supervisoras en el seno del Consejo de las sociedades cotizadas, en cuanto que tales poderes se atribuyen también a otros órganos sociales como lo son las Comisiones especializadas en las que, asimismo, dichos consejeros van a tener una participación activa relevante.

La regulación simplista que de estas Comisiones se hace en el contenido normativo de aplicación se limita, de un lado, a imponer la necesidad de crear la Comisión de Nombramientos y Retri-

NO, *Comisiones...op.cit., págs.* 197-202. Por su parte, autores como MARCOS FERNÁNDEZ/ SÁNCHEZ GRAELLS, *Necesidad...op.cit.*, pág. 544; y MATEU DE ROS CEREZO, *El Código...op.cit.*, pág. 233, ponen de manifiesto que la función de supervisión se valora en mayor medida respecto de la creación de estas comisiones.

buciones (o dos separadas) y, de otro, a reformar la integración de la Comisión de Auditoría. En el primer caso, las sociedades cotizadas han de establecer una Comisión de Nombramientos y Retribuciones que garantice la objetividad respecto de la designación de los consejeros sociales y la concreción de las remuneraciones por el desenvolvimiento de las funciones societarias que tienen atribuidas y cuyo ejercicio les compete. Si bien, como se ha indicado, esta Comisión podrá estar dividida en dos diferentes (la Comisión de Nombramientos, por un lado, y la Comisión de Retribuciones por otro), diversificación que se hace depender de que la entidad tenga una capitalización alta o, lo que es lo mismo, que esté incluida en el índice IBEX-35[354]. La composición cuantitativa de la Comisión de Nombramientos y Retribuciones ha de constar en los estatutos de la entidad o en el Reglamento de funcionamiento interno del Consejo de Administración, pero se exige que al menos dos de sus integrantes sean consejeros sociales independientes. Y, además, la presidencia de la Comisión la ostentará uno de los consejeros de dicha categoría que formen parte de la misma.

Las funciones mínimas que ha de desarrollar la Comisión de Nombramientos y Retribuciones se recogen expresamente. Sin ánimo de extendernos en exceso sobre la materia, consideramos necesario poner de relieve las que al objeto de este análisis sugieren una mayor proximidad, así corresponde a esta Comisión, entre otras funciones[355], las siguientes. En primer lugar, ha de evaluar las competencias, conocimientos y experiencias necesarios de los que aspiran a formar parte del Consejo de Administración de la sociedad. Ello significa que va a ser la Comisión de Nombramientos y Retribuciones la que concrete las funciones y aptitudes que han de tener los candidatos a ser designados consejeros

354 Consúltese el Principio 22 del CBG.

355 Art. 529 *quindecies* de la LSC.

sociales y, a su vez, evaluar el tiempo y dedicación precisos para que lleven a cabo sus funciones en el cargo de manera eficiente. A lo que se añade la determinación de un objetivo delimitado de representación para el sexo con menos presencia en el Consejo. En segundo término, la Comisión de Nombramientos y Retribuciones debe informar de las propuestas de nombramiento de los consejeros del órgano de administración de la compañía antes de su designación pero, en el caso de los que van a ostentar la condición de consejeros externos independientes, el papel de la Comisión adquiere una mayor relevancia por cuanto, como hemos tenido ocasión de analizar en un momento previo, le corresponde elevar al Consejo de Administración las propuestas de nombramiento de dichos consejeros para su posterior designación por parte de la Junta general de accionistas, y también las propuestas de reelección o separación del cargo. El cometido de la Comisión especial no se agota en esta actuación, ya que las propuestas referidas han de acompañarse de manera preceptiva de un informe justificativo que valore la competencia, experiencia y méritos del que quiere ocupar el puesto de consejero independiente[356], al igual que de la disponibilidad de tiempo suficiente para el correcto desempeño de sus funciones que va a desarrollar en el órgano social. En cuanto a la presidencia del Consejo de Administración, la Comisión de Nombramientos y Retribuciones ha de examinar y organizar la sucesión de esta posición y, del mismo modo, la del primer ejecutivo de la entidad pudiendo formular las propuestas que sobre ello estime oportunas. Por su parte, en el caso de que se hubiera constituido de manera separada la Comisión de Retribuciones, ésta asume la competencia de hacer la propuesta al Consejo de Administración de la política de retribuciones de los consejeros sociales y de los directores o de los que ejerzan fun-

356 Art. 529 *decies* de la LSC.

ciones de alta dirección y de la retribución individual, y las demás condiciones contractuales de los consejeros ejecutivos.

Como se ha indicado, se trata de un conjunto de funciones *numerus apertus* que permite su ampliación por disposición estatutaria e, incluso, por el contenido del Reglamento de funcionamiento interno del propio Consejo de Administración de la entidad. Previsión que supone poder atender las recomendaciones que a este respecto se establecen en el CBG[357]. De acuerdo con las mismas y en lo que concierne al nombramiento de los consejeros sociales, se incluye la proposición al Consejo de Administración de las condiciones básicas de los contratos de los altos directivos y el cuidado de que los eventuales conflictos de intereses no perjudiquen la independencia del asesoramiento externo prestado a la Comisión. En materia de retribuciones, se aconseja que la Comisión de Nombramientos y Retribuciones compruebe la observancia de la política retributiva y revise periódicamente la política de remuneraciones de los consejeros sociales y altos directivos y, a su vez, verifique la información sobre las remuneraciones de los consejeros sociales y altos directivos recogida en los documentos corporativos.

La Comisión de Auditoría[358], por su parte, se había previsto con anterioridad en diversos textos autonormativos desde el *In-*

357 En concreto, la Recomendación 50 del texto del CBG.

358 Art. 529 *quaterdecies* de la LSC. Véanse DE DIOS MARTÍNEZ, L. M., "La comisión de auditoría", en AA.VV. *Comentario práctico a la nueva normativa de gobierno corporativo Ley 31/2014, de reforma de la Ley de Sociedades de Capital*, CMS ALBIÑANA & SUÁREZ DE LEZO, Dykinson, Madrid, 2015, págs. 189-196; OLMEDO PERALTA, E., "La comisión de auditoría de las sociedades cotizadas tras la reforma para la mejora del gobierno corporativo y la nueva ley de auditoría: ¿Avanzando hacia un verdadero órgano de control?", *RdS*, núm. 46, enero— junio, 2016, págs. 167-192; PACHECO CAÑATE, La comisión...op.cit.; SÁNCHEZ— CALERO GUILARTE, *Los consejeros...op.cit.*, págs. 603-652 y en *Las políticas...op.cit.*, págs. 238-241; VELASCO SAN PEDRO, L.

forme Olivencia y también en ciertas reglamentaciones, siendo su pretensión conferir seguridad y confianza a los accionistas respecto de la protección del interés social en la actuación desarrollada por los auditores[359]. La Comisión de Auditoría, bien es sabido, se trata de un órgano colegiado que asume la responsabilidad de asesorar al Consejo de Administración, y la supervisión y control de la elaboración y presentación de la información financiera de la sociedad, de la independencia que ha de singularizar al auditor de cuentas y de la eficacia de los mecanismos de control y gestión de riesgos. La inclusión de esta Comisión especial en la actual regulación societaria se hace de forma limitada, dejando a la autonomía de la voluntad social la libre determinación de diversas cuestiones. Entre los aspectos singulares de esta Comisión se reconoce de manera expresa la necesidad de que se conforme por consejeros no ejecutivos, debiendo ser una mayoría de ellos consejeros independientes y, respecto de estos últimos, se establece un papel determinante. Pese a ello, el rigor del tenor literal apostilla[360]:

A., "El Comité de Auditoría", en AA. VV. *Derecho de Sociedades Anónimas Cotizadas*, (Dirs. ALONSO UREBA, A./ ESTEBAN VELASCO, G./ FERNÁNDEZ DE LA GÁNDARA, L./ QUIJANO GONZÁLEZ, J./ RODRÍGUEZ ARTIGAS, F./ VELASCO SAN PEDRO, L.), Tomo II, Pamplona, 2006, págs. 1087-1125.

359 El Comité de Auditoría se concretó en la D. A. 19ª de la LMV anterior y que fue añadida por el art. 47 de la Ley 44/2002, de 22 de noviembre, de Medidas de Reforma del Sistema Financiero (BOE núm. 281, de 23 de noviembre). Véanse, entre otros: SÁNCHEZ CALERO, F., "Líneas Generales del régimen del Comité de Auditoría de las sociedades cotizadas", en AA.VV. *Comentario a la Ley 44/2002, de 22 de noviembre, de Medidas de Reforma del Sistema Financiero*, (Coords. SÁNCHEZ CALERO, F./ SÁNCHEZ-CALERO GUILARTE, J.), Cizur Menor, Pamplona, 2003, págs. 709-732; SÁNCHEZ-CALERO GUILARTE, *Las políticas...op.cit.*, págs. 242 y 253; TERREROS CEBALLOS, G., "El Comité de Auditoría y sus funciones", *Documento de Trabajo* 2008/17 (disponible en el recurso electrónico: www.ucm.es/eprints —último acceso, enero 2023—); VELASCO SAN PEDRO, *El Comité...op.cit.*, págs. 1087 y ss.

360 Autores como MATEU DE ROS CEREZO, *Los consejeros...op.cit.*, págs. 234-236 han cuestionado esta redacción en la medida en que da a entender que,

(...) la mayoría de los cuales, al menos, deberán ser consejeros independientes y uno de ellos será designado teniendo en cuenta sus conocimientos y experiencia en materia de contabilidad, auditoría o en ambas.

En este caso el legislador parece haber olvidado incluir la referencia numérica contenida en la anterior redacción, cual era: *(...) dos de los cuales, al menos, deberán ser consejeros independientes y (...)*. O, si se permite la propuesta, podía haberse eliminado la locución conjuntiva (*al menos*), la cual se emplea a fin de establecer una salvedad y, en la hipótesis que nos ocupa, no resulta procedente en la medida en que la participación de los consejeros independientes en la Comisión de Auditoría se hace esencial para el buen funcionamiento de las sociedades cotizadas. La actuación competente de la Comisión de Auditoría se halla vinculada con la condición de sus integrantes como consejeros externos independientes y, además, se relaciona con los auditores y con la disposición de información suficiente y accesible respecto de la entidad de la que forman parte. Por consiguiente, se establece la necesidad de que esta Comisión especial se componga de una mayoría de consejeros sociales independientes de entre los que se designará al presidente y, al menos uno de ellos, será nombrado teniendo en cuenta sus conocimientos y experiencia en materia de contabilidad, auditoría o gestión de riesgos[361]. Esta última matización, entendemos que pretende incrementar la autonomía y la eficacia de la función de vigilancia de la actuación de los consejeros sociales externos carentes de funciones ejecutivas. Distinta resulta, sin embargo, la apreciación en cuanto a la limitación temporal del cargo de presidente de la Comisión de Auditoría, pues aun cuando éste recaerá en un consejero independiente de-

al menos, uno sea independiente; SÁNCHEZ-CALERO GUILARTE, *Las políticas...op.cit.*, págs. 244-249 (que, al menos dos, sean independientes).

361 *Vid.* SÁNCHEZ-CALERO GUILARTE, *Las políticas...op.cit.*, págs. 249-250.

signado entre los que formen parte de la misma en esa categoría, su mandato está limitado a cuatro años. Admitiéndose su posible reelección una vez que hubiera transcurrido el plazo de un año desde su cese.

En lo que concierne a las competencias mínimas que se asignan a la Comisión de Auditoría se concretan en las que se enumeran seguidamente en base a un criterio de funcionalidad. Desde la perspectiva de la información, la Comisión ha de comunicar a la Junta general de accionistas las cuestiones que son de su ámbito de competencia (en particular, sobre el resultado de la auditoría) y, salvo que ello no se hubiera atribuido a otra Comisión específica, tiene que informar con anterioridad al Consejo de Administración sobre las materias previstas en la norma, en los estatutos sociales y en el Reglamento interno de funcionamiento del mismo, en su caso. En cuanto a la función de supervisión, esta Comisión ha de inspeccionar la eficacia del control interno de la compañía, la auditoría interna y los sistemas de gestión de riesgos y, si fuera preciso, plantear discusiones y debates con el auditor de cuentas acerca de las debilidades significativas, así como el proceso de elaboración y presentación de la información financiera obligatoria. En ambas hipótesis, se le reconoce a la Comisión de Auditoría la facultad de hacer recomendaciones o propuestas que considere pertinentes al Consejo de Administración de la entidad. Por último, y teniendo en cuenta los principios normativos de aplicación a la Auditoría de Cuentas, dicha Comisión deberá elevar al Consejo las propuestas de selección, nombramiento, reelección y sustitución del auditor de cuentas y las condiciones que van a regir su contratación. Sobre ello, es evidente la atribución de la facultad de recopilar información acerca del plan de auditoría y su ejecución, a lo que se suma el preservar su independencia, establecer relaciones que resulten oportunas con el auditor externo para recibir información, y emitir un Informe anual sobre la independencia de los auditores de cuentas o, si es pertinente, de las sociedades de auditoría. En todo caso, y como se ha advertido en el supuesto de la Comisión de Nombramientos y Retribuciones, se trata de una lista de funciones no cerrada, por lo que se permite la inclusión de otras en relación con el ámbito de la auditoría[362]. Lo expuesto evidencia, y así hemos de ponerlo de manifiesto, la significación de la participación de los consejeros externos independientes en la Comisión de Auditoría, básicamente en lo que respecta a las sociedades cotizadas y su adecuado funcionamiento. Más aún si se atienden a las competencias fundamentales que tiene asignadas, como la de proponer la designación de los auditores externos e independientes, revisar las cuentas y controlar que se cumplen las exigencias legales y los principios generales en materia de contabilidad. De igual modo, la integración de consejeros independientes en dicha Comisión cumple un papel prioritario como canal de comunicación entre las auditorías externas y las que sean internas a la entidad.

En definitiva, y siendo el Consejo de Administración en las sociedades cotizadas el órgano societario que efectivamente supervisa la gestión de la misma, la presencia mayoritaria de consejeros externos independientes en su seno resulta una medida imprescindible para el correcto desempeño de la mencionada labor. La creación de las Comisiones especializadas, como las impuestas *ex lege*,

---

362 Sobre ello, el vigente CBG se ha limitado a concretar de forma mínima algunas de las funciones de información indicadas y otras distintas en cuanto al auditor externo. En concreto, hacemos referencia a la Recomendación 42. En cuanto a los sistemas de información y control interno: *a) Supervisar el proceso de elaboración y la integridad de la información financiera relativa a la sociedad y, en su caso, al grupo (...) b)Velar por la independencia de la unidad que asume la función de auditoría interna; proponer la selección, nombramiento, reelección y cese del responsable del servicio de auditoría interna (...) c) Establecer y supervisar un mecanismo que permita a los empleados comunicar, de forma confidencial y, si resulta posible y se considera apropiado, anónima, las irregularidades de potencial trascendencia, especialmente financieras y contables, que adviertan en el seno de la empresa.*

a nuestro modo de entender no puede considerarse un mecanismo que vacíe de competencias y funciones al órgano de administración. Antes bien, la colaboración e implicación de los consejeros externos independientes trata de asegurar el mejor desempeño de las facultades del Consejo de Administración en beneficio de la garantía del interés social común o del conjunto de los accionistas que la conforman sobre cualquier otro particular.

B. *Especial referencia a la figura del Consejero Independiente Coordinador (CIC)*

La previsión del consejero externo independiente en el órgano de administración de las sociedades cotizadas ha adquirido relevancia no sólo como integrante de dicho órgano y de las Comisiones especiales creadas en el mismo por imposición normativa como acabamos de valorar, sino que además se ha consolidado *ex lege* la figura del *consejero independiente coordinador* (CIC) que deriva de la previsión del *lead independent director* en el derecho anglosajón[363]. Si bien, esta representación societaria a nivel in-

[363] Art. 529 *septies* de la LSC y en el CBG el Principio 16 y la Recomendación 34. Para ampliar esta materia, véanse los trabajos de: ALONSO UREBA, *El modelo...op.cit.;* BAUTISTA SAGÜÉS, *Categorías...op.cit.*, pág. 186; CAZORLA GONZÁLEZ— SERRANO, L., "Presidente ejecutivo y Gobierno Corporativo de Sociedades Cotizadas en España: una aproximación al estado de la cuestión al hilo del reciente Libro Verde sobre Gobierno Corporativo de la Unión Europea", *RDBB*, Año XXXI, núm. 126, abril/ junio, 2012, págs. 153-156; DÍAZ MORENO, A./ VÁZQUEZ CUETO, J. C., "El Presidente del Consejo de Administración con y sin funciones ejecutivas (arts. 529 *sexies* y 529 *septies* LSC)", en AA.VV. *Junta general y Consejo de Administración en la sociedad cotizada*, (Dirs. RODRÍGUEZ ARTIGAS, F./FERNÁNDEZ DE LA GÁNDARA, L./QUIJANO GONZÁLEZ, J./ALONSO UREBA, A./VELASCO SAN PEDRO, L./ESTEBAN VELASCO, G.— Coord. RONCERO SÁNCHEZ, A.), Tomo II, Pamplona, 2016, págs. 859-898; GUTIÉRREZ URTIAGA/ SÁEZ LACAVE, *El mito...op.cit.*, pág. 7; MATEU DE ROS CEREZO, *La independencia de criterio...*

terno trae su causa en el reconocido como *vicepresidente coordinador* en las disposiciones contenidas en el *Código Olivencia*[364]. El cual, en atención a asegurar el buen desarrollo de la función general de supervisión y control en el supuesto de que se optase por la acumulación de cargos societarios en una misma persona, concretaba la necesidad de establecer una equiparación que hiciera posible que el Consejo de Administración actuara con independencia y, a su vez, conservara la capacidad requerida para fiscalizarlo. A este respecto, una de las medidas de mayor efectividad pragmática resultaba ser la designación —de entre los consejeros sociales independientes— de un vicepresidente coordinador que contase con facultades subsidiarias de convocar el Consejo de Administración, de incluir nuevos puntos en el orden del día del mismo, y de remitir y recibir información por parte del resto de los consejeros sociales que formaban parte del órgano gestor.

op.cit., págs. 253-254 (aunque en la práctica es poco funcional); MELÉNDEZ-SUÁREZ DE LEZO, J. R., "Normas especiales aplicables al nombramiento y separación del Presidente del consejo de administración de las sociedades cotizadas", en AA.VV. *Comentario práctico a la nueva normativa de gobierno corporativo Ley 31/2014, de reforma de la Ley de Sociedades de Capital*, CMS ALBIÑANA & SUÁREZ DE LEZO, Dykinson, Madrid, 2015, pág. 167; SÁNCHEZ-CALERO GUILARTE, *Los consejeros...op.cit.*, págs. 603-652; SAN SEBASTIÁN, F., "Algunas Reflexiones sobre Gobierno Corporativo", *Boletín de Estudios Económicos*, vol. 63, núm. 194, 2008, págs. 229-245. En el sistema UK está previsto en el Punto A.4.1. del *Code Corporate Governance*, el cual va a servir de contacto directo entre el órgano de administración de la entidad y los accionistas que forman parte de la misma (sobre ello véanse DOOLEY, *Interlocking...op.cit.*, págs. 314-323; MIZRUCHI, *What...op.cit.*, págs. 271-298). Según el *XII Informe del Foro de Buen Gobierno y Accionariado sobre Juntas del Ibex-35*, elaborado por el Foro de Buen Gobierno y Accionariado, veintisiete empresas del IBEX-35 cuentan con un CIC, lo que supone el 77% de las empresas y, en consecuencia, la consolidación de dicha figura societaria en los Consejos de Administración. La relevancia de esta figura también se refleja en el estudio *El Gobierno Corporativo y los Inversores Institucionales*, presentado por Georgeson y Cuatrecasas, Madrid, febrero 2023, pág. 26.

364 Véase el punto 3.2, en relación con el punto 4.1 del Código Olivencia.

La finalidad del cargo de CIC en las sociedades cotizadas ha de entenderse en la actualidad desde la exigencia de dotar de seguridad y garantía los supuestos en los que el presidente del Consejo de Administración de estas entidades se corresponde con el máximo (o primer) ejecutivo de la compañía, también conocido como *chief executive officer* (o por sus siglas en inglés, CEO). Pues aun cuando, desde la perspectiva jurídica general, nada impide que pueda ostentar la presidencia del Consejo de Administración un consejero social que disponga de competencias ejecutivas (salvo previsión estatutaria en un sentido contrario) se infiere la precisa aplicación de prescripciones correctoras para contrarrestar la posible concentración de poder societario por la acumulación de condiciones de cargos en un mismo sujeto. Las posibles medidas de verificación de esta hipótesis pueden ser de diversa naturaleza y entre ellas cabe aludir a las siguientes. En primer término, el refuerzo del sistema de mayoría para la designación del presidente del órgano de administración, al exigirse el voto favorable de los dos tercios de los miembros que integran el Consejo. Como es sabido, corresponde al Consejo de Administración la designación del presidente, previo informe emitido por la Comisión de Nombramientos y Retribuciones. En segundo lugar, la imposición de que el propio órgano de administración nombre a un *consejero coordinador* de entre los que formen parte de la sociedad ostentando la condición de consejeros externos independientes, mandato condicionado a que en dicha asignación no puedan participar los consejeros ejecutivos los cuales necesariamente deberán abstenerse[365]. La justificación que respecto de esta limitación cabe hacer descansa en la garantía e impulso del efectivo desenvolvimiento de las funciones societarias que compete llevar a cabo al órgano de administración y gestión de la sociedad que ha de atender, en todo caso, al interés social

365 En un sentido crítico se han manifestado DÍAZ MORENO/ VÁZQUEZ CUETO, *El Presidente...op.cit.*, págs. 889-896.

sobre los que sean particulares y evitar que se sucedan situaciones de conflicto de interés. Así, es factible apreciar que el CIC asume un rol específico como supervisor del presidente del Consejo de Administración y, por ello, entre sus facultades se reconoce la de solicitar la convocatoria del Consejo o, en su caso, la inclusión de nuevos puntos en el orden del día del que ya estuviera convocado, la coordinación y reunión con los consejeros sociales no ejecutivos y la dirección de la evaluación periódica del presidente del Consejo, cuando proceda. Por consiguiente, el nombramiento del CIC va a responder a las situaciones contradictorias que pudieran surgir en las sociedades cotizadas por la confluencia en una misma persona de las competencias asignadas al que ostenta la presidencia del Consejo de Administración y las que son ejecutivas por su condición de consejero social. Fundamentalmente, por cuanto corresponde al presidente el adecuado funcionamiento del órgano de administración de la entidad y, en este sentido, ha de cumplir un amplio elenco de competencias como lo es la de coordinación de la evaluación anual de la calidad del funcionamiento del Consejo, de las Comisiones específicas que se hubieran creado y del desarrollo de las funciones singulares de cada consejero en la compañía.

La designación del CIC cabe valorarla, a nuestro modo de entender, como un mecanismo de equilibrio de la mencionada concentración de poderes y, al mismo tiempo, un refuerzo del papel del Consejo de Administración como supervisor de la gestión societaria. No obstante, no se alude a la función de intermediario que le es propia entre los consejeros sociales y los socios-inversores[366]. La imprecisión y el simplismo del tenor sistemático sobre

366 Tal y como se ha previsto en las previsiones de gobierno corporativo de otros sistemas jurídicos y que tienen su reflejo en el contenido del CBG. En este sentido, DEL VAL TALENS, *Los consejeros...op.cit.*, págs. 262-264 que, además, compara al CIC con el presidente del consejo de vigilancia del sistema dualista de administración social.

las facultades mínimas del CIC en su posición de supervisor del desempeño del cargo de presidente del Consejo de Administración en las sociedades cotizadas[367] puede superarse confiriendo vía estatuaria o en el contenido del Reglamento interno de funcionamiento del Consejo otras competencias adicionales. Pues, como se ha indicado, resulta básico que en su posición el CIC atienda a los consejeros carentes de facultades ejecutivas que forman parte de la entidad y que, en un sentido equivalente, sea el nexo de comunicación e información entre ellos y el presidente, al igual que entre éste y los inversores y accionistas de la sociedad. Esto es, que se haga eco de sus preocupaciones (a través de la celebración de reuniones) y que las transmita de manera adecuada y con rigor. Sobre cuanto indicamos deviene esclarecedora y concreta la Recomendación 34 del CBG cuyo contenido nos permitimos transcribir por su relevancia práctica:

> *cuando exista un consejero coordinador, los estatutos o el reglamento del consejo de administración, además de las facultades que le corresponden legalmente, le atribuya las siguientes: presidir el consejo de administración en ausencia del presidente y de los vicepresidentes, en caso de existir; hacerse eco de las preocupaciones de los consejeros no ejecutivos; mantener contactos con inversores y accionistas para conocer sus puntos de vista a efectos de formarse una opinión sobre sus preocupaciones, en particular, en relación con el gobierno corporativo de la sociedad; y coordinar el plan de sucesión del presidente.*

La necesidad de que el CIC se nombre de entre los consejeros externos independientes nos permite extrapolar las exigencias de idoneidad de carácter personal y profesional que se han analizado respecto de esta particular categoría de consejero social y que, en todo caso y aun cuando no procede su reiteración en este momento, suponen la distinción de su actividad y el desempeño

367 Si bien, autores como DÍAZ MORENO/ VÁZQUEZ CUETO, *El Presidente...op. cit.*, págs. 893-895 desconfían de su eficacia.

de sus funciones con un criterio autónomo e imparcialidad en el órgano gestor. Y sin estar sometido a posibles condicionantes, ni tener vínculos con la sociedad o su grupo, los accionistas significativos u otros grupos de control. Evitándose, de este modo, los posibles conflictos de intereses en el seno de la sociedad de que se trate. Sin embargo, la experiencia y competencias profesionales requeridas a los consejeros independientes deben adaptarse a las funciones que ha de desempeñar el CIC en la misma y estar orientadas al conocimiento completo de la entidad y a sus estrategias a largo plazo a fin de incrementar la rentabilidad y eficiencia en beneficio del interés social sobre los que puedan ser particulares.

La previsión del cargo societario del CIC ha sido puesta de manifiesto en la *Guía Técnica sobre Comisiones de Auditoría de Entidades de Interés Público* de la CNMV[368], en concreto en lo que hace a la comunicación directa con el mismo, a la designación del que va a ocupar dicha posición y a la concreción de las funciones que asume. En el primer caso, entre los principios que la Comisión de Auditoría ha de observar en el desempeño de sus competencias se incluye el diálogo interno, lo que implica que corresponde a esta Comisión mantener contactos regulares o puntuales no sólo con el presidente del Consejo de Administración y con el primer ejecutivo de la compañía, sino además con el CIC e, incluso, con los directivos si se estimara preciso y necesario. Junto a ello, la CNMV prevé como factible que, en base a la entidad de la que se trate, el CIC pueda ser miembro de la Comisión de Nombramientos y Retribuciones, posibilidad que se argumenta en cuanto a las específicas funciones que tiene atribuidas. En caso contrario, se propone que la Comisión de Nombramientos y Retribuciones mantenga un contacto regular y metódico con el que ostente la condición de CIC. En lo que concierne a la designación del CIC se propone que el nombramiento vaya prece-

368 Véase la *Guía Técnica 3/2017 sobre Comisiones de Auditoría de Entidades de Interés Público...op.cit.*

dido de la oportuna propuesta realizada por la Comisión específica (de Nombramientos y Retribuciones), previsión que se ampara en las responsabilidades y concretas funciones que va a desempeñar. Pero, además, esta determinación se refuerza si tenemos en cuenta que la condición de Coordinador necesariamente ha de recaer en un consejero externo independiente que, como es sabido, precisa que su nombramiento siga un proceso formal específico.

En el plano de sus facultades, se presenta como una buena práctica en el ámbito societario la participación activa del CIC en el examen y organización de la sucesión de la posición del presidente del Consejo de Administración de la sociedad y del primer ejecutivo y de los altos directivos de la misma, siempre que no formara parte de la Comisión de Nombramientos y Retribuciones. De forma equivalente, el CIC habrá de involucrarse en la evaluación del funcionamiento del Consejo de Administración y de sus Comisiones y en la propuesta de actuación o recomendaciones de mejora tendentes a corregir posibles deficiencias detectadas (de conformidad con la necesaria participación de la Comisión de Nombramientos y Retribuciones). Asimismo, nada impide que intervenga en las reuniones de discusión de las valoraciones personales de los consejeros sociales y en el planteamiento de medidas de mejora en cada caso, y participar en la comunicación y contactos que se sucedan entre los accionistas e inversores institucionales, principalmente con los que no cuenten con una representación relevante en el Consejo de Administración de la entidad.

A pesar de lo expuesto, la realidad societaria se presenta bien distinta. Muestra de ello son los datos publicados en el último Índice Spencer Stuart de Consejos de Administración de entidades cotizadas en España[369] en los que se pone de relieve que, a pesar

369 *Índice Spencer Stuart de Consejos de Administración 2022...op.cit.* En concreto, de las 100 compañías analizadas en el Informe la figura del CIC —de

de que la mayoría de las entidades han nombrado un CIC cuando el cargo de presidente y primer ejecutivo (CEO) recae en la misma persona, el papel que desempeña no está concretado de modo conciso y solo se aprecia su trascendencia en un número muy reducido de entidades. Circunstancia que constata que su principal quehacer en la entidad se centre en ser un simple instrumento de comunicación con los consejeros externos independientes, dejando al margen su pretendida cooperación con el presidente del Consejo de Administración y la posible organización de las reuniones de dicho órgano social y que, en consecuencia, queda alejado de los inversores y accionistas de la sociedad.

3. PREVISIONES SOBRE EL RÉGIMEN DE RESPONSABILIDAD DEL CONSEJERO EXTERNO INDEPENDIENTE

Los administradores o consejeros sociales son los encargados de llevar a cabo las facultades de organización, gestión y decisión en el seno de la entidad de capital, consecuencia de lo cual asumen un régimen de responsabilidad civil por los perjuicios que causen en el desempeño de sus funciones y por la falta de observancia de los deberes asumidos, tanto a la sociedad como a los socios que la integran o, en su caso, a terceros[370]. El carácter de la responsabilidad, como es sabido, es la solidaridad del conjunto de los miembros del órgano de administración que hubieran adoptado el acuerdo o realizado el acto lesivo, a menos que prueben su falta de intervención en la adopción y ejecución del mismo, el

acuerdo con la LSC cuando la figura del Presidente y el CEO son la misma persona— existe en 68 (68%) de ellas, siendo un 83% del IBEX-35. Las entidades que están obligadas a tener un CIC, cumplen dicha exigencia. Los datos más elevados de la presencia de CIC en las entidades cotizadas se reflejan en países como Gran Bretaña (más del 97%) y en el sistema USA (80%).

370 Arts. 236 a 241 *bis* de la LSC.

desconocimiento de su existencia o si, conociéndolo, hicieron lo conveniente para evitar el daño o se opusieron expresamente a la aceptación de dicha decisión societaria. Por tanto, la imputación de responsabilidad es imperativa, salvo la aludida concesión de la pertinente dispensa en el supuesto de la atención del deber de diligencia.

En líneas generales, las situaciones de incumplimiento o las actuaciones u omisiones culposas o negligentes por parte de los administradores sociales que generen daños a la sociedad van a traer como resultado la interposición de la correspondiente acción social de responsabilidad, a fin de que se repare a la entidad el perjuicio ocasionado. Al igual que si la responsabilidad trae causa en el incumplimiento del deber de lealtad por parte del administrador o consejero social, en cuyo planteamiento resulta factible compatibilizar la acción social con el indicado ejercicio de la acción de enriquecimiento injusto, con la pretensión de que se devuelva a la sociedad en cuestión el enriquecimiento que se hubiera obtenido de manera improcedente, además de la obligación de indemnizar el daño causado al patrimonio social. En la eventualidad de que el perjuicio hubiese afectado a intereses de terceros que sean distintos al de la propia sociedad, la responsabilidad de los administradores será efectiva con la pertinente acción individual de responsabilidad para reparar el daño causado directamente a los socios o a terceros, como es el caso de los acreedores sociales.

En esta parte de nuestro análisis conviene aclarar de nuevo que, en la medida en que este estudio se centra en las premisas propias del pretendido estatuto jurídico de los consejeros externos independientes en las sociedades cotizadas, el régimen de responsabilidad civil por daños recogido de forma general en la norma para los administradores o consejeros sociales y que le es de aplicación supletoria a los consejeros que nos ocupan, será estudiado en consonancia con ellos. Quedando al margen, en otro orden, la responsabilidad social de los que ostentan el cargo de administrador social derivada del incumplimiento del deber legal de instar la disolución de la sociedad en los supuestos contemplados reglamentariamente y la responsabilidad en cuanto a la oportuna solicitud del concurso en caso de insolvencia de la entidad. Así como, los planteamientos de responsabilidad pública que también pesan sobre los administradores o consejeros sociales en el ejercicio del puesto que desempeñan en la compañía. Materias que exceden de nuestra hipótesis y, por ende, consideramos que no corresponde su profundización en este estudio.

3.1. La responsabilidad social respecto de la posición que ocupan los consejeros externos independientes

La reglamentación de las sociedades de capital establece el régimen de responsabilidad de los administradores sociales con el siguiente tenor que entendemos preciso reproducir[371]:

[371] Art. 236 de la LSC. *Vid.* ALCOVER GARAU, G., "El incumplimiento contractual de la sociedad de capital y la responsabilidad de los administradores frente a la contraparte: de nuevo sobre el alcance de la acción individual de responsabilidad: breve comentario a la Sentencia del Tribunal Supremo núm. 242, de 23 de mayo de 2014", *La Ley mercantil*, núm. 8, noviembre, 2014, págs. 36-40; BERCOVITZ RODRÍGUEZ— CANO, A., "Régimen general de la responsabilidad civil de los administradores de las sociedades de capital", en *La responsabilidad de los administradores de las sociedades de capital: aspectos civiles, penales y fiscales*, (Coords. GARCÍA— CRUCES GONZÁLEZ, J.A./ GALAN CORONA, E.), Tecnos, Madrid, 1999, págs. 15-26; COHEN BENCHETRIT, A., "La acción individual de responsabilidad de los administradores sociales", en AA.VV., *Responsabilidad de los administradores de las sociedades de capital,* (Dir. PULIDO BEGINES, J.L.), Madrid, 2019, págs. 47-52; GRIMALDOS GARCÍA, Mª. I., "La reciente redacción del artículo 236 LSC: ¿nuevos presupuestos? ¿nuevos responsables?," *RdS*, núm. 44/2015, págs. 233-259; JUSTE MENCÍA, J., "Artículo 236. Presupuestos y extensión subjetiva de la responsabilidad", en *Comentario de la reforma del régimen de las sociedades de capital en materia de gobierno corporativo (Ley 31/2014). Sociedades no*

los administradores responderán frente a la sociedad, frente a los socios y frente a los acreedores sociales, del daño que causen por actos u omisiones contrarios a la ley o a los estatutos o por los realizados incumpliendo los deberes inherentes al desempeño del cargo, siempre y cuando haya intervenido dolo o culpa. La culpabilidad se presumirá, salvo prueba en contrario, cuando el acto sea contrario a la ley o a los estatutos sociales.

La premisa general determina que la responsabilidad social que asumen los que integran el órgano de gestión y administración de las sociedades de capital se corresponde con el perjuicio que ocasionaren por los comportamientos (o faltas de actuación) opuestos a la normativa o a los estatutos sociales, o —en su caso— por el incumplimiento del contenido de los deberes básicos inherentes a su cargo societario y que han asumido en el seno de la misma al momento de su aceptación[372]. Por lo que, junto al acto o ausencia de comportamiento, y el daño que con ello se

cotizadas, Madrid, 2015, págs. 443-462; PETIT LAVALL, Mª. V., "La relación de causalidad en la responsabilidad civil de los auditores de cuentas frente a terceros", *RDBB*, Año 28, núm. 114, 2009, págs. 253-274; RONCERO SÁNCHEZ, *Protección...op.cit.*, págs. 383-425; VERDÚ CAÑETE, Mª. J., "Acción social y acción individual: presupuestos para su ejercicio", en AA.VV. *La Administración de las Sociedades de Capital desde una Perspectiva Multidisciplinar*, (Dirs. CAMACHO DE LOS RÍOS, F.J./ ESPIGARES HUETE, J.C./ VELASCO FABRA, G.— Coord. ORTIZ DEL VALLE, Mª. C.), Editorial Aranzadi, Madrid, 2019, págs. 510-536.

372 Véanse BERCOVITZ RODRÍGUEZ— CANO, *Régimen...op.cit.*, págs. 18-23; PAZ-ARES RODRÍGUEZ, *Identidad y diferencia del consejero...op.cit.*, págs. 89-90; ROJO FERNÁNDEZ-RÍO, A., "Capítulo 38. El ejercicio por la sociedad de la acción social de responsabilidad contra los administradores", en AA.VV. *Estudios sobre órganos de las sociedades de capital. Liber Amicorum en honor a Fernando Rodríguez Artigas y Gaudencio Esteban Velasco*, (Coords. JUSTE MENCÍA, J./ ESPÍN GUTIÉRREZ, C.), vol. 1, tomo 1, Editorial Aranzadi, Pamplona, 2017, págs. 1121-1167; SÁNCHEZ— CALERO GUILARTE, J., "La acción social de responsabilidad (algunos apuntes)", en *Estudios de Derecho mercantil en homenaje al profesor José María Muñoz Planas*, (Coords. PIÑOLETA, L.M./ IRIBARREN, M.), Madrid, 2011, págs. 785-791.

ocasionase a los intereses de la sociedad o de terceros (socios minoritarios y acreedores sociales), se precisa que exista un nexo causal o relación de causalidad entre la actuación (u omisión) de los administradores o consejeros sociales y el perjuicio que hubiera acaecido, y la concurrencia de la culpa o negligencia por parte del administrador social[373]. Exigencias que impiden calificar dicha responsabilidad en un sentido objetivo. En todo caso, el contenido normativo hace una especial mención al ámbito subjetivo de imputación de responsabilidad social, la cual precisa que la actuación (u omisión) lesiva sea causada por el administrador o consejero con dolo o culpa. Presupuestos que se presumen *iuris tantum* en el caso de que el acto contravenga la ley o los estatutos sociales, a menos que exista una actividad probatoria suficiente que inhabilite la presunción referida. Esto es, la indicada suposición de culpa operará si el incumplimiento de la exigencia de una conducta deriva de una disposición legal o estatutaria, salvo que se pruebe lo opuesto. Sin embargo, queda al margen de dicha presunción y, como es evidente, no opera la inversión de las reglas de la carga de la prueba la infracción de las obligaciones propias del cargo societario que se ostenta en el seno del órgano de administración social y que se consideran deberes de medios y no de simple resultado como los anteriores[374].

373 Presupuestos recogidos en el art. 1902 del Ccivil.

374 En este sentido, ALCOVER GARAU, *El incumplimiento...op.cit.*, págs. 36-40 y en "El ámbito de responsabilidad de los administradores en los nuevos artículos 262.5 de la Ley de Sociedad Anónima y 105.5 de la Ley de Sociedades de Responsabilidad Limitada", *RdS*, núm. 26, 2006, págs. 85-93; BERCOVITZ RODRÍGUEZ— CANO, *Régimen...op.cit.*, págs. 20-25; GARCÍA DE ENTERRÍA LORENZO VELÁZQUEZ, *Los deberes...op.cit.*, págs. 68-75; GRIMALDOS GARCÍA, *La reciente...op.cit.*, págs. 233-259; QUIJANO GONZÁLEZ, J., "Los presupuestos de la responsabilidad de los administradores en el nuevo modelo del Consejo de Administración (arts. 236.1 y 2 LSC)", en AA.VV. *Junta general y Consejo de Administración en la sociedad cotizada*, (Dirs. RODRÍGUEZ ARTIGAS, F./FERNÁNDEZ DE LA GÁNDARA, L./QUIJANO GONZÁLEZ, J./ALONSO UREBA, A./VELASCO SAN PEDRO, L./ESTEBAN VELASCO, G.— Coord.

Los deberes sociales que corresponde asumir al consejero en la entidad, como se ha analizado en un momento precedente[375], se refieren al cumplimiento de la lealtad a la sociedad y la diligencia profesional. Pero se ha matizado que las facultades que integran su contenido están marcadas por un criterio subjetivo y, en el caso de las sociedades cotizadas cuyo órgano colegiado de administración necesariamente se constituye en forma de Consejo, dependerá además de la modalidad de consejero social de que se trate. Pues el carácter plural del mencionado órgano de administración implica que en su composición habrá consejeros con funciones ejecutivas y consejeros externos a la compañía carentes de dichas competencias, como sucede en el caso de los designados consejeros externos independientes. En el supuesto de que el incumplimiento en que incurra el consejero o administrador social no se refiera a una obligación legal o estatutaria, sino a la inobservancia del deber fiduciario de diligencia, una vez que se haya probado que el consejero ha faltado a la atención al mismo, se presumirá la culpa salvo prueba en contrario. De este modo, compete al consejero social la acreditación de la atención al principio de la discrecionalidad empresarial[376] y, por consiguiente, que su actuación fue diligente siguiendo las obligaciones comprometi-

RONCERO SÁNCHEZ, A.), Tomo II, Pamplona, 2016, págs. 591-612; RONCERO SÁNCHEZ, *Protección...op.cit.*, págs. 383-425. Véase, entre otras, la SAP de Madrid de 13 de septiembre de 2007 (TOL7.393.687| Civil| Fallo: Desestimatorio| REC: 701/2006| RES: 168/2007| ECLI:ES:APM:2007: 11813), en la que la entidad actora ejercitó contra los demandados la acción individual de exigencia de responsabilidad civil en su calidad de administradores de la sociedad (art. 135 en relación a los arts. 133 y 127 de la LSA). Falta un requisito necesario para el resultado favorable de la acción individual y es el daño directo en el patrimonio del demandante.

375 *Supra CAPÍTULO II. 3. El cumplimiento de las obligaciones asumidas por los consejeros independientes.*

376 Vuélvase sobre: ALFARO ÁGUILA-REAL, *Artículo 226...op.cit.*, págs. 325-360; DÍAZ MORENO, *La business...op.cit.*, pág. 2; EMBID IRUJO, *Business... op.cit.*, y en *La protección...op.cit.*; PAZ-ARES RODRÍGUEZ, *Responsabilidad...*

das para con la sociedad. Circunstancia que impedirá interponer contra los consejeros sociales la reconocida acción de responsabilidad por los efectos perjudiciales que generen las decisiones que se hubieran adoptado. En cuanto a la falta de atención del deber de lealtad, el régimen resulta más estricto en la medida en que —como se ha adelantado— es de naturaleza imperativa, determinándose la invalidez de las disposiciones estatutarias que lo limiten o sean contrarias al mismo[377]. En consecuencia, la falta de atención a los deberes u obligaciones normativas que lo conforman permite presumir la culpabilidad de la conducta, lo cual hace más sencilla la actividad probatoria en dicho ámbito.

A. *Anotaciones sobre la posible incursión en responsabilidad de los consejeros sociales que integran el órgano de administración*

El órgano colegiado de administración encargado de la gestión y representación de la sociedad, como es sabido, es el que asu-

op.cit., págs. 77-80; SERRANO CAÑAS, *La incorporación...op.cit.* págs. 30-44; RONCERO SÁNCHEZ, *Protección...op.cit.*, págs. 397-401.

[377] En este sentido, ENCISO ALONSO-MUÑUMER, *Adopción...op.cit.*, págs. 57-84; ESTEBAN VELASCO, *Reorganización...op.cit.*, págs. 103-104; SÁNCHEZ— CALERO GUILARTE, *Los consejeros...op.cit.*,págs. 630-645, entre otros, reconocen que la independencia no es exclusiva de esta modalidad de consejeros, pues todos los integrantes del Consejo han de respetar el deber de fidelidad al interés de la sociedad; TERREROS CEBALLOS, *El consejero... op.cit.*, págs. 25-27; VIERA GONZÁLEZ, *Las sociedades...op.cit.*, págs. 474-493. Por su parte, GARRIDO GARCÍA, *Los consejeros...op.cit.*, págs. 964-965 pone de manifiesto la dificultad de considerar que el consejero es absolutamente independiente en su actuación. Resulta de interés también la consulta de la *Sections 173— 175* de la *UK Companies Act* 2006, en relación con la actuación independiente, el comportamiento diligente y adecuado, y evitando situaciones de conflicto de interés (sobre ello MATEU DE ROS CEREZO, *La independencia de criterio...op.cit.*, págs. 180-193).

me la responsabilidad directa —de modo colectivo y unitario— sobre la administración de la misma. Por lo que, a fin de evitar dicha imputación, sus integrantes han de actuar de acuerdo con el principio de buena fe, respetando las normas y conciliando los posibles intereses particulares con el interés común de la entidad. Respecto de este último, junto a la observancia de la regulación y de la actuación acorde a la buena fe, y la atención a los usos y a las buenas prácticas mercantiles, los consejeros sociales han de compatibilizar el interés social con los legítimos intereses de proveedores, trabajadores u otros grupos de interés diversos, pero que puedan verse afectados por los actos que se lleven a cabo. Los consejeros responden, desde la perspectiva interna[378], por el incumplimiento de sus deberes ante los socios y frente a la compañía, pero también en el ámbito externo resultarán responsables ante los terceros y acreedores cuyos intereses se hubieran visto afectados (responsabilidad externa).

Los integrantes del órgano de administración societaria, superado el régimen normativo anterior, asumen una responsabilidad de carácter solidario y personal en función del incumplimiento de los deberes sociales en lo que concierne a las competencias que cada consejero o administrador haya asumido en el seno de la misma o, como no puede ser de otro modo, cuando su actuación u omisión hubiera sido contraria a la ley, a los estatutos de la sociedad y a sus reglamentos internos de funcionamiento, si los hubiera[379]. Consideración que implica que cada uno de los

---

378 Además de la posible impugnación del acuerdo social adoptado por el órgano en cuestión, aunque habrá que estar a cada caso en concreto (sobre ello véase PAZ-ARES RODRÍGUEZ, *Identidad y diferencia del consejero...op.cit.*, pág. 48).

379 Arts. 236 y 237 de la LSC. Si bien, hay que atender a cada una de las modalidades de consejeros que pueden integrar el órgano de administración en las sociedades cotizadas: ALONSO UREBA, *El modelo...op.cit.*, págs. 219-220 y en *Diferenciación...op.cit.*, págs. 832-840 que propone la revisión del sistema de responsabilidad; CANDELARIO MACÍAS, M. I., "¿Es válido el sistema

que forman parte del órgano gestor o de administración societaria, tenga que responder por el incumplimiento de sus obligaciones en el ejercicio del cargo que ocupan y de las facultades que tienen asignadas en la propia entidad, con independencia de la consideración colegiada del órgano societario. De este modo, el legitimado activo para interponer la acción de responsabilidad social podrá dirigirse contra uno, algunos o todos los miembros que componen el órgano de administración. Con la posibilidad de que si se dirige a un administrador o consejero en particular, éste pueda reclamar a posteriori la parte de indemnización que les corresponda al resto de los que conforman la administración social en virtud de la naturaleza solidaria de la responsabilidad societaria que le es propia (derecho de repetición o de regreso contra el resto de integrantes del órgano gestor de la entidad), pues la solidaridad no puede alegarse en lo que hace a la relación interna de los consejeros sociales que conforman el órgano colegiado. En este sentido, y siguiendo el régimen sustantivo de aplicación, ha de entenderse que los consejeros sociales de las sociedades cotizadas van a resultar responsables de las funciones que desempeñen en el seno de la entidad de que se trate, sean de carácter ejecutivo o de supervisión o control de las anteriores y, dentro de éstos, la naturaleza de dicha responsabilidad será solidaria y ten-

vigente de responsabilidad de los administradores respecto a las sociedades bursátiles?", *RDBB*, núm. 91, 2003, págs. 119-135; ESTEBAN VELASCO, *La renovación...op.cit.*, págs. 137-142; FERNÁNDEZ DE LA GÁNDARA, *El debate...op.cit.*, págs. 55-59; PAZ-ARES RODRÍGUEZ, *Responsabilidad...op.cit.*, págs. 82-84 que plantea el problema del trato unitario de la responsabilidad de los administradores, lo que hacía necesaria la separación de la vertiente tecnológica y la deontológica de la actividad de gobierno (deber de cuidado y deber de lealtad); QUIJANO GONZÁLEZ, *Los presupuestos...op.cit.*, págs. 591-612 y en "Artículo 237. Carácter solidario de la responsabilidad", en AA.VV. *Comentario a la Ley de Sociedades de Capital*, (Dirs. ROJO, A./ BELTRÁN, E.), t. I, Civitas, Madrid, 2011, págs. 1700-1707; SÁNCHEZ-CALERO GUILARTE, *Los consejeros...op.cit.*, págs. 603-652; VERDÚ CAÑETE, *Acción... op.cit.*, págs. 510-514.

drán por finalidad la reparación del perjuicio que, en su caso, se hubiera ocasionado. El régimen de responsabilidad es extensible a los que conforman el órgano de administración social, pudiendo ejercitarse la acción de responsabilidad contra todos o alguno de los integrantes del órgano de administración. Si bien, a fin de poder imputar a los consejeros sociales la correspondiente responsabilidad por las consecuencias derivadas de la actuación (u omisión) que causa el perjuicio, es preciso que hubieran actuado con dolo o negligencia y, por ello, exista un nexo causal respecto del perjuicio generado a la sociedad, a los socios o a terceros, o bien que su acto u omisión suponga la lesión de sus intereses. No obstante, las disposiciones reglamentarias sobre el régimen de responsabilidad de los administradores sociales limitan la imputación de la misma a los supuestos en los que exista dolo o culpa, presumiéndose ésta —como se ha indicado— cuando el acto sea contrario a las normas, a los estatutos sociales o a los reglamentos internos de funcionamiento de la entidad, a menos que se pruebe lo contrario. En un sentido equivalente, cabe aludir a la exención de responsabilidad societaria establecida para los consejeros sociales y que puede aplicarse en la hipótesis en que se pruebe que el consejero social no intervino en la adopción del acuerdo o no ejecutó el acto que resultó ser dañoso o, en caso contrario, aquél hizo lo necesario para evitar el perjuicio, o se opuso a la adopción del mismo de manera precisa.

Además de lo expuesto, se admite en la práctica societaria la imputación de responsabilidad no sólo al administrador de derecho, sino también si se trata de un 'administrador de hecho' en cuanto que éste ejerza las facultades propias de un administrador social sin título, con un título nulo o extinguido, o con otra forma de título que no sea la apropiada[380]. Ha de tenerse en cuenta en esta mate-

380 Para ampliar esta materia, GARCÍA-CRUCES GONZÁLEZ, J. A., "Administradores sociales y administradores de hecho", en *Estudios de derecho mercantil:*

ria que para que un administrador social tenga la consideración de administrador de hecho, éste ha de contar con autonomía o falta de subordinación al órgano de administración de la entidad, junto a la habitualidad y efectividad en el ejercicio de las funciones de gestión y administración en la misma. Entendiéndose, por tal, tanto el administrador notorio o aparente que carece de una designación formal y que lleva a cabo su actividad en el órgano social de forma continuada y con un poder autónomo de decisión, como quien desarrolla el cargo de manera oculta[381]. A pesar de la definición conceptual recogida, algún sector doctrinal considera preciso diferenciar y separar, en este sentido, al administrador de hecho oculto o que ejerce sus funciones bajo una apariencia distinta (como apoderado general o factor) y al que es administrador de hecho que actúa en la sombra[382], tendencias cuyo análisis en este momento extralimita nuestro objeto de estudio.

Con carácter habitual, la responsabilidad de los administradores sociales y el riguroso régimen preceptivo reconocido en la sistemática determina que si el órgano de administración se

En memoria del Profesor Aníbal Sánchez Andrés, (Coords. SÁENZ GARCÍA DE ALBIZU, J.C./ OLEO BANET, F./ MARTÍNEZ FLÓREZ, A.), Cizur Menor, Pamplona, págs. 527-561; MARTÍNEZ SANZ, *Capítulo 2...op.cit.,* págs. 55-65; PERDICES HUETOS, *Significado...op.cit.,* págs. 277-287; SANCHO GARGALLO, I., "La extensión subjetiva del régimen de responsabilidad a los administradores de hecho y ocultos y a la persona física representante del administrador persona jurídica (art. 236.3 y 5 LSC)", en AA.VV. *Junta general y Consejo de Administración en la sociedad cotizada,* (Dirs. RODRÍGUEZ ARTIGAS, F./FERNÁNDEZ DE LA GÁNDARA, L./QUIJANO GONZÁLEZ, J./ALONSO UREBA, A./VELASCO SAN PEDRO, L./ESTEBAN VELASCO, G.— Coord. RONCERO SÁNCHEZ, A.), Tomo II, Pamplona, 2016, págs. 618-620 y 627-631; VÁZQUEZ ALBERT, D., "Administrador de hecho y administrador oculto: novedades legislativas y jurisprudenciales", en *Principales reformas del Derecho mercantil,* (Coord. RODRÍGUEZ VEGA, L.), Madrid, 2016, págs. 31-66.

381 *Vid.* BERCOVITZ RODRÍGUEZ— CANO, *Régimen...op.cit.,* págs. 20-25; MARTÍNEZ SANZ, *Capítulo 2...op.cit.,* pág. 72.

382 A este respecto, PERDICES HUETOS, *Significado...op.cit.,* págs. 285-286.

conforma como un Consejo de Administración que no ha delegado permanentemente sus facultades en uno o varios consejeros delegados, los altos directivos de la sociedad estarán sometidos a los mismos deberes y responsabilidades que los administradores de la entidad, aunque ésta puede interponer contra ellos las acciones derivadas del contrato que les vincula con la misma. En el caso de que haya consejeros delegados, resulta evidente que la delegación de facultades no exonera de responsabilidad a los consejeros delegantes de la culpa contraída por los delegados. Pues la delegación de ciertas competencias o atribuciones en la entidad trata de facilitar la gestión y representación de la misma, y potenciar la eficiencia en la gestión societaria, pero el Consejo de Administración no puede eludir su propia responsabilidad. Antes, al contrario, dicho órgano colegiado ha de mantener la supervisión y el control de la gestión social y, como es evidente, de las funciones que en su caso hubiera delegado[383]. De ahí que cuando el resultado de un acto u omisión genera un daño o perjuicio, responderán todos los miembros del Consejo de Administración de la sociedad o algunos de ellos, y sólo podrán quedar al margen de la imputación de esta responsabilidad los consejeros sociales que prueben que no intervinieron en la realización de la actuación o comportamiento que resultó ser lesivo y que desconocían su

383 Véase LEÓN SANZ, F., "Artículo 249. Delegación de facultades del Consejo de Administración", en AA.VV. *Comentario de la reforma del régimen de la sociedad de capital en materia de gobierno corporativo (Ley 31/2014). Sociedades no cotizadas*, (Coord. JUSTE MENCIA, J.), Civitas— Thomson, Madrid, 2015, pág. 499. En cuanto al mantenimiento de la responsabilidad, a pesar de la delegación, véase la STS de 1 de diciembre de 2008 (TOL1.413.566| Civil| Fallo: Fallo estimatorio parcial| REC: 80/2001| RES: 205/2008); así como, la Resolución de la DGRN de 16 de julio de 2012, en el recurso interpuesto contra la calificación realizada por el registrador mercantil y de bienes muebles VIII de Barcelona de la escritura de elevación a públicos de acuerdos sociales, relativa a designación de cargos de la sociedad (BOE núm. 234, de 28 de septiembre).

existencia o que, aún en el caso de conocerlo, hicieron lo conveniente para poder evitarlo. Así como, en un sentido similar, si manifestaron su oposición expresa a la aprobación del mismo. En cambio, y en cumplimiento del deber de lealtad que pesa sobre los administradores o consejeros sociales, no puede considerarse una causa de exoneración de responsabilidad la circunstancia de que el acto lesivo haya sido autorizado o ratificado por la Junta general de accionistas[384].

En consonancia con el mantenimiento de la imputación de la responsabilidad social que abordamos, a pesar del supuesto de la delegación de las facultades que sean posibles, la doctrina reconocida ha puesto de manifiesto los tres tipos de responsabilidades que justifican esta afirmación cuando media dolo o culpa en la actuación u omisión del administrador o consejero social[385]. De un lado, la responsabilidad *in eligendo* en lo que hace a la elección o previsión de los delegados, en cuyo caso la responsabilidad del delegante se amplía en lo que respecta a las personas que carecen de los medios adecuados para el desarrollo de las funciones objeto de delegación. Esto es, cuando los criterios de selección emplea-

[384] Sobre ello, el TS considera que la norma responde "*a la idea de que los administradores no pueden realizar actos ilícitos —contrarios a la ley, a los estatutos o al deber general de diligencia: apartado 1 del mismo artículo— que dañen a la sociedad, incluso aunque un acuerdo de la junta general lo autorice o ratifique. (...) De otro lado, el precepto no distingue entre acuerdos adoptados por unanimidad y sólo por mayoría, al efecto de legitimar para el ejercicio de la acción social al accionista o al acreedor (...)*" (consúltese la STS 472/2010, de 20 de julio. TOL1.955.282| Civil| | Fallo: Estima y casa| REC: 960/2006| RES: 472/2010).

[385] En concreto, nos referimos al prof. ALFARO ÁGUILA-REAL, *Artículo 225... op.cit.*, pág. 323 y en *Responsabilidad de los administradores y gobierno corporativo*, Fundación Registral, Madrid, 2007, pág. 84; QUIJANO GONZÁLEZ, J., "Artículo 236. Presupuestos de la responsabilidad", en AA.VV. *Comentario a la Ley de Sociedades de Capital*, (Dirs. ROJO, A./ BELTRÁN, E.), t. I, Civitas, Madrid, 2011, pág. 1698.

dos en la designación de los integrantes de la comisión ejecutiva o de los consejeros delegados que han causado el perjuicio, no son apropiados para la realización de las funciones o competencias que se delegaron. De otro, la responsabilidad *in instruendo* o en la indicación del contenido de las facultades que han de llevar a cabo los delegados y que no se ha hecho de modo correcto. Y, por último, la responsabilidad *in custodiendo* o *in vigilando*, referida al incumplimiento del deber de supervisión o acerca de la ausencia de instrumentos adecuados de control por su parte. En cualquiera de los planteamientos aludidos, cabe entender el establecimiento de una responsabilidad social solidaria cuando se trata de un órgano de administración y gestión de carácter plural, como lo es el Consejo de Administración en las sociedades cotizadas. La apreciación de dicha responsabilidad ha de interpretarse como una forma de observar con mayor rigor el cumplimiento de los deberes sociales asumidos por los consejeros que integran el órgano de gestión de estas compañías al haber aceptado el cargo[386]. De acuerdo con lo indicado, cuando el órgano de administración de la sociedad adopta la forma de Consejo de Administración y éste, mediante un acuerdo de delegación, designa una comisión ejecutiva o uno o varios consejeros delegados, aquel acuerdo de delegación no exime de la responsabilidad que puede imputarse a los miembros que integran el Consejo. Aunque queda a salvo de esta afirmación la posible forma atribuida a las responsabilidades sociales que recaen sobre los delegantes.

Al margen de lo anterior, este tipo de responsabilidad civil-mercantil a la que hemos hecho mención es distinta de la responsabilidad penal que pretende individualizar los comportamientos de los miembros del Consejo de Administración que sean calificados como antijurídicos y, por consiguiente, han de ser penados. En la

386 *Vid.* SÁNCHEZ CALERO, *Los administradores...op.cit.*, pág. 778.

misma línea, para que un administrador o consejero social quede liberado de la posible imputación de responsabilidad penal, no resulta suficiente con no haber participado directamente en la comisión del acto delictivo, sino que debe haber hecho todo lo posible para evitar que el mismo se lleve a cabo.

Por último, y en lo que hace a los efectos derivados de la responsabilidad social, ha de tenerse en cuenta que una consecuencia directa del acuerdo de la Junta general de accionistas para interponer una acción social de responsabilidad es la consiguiente destitución de los administradores sociales afectados, a pesar de que la demanda se desestime. Distinto planteamiento ha de hacerse cuando la interposición de dicha acción responde a la solicitud de la minoría del capital de la entidad o de los acreedores sociales de la misma. En esta última hipótesis apuntada, se hace necesario la solicitud a la Junta general de accionistas del cese de los administradores o consejeros sociales implicados en el acto u omisión que hubiere generado el perjuicio.

B. *La responsabilidad que asume el consejero externo independiente en el desempeño de sus competencias supervisoras en el seno de la entidad*

A pesar de la previsión general expuesta en cuanto al régimen de imputación de responsabilidad de los que integran el Consejo de Administración de las sociedades de capital, cabe plantear ciertas cuestiones en el supuesto de las compañías cotizadas, en cuyo caso dicho órgano de gestión societaria está conformado por una pluralidad de consejeros sociales en cuanto a la diversidad de funciones que desempeñan en el seno de la entidad. De las que, como es sabido, se precisa distinguir entre los consejeros con funciones ejecutivas de dirección y los que, por el contrario, llevan a cabo las facultades de supervisión de aquéllas[387]. Más aún, respecto de los consejeros externos independientes que se ocupan de la tutela del interés social y del proyecto empresarial de la entidad, pero carecen de un catálogo expreso y preciso de funciones que van a asumir como integrantes del Consejo de Administración y en el seno de las Comisiones especiales creadas en el mismo y de las que, necesariamente, han de formar parte. Si bien es cierto que, en cuanto a las apuntadas Comisiones de carácter obligatorio que han de crearse (Comisión de Nombramientos y Retribuciones y la Comisión de Auditoría) las previsiones sustantivas se han encargado de determinar sus competencias mínimas en cada caso, pero —como hemos tenido ocasión de referir— nada impide que dicho elenco de facultades se concrete y amplíe vía estatutaria o en el propio contenido del Reglamento interno de funcionamiento del Consejo de Administración.

En este momento cabe adelantar que, siguiendo la tendencia interpretativa que venimos apoyando a lo largo de nuestro estudio, los consejeros externos independientes deben prestar atención a los deberes sociales básicos a fin de no incurrir en responsabilidad. Esto es, llevar a cabo una actuación independiente siguiendo el principio de buena fe y en beneficio del interés social que es inherente al cargo de consejero social en el órgano gestor de la entidad y que deriva de la obligación de lealtad propia de su posición y, a su vez, respetar el deber de independencia que le es singular entendida en un sentido objetivo en lo que concierne al

387 En este sentido, ALONSO UREBA, *Diferenciación...op.cit.*, págs. 846-847 hace referencia a la responsabilidad *in eligendo* o *in viligando* respecto de las comisiones creadas en el Consejo de Administración; BAUTISTA SAGÜÉS, *Categorías...op.cit.*, págs. 184-185; QUIJANO GONZÁLEZ, *Los presupuestos...op.cit.*, págs. 609-610. Pero hay que actuar con cautela, en cuanto que el Consejo es un órgano de administración unitario, como ponen de relieve —entre otros— PAZ—ARES RODRÍGUEZ, *Responsabilidad...op.cit.*, págs. 85-87.

desempeño de las competencias atribuidas en el órgano de administración de la sociedad de la que forman parte.

B.1. Previsiones sobre el sistema actual de imputación de responsabilidad social

El régimen ordinario de responsabilidad social que compete a los consejeros externos independientes, siguiendo las previsiones reglamentarias aplicables, responde a la precisa atención de las normas comunes vigentes respecto de los administradores o consejeros de una sociedad de capital. Los consejeros independientes han de actuar de acuerdo a la protección del interés social sobre los particulares como corresponde al cargo que desempeñan, lo que supone la consecución de un negocio rentable y que sea sostenible a largo plazo, promoviendo su continuidad y la maximización del valor económico de la entidad. Esto implica que, en el desenvolvimiento de sus facultades, los consejeros externos independientes respeten las previsiones preceptivas procurando conciliar el interés social con los legítimos intereses del resto de los que conforman la sociedad (en particular de los accionistas no representados en el Consejo de Administración o con una menor presencia en el mismo) y atendiendo a los deberes que asumen en su condición de integrantes del órgano de administración que, careciendo de funciones ejecutivas, llevan a cabo las competencias de supervisión de los consejeros internos y la tutela del interés del conjunto de los accionistas sobre cualquier otro particular, y evitando situaciones de conflicto de intereses.

Al margen de la responsabilidad social imputable al consejero por el incumplimiento de la norma, de los estatutos sociales o del propio Reglamento interno de funcionamiento del órgano gestor, en todo caso, el reconocimiento de la responsabilidad de los consejeros externos independientes deriva de las competencias que éste ha de cumplir en la gestión de la compañía. Ello hace que los que ostentan esta condición societaria se singularicen del resto de integrantes del Consejo de Administración por las específicas facultades que tienen encomendadas[388]. Argumento por el que los consejeros independientes han de cumplir con los deberes de diligencia y fidelidad para con la sociedad de acuerdo con las funciones de vigilancia y control que llevan a cabo en la entidad en el sentido analizado con anterioridad, algunas de cuyas consideraciones genéricas corresponde reproducir a fin de analizar la posible imputación de responsabilidad social en su caso. En lo que concierne al primer supuesto, la observancia de la diligencia supone que el consejero independiente deba atender y respetar las imposiciones propias de su particular cualificación y del oportuno desenvolvimiento de las competencias asumidas en beneficio del interés social para lo que es fundamental la exigencia de la atención de la obligación de información desde su perspectiva activa[389]. Las actuaciones contrarias al interés social e, incluso, las que resultan de forma manifiesta ilícitas en el seno del Consejo de Administración de la entidad, y que se ajustan a la falta de información sobre la marcha de la sociedad o los asuntos relevantes de la misma, pueden generar en dichos consejeros una responsabilidad por el incumplimiento del deber de diligencia que le es exigible[390]. Tal y como podríamos confirmar en la hipótesis de que los consejeros independientes no soliciten la información pertinente o, por la propia falta de actividad por su parte, des-

388 Autores como MATEU DE ROS CEREZO, *Los consejeros...op.cit.*, pág. 239 y en *La independencia de criterio...op.cit.*, pág. 258, señalan la posibilidad de que la responsabilidad de los consejeros se vaya configurando a título individual. Por su parte, PAZ-ARES RODRÍGUEZ, *Responsabilidad...op.cit.*, págs. 80-81, hace alusión a una posible 'responsabilidad intermedia' a este respecto.

389 Arts. 228 y 229 de la LSC. Para ampliar esta materia, pueden consultarse: RECALDE CASTELLS, *Comentario...op.cit.*, págs. 76-79.

390 *Vid.* MUÑOZ PAREDES, *La información...op.cit.*, págs. 134-135 y SÁNCHEZ CALERO, *Los administradores...op.cit.*, pág. 770.

conozcan determinados hechos sobre la sociedad que sean de relevancia en el ejercicio de sus funciones societarias y en la deliberación de los asuntos de su competencia en los que necesariamente han de participar tanto en el Consejo de Administración, como en lo que se refiere a las Comisiones especiales de las que formen parte. En estos casos, nada impide atestiguar que dichos consejeros puedan ser responsables en la medida en que por su negligencia se lesionen los intereses de la propia sociedad o de los socios o, incluso, de terceros, lo que les legitimaría para exigirles a aquéllos la correspondiente responsabilidad, al igual que a la entidad perjudicada.

Además del deber de información, bien es sabido que corresponde al consejero independiente la dedicación apropiada y continua de tiempo a la entidad, y desplegar el esfuerzo necesario para el ejercicio eficiente de las competencias particulares que distinguen dicha posición social. Habiendo de adoptar las medidas precisas para poder llevar a cabo las funciones que se le han asignado por su singular catalogación y participar en los programas de orientación y actualización que corresponda por sus peculiares connotaciones funcionales y orgánicas. La falta de cumplimiento de estas previsiones puede traer como consecuencia que su actuación resulte contraria a la diligencia que le es exigida en relación con el cargo social que ostenta en la entidad, lo que pudiera dar lugar a un supuesto de responsabilidad en cuanto que se afecten los intereses de la sociedad y con ello se causase un daño o perjuicio a la misma.

Por otro lado, en lo que afecta al cumplimiento de la obligación de lealtad a la entidad, el consejero externo independiente ha de ejercer sus funciones supervisoras siguiendo el modelo establecido de un *fiel representante* que se encarga de la gestión y tutela de los intereses ajenos, actuando de buena fe y en el mejor interés respecto de la compañía. Esto es, en garantía del interés del conjunto de los socios o accionistas desde una óptica patrimonial y de rentabilidad de la participación a largo plazo y que suponga una maximización del valor económico de la sociedad. Por consiguiente, al consejero independiente le corresponde guardar el debido secreto sobre los aspectos de la entidad que conozca por el desarrollo de las competencias que tiene asignadas en el órgano gestor de la misma (y en los puestos que ocupe en él y en sus diversas Comisiones especiales) y deberá evitar situaciones de conflicto de intereses que puedan plantearse. En lo que hace a este último requerimiento, el consejero social que es externo e independiente no puede participar en la deliberación y votación de los acuerdos o decisiones en las que él o una persona vinculada con el mismo tenga un conflicto de intereses, y deberá llevar a cabo sus funciones con libertad de criterio o juicio neutro y autonomía en relación con posibles instrucciones o vínculos con terceros. Esto es, habiendo de adoptar las medidas necesarias para evitar incurrir en situaciones de conflicto de interés entre el particular y el que corresponde a la sociedad, y en lo que concierne a la atención de sus deberes para con la misma. De este modo, desempeñará las competencias propias del cargo que ocupa en el Consejo de Administración de la sociedad sin que el conocimiento que tengan sobre los datos, informaciones e informes societarios le pueda influir en sus facultades supervisoras y de control en el órgano de administración social, pues ha de atender de modo prioritario al deber de lealtad y ello trae como consecuencia el cumplimiento de la obligación de guardar secreto en beneficio del conjunto de los accionistas, al igual que el resto de consejeros externos[391]. A

[391] Al igual que en el supuesto de los consejeros dominicales, con independencia de que puedan informar a los accionistas de cuestiones acerca de la sociedad que no alteren el secreto de la información confidencial en perjuicio de los intereses sociales (FARRANDO MIGUEL, *El deber...op.cit.,* págs. 99-100; SÁNCHEZ CALERO, *El deber...op.cit.,* págs. 260-261). En el caso de los consejeros dominicales, algún sector doctrinal considera necesaria la mitigación de esta obligación en razón de la relación existente entre el consejero dominical

mayor abundamiento, en su condición de consejero independiente se le exige el necesario respeto de los supuestos específicos y situaciones tipificadas y que, por condicionar o influir en la independencia que le singulariza, se presume que generan un conflicto de intereses. Apreciación que hace factible que sugiramos que, si concurriese en esta modalidad de consejero social alguna de las circunstancias calificadas en sentido negativo por cuanto subordinan la actuación imparcial y neutra que específicamente le distingue, deberá ponerlo en conocimiento de la Comisión responsable de realizar la propuesta de su nombramiento, cuál es la Comisión de Nombramientos y Retribuciones (o la Comisión de Nombramientos, cuando corresponda). A fin de que sea ésta la que valore la situación concreta y, si procede, inicie el correspondiente procedimiento de sustitución del mismo. En caso contrario, el consejero independiente que —teniendo conocimiento de esta irregularidad se mantiene en el cargo y lo oculta al órgano gestor del que forma parte generando un perjuicio— habrá de asumir la correspondiente responsabilidad derivada de la falta de atención a las exigencias legales o, en su caso, estatutarias o reglamentarias a cuya atención se ha comprometido al aceptar el nombramiento para integrar el Consejo de Administración de la sociedad[392]. En este planteamiento, como es sabido, se presume

y el accionista al que representa, tal es el caso de: ALFARO ÁGUILA-REAL, *Deber...op.cit.;* ARANBURU URIBARRI, E., "Alcance del deber de secreto de los consejeros dominicales", *Revista Aranzadi civil-mercantil*, núm. 9, 2016, págs. 33-37; FELIU REY, *El deber...op.cit.*, págs. 625-626; y PAZ-ARES RODRÍGUEZ, *Anatomía...op.cit.*, págs. 51-53 y en *Identidad...op.cit.*, págs. 74-76. En el mismo sentido, la STS núm.622/2011, de 4 de octubre de 2011 (TOL2.259.030| Civil| Fallo: Fallo desestimatorio| REC: 519/2008| RES: 669/2011).

392 La infracción de lo establecido en el Reglamento interno de funcionamiento del Consejo de Administración anula los acuerdos adoptados que resulten impugnables en los términos de la norma societaria y puede generar la responsabilidad civil por el daño que, en su caso, se hubiera causado a la entidad, al socio o a terceros ajenos (SÁNCHEZ CALERO, *Los administradores...op.cit.*,

la culpa o negligencia del consejero social en cuanto a la omisión o falta de actuación que genera un perjuicio a la entidad o a los terceros. La interposición de la acción social o individual de responsabilidad civil se hace depender de la reparación de los daños que se hubieran causado, es decir, a la sociedad directamente (aunque los socios serán beneficiarios indirectos) o a los socios o terceros distintos a la misma, por cuanto se trata de una omisión o conducta negligente en el marco orgánico al que pertenece.

En otro orden, la responsabilidad que pesa sobre los que ostentan la condición de consejeros externos independientes pudiera hacer imputable el régimen general de la responsabilidad civil extracontractual[393], no derivada de su actuación como integrantes del órgano de administración de la compañía cotizada, sino a título personal. En cuyo caso, se interpondrá la oportuna acción de responsabilidad por los perjuicios ocasionados a la sociedad o a terceros con su conducta (u omisión), pero no así la acción social de responsabilidad (o, si fuera procedente, la acción individual) por cuanto no se trata de actuaciones procedentes de las com-

pág. 765, incluso, puede dar lugar a una responsabilidad administrativa). Al igual que se incurre en una responsabilidad civil si no se cumplen las exigencias normativas en cuanto a la elaboración del Informe anual de gobierno corporativo.

393 Art. 1902 del Ccivil. Sobre ello puede consultarse la jurisprudencia del TS en las siguientes resoluciones: STS 396/2013, de 20 de junio (TOL3.842.321| Civil| Fallo: Fallo desestimatorio| REC: 1421/2011| RES: 396/2013), la STS 472/2016, de 13 de julio (TOL5.785.643| Civil| Fallo: Fallo inadmite| REC: 1730/2014| ECLI: ES:TS:2016:7189A), la STS 129/2017, de 27 de febrero (TOL5.984.463| Civil| Fallo: Fallo desestimatorio| REC: 2604/2014| RES: 129/2017| ECLI: ES:TS:2017:711) o la STS 485/2018, de 11 de septiembre (TOL6.779.862| Civil| Fallo: Fallo desestimatorio| REC: 1891/2015| RES: 484/2018| ECLI: ES:TS:2018:3087). Véanse también: MARTÍNEZ—ECHEVARRÍA, A./ PUENTE GONZÁLEZ, I. A., "Aspectos esenciales del régimen de la responsabilidad de los administradores de las sociedades de capital", en AA.VV. *Responsabilidad de los administradores de las sociedades de capital,* (Dir. PULIDO BEGINES, J.L.), Madrid, 2019, págs. 26-28.

petencias asumidas en el órgano gestor de la entidad. Pese a ello, cabe poner de manifiesto que no es habitual en la *praxis* societaria encontrar supuestos en los que los consejeros externos independientes respondan de manera individual. Las razones básicas que pueden constatar esta situación se fundan, de un lado, por cuanto habría que apreciar que la conducta u omisión negligente del mismo y de las consecuencias lesivas acaecidas se llevan a cabo al margen de sus funciones orgánicas en la sociedad a la que pertenecen. De ser así, además del comportamiento u omisión culpable por parte del consejero independiente y que genera un daño, ha de probarse la existencia de una relación causal entre el acto (o la omisión) y el perjuicio que se hubiera generado. Por otro, y en el planteamiento concreto de los consejeros independientes, la supuesta imputación de responsabilidad que indicamos supondría una limitación del libre ejercicio de las funciones particulares de supervisión y control que tienen reconocidas en el órgano de administración social y, al mismo tiempo, pudiera resultar un impedimento para aceptar y desempeñar el cargo de forma correcta y objetiva. El consejero independiente ha de velar por la garantía del interés social al margen de la influencia de los directivos, de los accionistas significativos y de los ejecutivos y, al mismo tiempo, tiene que reunir unos especiales presupuestos de idoneidad de carácter personal y profesional, exigencias que encuentran su fundamento en las precisas funciones que asumen en la condición de miembro independiente en el órgano gestor societario. Éstas se concretan no sólo en la protección del interés del conjunto de los accionistas, sino también en la determinación de la política de la misma y la supervisión o control de los que ejercen las facultades ejecutivas en el seno de la sociedad. Dichas exigencias, junto a una posible imputación directa de responsabilidad, harían difícilmente viable que se designasen consejeros independientes en los órganos de administración de las entidades cotizadas a fin de dar respuesta a las previsiones y recomendaciones de buen gobierno corporativo.

B.2. Coherencia de la aplicación homogénea del régimen de responsabilidad de los consejeros sociales

El sistema de responsabilidad que compete asumir a los consejeros independientes responde, como hemos visto, a la aplicación supletoria de las normas vigentes y que son comunes respecto de los administradores o consejeros sociales de las entidades de capital. Si bien, y teniendo en cuenta que éste trae causa en las competencias que tienen atribuidas en el órgano de gestión de la sociedad en el que se integran, se confirma que en el caso de los que ostentan la condición de consejeros catalogados de independientes dicho régimen haya de valorarse en un plano particular. Obviamente, dejando al margen los supuestos de imputación de responsabilidad por los perjuicios causados por las conductas u omisiones que lleven a cabo y resulten contrarios a la ley o a los estatutos sociales e, incluso, al propio contenido de los reglamentos de funcionamiento interno, en cuyo caso los consejeros serán responsables en su posición de integrantes del órgano gestor de la compañía, salvo que prueben que actuaron de modo diligente y sin que medie dolo o culpa.

Por lo anterior, y haciéndonos eco del debate surgido a este respecto en el seno de la doctrina más destacada[394], cabe cuestionarse acerca del oportunismo de revisar el régimen general que se prevé aplicable a las sociedades cotizadas y, de forma concreta, del que se impone a los consejeros sociales que conforman el Consejo de Administración de estas entidades en cuanto a la modalidad que corresponde a cada uno según sus singularidades y el conjunto de funciones que le son propias.

394 Pueden consultarse, entre otros: ALONSO UREBA, *El modelo...op.cit.*, pág. 241 y en *Diferenciación...op.cit.*, pág. 771; ESTEBAN VELASCO, *La renovación...op.cit.*, pág. 179; FERNÁNDEZ DE LA GÁNDARA, *El debate...op.cit.*, pág. 90.

Las tendencias dogmáticas que han surgido sobre esta materia, tienen como nexo de inflexión la oposición o negativa a imputar el mismo régimen de responsabilidad a los consejeros externos (y, en concreto, a los independientes) y al resto de los consejeros sociales que forman parte del Consejo de Administración de la sociedad cotizada con competencias ejecutivas o directivas, aunque con distinto grado de determinación. Así, mientras que la línea mantenida por algunos es rotunda en cuanto a sus argumentaciones en este sentido, manifestando una clara negativa a la homogenización del régimen de responsabilidad de los consejeros sociales en las sociedades cuyos valores han sido admitidos a negociación en mercados regulados[395], por su parte otro sector ha instado al legislador a revisar y, en consecuencia, proponer la modificación del actual contenido reglamentario para adecuarlo a las singulares características del órgano gestor de dichas sociedades[396]. En cualquier caso, y con independencia de los adjetivos o indicativos que podamos emplear, en nuestra consideración no resulta procedente que se le atribuya igual nivel de responsabilidad a los consejeros que conforman el órgano de administración de las sociedades cotizadas y al resto de administradores o consejeros sociales de las entidades de capital en general. Pues, como es sabido, en el órgano de administración de estas sociedades confluyen tanto consejeros con competencias ejecutivas que desempeñan funciones de dirección en la sociedad o su grupo, cualquiera que sea el vínculo jurídico que mantengan con la misma, como consejeros carentes de esas facultades. Estos últimos, siendo externos a la sociedad, no van a desempeñar las funciones propias de aquéllos y pueden ser designados como consejeros independientes, dominicales u otros consejeros exter-

395 Nos referimos, entre otros, a los siguientes: ALONSO UREBA, *El modelo... op.cit.*, pág. 241; ESTEBAN VELASCO, *La renovación...op.cit.*, pág. 179; PAZ-ARES RODRÍGUEZ, *La responsabilidad...op.cit.*, pág. 82.

396 Así, FERNÁNDEZ DE LA GÁNDARA, *El debate...op.cit.*, pág. 90.

nos. Calificación que hace comprensible que entre los consejeros sociales no ejecutivos también existan diferencias de cualificación insalvables. Pues, aunque la norma sustantiva los equipara en ciertas ocasiones como ocurre respecto del régimen de incompatibilidades previstas para los consejeros independientes en relación con los consejeros dominicales, no pueden considerarse cualitativamente y, en sentido estricto, similares las posiciones de los consejeros dominicales, de los independientes y de otros posibles consejeros externos[397], pese a que ninguno de ellos desempeña competencias ejecutivas en la sociedad y son externos a la misma. El fundamento de esta reflexión no es otro que la consideración de las funciones que cada uno de ellos asumen y llevan a cabo en el órgano de dirección social y las singularidades que les caracterizan en cada caso y que cabe volver a recordar de forma somera. Los consejeros dominicales son los que poseen (o representan) una participación accionarial igual o superior a la que se considera legalmente significativa o que hubieran sido designados por su condición de accionistas, a pesar de que su participación no alcance dicha cuantía, así como los consejeros que sean altos directivos o consejeros de sociedades pertenecientes al grupo de la entidad dominante. Mientras que, de sobra es sabido, serán consejeros independientes los que designados en atención a sus condiciones personales y profesionales pueden desempeñar sus funciones societarias sin verse condicionados por relaciones con la sociedad o su grupo, sus accionistas significativos o sus directivos. De este modo, los consejeros sociales que no cuenten con funciones ejecutivas y tampoco puedan encuadrarse en ninguno de los supuestos anteriores porque carezcan de las imposiciones normativas exigidas para ser designado en dichas catalogaciones (independiente o dominical), podrán ser nombrados en la clasificación de otros consejeros externos.

---

397 Consúltese SÁNCHEZ CALERO, *Los administradores...op.cit.*, pág. 795.

Por lo anterior, parece razonable que se considere la posible imputación de responsabilidad aplicable a cualquier consejero social que integra el órgano de dirección de la compañía, pero según las competencias o facultades atribuidas en razón de la categoría societaria que se ocupe. Siendo esta apreciación insuperable en cuanto a la distinción entre los consejeros ejecutivos con funciones de dirección en la entidad y los que no son ejecutivos y supervisan las facultades directivas. Con mayor rigor en el supuesto que nos ocupa de las sociedades cuyos valores cotizan en un mercado regulado y en las que el órgano de administración ha sido objeto de reglamentación específica.

El cumplimiento de los deberes sociales y, en concreto, de la actuación independiente y en beneficio del interés social sobre cualquier otro de carácter particular es una obligación del conjunto de los consejeros o administradores que conforman el órgano de administración de la sociedad al margen de la posición que, en cada caso, se ocupe. Por consiguiente, la falta de observancia de las obligaciones sociales genera una responsabilidad solidaria de los que conforman el órgano de administración, y que es ajena a las especialidades en cuanto al desempeño de sus facultades y al cargo interno que se ostente, pero teniendo en cuenta que el contenido de dichas obligaciones se halla vinculado a las capacidades y cualificaciones que cada uno de ellos ejerce en el órgano gestor societario. El cumplimiento del deber de diligencia y de información acerca del funcionamiento de la sociedad va a ser determinante respecto del gobierno de la entidad en el caso de los consejeros sociales con funciones ejecutivas, los cuales asumen unas específicas competencias de dirección. Si bien, como se ha señalado, en lo que afecta a su atención por parte de los consejeros externos independientes, el deber de información adquiere cierta trascendencia y ello en la medida en que se entiende como un requerimiento necesario del adecuado desenvolvimiento de la función supervisora de los que dirigen la compañía. Circunstancia que, del mismo modo, se fomenta en la propia estructura del Consejo de Administración y de la presencia significativa de los consejeros independientes en las Comisiones especializadas creadas en el mismo por imposición preceptiva. De ello, cabe considerar que no parece justificable una atribución igualitaria de responsabilidad por el incumplimiento de las obligaciones sociales, como se prevé con carácter general, en el caso de ser consejero con funciones ejecutivas o de dirección en la sociedad, y respecto de los consejeros que llevan a cabo funciones supervisoras o de control de las facultades atribuidas a los anteriores, aunque adolecen de las competencias ejecutivas. Como tampoco puede valorarse con la misma paridad entre los consejeros sociales la atención del deber de lealtad para con la sociedad en un sentido categórico del concepto, por cuanto su precisa atención estará delimitada por el ejercicio de sus específicas facultades en cada modalidad o categoría de consejero social.

Derivado de lo expuesto, cabe apreciar que la vigente asimilación de los consejeros sociales en materia de responsabilidad supone que a los que ostentan la condición de independientes se les reconozca en el Consejo de Administración una doble función[398]. De un lado, la facultad básica de dirección del propio Consejo, orientando los asuntos de la sociedad y tutelando los intereses del conjunto de los accionistas. De otro, la carga que asumen por la especial función de supervisión de los que desarrollan las competencias ejecutivas y que se les atribuye en el seno del órgano de administración y, en su caso, de las Comisiones especiales de las que forman parte. Estas circunstancias han llevado a algún sector doctrinal a manifestarse en un sentido opuesto al reconocimiento normativo de la aplicación de la responsabilidad solidaria al colectivo de los consejeros sociales que integran el órgano gestor de

398 En este sentido, ESTEBAN VELASCO, *La renovación...op.cit.*, págs. 183-184.

una entidad por actos de gestión diaria de la sociedad, con independencia de la posición interna que éstos ocupen y, en concreto, respecto de los consejeros externos independientes cuyas facultades se alejan de las que son de carácter ejecutivo[399]. La aludida diversidad de la asignación de funciones de los consejeros sociales en el órgano de administración de las entidades cotizadas y, sin embargo, el régimen general de asunción de responsabilidad dispuesto está generando en la práctica societaria planteamientos adversos en lo que hace a la designación de los consejeros independientes. Nos referimos, en primer término, a la negativa de los posibles aspirantes a aceptar el cargo por el nivel de responsabilidad que asumen y les compromete al ser designados en dicha condición por el desempeño de sus funciones. Téngase en cuenta que los candidatos han de superar las exigencias de idoneidad recogidas en la sistemática y de carácter personal y profesional, junto a la necesidad de contar con conocimientos y experiencia adecuados y, al mismo tiempo, no estar incurso en ninguna de las situaciones que afecten o condicionen la independencia de su actuación, o que suponen un conflicto de intereses para con la sociedad o sus integrantes. Debiendo, asimismo, de disponer de tiempo y dedicación necesarios para conocer la sociedad y los asuntos que le conciernen, mantenerse debidamente formado e implicarse con la compañía. Imposiciones sustantivas que pueden ser completadas con otros requerimientos previstos en los estatutos sociales o en el propio Reglamento interno de funcionamiento del Consejo de Administración. Si ello se acrecienta con la equiparación del régimen de responsabilidad de los consejeros sociales ejecutivos que integran el órgano gestor, las reticencias para aceptar el cargo serán superiores y, en algunos

399 Tal es el caso de ALONSO UREBA, *El modelo...op.cit.*, pág. 241; ESTEBAN VELASCO, *La renovación...op.cit.*, pág. 183; SÁNCHEZ CALERO, *Los administradores...op.cit.*, pág. 794.

supuestos, incluso podría entenderse como la causa que impide que el aspirante pueda acceder a la propuesta de su nombramiento en la categoría de consejero externo independiente. En segundo lugar, y partiendo de que el candidato hubiera transigido a ser designado en la condición de consejero independiente, se hace preciso garantizar de algún modo la posible carga que la asunción del régimen general de responsabilidad les genera. Y no sólo en cuanto a la propia imposición, sino también en la medida en que ésta suponga de algún modo un condicionante en su actuación, la cual ha de ser imparcial y autónoma en beneficio del interés social y de acuerdo con un criterio objetivo en el desempeño de su cargo. Sobre ello la tendencia pragmática que está siendo habitual en otros sistemas jurídicos próximos es la suscripción de la correspondiente póliza que asegure la responsabilidad de los consejeros y directivos de la entidad (la conocida póliza *Directors & Officers —D&O-*)[400] y que les ofrezca la cobertura necesaria

400 Hacemos referencia al denominado seguro de responsabilidad civil de administradores y directivos 'D&O' (para ampliar esta información, pueden consultarse: BAKER, T./ GRIFFITH, S.J., "Predicting Corporate Governance Risk: Evidence from the Directors› & Officers› Liability Insurance Market", *The University of Chicago Law Review*, núm. 74, 2007, págs. 502-503 y en *Ensuring Corporate Misconduct. How Liability Insurance Undermines Shareholder Litigation*, University of Chicago Press, Chicago, 2011; BENITO OSMA, F., "La acción directa del perjudicado en el seguro de responsabilidad de administradores y directivos (D&O)", *Cuadernos Civitas de jurisprudencia civil*, núm. 110, 2019, págs. 91-120; DEL OLMO GARCÍA, P., "Director´s & Officer´s Liability in Spain", en *Directors & Officers (D & O) Liability*, (Coords. DEAKIN, S.), De Gruyter, Berlín, 2018, págs. 477-560; EMMANUEL, S. L., *Corporations (The Emanuel Law Outlines Series)*, US, 2000, págs. 382-393; FERNÁNDEZ DEL MORAL DOMÍNGUEZ, J., *El seguro de responsabilidad civil de administradores y altos directivos de la sociedad anónima (póliza D&O)*, Granada, 1998, *passim*; FONT RIBAS, A., "La asegurabilidad de la responsabilidad de los administradores de sociedades", en AA.VV. *La responsabilidad de los administradores de las sociedades de capital: aspectos civiles, penales y fiscales*, (Coords. GARCÍA— CRUCES GONZÁLEZ, J.A./ GALÁN CORONA, E.), Tecnos, Madrid, 1999, págs. 91-116; GUERRERO LEBRÓN, Mª. J., "El seguro de responsabilidad civil de los administradores de

para proteger su patrimonio personal en cuanto al resarcimiento de los daños que pudieran causar en el ejercicio de sus competencias orgánicas y, si procede, de las consecuencias de naturaleza económica derivadas de posibles procesos de defensa. Es decir, que con ello se cubran los daños ocasionados por las factibles actuaciones erradas de los consejeros sociales en la gestión de la entidad, y de cuya valoración nos ocupamos a continuación. Así, la conclusión de una póliza de seguro de *D&O* se reconoce como un instrumento de naturaleza material resarcitoria y de carácter facultativo para las entidades societarias en la medida en que se trata de proteger a los consejeros o administradores sociales frente a las consecuencias que se derivan de la responsabilidad civil en que puedan incurrir.

Las recomendaciones contenidas en el CBG tampoco han sido clarificadoras en este sentido, ya que no se ha previsto una recomendación o principio sobre el particular. Antes bien, se reconoce de modo habitual la responsabilidad colectiva y unitaria del Consejo de Administración de las sociedades cotizadas sobre la

sociedades de capital", en AA.VV. *Responsabilidad de los administradores de las sociedades de capital,* (Dir. PULIDO BEGINES, J.L.), Madrid, 2019, págs. 323-326; PAZ-ARES RODRÍGUEZ, *Identidad y diferencia del consejero...op.cit.,* págs. 120-121; RONCERO SÁNCHEZ, A., "El seguro de responsabilidad civil de los administradores de sociedades de capital", en AA.VV. *La responsabilidad de los administradores de las sociedades mercantiles,* (Coords. ROJO FERNÁNDEZ-RÍO, A./ BELTRÁN SÁNCHEZ, E./ CAMPUZANO LAGUILLO, A.), Tirant lo Blanch, Valencia, 2016, págs. 639-686; SAN PEDRO MARTÍNEZ, G., "Capítulo XII. El seguro de responsabilidad civil de administradores y directivos (D&O) y su eficacia ante la responsabilidad de los consejeros", *Cuadernos de Derecho para Ingenieros 44ª: La responsabilidad de los consejeros,* La Ley, Madrid, 2018, págs. 223-239. Así como, destacan los trabajos de CLARK, R., *Corporate Law,* Brown US, 1986, págs. 664-674. Aunque también se puede hacer referencia a otras posibilidades de protección del consejero como las cláusulas estatutarias limitativas de la responsabilidad o *pactos de indemnidad* (PAZ-ARES RODRÍGUEZ, *Identidad y diferencia del consejero...op.cit.,* pág. 120 y en *Responsabilidad...op.cit.,* págs. 95-98).

gestión societaria y la supervisión de la dirección de la entidad en beneficio del interés social, o del conjunto de los socios que la integran en la consecución de un negocio rentable y sostenible a largo plazo y que, a su vez, fomente la continuidad de la compañía y la maximización del valor económico de la misma [401]. Entendido, este último, como el empeño de todos los consejeros sociales al margen de su origen o la causa de su nombramiento. Siguiendo lo expuesto, parece aconsejable y resulta apropiado proponer la revisión del régimen de responsabilidad de los miembros del Consejo de Administración de las sociedades cotizadas, al objeto de que se permita discernir entre la imputación de responsabilidad por el incumplimiento de las obligaciones sociales en el caso de los consejeros que tienen reconocidas funciones ejecutivas, de los que supervisan estas facultades o ejercen funciones de representación de los intereses menos (o no) representados en el órgano gestor societario, como sucede en el supuesto de los consejeros externos independientes que nos ocupan.

B.3. Un apunte sobre la póliza D&O *(Directors and Officers Liability Insurance)*

La suscripción de la ya referida póliza de seguros para los consejeros y directivos sociales (nominada *D&O*) que se asimila al sistema norteamericano[402] tiene por finalidad que la entidad ase-

---

[401] Principio 9, con el siguiente tenor literal: *El consejo de administración asumirá, colectiva y unitariamente, la responsabilidad directa sobre la administración social y la supervisión de la dirección de la sociedad, con el propósito común de promover el interés social.*

[402] Véanse BAKER/ GRIFFITH, *Predicting...op.cit.*, págs. 502-503; CLARK, *Corporate...op.cit.*, págs. 664-674; DEL OLMO GARCÍA, *Director´s...op.cit.*, págs. 477-560; EMMANUEL, *Corporations...op.cit.*, págs. 382-393; FERNÁNDEZ DEL MORAL DOMÍNGUEZ, *El seguro...op.cit.*; FONT RIBAS, *La asegurabilidad... op.cit.*, págs. 91-116; GUERRERO LEBRÓN, *El seguro...op.cit.*, págs.

guradora soporte el riesgo de la posible imputación de responsabilidad civil a los administradores o consejeros sociales por los daños que su actuación orgánica pueda generar a la sociedad, a los socios o a terceros. Es decir, el asegurador se compromete a indemnizar el daño o perjuicio derivado de la realización del riesgo o evento precisado en el contrato de seguro y que se delimita en las funciones asumidas por los consejeros en el desempeño de sus facultades en la sociedad, salvando los casos en los que —al margen de sus funciones como administrador social— éstos hubieran actuado (u omitido su actuación) con culpa o dolo[403]. De este modo, se trata de una modalidad del seguro de responsabilidad civil de daños o de indemnización efectiva previsto para las sociedades y del que —en atención a un criterio propio— consideramos destacable formular ciertos fundamentos que distinguen su nominación en la *praxis* societaria.

De un lado, conviene detenerse en los elementos personales de la relación asegurativa y que difieren del seguro de responsabilidad civil de las empresas. La posición del tomador, por lo general, la ocupará la propia compañía a cuyo órgano de administración se adscriben los administradores o directivos asegurados y que, al mismo tiempo, es la parte contratante del seguro y la que suscribe la póliza con la entidad aseguradora[404]. Siendo la so-

323-326; PAZ—ARES RODRÍGUEZ, *Responsabilidad...op.cit.*, págs. 98-99; RONCERO SÁNCHEZ, *El seguro...op.cit.*, págs. 639-686; SAN PEDRO MARTÍNEZ, *Capítulo XII...op.cit.*, págs. 223-239.

403 Art. 19 de la Ley del Contrato de Seguro (Ley 50/1980, de 8 de octubre. BOE núm. 250, de 17 de octubre. En adelante, LCS). En cuyo caso, el tercero perjudicado puede dirigirse contra el asegurador en ejercicio de la acción directa, y el asegurador reclamará contra el asegurado que actuó dolosamente.

404 *Vid.* RONCERO SÁNCHEZ, A., *El seguro de responsabilidad civil de administradores de una sociedad anónima (sujetos, interés y riesgo)*, Editorial Aranzadi, Madrid, 2002, pág. 69, mientras que autores como GUERRERO LEBRÓN, *El seguro...op.cit.*, pág. 328 y PAZ-ARES RODRÍGUEZ, *Responsabilidad...op.cit.*,

ciedad la que deba declarar al asegurador las circunstancias que influyan en la valoración del riesgo y, en consecuencia, debiendo incluirse la relación de las categorías de consejeros sociales que integran el Consejo de Administración de la entidad y sus específicas funciones comprometidas en el mismo. Mientras que la posición del asegurado se refiere a la persona física que es titular del interés cubierto por el seguro y que, por consiguiente, es la que está expuesta al riesgo que motiva la conclusión de este tipo de contrato. De este modo, en el caso que nos ocupa, se concreta en el conjunto de administradores, consejeros o directivos sociales, o a los que por las competencias que tengan atribuidas en el órgano de administración asuman un riesgo similar en la gestión de la entidad[405]. Y ello en el sentido de que con dicha suscripción se cubre la posible imputación de responsabilidad civil de los directivos de la sociedad por los daños que puedan generar a terceros en el ejercicio de sus funciones societarias de administración y dirección, las cuales asumieron al ser designados en dicha condición[406]. La posición del colectivo de asegurados debe quedar precisada en la póliza con claridad a efectos de evitar situaciones controvertidas en el supuesto de que suceda el evento cuyo riesgo se cubre, indicando las categorías societarias de cada consejero según el caso particular. Las previsiones reglamentarias permiten suscribir una póliza nominal en la que se indique e identifique el conjunto de asegurados o, por el contrario, que la posición del

págs. 70-72, valoran la posibilidad de que lo contrate, también, el propio asegurado.

405 Plantean esta posibilidad BENITO OSMA, *La acción...op.cit.*, págs. 93-120; GUERRERO LEBRÓN, *El seguro...op.cit.*, págs. 330-331 y RONCERO SÁNCHEZ, *El seguro...op.cit.*, pág. 190, entre otros.

406 Véanse EMMANUEL, *Corporations...op.cit.*, págs. 382-393; FERNÁNDEZ DEL MORAL DOMÍNGUEZ, *El seguro...op.cit.*, págs. 50-54; GUERRERO LEBRÓN, *El seguro...op.cit.*, págs. 323-326.

asegurado sea determinable[407]. En esta última apreciación, planteamos la necesidad de que queden debidamente indicados los cargos societarios que van a estar cubiertos por la suscripción del correspondiente seguro. En último lugar, el perjudicado referido a la persona que, en los seguros de responsabilidad civil, está facultado para ejercitar la acción de indemnización de los daños y perjuicios frente al asegurador y ante el asegurado causante de aquéllos.

De otro, en lo que concierne a la finalidad de esta relación asegurativa cabe señalar que la suscripción de una póliza de seguro *D&O*, como se ha indicado, pretende amparar a los consejeros o directivos sociales de la aplicación del régimen de responsabilidad que se le puede reclamar por su integración en el órgano de administración social, y de los deberes y funciones inherentes al mismo. Se trata de cumplir la función resarcitoria o de amparo indemnizatorio propia del seguro de daños, es decir de los consejeros sociales frente a la posible imputación de la responsabilidad civil que pesa sobre los mismos. Consecuencia de lo cual, a nuestro modo de entender, los beneficios de su suscripción han de valorarse desde dos perspectivas. En primer lugar, respecto de la sociedad por cuanto la contratación de esta cobertura le va a permitir a la entidad designar como consejeros sociales a sujetos de reconocimiento y, más aún, en el caso de los que van a ser nombrados consejeros externos independientes que son los que nos interesan en el análisis que abordamos y que se hallan singularizados por unos especiales presupuestos personales y, fundamentalmente, de carácter profesional como ya se ha analizado en un momento precedente. En segundo término, en relación con los consejeros o directivos de la sociedad, los cuales verán

407 Art. 7 de la LCS. Para ampliar la materia, BENITO OSMA, *La acción...op.cit.*, págs. 93-120; FERNÁNDEZ DEL MORAL DOMÍNGUEZ, *El seguro...op.cit.*, págs. 54-55.

amparado su patrimonio personal frente a posibles demandas de responsabilidad civil por los perjuicios que, en el ejercicio de sus competencias sociales específicas en el órgano de administración societario, pudieran ocasionar a la compañía, a los socios o a terceros ajenos a la entidad. Pese a ello, cabe precisar que esta protección queda limitada en los extremos cubiertos por el seguro y que han de especificarse en la póliza suscrita por parte de la sociedad con la entidad aseguradora y ello habrá de hacerse con la oportuna precisión en cuanto a su determinación[408].

A lo anterior, se añade la inclusión de la cobertura accesoria de los gastos que son consecuencia de la defensa jurídica que tuviera el asegurado[409], a menos que se hubiera excluido de modo expreso. Es decir, la asunción de los honorarios derivados de una posible reclamación que sea objeto de cobertura por la propia póliza del seguro. Asimismo, y cuando proceda, podrán incluirse los costes de constitución de fianzas civiles impuestas por una resolución judicial si procediera. La cuestión polémica que, en estos casos, se plantea surge por las reclamaciones impuestas al consejero social que hubiera actuado de forma dolosa o culpable[410]. La posición mayoritaria a este respecto prevé que, pese a que corresponde asumir los gastos a la entidad aseguradora en base a la relación

408 STS, Sala Primera del Tribunal Supremo de 29 de enero de 2019 (TOL7.028.550| Civil| Fallo: Fallo estimatorio parcial| REC: 2159/2016| RES: 58/2019| ECLI: ES:TS:2019:162). Seguro de responsabilidad civil, Cobertura del seguro, Responsabilidad del administrador. La resolución se manifiesta a favor de particular como recurrente y en contra de la entidad aseguradora recurrente.

409 Art. 74 de la LCS. *Vid.* GUERRERO LEBRÓN, *El seguro...op.cit.*, págs. 338-340.

410 La responsabilidad civil derivada de mala fe del asegurado se excluye de la cobertura del seguro (art. 19 de la LCS). Véanse BENITO OSMA, *La acción... op.cit.*, págs. 93-120; TAPIA HERMIDA, A. J., "El seguro de responsabilidad civil de administradores y directivos de sociedades (D&O) ante las novedades legislativas y jurisprudenciales", *Revista de la Asociación Española de Abogados Especializados en Responsabilidad Civil y Seguro*, núm. 54, 2015, págs. 39-40.

jurídica indicada, nada impide la posibilidad de que ésta solicite su reembolso al asegurado cuando el pronunciamiento judicial sea firme en cuanto a la valoración de dicha actuación dolosa o mediando culpa por parte del asegurado[411]. Sin embargo, en lo que concierne a las contingentes exclusiones de la cobertura en la póliza que nos ocupa, la tendencia resulta ser más taxativa y se establece una clara diferencia entre las condiciones que delimitan la cobertura definiendo el objeto del contrato y la determinación del riesgo, y las que son limitativas que se refieren a las cláusulas que restringen, condicionan o alteran el derecho del asegurado a la indemnización cuando el riesgo del seguro se ha producido. Exigiéndose, respecto de estas últimas, que se hallen destacadas de modo particular y que se acepten expresamente por escrito en la medida en que suponen una limitación de derechos[412].

Asimismo, resulta conveniente aludir a la temporalidad del contrato de seguro. Pues, bien es sabido, la duración de esta relación contractual vendrá fijada en la póliza correspondiente, no pudiendo ser superior a diez años. A pesar de poder prorrogarse una o más veces por un período no superior a un año cada vez. Apreciamos la significación de este aspecto temporal porque, de acuerdo con las disposiciones reglamentarias, puede admi-

---

411 En este sentido, RONCERO SÁNCHEZ, *El seguro...op.cit.*, págs. 319-320.

412 Art. 3 de la LCS. Puede consultarse la STS 29 de julio 2002 (Caso Banesto) resuelto en primera instancia por la SAN (Penal) 16/2000, de 31 de marzo, y en casación por la STS 2.ª 867/2002, de 29 de julio y en la que se hace una alusión a la naturaleza del contrato de responsabilidad civil de "pólizas de grandes riesgos" (art. 11 LOSSEAR), respecto de las que se autoriza a separase en sus relaciones de lo establecido imperativamente en la ley. Pero no permite considerar suprimidos los derechos de los terceros perjudicados, ajenos al contrato, derechos que tengan su fuente en una ley. Así como, entre otras, las SSTS de 10 de febrero de 1998, 17 de abril de 2001, 29 de octubre de 2004, 28 de noviembre de 2011, 14 de julio de 2015 o de 29 de enero 2019, en relación con el término 'cláusula sorpresiva o sorprendente' para el adherente.

tirse la cobertura por el seguro contratado de los daños derivados del riesgo o eventualidad que se reclamen mientras la póliza del mismo esté vigente, siendo irrelevante el momento en que se produjo el hecho que lo originó (*claim made basis*)[413] o, en su caso, que se establezcan condiciones específicas de futuro o de pasado siempre que se cumplan los requerimientos recogidos en las disposiciones normativas. Las primeras son las que prevén coberturas aun en el caso de que la reclamación sea posterior a la vigencia del seguro (cobertura prospectiva)[414], mientras que las previsiones de pasado se refieren a la cobertura de obligaciones previas al propio seguro (cobertura retroactiva)[415]. Por ello, puede resultar acertado considerar que la póliza de seguro *D&O* se vincule no sólo a la temporalidad del mandato de los asegurados (directivos o consejeros sociales), sino que deberá ir más allá. La justificación de esta sugerencia deriva de que es factible que, pese a haber cesado en el cargo de consejero social, el afectado pueda interponer contra los actos que llevó a cabo una acción de reclamación, circunstancia que nos puede hacer pensar que sería adecuado incluir la cláusula de futuro o prospectiva para cubrir posibles reclamaciones en esta hipótesis. Y que, al mismo tiempo, ésta se vincule al plazo de prescripción de las acciones de responsabilidad correspondientes y no teniendo en cuenta, como es obvio, únicamente el plazo de duración del nombramiento del

---

413 Art. 73 de la LCS, salvo que se trate de seguros de 'grandes riesgos' (art. 11 de la Ley 20/2015, de 14 de julio, de ordenación, supervisión y solvencia de las entidades aseguradoras y reaseguradoras. BOE núm. 168, de 15 de julio —LOSSEAR—).

414 Cubriéndose los riesgos producidos durante la vigencia de la póliza y cuya reclamación se efectúe dentro, al menos, del año siguiente a la finalización de la vigencia de la póliza de seguro contratada.

415 Ello supone admitir la inclusión de condiciones de limitación temporal de las pólizas de responsabilidad civil que cubran reclamaciones que se efectúen durante su vigencia por hechos ocurridos, al menos, un año antes a la entrada en vigor de la póliza.

consejero social a efectos de cubrir los posibles daños generados a terceros en el desempeño de las competencias que hubiera asumido en el órgano de administración de la entidad.

Junto a lo señalado, otro inconveniente que se plantea en lo que respecta a la temporalidad o vigencia de la póliza *D&O* es que no suele resultar coincidente la duración del cargo de los diversos tipos de consejeros sociales del órgano gestor de las compañías cotizadas. A este respecto, la norma general reconoce como duración del cargo de administrador o consejero social el plazo que se hubiera previsto estatutariamente y que no podrá exceder de seis años (cuatro años respecto de las sociedades cotizadas). Sin embargo, para los consejeros externos independientes se considera una causa de incompatibilidad absoluta el trascurso de un período temporal continuado de doce años en dicho cargo societario. A efectos de poder salvar los inconvenientes pragmáticos que puedan surgir en este sentido, tal vez, la solución más idónea con la que nos manifestamos acordes sea la de suscribir la póliza de cobertura por el período de duración del cargo societario cuyo riesgo se cubre, si fuera posible según la limitación del seguro prevista en la norma de aplicación. De lo contrario, podría suscribirse por una temporalidad anual y estableciendo su prórroga también con esa misma duración (anual). A ello se estimaría pertinente la inclusión de la cláusula limitativa de futuro en los términos previstos desde la terminación de la última de las prórrogas o de la duración del contrato suscrito según proceda.

De manera singular y en relación con los consejeros externos independientes, sin ánimo de reiterarnos en nuestras argumentaciones previas, recordamos en este momento que habíamos referido entre las circunstancias condicionantes de la particular independencia que distingue a los consejeros que nos ocupan, la percepción de un beneficio retributivo de carácter significativo por parte de la sociedad (o del grupo societario) distinto al determinado como remuneración por el cargo de consejero social (salvo las retribuciones obligatorias)[416]. En este planteamiento, se había insinuado la eventual suscripción voluntaria por parte de la entidad de un seguro de responsabilidad civil (póliza de seguro *D&O*) para cubrir el riesgo de la posible imputación de responsabilidad por los daños generados que traen causa en la actuación orgánica de los consejeros independientes, como un factible condicionante o causa limitativa de la autonomía de actuación en sentido objetivo que le es propia. Pese a este acicate, resulta evidente que la naturaleza de esta posibilidad en relación con la concreción de la significación de las causas de incompatibilidad respecto del aspirante a consejero independiente ha de apercibirse en un sentido diverso, por cuanto la prudencia y el sentido común hace pensar que —aun cuando se trata de un planteamiento que en cierto modo beneficia al consejero social— dista de resultar relevante para el mismo más allá de lo que implica la cobertura del posible riesgo y dentro de los límites que se hubieran determinado. Antes, al contrario, y aun cuando a nivel interno la previsión de dicho seguro no es una prescripción impositiva, consideramos que sería recomendable o aconsejable su previsión en la práctica societaria al objeto de cubrir el riesgo que asumen los consejeros sociales (incluidos los externos independientes) por los posibles perjuicios que en el desempeño de sus funciones de gestión y supervisión pudieran causar a la sociedad, a los socios o, incluso, a terceros. La suscripción de esta modalidad de seguro de responsabilidad civil puede resultar una forma adecuada de superar la

416 Letra b) del art. 529 *duodecies* de la LSC. En cuanto a la retribución de los consejeros, pueden consultarse los siguientes trabajos: DOMÍNGUEZ GARCÍA, *Retribución...op.cit.*, págs. 1068-1069; GALLEGO SÁNCHEZ, *Artículo 217...op.cit.*, págs. 1545-1555; GRIMALDOS GARCÍA, *Capítulo XII...op.cit.*, págs. 276-278; POLO SÁNCHEZ, *Los administradores...op.cit.*, pág. 192; SÁNCHEZ CALERO, *Los administradores...op.cit.*, págs. 159-160; RONCERO SÁNCHEZ, *Comentario...op.cit.*, y en *La retribución...op.cit.*; SÁNCHEZ ÁLVAREZ, *Remuneración...op.cit.*, págs. 714-717 y 723-728.

separación existente entre las funciones y obligaciones derivadas de ellas, y el régimen de responsabilidad de los que integran el órgano de administración social, en particular en lo que hace a las sociedades cuyos valores han sido admitidos a cotización en un mercado regulado. En cuanto que en estas últimas la distinción entre los consejeros ejecutivos que desempeñan funciones de dirección en la entidad y los no ejecutivos (como los consejeros independientes), no impide que se les aplique igual régimen de responsabilidad que a los administradores sociales de las sociedades de capital en general, salvando ciertas matizaciones en cuanto al cumplimiento del deber de diligencia. Siendo, de igual modo, viable estimar el oportunismo de la suscripción del seguro que nos ocupa como un mecanismo que va a facilitar la adecuada incorporación de consejeros independientes en el órgano gestor de las sociedades cotizadas, distinguidos por su rigor, profesionalidad, reconocimiento y experiencia en el mercado societario.

C. *Conjeturas sobre el ejercicio de las oportunas acciones de responsabilidad social*

Los administradores de las sociedades de capital tienen el deber de gestionar y administrar la entidad para la consecución de su fin y, en el desempeño de sus competencias, han de atender al interés social sobre otros que sean particulares. El régimen de la responsabilidad civil de los administradores o consejeros sociales se imputa por los perjuicios o daños ocasionados a quien proceda (acción social o acción individual de responsabilidad). La responsabilidad derivada de la acción social, trae su causa en el daño que se hubiera provocado a la sociedad[417]; y la derivada de la acción

[417] Art. 238 de la LSC. El plazo de prescripción es de cuatro años desde que se pueda ejercitar. Para ampliar esta materia, COHEN BENCHETRIT, *La acción... op.cit.*, págs. 47-50; PEREDA ESPESO, J., "Capítulo II. La responsabilidad de

individual resulta del daño causado directamente a terceros[418], la cual se insta cuando se han lesionado los intereses de los accionistas o de terceros por actos de los miembros que forman parte del órgano de administración de la entidad.

La interposición de la acción social implica no sólo que se cause un daño a la propia entidad, sino que dicho daño derive del incumplimiento de los deberes impuestos a los consejeros sociales en el ejercicio de su cargo. Por lo que, estará legitimada para entablar esta acción la sociedad con el acuerdo previo de la Junta general de accionistas adoptado por la mayoría ordinaria, el cual, y a fin de facilitar el ejercicio de la acción de responsabilidad, puede ser adoptado a solicitud de cualquier socio, aun cuando no hubiera cons-

los consejeros en el ámbito societario", *Cuadernos de Derecho para Ingenieros 44ª: La responsabilidad de los consejeros,* La Ley, Madrid, 2018, págs. 30-34; QUIJANO GONZÁLEZ, J., "La acción social de responsabilidad contra los administradores: el acuerdo y legitimación para ejercitarla: Comentario a la Sentencia 380/2012, de 5 de diciembre de 2012, de la Audiencia Provincial de Madrid, Sección 28", *RDM*, núm. 290, 2013, págs. 437-454 y en "Artículo 238. Acción social de responsabilidad", en AA.VV. *Comentario a la Ley de Sociedades de Capital,* (Dirs. ROJO, A./ BELTRÁN, E.), t. I, Civitas, Madrid, 2011, págs. 1708-1715; ROJO FERNÁNDEZ— RÍO, *Capítulo 38...op.cit.,* págs. 1121-1167; VERDÚ CAÑETE, *Acción...op.cit.,* págs. 518-531.

418 Art. 239 LSC que contempla el ejercicio directo de la acción. Para ampliar esta materia: JUSTE MENCÍA, J./ MASSAGUER FUENTES, J., "Artículo 239. Legitimación de la minoría", en *Comentario de la reforma del régimen de las sociedades de capital en materia de gobierno corporativo (Ley 31/2014). Sociedades no cotizadas,* Madrid, 2015, págs. 464-476; PUETZ, A., "La acción social de responsabilidad: fundamento y ejercicio por la sociedad", en AA. VV. *Responsabilidad de los administradores de las sociedades de capital,* (Dir. PULIDO BEGINES, J.L.), Madrid, 2019, págs. 87-105; QUIJANO GONZÁLEZ, J., "Artículo 239. Legitimación subsidiaria de la minoría", en AA.VV. *Comentario a la Ley de Sociedades de Capital,* (Dirs. ROJO, A./ BELTRÁN, E.), t. I, Civitas, Madrid, 2011, págs. 1716-1721 y en la misma obra "Artículo 240. Legitimación subsidiaria de los acreedores para el ejercicio de la acción social", págs. 1721-1728; ROJO FERNÁNDEZ— RÍO, *Capítulo 38...op.cit.,* págs. 1121-1167; VERDÚ CAÑETE, *Acción...op.cit.,* págs. 532-536.

tancia de ello en el orden del día. No obstante, la Junta general de accionistas podrá renunciar a dicho ejercicio en cualquier momento, salvo que se hubiera opuesto a ello un conjunto de socios que representen el 5% del capital social (en sociedades que no sean cotizadas). En todo caso, el acuerdo de la Junta general referido tanto en el supuesto de su interposición, como en el de la renuncia va a determinar la destitución de forma automática y definitiva de los administradores sociales afectados por el particular.

Subsidiariamente, la acción de responsabilidad social en defensa del interés social podrá ser interpuesta por los socios y, también, por los acreedores sociales[419]. En el primer planteamiento, solo se impone que el socio o socios posean individual o conjuntamente una participación que les permita solicitar la convocatoria de la Junta general de accionistas sin que sea necesario cumplir otras exigencias, y se les reconoce la facultad de entablar la acción de responsabilidad en determinados supuestos, a saber[420]: cuando los administradores no convocasen la Junta general, cuando la entidad no la entablare dentro del plazo de un mes desde la adopción del acuerdo, o cuando el acuerdo hubiere sido contrario a la exigencia de responsabilidad. No obstante, si esta imputación de responsabilidad se debe a la inobservancia del deber de lealtad[421], se confiere a los socios un mayor margen de

419 Pueden consultarse: MUÑOZ PAREDES, A., *Tratado judicial de responsabilidad de los administradores*, Vol. I, Editorial Aranzadi, Madrid, 2015, págs. 213-216; QUIJANO GONZÁLEZ, *Artículo 239...op.cit.*, págs. 1717-1718; ROJO FERNÁNDEZ— RÍO, *Capítulo 38...op.cit.*, págs. 1121-1167; RUIZ MUÑOZ, M., "La acción social de responsabilidad: legitimación de la minoría y de los acreedores", en AA.VV. *Responsabilidad de los administradores de las sociedades de capital,* (Dir. PULIDO BEGINES, J.L.), Madrid, 2019, págs. 146-151; VALPUESTA GASTAMINZA, E., *Comentarios a la Ley de Sociedades de Capital,* 4ª edic., Bosch, Barcelona, 2022, págs. 641-643.

420 *Vid.* RUIZ MUÑOZ, *La acción...op.cit.,* págs. 152-156.

421 En este mismo sentido, PAZ-ARES RODRÍGUEZ, *Anatomía...op.cit.,* págs. 430-433.

actuación, por cuando se les reconoce la posibilidad de ejercitar directamente la acción social de responsabilidad y quedando al margen la aprobación por parte de la Junta general de socios. La justificación de esta posibilidad ha de considerarse, en nuestra percepción, una forma de tutelar el patrimonio social ante actuaciones contrarias a Derecho por parte de los administradores sociales. Respecto de los acreedores de la entidad, éstos estarán facultados en nombre propio, y en garantía de la defensa del interés de la compañía, para entablar la acción de responsabilidad social cuanto ésta no hubiese sido ejercitada por la sociedad ni por los socios, y el patrimonio de la sociedad resultase insuficiente para la satisfacción de sus créditos.

En otro orden, se ha previsto el reconocimiento de la autonomía de la acción individual de responsabilidad[422], la cual tiene por finalidad el resarcimiento de los daños sufridos por los socios o terceros (como lo son los acreedores sociales) de modo directo e individual por los actos de los administradores que forman parte del órgano gestor de la entidad. Circunstancia que hace preciso que se pruebe el perjuicio causado a los intereses patrimoniales individuales de los socios o de los terceros por aquéllos y que el daño cuya reparación se reclama sea evaluable. Por tanto, la legitimación corresponde al sujeto que resulte afectado en cuanto a sus intereses individuales, bien sea socio (normalmente minoritario) o bien se trate de un tercero perjudicado. El ejercicio de la acción individual de responsabilidad tendente a resarcir los perjuicios directos producidos por la actuación negligente de los administradores o consejeros sociales en el desempeño de sus competencias como miembro del órgano de administración so-

422 Véanse COHEN BENCHETRIT, *La acción...op.cit.*, págs. 52-56; ESTEBAN VELASCO, G., "La acción individual de responsabilidad", en AA.VV. *La responsabilidad de los administradores de las sociedades mercantiles*, (Dirs. ROJO, A./ BELTRÁN, E.), 6ª edic., Tirant lo Blanch, Valencia, 2016, págs. 278-279.

cial, como ha quedado indicado, precisa no sólo la realización de un acto o la omisión culpable por parte del mismo y que de ella hubiera derivado un daño que perjudica de modo directo el interés del socio o del tercero, sino también es preciso que exista un nexo causal directo y particular entre la actuación del consejero social y el daño ocasionado al patrimonio del socio o del tercero, consecuencia de lo cual se origina el perjuicio.

Por último, téngase en cuenta que la falta de atención del deber de lealtad por parte de los administradores sociales y que supone una actuación opuesta a ser un fiel representante que actúa de buena fe y en el mejor interés de la sociedad, tiene como efecto directo tanto la necesidad de indemnizar el daño causado al patrimonio de la entidad, como la devolución a la misma del enriquecimiento injusto obtenido[423]. Por consiguiente, además del ejercicio de la acción social de responsabilidad aludida, se reconoce la posible interposición de la acción por incumplimiento del deber de lealtad. Esto es, la acción de impugnación, cesación, remoción de efectos y, en su caso, anulación de los actos y contratos llevados a cabo por el administrador social faltando al deber de lealtad que le hubiera generado un beneficio injusto. La legitimación para interponer esta acción, como no puede ser de otro modo, corresponde a la propia sociedad a través del órgano

[423] Apartado 2º del art. 227 de la LSC. *Vid.* EMPARANZA SOBEJANO, A., "La responsabilidad de los administradores por infracción del deber de lealtad (art. 227.2 LSC)", en AA.VV. *Responsabilidad de los administradores de las sociedades de capital,* (Dir. PULIDO BEGINES, J.L.), Madrid, 2019, págs. 216-219 y 222-228; JUSTE MENCÍA, *Artículo 227...op.cit.,* págs. 361-375; PEREDA ESPESO, *Capítulo II...op.cit.,* págs. 35-36; YANES YANES, P., "Capítulo 37. Una aproximación a la acción de enriquecimiento desleal del administrador", en AA.VV. *Estudios sobre órganos de las sociedades de capital. Liber Amicorum en honor a Fernando Rodríguez Artigas y Gaudencio Esteban Velasco,* (Coords. JUSTE MENCÍA, J./ ESPÍN GUTIÉRREZ, C.), vol. 2, tomo 2, Editorial Aranzadi, Pamplona, 2017, págs. 1101-1119.

gestor, no precisándose el acuerdo previo de la Junta general de accionistas.

El consejero o administrador social va a ser responsable si actúa con dolo o de manera negligente, por lo que le corresponde probar su actuación diligente y en interés de la sociedad. Ello se presume cuando en relación con las decisiones estratégicas y de negocio, el administrador actúa con información suficiente y siguiendo un procedimiento de decisión adecuado. En los casos en los que el órgano de gestión se conforma como un Consejo de Administración, como sucede en el supuesto de las compañías cotizadas, el consejero podrá quedar exonerado de responsabilidad en los siguientes planteamientos: si prueba su no intervención en la adopción y ejecución del acuerdo o acto lesivo y desconoce su existencia (incluso en un momento posterior); cuando no hubiera intervenido en la adopción y ejecución del acuerdo, y conoce su existencia, pero ha hecho lo necesario para evitar el daño, o se ha opuesto expresamente al acto o acuerdo lesivo. En esta última posibilidad, no se estima suficiente con que el consejero social hubiera votado en contra, sino que se requiere que haya hecho constar la expresa oposición al mismo.

En el primer supuesto, cabe aludir la exoneración de responsabilidad en la medida en que aquel no hubiera intervenido en la adopción y ejecución del acto, o se alegue su desconocimiento, siendo el administrador el que ha de acreditar que no intervino en la adopción ni en la ejecución del acto o acuerdo lesivo y, adicionalmente, que desconocía su existencia. Si se ha participado de alguna forma en el mismo, no cabe aludir a la exención de la correspondiente responsabilidad, como sucede si el consejero hubiera votado el acuerdo, pero después lo impugna con la pretensión de que no se ejecute[424]. No pudiendo obviarse la necesidad

[424] Véanse MUÑOZ PAREDES, *Tratado...op.cit.*, págs. 146-147; VELERDAS PERALTA, *Órgano...op.cit.*, pág. 294.

de que el consejero actúe cumpliendo la diligencia exigible para obtener la información necesaria y la requerida asistencia a las reuniones del Consejo de Administración[425], obligaciones que han de considerarse relacionadas con la posible exoneración de responsabilidad por su parte. Pues, en caso contrario, el consejero podrá eximirse con el mero hecho de alegar la falta de conocimiento sobre el acto u omisión que resulta lesivo.

Por otro lado, el consejero social que no hubiera intervenido en la adopción o en la ejecución del acuerdo o acto lesivo, pero conocía de su existencia, habrá de acreditar que hizo lo conveniente para evitar el daño o, al menos, que se opuso expresamente al acuerdo o acto que lo causaron. Como ha quedado indicado con anterioridad, el deber de diligencia de un ordenado empresario —que pesa sobre los consejeros sociales— implica que éstos adopten una conducta proactiva para la buena dirección y control de la entidad de la que forman parte. Por lo que, sería admisible que se probase que ha cumplido con su deber de diligencia y que ha adoptado las medidas precisas al respecto, evitando el resultado dañoso o, en su caso, que se opuso de forma expresa a la adopción del acuerdo, debiendo quedar constancia de ello[426].

425 Entre otras, la Resolución de la DGRN de 7 de octubre de 2013 (recurso interpuesto contra la negativa del registrador mercantil y de bienes muebles I de Palma de Mallorca a inscribir una escritura de formalización de acuerdos sociales. BOE núm. 267, de 7 de noviembre), se pronuncia en este sentido sobre la falta de asistencia injustificada: *(...) el administrador, a diferencia de lo que ocurre con el socio respecto de las juntas generales, además del derecho, tiene la obligación de asistir a las reuniones del consejo. Por ello, la inasistencia injustificada a una reunión puede constituir una grave infracción de los deberes del administrador y es susceptible de generar la correspondiente responsabilidad (cfr. artículos 225 y 226 de la Ley de Sociedades de Capital); responsabilidad que sería exigible a través de la acción social o individual de responsabilidad (incluso por terceros perjudicados).*

426 No siendo admisible la mera inactividad del consejero, en este sentido véase la STS 670/2010, de 4 de noviembre (TOL2.031.707| Civil| Fallo: Fallo esti-

Es decir, que el consejero votó en contra en la deliberación del mismo, sin que sea suficiente que se manifieste su abstención o la emisión del voto en blanco, si la hubiera.

No obstante, en ningún caso, el consejero de la entidad puede eximirse de la responsabilidad social que le sería imputable alegando que el acto o acuerdo lesivo haya sido adoptado, autorizado o ratificado por la Junta general de accionistas[427].

3.2. Planteamiento de la responsabilidad del consejero frente a situaciones de conflicto de interés

Las posibles situaciones de conflicto de interés que ha de evitar el administrador o consejero de las sociedades de capital deriva, como hemos tenido ocasión de analizar con anterioridad, de la adecuada observancia de los deberes fiduciarios y, en particular, del deber de lealtad y de las facultades que concretan su con-

matorio parcial| REC: 422/2007| RES: 670/2010). Sin embargo, sí se acepta la impugnación judicial del mismo (entre otras, la SAP de Baleares de 13 de noviembre de 2014. TOL4.719.920| Civil| Fallo: Fallo desestimatorio| REC: 424/2014| RES: 290/2014). Véase, QUIJANO GONZÁLEZ, *Artículo 237... op.cit.*, pág. 1707.

427 En este sentido, es de destacar el contenido de la STS 472/2010, de 20 de julio (TOL1.955.282| Civil| Fallo: Estima y casa| REC: 960/2006| RES: 472/2010), en la que expresamente se recoge: *(...) a la idea de que los administradores no pueden realizar actos ilícitos —contrarios a la ley, a los estatutos o al deber general de diligencia: apartado 1 del mismo artículo— que dañen a la sociedad, incluso aunque un acuerdo de la junta general lo autorice o ratifique. (...) De otro lado, el precepto no distingue entre acuerdos adoptados por unanimidad y sólo por mayoría, al efecto de legitimar para el ejercicio de la acción social al accionista o al acreedor. Otra cosa es que las circunstancias puedan justificar entender contradictorio exigir responsabilidad al administrador con el hecho de haber participado afirmativamente quien lo pretenda en la adopción del acuerdo luego ejecutado por aquel o en la del de ratificación de lo que hubiera realizado antes.*

tenido[428]. Aplicándose, del mismo modo, respecto de los que ostentan la condición de consejeros en las sociedades cotizadas. La lealtad a la sociedad trae causa en el desempeño de las funciones del consejero social siguiendo las previsiones de un *fiel representante* que se encarga de la administración y representación de los intereses ajenos en las relaciones externas, actuando de buena fe y en el mejor interés de la sociedad o del colectivo de socios que la conforman[429]. Y, al mismo tiempo, en atención al principio *non profit* por el que, a fin de tutelar el interés social sobre los que sean de carácter particular, los administradores no podrán obtener beneficios distintos de los que se hubieran determinado en el ámbito societario. En consecuencia, el consejero social debe no sólo abstenerse de participar en la deliberación y votación de aquellos acuerdos o decisiones en las que él o una persona vincu-

428 Arts. 227 a 230 de la LSC. Sobre ello, ALONSO UREBA, *El gobierno...op.cit.*, págs. 95-135; FERNÁNDEZ DE LA GÁNDARA, *El debate...op.cit.*, págs. 55-93; GARNACHO CABANILLAS, *Transparencia...op.cit.*, págs. 339-372; GONZÁLEZ-MENESES GARCÍA-VALDECASAS, *Administradores...op.cit.*, págs. 442-444; IGARTUA ARREGUI/ JUSTE MENCÍA, *Deberes...op.cit.*, págs. 75-89; JUSTE MENCÍA, J., "Artículo 229. Deber de evitar situaciones de conflicto de interés", en AA.VV. *Comentario de la reforma del régimen de las sociedades de capital en materia de gobierno corporativo (Ley 31/2014)*, (Coord. JUSTE MENCÍA, J.), Editorial Aranzadi, Pamplona, 2015, págs. 395-412; QUIJANO GONZÁLEZ, *Deberes...op.cit.*, pág. 163; RIBAS FERRER, *Artículo 225...op.cit.*, págs. 1608-1620 y en la misma obra *Artículo 226...op.cit.*, págs. 1620-1626; SÁNCHEZ-CALERO GUILARTE, *Los consejeros...op.cit.*, págs. 90-97 y en *La reforma...op.cit.*, págs. 894-917; VELERDAS PERALTA, *Órgano...op.cit.*, págs. 288-290.

429 *Vid.* ALFARO ÁGUILA-REAL, *El interés...op.cit.*, págs. 213-236; ARIAS VARONA, *Régimen...op.cit.*, págs. 85-94; CERDÁ MARTÍNEZ-PUJALTE, *Deber... op.cit.*, págs. 46-50; ESTEBAN VELASCO, *Reorganización...op.cit.*, págs. 111-112; MARCOS FERNÁNDEZ/ SÁNCHEZ GRAELLS, *Necesidad...op.cit.*, págs. 512-516; MATEU DE ROS CEREZO, *El Código...op.cit.*, pág. 246; PAZ— ARES RODRÍGUEZ, *Responsabilidad...op.cit.*, págs. 33-37 y en *Anatomía...op.cit.*, págs. 438-440; PORTELLANO DÍEZ, *El deber...op.cit.*, pág. 467; QUIJANO GONZÁLEZ/ MAMBRILLA RIVERA, *Los deberes...op.cit.*, págs. 946-950; SÁNCHEZ-CALERO GUILARTE, *La reforma...op.cit.*, pág. 903; VIERA GONZÁLEZ, *Las sociedades...op.cit.*, págs. 483-493.

lada al mismo tenga un conflicto de interés[430], directo o indirecto[431], sino también ha de adoptar las medidas necesarias para evitar incurrir en situaciones en las que sus intereses (propios o por cuenta ajena) puedan entrar en conflicto con los de la sociedad y con el cumplimiento de los deberes que hubiera asumido para con la misma. Esto es, tienen que desempeñar sus funciones de acuerdo con el principio de responsabilidad personal, con libertad de criterio o juicio, e independencia respecto de las instrucciones y de posibles vínculos con terceros, y evitando los conflictos de intereses entre ellos y el de la propia sociedad[432], lo que difiere respecto de la existencia de intereses opuestos.

En lo que hace a los consejeros externos independientes, como integrantes del órgano de administración de las sociedades

430 A este respecto, autores como: ALFARO ÁGUILA-REAL, *El interés...op.cit.*, págs. 221-235; CERDÁ MARTÍNEZ-PUJALTE, *Deber...op.cit.*, págs. 50-55 critican la configuración actual del conflicto de interés mediante la lealtad (la transparencia como presupuesto esencial de la norma) y la previsión —aunque acertada— de las personas vinculadas al mismo; EMPARANZA SOBEJANO, *Los conflictos...op.cit.*, págs. 13-45; QUIJANO GONZÁLEZ/ MAMBRILLA RIVERA, *Los deberes...op.cit.*, págs. 957 y 965 plantean la posible necesidad de haber regulado las situaciones de conflicto de interés de forma separada; SÁNCHEZ-CALERO GUILARTE, *La reforma...op.cit.*, pág. 905. Por su parte, SERRANO CAÑAS, *La incorporación...op.cit.*, págs. 384-385, concreta que la situación de conflicto de interés ha de ser fáctica o real y no potencial.

431 El conflicto de interés indirecto es aquel en el que los intereses del socio no se encuentran en contraposición directa con los de la sociedad. Sobre ello, BOLDÓ RODA, C., "Los conflictos indirectos en materia de administradores en las sociedades de capital", en AA.VV. *Conflictos de interés en las sociedades de capital: socios y administradores,* (Dir. HERNANDO CEBRIÁ, L.), Marcial Pons, Madrid, 2022, págs. 421-441 y en la misma obra ALONSO LEDESMA, *El conflicto...op.cit.*, págs. 451-460.

432 Arts. 228 letra e) y 229 de la LSC. *Vid.* CERDÁ MARTÍNEZ-PUJALTE, *Deber... op.cit.*, págs. 50-55: EMPARANZA SOBEJANO, *Los conflictos...op.cit.*, págs. 23-29; GONZÁLEZ-MENESES GARCÍA-VALDECASAS, *Administradores... op.cit.*, págs. 442—445; SÁNCHEZ-CALERO GUILARTE, *La reforma...op.cit.*, págs. 906-907.

cotizadas, quedan sometidos a las previsiones imperativas referidas en cumplimiento del deber de lealtad para con la sociedad y, asimismo, están vinculados a los específicos supuestos que se presume que generan un conflicto de interés. Básicamente porque implican una alteración o influencia en la independencia o autonomía que singulariza el desempeño de sus competencias societarias y que, como es comprensible, no procede reproducir de nuevo en este momento. No obstante, ha de tenerse en cuenta que las disposiciones societarias no restringen cualquier situación que genere un posible conflicto de interés entre el consejero social o la persona por cuya cuenta actúa y el interés del conjunto societario[433], sino que se refiere a la obligación de que el consejero en su actuación evite las situaciones previstas en el tenor reglamentario y que pueden precisar los estatutos sociales o el contenido del Reglamento interno de funcionamiento del Consejo de Administración. En concreto, y en lo que nos concierne en este momento, se hace necesario prestar atención a los siguientes planteamientos.

El consejero social ha de abstenerse de llevar a cabo transacciones con la entidad, salvo que sean ordinarias, se hagan en condiciones estándar para los clientes y de escasa relevancia. Es decir, aquéllas cuya información no sea precisa para expresar la imagen fiel del patrimonio social, de la situación financiera y de los resultados de la entidad. Esta limitación está amparada en el conflicto de interés que plantean las operaciones vinculadas que no se hubieran autorizado. La posibilidad de que el administrador social pueda formar parte de las mismas lleva a confrontar el interés particular con el social que ha de observar de forma prioritaria en el ejercicio de su cargo. Produciéndose, de este modo, un

---

433 Siguiendo el contenido del art. 231 de la LSC. Para ampliar esta materia puede consultarse EMPARANZA SOBEJANO, *La responsabilidad...op.cit.*, págs. 214-215.

enfrentamiento directo entre ambos. Tampoco ha de emplear el nombre de la compañía o invocar su condición de administrador o consejero de la sociedad para influir indebidamente en la realización de operaciones privadas. Lo que implica, no tanto que se oculte su cualidad de consejero o administrador dentro del órgano gestor de la entidad a la que pertenece, sino que se valga de la misma con la pretensión de obtener una ventaja derivada de las relaciones ajenas a ella y que, en consecuencia, se perjudique el interés social. De lo que se deduce que no pueda hacer uso de los activos sociales, incluida la información confidencial acerca de la sociedad, con una intención o finalidad que sea privada. En igual sentido, el consejero ha de abstenerse de aprovechar las oportunidades de negocio de la entidad de la que forma parte y no podrá obtener ventajas o remuneraciones de terceros distintos de la sociedad y su grupo asociadas al desempeño de su cargo (a excepción de particulares atenciones de mera cortesía). En esta imposibilidad se encuadra, de un lado, el supuesto lucro que traiga causa en las operaciones con terceros fundadas en su condición de administrador y de las facultades que posee como consecuencia de ello, así como de disponer de información completa sobre la entidad. De otro, la extensión de dicha restricción respecto a la obtención de remuneraciones que difieran de las que son propias del desempeño del cargo en el órgano gestor de la sociedad por parte de un tercero. En este mismo sentido, no se le permite desarrollar actividades por cuenta propia o ajena que entrañen una competencia efectiva, actual o potencial, con la sociedad o que, de cualquier otro modo, le sitúen en un conflicto permanente con los intereses de la misma. A este respecto, se pretenden evitar situaciones continuadas de conflicto de interés entre la sociedad y el administrador social por su participación en entidades competidoras con aquélla de la que forma parte. Debiendo tratarse de un supuesto de competencia efectiva según el criterio del Consejo de Administración que lo analiza, por lo que quedan al margen de esta previsión las relaciones que no resulten perjudiciales para el interés social[434].

Junto a estos planteamientos que se indican en sentido de abstención o de no hacer por parte del consejero social o de la persona vinculada al mismo se impone a éste la necesidad de que comunique al Consejo de Administración que existe una situación de conflicto de intereses, tanto en el supuesto de que sea directo como indirecto (es decir, de él o de las personas a él vinculadas por cualquier relación) con el interés de la sociedad, cuya tutela y garantía le compete en el ejercicio de su cargo. La notificación referida debe quedar reflejada en el IAGC específico de las sociedades cotizadas, a fin de darle la correspondiente publicidad en el marco externo a la entidad. En caso de que el posible conflicto de interés no se califique como relevante, compete al Consejo de Administración la adopción del acuerdo de dispensa de carácter singular o *ad hoc* del conflicto presentado[435], para lo cual se tendrán en cuenta aspectos de trascendencia práctica como lo son: la dimensión del mismo, las condiciones y el riesgo del daño o perjuicio para la sociedad. Debiéndose garantizar la inocuidad de la acción autorizada para el patrimonio de la sociedad o, cuando proceda, su realización en condiciones de mercado y la transpa-

434 Resulta de relevancia la STS de 2 de febrero de 2017 (TOL5.960.232| Civil| Fallo: Fallo desestimatorio| REC: 1441/2014| RES: 68/2017| ECLI: ES:TS:2017:359), en la que se analiza la existencia de un conflicto de intereses en un supuesto de aprobación en Junta general de la dispensa de la prohibición de competencia al socio administrador (artículo 230 LSC). Y se valora si la prohibición de votar dicho acuerdo por parte del socio administrador afectado directamente por la dispensa debe extenderse a otro socio que se configura como persona vinculada a dicho socio administrador. Distinguiéndose el conflicto de interés directo del indirecto.

435 Según lo dispuesto en el art. 230 de la LSC. Véanse BOQUERA MATARREDONA, *La dispensa...op.cit.*, págs. 21-82; EMPARANZA SOBEJANO, *La dispensa...op.cit.*, págs. 57-61 y en *Los conflictos...op.cit.*, págs. 13-45; JUSTE MENCÍA, *Artículo 230...op.cit.*, págs. 413-425.

rencia del proceso. Esta última apreciación adquiere mayor relevancia en el caso de las sociedades cuyos valores son admitidos a negociación en un mercado regulado, en la medida en que los principios de gobierno corporativo tratan de dar garantía a la seguridad y confianza en los mercados. El régimen de dispensa es aplicable a cualquier categoría de consejero social y, por consiguiente, también incluye a los consejeros independientes carentes de funciones ejecutivas. Respecto de estos últimos cabe tener en cuenta que el legislador ha previsto un conjunto de incompatibilidades o situaciones preventivas para ser designado en dicha condición societaria y algunas de las cuales han de interpretarse como supuestos de conflicto de interés, y no como prohibiciones absolutas que impiden ostentar dicha calificación o mantenerse en la misma. En caso contrario, esto es que el Consejo de Administración de que se trate estime la relevancia del conflicto de interés entre el consejero (o los vinculados a él) y el interés social, se podrá instar al consejero el cese de la actividad o situación en concreto, al igual que la adopción de las medidas internas que prevengan el riesgo de perjuicio para el interés social o, si fuera oportuno, el sometimiento a la Junta general de accionistas del acuerdo de dispensa.

La falta de atención del deber de lealtad y de la comunicación de las situaciones de conflicto de interés que puedan concurrir en el consejero social generan una responsabilidad de carácter imperativo. La minoría societaria tiene reconocida de forma excepcional, en estos casos, la iniciativa de poder reclamar a los administradores sociales su responsabilidad en defensa del interés social. Esto es, está facultada para interponer las correspondientes acciones societarias para exigir al responsable (administrador de derecho o de hecho[436]) la indemnización del daño causado

[436] Véanse MARTÍNEZ SANZ, *Capítulo 2...op.cit.*, págs. 55-65; PERDICES HUETOS, *Significado...op.cit.*, págs. 277-287.

al patrimonio social, a los socios o a los acreedores sociales y, de forma equivalente, la reclamación de la devolución del enriquecimiento injusto que se hubiera obtenido por la falta de atención de su obligación para con la entidad a la que pertenece[437]. De igual modo, nada impide que se puedan interponer las acciones civiles de cesación o prohibición del acto en cuestión, la remoción de los efectos causados y, cuando resulte pertinente, la anulación de los comportamientos y contratos celebrados por los administradores sociales sin haber llevado a efecto las exigencias del deber de la lealtad en el desempeño de sus funciones en la sociedad[438]. Quedando a salvo la responsabilidad penal y/o administrativa que, si procede, pudiera exigirse[439].

437 Arts. 236 y 239 y apartado 2º del art. 227 de la LSC. En este sentido, GIRÓN TENA, *Derecho...op.cit.*, 1976, págs. 426-430; HERNÁNDEZ PÉREZ-IRIONDO, *Acciones...op.cit.*, págs. 101-104; JUSTE MENCÍA, *La posición...op.cit.*, págs. 1049-1050 y en *Artículo 227...op.cit.*, págs. 361-375.

438 Art. 232 de la LSC. Para ampliar esta materia, véanse MASSAGUER FUENTES, *Artículo 232...op.cit.*, págs. 427-439; PEINADO GRACIA, *Las acciones... op.cit.*, págs. 577-586. Cabe destacar la Sentencia del Juzgado nº 3 de Madrid de 30 de octubre de 2013 en un supuesto de incumplimiento del deber de abstención por parte de los administradores incursos en situación de conflicto de interés (TOL4.010.936| Civil| Fallo: Fallo estimatorio parcial| REC: 245/2013| RES: 246/2013). En esta resolución se indica de forma expresa: (...) *los Consejeros demandantes salvarían su responsabilidad con solo oponerse expresamente a que voten los consejeros en conflicto, pero el artículo 237 LSC legitima a los demandantes para hacer todo lo conveniente para evitar el daño, en lo que se comprende prevenir la intervención del consejero que deba abstenerse, impidiendo así el incremento del daño jurídico o "daño marginal" de nuevas votaciones ilícitas.*

439 Nos referimos a los arts. 279 y 285 del CP y a otras disposiciones del TRLMV (PEINADO GRACIA, *Las acciones... op.cit.*, págs. 575-577).

REFERENCIAS BIBLIOGRÁFICAS

ADAMS, R. B./ HERMALIN, B. E./ WEISBACH, M. S., "The Role of Boards of Directors in Corporate Governance: A Conceptual Framework and Survey", *Journal of Economic Literature*, núm. 48 (1), 2010, (págs. 58–107).

ADITHIPYANGKUL, P./ LEUNG, T. Y., "Large Shareholders and Independent Director Equity Compensation", *Australian Accounting Review*, núm. 77, vol. 26, Issue 2, 2016, (págs. 208-220).

AGRAWAL, A./ KNOEBER, C. R., "Outside Directors, Politics, and Firm Performance", *Working Paper, College of Management*, North Carolina State University, july, 1999, (págs. 1-37).

AGUILERA, R. V., "Directorship Interlocks in a Comparative Perspective: the Case of Spain", *European Sociological Review*, 14 (4), 1998, (págs. 319-342).

ALCOVER GARAU, G., "El incumplimiento contractual de la sociedad de capital y la responsabilidad de los administradores frente a la contraparte: de nuevo sobre el alcance de la acción individual de responsabilidad: breve comentario a la Sentencia del Tribunal Supremo núm. 242, de 23 de mayo de 2014", *La Ley mercantil*, núm. 8, noviembre, 2014, (págs. 36-40).

— "El ámbito de responsabilidad de los administradores en los nuevos artículos 262.5 de la Ley de Sociedad Anónima y 105.5 de la Ley de Sociedades de Responsabilidad Limitada", *RdS*, núm. 26, 2006, (págs. 85-93).

— "La retribución de los administradores de las sociedades de capital: Coordinación de su régimen jurídico mercantil, laboral, tributario y contable", *RdS*, núm. 5, 1995, (págs. 131-146).

ALFARO ÁGUILA— REAL, J., "El interés social y los deberes de lealtad de los administradores", *Anuario de la Facultad de Derecho de la Universidad Autónoma de Madrid*, núm. 20, 2016, (págs. 313-336).

— "Artículo 225. Deber general de diligencia", en AA.VV. *Comentario de la reforma del régimen de las sociedades de capital en materia de gobierno corporativo (Ley 31/2014)*, (Coord. JUSTE MENCÍA, J.),

Editorial Aranzadi, Pamplona, 2015, (págs. 313-324).

— "Artículo 226. Protección de la discrecionalidad empresarial", en AA. VV. *Comentario de la reforma del régimen de las sociedades de capital en materia de gobierno corporativo (Ley 31/2014)*, (Coord. JUSTE MENCÍA, J.), Editorial Aranzadi, Pamplona, 2015, (págs. 325-360).

— "Deber de secreto de los administradores", *Almacén de Derecho*, diciembre 2011 (disponible en el espacio electrónico: https://derechomercantilespana.blogspot.com/2011/12/deber-de-secreto-de-los-administradores.html).

— "Remuneraciones y sistema de incentivos", en AA.VV. *Cuadernos de Derecho para ingenieros. Gobierno corporativo*, (Dirs. AGÚNDEZ, M. A./ MARTÍNEZ-SIMANCAS, J.- Coord. PAZ-ARES RODRÍGUEZ, J. C.), La Ley— Madrid, 2009, (págs. 95— 110).

— *Responsabilidad de los administradores y gobierno corporativo*, Fundación Registral, Madrid, 2007.

ALONSO LEDESMA, C., "El conflicto de interés como problema jurídico", en AA.VV. *Conflictos de interés en las sociedades de capital: socios y administradores*, (Dir. HERNANDO CEBRIÁ, L.), Marcial Pons, Madrid, 2022, (págs. 447-474).

— "La reforma de la sociedad cotizada", *RdS*, núm. 12, 1999, (págs. 14-55).

— "El papel de la junta general en el gobierno corporativo de las sociedades de capital", en AA.VV. *El gobierno de las sociedades cotizadas*, (Coord. ESTEBAN VELASCO, G.), Marcial Pons, Madrid, 1999, (págs. 615-706).

ALONSO UREBA, A., "Las comisiones especializadas de supervisión y control en el modelo de consejo de administración de la sociedad cotizada", en AA.VV. *Sociedades cotizadas y transparencia en los mercados*, (Dirs. RODRÍGUEZ ARTIGAS, F./ FERNÁNDEZ DE LA GÁNDARA, L./ QUIJANO GONZÁLEZ, J./ ALONSO UREBA, A./ VELASCO SAN PEDRO, L. A./ ESTEBAN VELASCO, G.- Coord. RONCERO SÁNCHEZ, A.), vol. I, Editorial Aranzadi, Madrid, 2019, (págs. 905-968).

— "El modelo de consejo de administración de la sociedad cotizada tras la reforma legal de 2014 y el CBG de 2015", en AA.VV. *Junta general y Consejo de Administración en la sociedad cotizada*, (Dirs. RODRÍGUEZ ARTIGAS, F./FERNÁNDEZ DE LA GÁNDARA, L./QUIJANO GONZÁLEZ, J./ALONSO UREBA, A./VELASCO SAN PEDRO, L./ES-

TEBAN VELASCO, G.— Coord. RONCERO SÁNCHEZ, A.), Tomo II, Pamplona, 2016, (págs. 27-146).

— "El modelo de administración de la SA cotizada", en *Comentarios a las Recomendaciones del Código Unificado de Buen Gobierno*, Editorial Aranzadi, Pamplona, 2007, (págs. 67-101).

— "Diferenciación de funciones (supervisión y dirección) y tipología de consejeros (ejecutivos y no ejecutivos) en la perspectiva de los artículos 133.3 (responsabilidad de los administradores) y 141.1 (autoorganización del Consejo) del TRLSA", en AA. VV. *Derecho de Sociedades Anónimas Cotizadas*, (Dirs. ALONSO UREBA, A./ ESTEBAN VELASCO, G./ FERNÁNDEZ DE LA GÁNDARA, L./ QUIJANO GONZÁLEZ, J./ RODRÍGUEZ ARTIGAS, F./ VELASCO SAN PEDRO, L.), Tomo II, Pamplona, 2006, (págs. 769-850).

— "El gobierno de las grandes empresas (reforma legal versus códigos de conducta", en AA.VV. *El gobierno de las sociedades cotizadas*, (Coord. ESTEBAN VELASCO, G.), Marcial Pons, Madrid, 1999, (págs. 95-136).

ALONSO UREBA, A./ GARCIMARTÍN ALFÉREZ, F./ PERDICES HUETOS, A./ GÓMEZ-SANCHA TRUEBA, I., "Transparencia Accionarial y Buen Gobierno Corporativo", *Inv./Pub. Centro de Gobierno Corporativo*, 1/ 2010, (págs. 7-98).

ÁLVAREZ-ROYO VILLANOVA, S., "Remuneración del administrador social", en AA.VV. *La Administración de las Sociedades de Capital desde una Perspectiva Multidisciplinar*, (Dirs. CAMACHO DE LOS RÍOS, F.J./ ESPIGARES HUETE, J.C./ VELASCO FABRA, G.— Coord. ORTIZ DEL VALLE, Mª. C.), Editorial Aranzadi, Madrid, 2019, (págs. 325-366).

APILÁNEZ PÉREZ DE ONRAITA, E., "Nombramiento y reelección de consejeros de sociedades cotizadas; duración del cargo", en AA.VV. *Comentario práctico a la nueva normativa de gobierno corporativo Ley 31/2014, de reforma de la Ley de Sociedades de Capital*, CMS ALBIÑANA & SUÁREZ DE LEZO, Dykinson, Madrid, 2015, (págs. 161-164).

ARANBURU URIBARRI, E., "Alcance del deber de secreto de los consejeros dominicales", *Revista Aranzadi civil-mercantil*, núm. 9, 2016, (págs. 29-41).

ARIAS VARONA, F. J., "Concepto de participación significativa y cómputo de los derechos de voto", en AA.VV. *Sociedades cotizadas y transparencia en los mercados*, (Dirs. RODRÍGUEZ ARTIGAS, F./ FERNÁNDEZ DE LA GÁNDARA, L./ QUIJANO GONZÁLEZ, J./ ALONSO UREBA, A./ VE-

LASCO SAN PEDRO, L. A./ ESTEBAN VELASCO, G.- Coord. RONCERO SÁNCHEZ, A.), vol. I, Editorial Aranzadi, Madrid, 2019, (págs. 27-54).

— "Régimen general del deber de lealtad de los administradores. Obligaciones básicas y conflictos de interés", en AA.VV. *Comentario práctico a la nueva normativa de gobierno corporativo Ley 31/2014, de reforma de la Ley de Sociedades de Capital*, CMS ALBIÑANA & SUÁREZ DE LEZO, Dykinson, Madrid, 2015, (págs. 85-94).

ARMSTRONG, C.S./ CORE, J.E./ GUAY, W.R., "Do independent directors cause improvements in firm transparency?", *Journal of Financial Economics*, núm. 113, 2014, (págs. 383–403).

ARSHT, S., "The business judgement rule revisited", *Hofstra L. Rev.*, vol. 8, 1979, (págs. 93-134).

BAINBRIDGE, S. M., "Why a Board?, Group Decision Making in Corporative Governance", *Vanderbilt Law Review*, vol. 55, núm. 1, 2002, (págs. 1-55).

— "Independent Directors and the ALI Corporate Governance Project", *The George Washington Law Review*, 61, 1992-1993.

BAKER, T./ GRIFFITH, S.J., *Ensuring Corporate Misconduct. How Liability Insurance Undermines Shareholder Litigation*, University of Chicago Press, Chicago, 2011.

— "Predicting Corporate Governance Risk: Evidence from the Directors› & Officers› Liability Insurance Market", *The University of Chicago Law Review*, núm. 74, 2007.

BAUTISTA SAGÜÉS, M., "Categorías de consejeros", en AA.VV. *Comentario práctico a la nueva normativa de gobierno corporativo Ley 31/2014, de reforma de la Ley de Sociedades de Capital*, CMS ALBIÑANA & SUÁREZ DE LEZO, Dykinson, Madrid, 2015, (págs. 181-188).

BEBCHUK, L. A./ HAMDANI, A., "Independent Directors and Controlling Shareholders", *University of Pennsylvania Law Review*, núm. 165 (6), 2017.

BEBCHUK, L. A./ ROE, M. J., "A theory of path dependence in corporate ownership and governance", *Stanford Law Review*, vol. 52, núm. 1, 1999, (págs. 775-808).

BENITO OSMA, F., "La acción directa del perjudicado en el seguro de responsabilidad de administradores y directivos (D&O)", *Cuadernos Civitas de jurisprudencia civil*, núm. 110, 2019, (págs. 91-120).

BERCOVITZ RODRÍGUEZ— CANO, A., "Régimen general de la responsabilidad civil de los administradores de las sociedades de capital", en *La responsabilidad de los administradores de las sociedades de capital: aspectos civiles, penales y fiscales*, (Coords. GARCÍA— CRUCES GONZÁLEZ, J. A./ GALÁN CORONA, E.), Tecnos, Madrid, 1999, (págs. 15-26).

BHAGAT, S./ BLACK, B. S., "Do Independent Directors Matter?", *Working Paper, Columbia University*, 1997 (reeditado "Board Independence and long-term firm performance", 2000), (págs. 1-44).

BIRD, H., "The Rise and Fall of the Independent Director", *Australian Journal of Corporate Law*, núm. 5, 1995, (págs. 235-258).

BLANQUER UBEROS, R., "La retribución de los administradores, su constancia estatutaria y la atribución de facultades de concreción a la Junta General", en *Estudios de Derecho Mercantil en homenaje al profesor Manuel Broseta Pont*, Vol. 1, 1995, (págs. 397-452).

BOLDÓ RODA, C., "Los conflictos indirectos en materia de administradores en las sociedades de capital", en AA.VV. *Conflictos de interés en las sociedades de capital: socios y administradores,* (Dir. HERNANDO CEBRIÁ, L.), Marcial Pons, Madrid, 2022, (págs. 419-445).

BOQUERA MATARREDONA, J., "La página web corporativa de las sociedades cotizadas", en AA.VV. *Sociedades cotizadas y transparencia en los mercados,* (Dirs. RODRÍGUEZ ARTIGAS, F./ FERNÁNDEZ DE LA GÁNDARA, L./ QUIJANO GONZÁLEZ, J./ ALONSO UREBA, A./ VELASCO SAN PEDRO, L. A./ ESTEBAN VELASCO, G.- Coord. RONCERO SÁNCHEZ, A.), vol. I, Editorial Aranzadi, Madrid, 2019, (págs. 641-682).

— "La dispensa del conflicto de interés de los administradores por la Junta General", *RdS*, núm. 57, 2019, (págs. 21-82).

BRANSON, D. M., "The Rule That Isn't a Rule — The Business Judgment Rule", *Valparaiso University Law Review*, 36, 2002, (págs. 631-654).

— "The American Law Institute Principles Of Corporate Governance and The Derivative Action: A View From The Other Side", 43 *Wash. & Lee L. Rev.* 399, 1986.

CANDELARIO MACÍAS, M.I., "¿Es válido el sistema vigente de responsabilidad de los administradores respecto a las sociedades bursátiles?", *RDBB*, núm. 91, 2003, (págs. 119-189).

CAZORLA GONZÁLEZ— SERRANO, L., "Presidente ejecutivo y Gobierno Corporativo de Sociedades Cotizadas en España: una aproximación al estado de la cuestión al hilo del reciente Libro Verde sobre Gobierno Corporativo de la Unión Europea", *RDBB*, Año XXXI, núm. 126, abril/junio, 2012, (págs. 131-158).

CERDÁ MARTÍNEZ-PUJALTE, C. Mª., "Deber de lealtad y conflictos de interés de los administradores, con especial referencia a los deberes de las sociedades cotizadas", en AA.VV. *Estudios de Derecho del Mercado Financiero. Homenaje al profesor Vicente Cuñat Edo*, Universidad de Valencia, Valencia, 2010, (págs. 41-66).

CERRATO CRESPÁN, I., "El deber general de diligencia de los administradores y la protección de la 'discrecionalidad empresarial', en AA.VV. *Comentario práctico a la nueva normativa de gobierno corporativo Ley 31/2014, de reforma de la Ley de Sociedades de Capital*, CMS ALBIÑANA & SUÁREZ DE LEZO, Dykinson, Madrid, 2015, (págs. 75-84).

CHEN, X./ CHENG, Q./ WANG, X., "Does increased board independence reduce earnings management? Evidence from recent regulatory reforms", *Review of Accounting Studies*, núm. 20, 2015, (págs. 899–933).

CLARK, R., *Corporate Law*, Brown US, 1986.

CLARKE, D.C., "Three Concepts of the Independent Director", *32 George Washington University Law School*, 73, 2007, (págs. 73-111).

COHEN BENCHETRIT, A., "La acción individual de responsabilidad de los administradores sociales", en AA.VV., *Responsabilidad de los administradores de las sociedades de capital,* (Dir. PULIDO BEGINES, J. L.), Madrid, 2019, (págs. 33-78).

CONTHE, M., "Consejeros paradominicales: la técnica Lukashenko", *Blog Expansión*, junio, 2021.

— "Nuestros independientes", *Blog Expansión*, julio, 2018.

COOLS, S., "Europe's Ius Commune on Director Revocability", *European Company and Financial Law Review*, vol. 8°, núm. 2, 2011, (págs. 199-234).

COSTAS COMESAÑA, J., "Contenido y aprobación de la política de retribuciones", en AA.VV. *Sociedades cotizadas y transparencia en los mercados,* (Dirs. RODRÍGUEZ ARTIGAS, F./ FERNÁNDEZ DE LA GÁNDARA, L./ QUIJANO GONZÁLEZ, J./ ALONSO UREBA, A./ VELASCO SAN PEDRO, L. A./ ESTEBAN VELASCO, G.- Coord. RONCERO SÁNCHEZ, A.), vol. I, Editorial Aranzadi, Madrid, 2019, (págs. 1051-1084).

DE DIOS MARTÍNEZ, L. M., "La comisión de auditoría", en AA.VV. *Comentario práctico a la nueva normativa de gobierno corporativo Ley 31/2014, de reforma de la Ley de Sociedades de Capital*, CMS ALBIÑANA & SUÁREZ DE LEZO, Dykinson, Madrid, 2015, (págs. 189-196).

DEL OLMO GARCÍA, P., "Director´s & Officer´s Liability in Spain", en *Directors & Officers (D & O) Liability*, (Coords. DEAKIN, S.), De Gruyter, Berlín, 2018, (págs. 477-560).

DEL VAL TALENS, P., "Los consejeros independientes ante el activismo accionarial", *RDBB*, Año 33, núm. 136, 2014, (págs. 235-267).

DÍAZ MORENO, A., "La *business judgment rule* en el Proyecto de Ley de modificación de la Ley de Sociedades de Capital", *Análisis Gómez-Acebo & Pombo*, julio 2014, (págs. 1-7).

DÍAZ MORENO, A./ JUSTE MENCÍA, J., "Artículo 245. Organización y funcionamiento del consejo de administración", en AA.VV. *Comentario de la reforma del régimen de las sociedades de capital en materia de gobierno corporativo (Ley 31/2014)*, (Coord. JUSTE MENCÍA, J.), Editorial Aranzadi, Pamplona, 2015, (págs. 491-495).

DÍAZ MORENO, A./ VÁZQUEZ CUETO, J.C., "El Presidente del Consejo de Administración con y sin funciones ejecutivas (arts. 529 *sexies* y 529 *septies* LSC)", en AA.VV. *Junta general y Consejo de Administración en la sociedad cotizada*, (Dirs. RODRÍGUEZ ARTIGAS, F./FERNÁNDEZ DE LA GÁNDARA, L./QUIJANO GONZÁLEZ, J./ALONSO UREBA, A./VELASCO SAN PEDRO, L./ESTEBAN VELASCO, G.— Coord. RONCERO SÁNCHEZ, A.), Tomo II, Pamplona, 2016, (págs. 859-898).

DÍAZ RUIZ, E., "El informe anual de gobierno corporativo (art. 540 LSC)", en AA.VV. *Junta general y Consejo de Administración en la sociedad cotizada*, (Dirs. RODRÍGUEZ ARTIGAS, F./FERNÁNDEZ DE LA GÁNDARA, L./QUIJANO GONZÁLEZ, J./ALONSO UREBA, A./VELASCO SAN PEDRO, L./ESTEBAN VELASCO, G.— Coord. RONCERO SÁNCHEZ, A.), Tomo II, Pamplona, 2016, (págs. 1039-1065).

DIEZ PICAZO, L., *La representación en el Derecho privado*, Madrid, 1979.

DOMÍNGUEZ GARCÍA, M. A., "Retribución de los administradores de las sociedades cotizadas. La Comisión de Retribuciones", en AA.VV. *Derecho de las Sociedades Anónimas*, (Dirs. RODRÍGUEZ ARTIGAS, F./FERNÁNDEZ DE LA GÁNDARA, L./QUIJANO GONZÁLEZ, J./ALONSO UREBA, A./VELASCO SAN PEDRO, L./ESTEBAN VELASCO, G.), vol. II, Pamplona, 2006, (págs. 1055-1086).

DOOLEY, P. C., "Interlocking Directorate", *American Economic Review*, 59, 1969, (págs. 314-323).

DRAVIS, B., *The Role of Independent Directors after Sarbanes— Oxley*, USA, 2007.

DREXLER, D. A./ BLACK, S. L./ GILCHRIST SPARKS, A., *Delaware Corporation Law and Practice*, vol. 2, LexisNexis, USA, 2019.

DUQUE, J. F., "Del texto refundido de la LSA de 1989 a la Ley de Transparencia de 2003: Hitos y situación actual del ordenamiento español en materia de gobierno corporativo", en AA. VV. *Derecho de Sociedades Anónimas Cotizadas*, (Dirs. ALONSO UREBA, A./ ESTEBAN VELASCO, G./ FERNÁNDEZ DE LA GÁNDARA, L./ QUIJANO GONZÁLEZ, J./ RODRÍGUEZ ARTIGAS, F./ VELASCO SAN PEDRO, L.), Tomo II, Pamplona, 2006, (págs. 251-288).

DURÁN CASTIÑEIRA, B., "El informe anual de gobierno corporativo", en AA.VV. *Comentario práctico a la nueva normativa de gobierno corporativo Ley 31/2014, de reforma de la Ley de Sociedades de Capital*, CMS ALBIÑANA & SUÁREZ DE LEZO, Dykinson, Madrid, 2015, (págs. 217-220).

ECHEVARRÍA ABONA, J., "¿Constituyen una novedad los consejeros independientes?", *Dirección y Progreso*, núm. 159, 1998, (págs. 70-74).

EMBID IRUJO, J. M., "Business judgment rule y motivación de decisiones", 2018 (disponible en el recurso electrónico: http://www.commenda.es/rincon-de-commenda/business-judgment-rule-y-motivacion-de-las-decisiones/).

— "La protección de la discrecionalidad empresarial en el proyecto de ley para la mejora del gobierno corporativo", *Commenda*, 2014 (disponible en el recurso electrónico: http://www.commenda.es/rincon-de-commenda/la-proteccion-de-la-discrecionalidad-empresa rial-en-el-proyecto-de-ley-para-la-mejora-del-gobierno-corporativo/).

— "Los deberes de los administradores de las sociedades cotizadas. (El artículo 114 de la Ley del Mercado de Valores", *RDBB*, núm. 96, Año 23, octubre-diciembre, 2004, (págs. 7-34).

EMMANUEL, S. L., *Corporations (The Emanuel Law Outlines Series)*, US, 2000.

EMPARANZA SOBEJANO, A., "La responsabilidad de los administradores por infracción del deber de lealtad (art. 227.2 LSC)", en AA.VV. *Respon-*

sabilidad de los administradores de las sociedades de capital, (Dir. PULIDO BEGINES, J. L.), Madrid, 2019, (págs. 211-233).

— "La dispensa del deber de lealtad como instrumento de retribución atípica de los administradores", *RDBB,* Año 36, núm. 148, 2017, (págs. 57-82).

— "Los conflictos de interés de los administradores en la gestión de las sociedades de capital", *RDM*, núm. 281, 2011, (págs. 13-45).

— "El reglamento de la Junta de accionistas tras la nueva Ley 26/2003, de 17 de julio, de transparencia de las sociedades cotizadas", *RdS,* núm. 21, 2003, (págs. 149-164).

ENCISO ALONSO-MUÑUMER, M. T., "Adopción de acuerdos y conflicto de interés", en AA.VV. *Las nuevas obligaciones de los administradores en el gobierno corporativo de las sociedades de capital,* (Dir. EMPARANZA SOBEJANO, A.), Marcial Pons, Madrid, 2016, (págs. 57-84).

ESTEBAN VELASCO, G., "La acción individual de responsabilidad", en AA. VV. *La responsabilidad de los administradores de las sociedades mercantiles,* (Dirs. ROJO, A./ BELTRÁN, E.), 6ª edic., Tirant lo Blanch, Valencia, 2016, (págs. 169-254).

— "Consejeros independientes: función y criterios de independencia en el Código Unificado de Buen Gobierno", en *Estudios de derecho de sociedades y derecho concursal: libro homenaje al profesor Rafael García Villaverde,* Vol. 1, Madrid, 2007, (págs. 499-530).

— "La separación entre dirección y control: el sistema monista español frente a la opción entre distintos sistemas que ofrece el derecho comparado", en AA. VV. *Derecho de Sociedades Anónimas Cotizadas,* (Dirs. ALONSO UREBA, A./ ESTEBAN VELASCO, G./ FERNÁNDEZ DE LA GÁNDARA, L./ QUIJANO GONZÁLEZ, J./ RODRÍGUEZ ARTIGAS, F./ VELASCO SAN PEDRO, L.), Tomo II, Pamplona, 2006, (págs. 727-768).

— "Reorganización de la composición del Consejo: clases de consejeros, en particular los consejeros independientes (Recomendaciones 7 y 9 a 15)", *RdS*, núm. 27, 2006-2, (págs. 85-114).

— "El Gobierno de las sociedades cotizadas. La experiencia española", *CdCom*, núm. 35, 2001, (págs. 11-98).

— "La renovación de la estructura de la administración en el marco del debate sobre el gobierno corporativo", en AA.VV. *El gobierno de las sociedades cotizadas*, (Coord. ESTEBAN VELASCO, G.), Madrid, 1999, (págs. 137-212).

— "La administración de la sociedad de responsabilidad limitada", en AA.VV. *Tratado de la sociedad limitada*, (Coord. PAZ-ARES RODRÍGUEZ, J. C.), Madrid, 1997, (págs. 689-772).

— "Una contribución sobre el gobierno societario: una propuesta de normas para un mejor funcionamiento de los Consejos de Administración", *RdS*, núm. 8, 1997, (págs. 409-418).

FARRANDO MIGUEL, I., "La retribución de los administradores de las sociedades cotizadas y el mercado de los ejecutivos. (Un primer examen desde la óptica mercantil a la sentencia del Tribunal Supremo, Sala Segunda de lo penal, de 17 de julio de 2006)", *RdS*, núm. 27, 2006-2, (págs. 355-435).

— *El deber de secreto de los administradores de sociedades anónimas y limitadas*, Estudios de Derecho Mercantil, Civitas, Madrid, 2001.

FELIÚ REY, J., "El deber de secreto de los administradores", en AA.VV. *Gobierno Corporativo: la Estructura del Órgano de Gobierno y la Responsabilidad de los Administradores*, (Dir. MARTÍNEZ-ECHEVARRÍA Y GARCÍA DE DUEÑAS, A.), Madrid, 2015, (págs. 613-648).

FERNÁNDEZ DE LA GÁNDARA, L., *Derecho de Sociedades*, vol. I, Valencia, 2010.

— "Administradores y Junta General: Nuevas y viejas reflexiones sobre distribución y control de poder en las sociedades cotizadas", *RDBB*, Año 25, núm. 104, octubre/ diciembre, 2006, (págs. 83-104).

— "El debate actual sobre el gobierno corporativo: aspectos metodológicos y de contenido", en AA.VV. *El gobierno de las sociedades cotizadas*, (Coord. ESTEBAN VELASCO, G.), Marcial Pons, Madrid, 1999, (págs. 55-94).

FERNÁNDEZ DEL MORAL DOMÍNGUEZ, J., *El seguro de responsabilidad civil de administradores y altos directivos de la sociedad anónima (póliza D&O)*, Granada, 1998.

FERNÁNDEZ ARMESTO, J., "La retribución de los consejeros", en *El Gobierno de la Empresa: en busca de la transparencia y la confianza*, (Dir. BUENO CAMPOS, E.), Madrid, 2004, (págs. 191-224).

FERNÁNDEZ TORRES, I., "La Junta General en las Sociedades Cotizadas. (Algunas referencias empíricas sobre sus aspectos principales)", *Do-*

cumentos de Trabajo del Departamento de Derecho Mercantil, UCM 2006/4.

FISCHEL, D. R., "The Business Judgement Rule and the Trans Union Case", *The Business Lawyer*, núm. 40, 1985.

FONT GALÁN, J. I., "El deber de diligente administración en el nuevo sistema de deberes de los administradores sociales", *RdS*, núm. 25, 2005-2, (págs. 71-107).

FONT RIBAS, A., "La asegurabilidad de la responsabilidad de los administradores de sociedades", en AA.VV. *La responsabilidad de los administradores de las sociedades de capital: aspectos civiles, penales y fiscales*, (Coords. GARCÍA— CRUCES GONZÁLEZ, J. A./ GALÁN CORONA, E.), Tecnos, Madrid, 1999, (págs. 91-116).

FUENTES, M., "Capítulo IV. Los grupos de sociedades", en AA.VV. *Comentario a la Ley de Sociedades de Capital*, (Dirs. ROJO, A./ BELTRÁN, E.), t. I, Civitas, Madrid, 2011, (págs. 298-309).

GALLEGO SÁNCHEZ, E., "Artículo 212. Requisitos subjetivos" (págs. 1502-1512), "Artículo 217. Remuneración de los administradores" (págs. 1545-1555), "Artículo 218. Remuneración mediante participación en beneficios" (págs. 1555-1561), "Artículo 219. Remuneración mediante entrega de acciones" (págs. 1561-1569), en AA.VV. *Comentario a la Ley de Sociedades de Capital*, (Dirs. ROJO, A./ BELTRÁN, E.), t. I, Cizur Menor, Civitas, Madrid, 2011.

— "El deber de secreto de los administradores tras la reforma de la Ley de Sociedades Anónimas por la Ley de Transparencia", en AA.VV. *Derecho de las Sociedades Anónimas*, (Dirs. RODRÍGUEZ ARTIGAS, F./FERNÁNDEZ DE LA GÁNDARA, L./QUIJANO GONZÁLEZ, J./ ALONSO UREBA, A./VELASCO SAN PEDRO, L./ESTEBAN VELASCO, G.), vol. II, Pamplona, 2006, (págs. 991-1028).

GARCIA DE ENTERRIA LORENZO VELÁZQUEZ, J., "La composición del Consejo: la función de los consejeros ejecutivos y dominicales (art. 529 duodecies, apdos. 1, 2, 3 y 6 LSC)", en AA.VV. *Junta general y Consejo de Administración en la sociedad cotizada*, (Dirs. RODRÍGUEZ ARTIGAS, F./ FERNÁNDEZ DE LA GÁNDARA, L./QUIJANO GONZÁLEZ, J./ALONSO UREBA, A./VELASCO SAN PEDRO, L./ESTEBAN VELASCO, G.— Coord. RONCERO SÁNCHEZ, A.), Tomo II, Pamplona, 2016, (págs. 931-955) y "La composición del consejo de administración de las sociedades cotizadas: la función de los consejeros ejecutivos y dominicales", en AA.VV.

Estudios sobre Derecho de Sociedades: "Liber Amicorum" Profesor Luis Fernández de la Gándara, (Coords. RODRÍGUEZ ARTIGAS, F./ ESTEBAN VELASCO, G./ SÁNCHEZ ÁLVAREZ, M. Mª.), Editorial Aranzadi, Madrid, 2016, (págs. 551-578).

— "Los deberes de conducta de los administradores. Deber de diligencia y deber de lealtad", en *La reforma de la Ley de Sociedades de Capital y el nuevo marco legal del gobierno corporativo*, Clifford Chance, 2014, (págs. 23-27).

— "El reglamento de la Junta General", *Revista de la Asociación IUS ET VERITAS*, núm. 30, 2005, (págs. 85-97) y en "El reglamento de la junta general", *La Ley: Revista jurídica española de doctrina, jurisprudencia y bibliografía*, núm. 1, 2005, (págs. 1724-1731).

— "El Reglamento del Consejo", *La Ley: Revista jurídica española de doctrina, jurisprudencia y bibliografía*, núm. 5, 2005, (págs. 969-976).

— "Los pactos de indemnización del administrador cesado", en AA. VV. *Estudios jurídicos en homenaje al profesor Aurelio Menéndez*, (Coord. IGLESIAS PRADA, J. L.), vol. 2, Civitas, Madrid, 1996, (págs. 1785-1816).

GARCÍA GARCÍA, E., "Artículo 228. Obligaciones básicas derivadas del deber de lealtad" y "Artículo 230. Régimen de imperatividad y dispensa", en AA.VV. *Comentario de la ley de Sociedades de Capital. Tomo III. La junta general. La administración de la sociedad,* (Dirs. GARCÍA-CRUCES GONZÁLEZ, J. A./ SANCHO GARGALLO, I.), Tirant lo Blanch, Valencia, 2021, (págs. 3133-3148 y págs. 3171-3194, respectivamente).

GARCÍA-CRUCES GONZÁLEZ, J. A., "Artículo 160. Competencia de la junta" y "Artículo 161. Intervención de la junta general en asuntos de gestión", en AA.VV. *Comentario de la ley de Sociedades de Capital. Tomo III. La junta general. La administración de la sociedad,* (Dirs. GARCÍA-CRUCES GONZÁLEZ, J.A./ SANCHO GARGALLO, I.), Tirant lo Blanch, Valencia, 2021, (págs. 2243-2282 y págs. 2283-2302, respectivamente).

— "La prestación de otros servicios por los administradores sociales y su remuneración", *RDM*, núm. 309, 2018.

— "Administradores sociales y administradores de hecho", en *Estudios de derecho mercantil: En memoria del Profesor Aníbal Sánchez Andrés,* (Coords. SÁENZ GARCÍA DE ALBIZU, J.C./ OLEO BANET, F./ MARTÍNEZ FLÓREZ, A.), Cizur Menor, Pamplona, (págs. 527-561).

GARCÍA-OCHOA MAYOR, D./ ZAPATA BENITO, I., "Análisis de la problemática de los consejeros microdominicales", en AA.VV. *La Administración de las Sociedades de Capital desde una Perspectiva Multidisciplinar,* (Dirs. CAMACHO DE LOS RÍOS, F. J./ ESPIGARES HUETE, J. C./ VELASCO FABRA, G.— Coord. ORTIZ DEL VALLE, Mª. C.), Editorial Aranzadi, Madrid, 2019, (págs. 45-69).

GARNACHO CABANILLAS, L., "Transparencia y conflictos de interés de administradores y directivos", en AA.VV. *Sociedades cotizadas y transparencia en los mercados,* (Dirs. RODRÍGUEZ ARTIGAS, F./ FERNÁNDEZ DE LA GÁNDARA, L./ QUIJANO GONZÁLEZ, J./ ALONSO UREBA, A./ VELASCO SAN PEDRO, L. A./ ESTEBAN VELASCO, G.- Coord. RONCERO SÁNCHEZ, A.), vol. I, Editorial Aranzadi, Madrid, 2019, (págs. 339-372).

GARRIDO GARCÍA, J. Mª., "Los consejeros independientes", en AA.VV. *Junta general y Consejo de Administración en la sociedad cotizada,* (Dirs. RODRÍGUEZ ARTIGAS, F./FERNÁNDEZ DE LA GÁNDARA, L./QUIJANO GONZÁLEZ, J./ALONSO UREBA, A./VELASCO SAN PEDRO, L./ESTEBAN VELASCO, G.— Coord. RONCERO SÁNCHEZ, A.), Tomo II, Pamplona, 2016, (págs. 955-986).

— *La distribución y el control del poder en las sociedades cotizadas y los inversores institucionales,* Bolonia, 2002.

GARRIGUES, J., *Tratado de Derecho mercantil,* III, vol. I, Madrid, 1963.

GEORGESON/ URÍA MENÉNDEZ/ DAVIS POLK & WARDWELL, *Estudio relativo a los consejeros microdominicales,* enero 2018.

GIRÓN TENA, J., *Derecho de Sociedades Anónimas,* Valladolid, 1952.

GÓMEZ ASENSIO, C., "El alcance efectivo de la *business judgement rule* en el derecho español una visión integradora desde el derecho de sociedades y el derecho concursal", *RdS,* núm. 45, 2015, (págs. 321-358).

GONDRA ROMERO, J. Mª., "La estructura jurídica de la empresa (El fenómeno de la empresa desde la perspectiva de la Teoría General del Derecho)", *RDM,* núm. 228, 1998, (págs. 493-592).

GONZÁLEZ-MENESES GARCÍA-VALDECASAS, M., "Administradores sociales y conflicto de intereses", en AA.VV. *La Administración de las Sociedades de Capital desde una Perspectiva Multidisciplinar,* (Dirs. CAMACHO DE LOS RÍOS, F.J./ ESPIGARES HUETE, J.C./ VELASCO FABRA, G.— Coord. ORTIZ DEL VALLE, Mª. C.), Editorial Aranzadi, Madrid, 2019, (págs. 427— 460).

GRIMALDOS GARCÍA, Mª. I., "Capítulo XII. Órgano de Administración (I). Consideraciones generales", en AA.VV. *Derecho de sociedades de capital. Estudio de la Ley de sociedades de capital y la legislación complementaria*, (Dir. EMBID IRUJO, J. M./ Coords. FERRANDO VILLALBA, Mª. L./ HERNANDO CEBRIÁ, L./ MARTÍ MOYA, V.), Marcial Pons, Madrid, 2016, (págs. 269-385).

— "La reciente redacción del artículo 236 LSC: ¿nuevos presupuestos? ¿nuevos responsables?", *RdS*, núm. 44, 2015, (págs. 233-259).

GUERRA MARTÍN, G. J., "El gobierno de las Sociedades Cotizadas Estadounidenses. Su influencia en el Movimiento de Reforma del Derecho Europeo", *RdS*, monográfico, 2003.

GUERRERO LEBRÓN, Mª. J., "El seguro de responsabilidad civil de los administradores de sociedades de capital", en AA.VV. *Responsabilidad de los administradores de las sociedades de capital,* (Dir. PULIDO BEGINES, J. L.), Madrid, 2019, (págs. 323-345).

GUERRERO TREVIJANO, C., "La protección de la discrecionalidad empresarial en la Ley 31/2014, de 3 de diciembre", *RDM*, núm. 298/2015, (págs. 147-182).

GURREA MARTÍNEZ, A., "La cuestionada deseabilidad económica de la *business judgment rule* en el Derecho español", *Working Paper Series*, Facultad de Derecho de la Universidad CEU San Pablo, Madrid, 2015.

GUTIÉRREZ URTIAGA, M./ SÁEZ LACAVE, M.I., "Deconstructing Independent Directors", *Journal of Corporate Law Studies*, núm. 13, 2013.

— "El mito de los consejeros independientes", *InDret*, abril, 2012, (págs. 7-8).

HART, O.F., "Corporate Governance: Some Theory and Implications", *The Economic Journal*, núm. 105, 1999, (págs. 678-689).

HERMALIN, B./ WEISBACH, M. "Boards of directors as an endogenously determined institution: A survey of the economic literature", *Economic Policy Review— Federal Reserve Bank of New York,* 9(1), 2003, (págs. 7-26).

HERMOSILLA GIMENO, R., "Inversores institucionales y su papel en el Gobierno corporativo", en AA.VV. *Cuadernos de Derecho para ingenieros. Gobierno corporativo*, (Dirs. AGÚNDEZ, M. A./ MARTÍNEZ— SIMANCAS, J.- Coord. PAZ-ARES RODRÍGUEZ, J. C.), La Ley— Madrid, 2009, (págs. 137-155).

HERNÁNDEZ PÉREZ-IRIONDO, I., "Acciones especiales en caso de infracción de los deberes de lealtad", en AA.VV. *Comentario práctico a la nueva normativa de gobierno corporativo Ley 31/2014, de reforma de la Ley de Sociedades de Capital*, CMS ALBIÑANA & SUÁREZ DE LEZO, Dykinson, Madrid, 2015, (págs. 101-104).

HERNANDO CEBRIÁ, L., "La doctrina de las oportunidades de negocio en el derecho español", en AA.VV. *Conflictos de interés en las sociedades de capital: socios y administradores*, (Dir. HERNANDO CEBRIÁ, L.), Marcial Pons, Madrid, 2022, (págs. 277-318).

— *El deber de diligente administración en el marco de los deberes de los administradores sociales. La Regla del —buen— juicio empresarial*, Marcial Pons, Madrid, 2009.

HOLGER FLEISCHER, LL. M., "La *'business judgment rule'* a la luz de la comparación jurídica y de la economía del derecho", *RDM*, núm. 246, octubre-diciembre, 2002, (págs. 1727-1754).

IGARTUA ARREGUI, F./ JUSTE MENCÍA, J., "Deberes de los administradores (reforma de la LSA por la Ley de Transparencia)", *RdS*, núm. 24/2005, (págs. 75-89).

JENSEN, M. C./ MURPHY, K. J., "Remuneration: Where we've been, how we got to here, what are the problems, and how to fix them", *Finance Working Paper*, núm. 44, julio, 2004.

JIMÉNEZ SÁNCHEZ, G. J., "Unas ideas previas al debate sobre la reforma sobre la remuneración de los administradores de las sociedades anónimas cotizadas", en AA.VV. *La retribución de los administradores en las sociedades cotizadas. Estudio especial de las opciones sobre acciones y otros derechos referidos a las cotizaciones*, Madrid, 2003.

JOHNSON, L., "The Modest Business Judgment Rule", 55 *The Business Lawyer*, 1999-2000, (págs. 625-652).

JUSTE MENCÍA, J., "Artículo 221. Duración del cargo" y "Artículo 242. Composición", en AA.VV. *Comentario de la ley de Sociedades de Capital. Tomo III. La junta general. La administración de la sociedad,* (Dirs. GARCÍA-CRUCES GONZÁLEZ, J. A./ SANCHO GARGALLO, I.), Tirant lo Blanch, Valencia, 2021, (págs. 3063-3068 y págs. 3393-3396, respectivamente).

— "Artículo 227. Deber de lealtad" (págs. 361-375), "Artículo 228. Obligaciones básicas derivadas del deber de lealtad" (págs. 377-393), "Artículo 229. Deber de evitar situaciones de conflicto de interés" (págs. 395-412), "Artículo 230. Régimen de imperatividad y dispensa" (págs. 413-425) y "Artículo 236. Presupuestos y extensión subjetiva de la responsabilidad" (págs. 443-462), en AA.VV. *Comentario de la reforma del régimen de las sociedades de capital en materia de gobierno corporativo (Ley 31/2014),* (Coord. JUSTE MENCÍA, J.), Editorial Aranzadi, Pamplona, 2015.

— "La posición del equipo directivo en la estructura de gobierno de la sociedad cotizada: la responsabilidad de los Consejeros ejecutivos y miembros de Alta Dirección", en AA.VV. *Derecho de las Sociedades Anónimas,* (Dirs. RODRÍGUEZ ARTIGAS, F./FERNÁNDEZ DE LA GÁNDARA, L./QUIJANO GONZÁLEZ, J./ALONSO UREBA, A./VELASCO SAN PEDRO, L./ESTEBAN VELASCO, G.), Tomo II, Pamplona, 2006, (págs. 1029-1054).

— "Limitaciones al poder de representación del factor en el giro o tráfico del establecimiento. Actuación del administrador societario en calidad de factor", en *Derecho de sociedades: Libro homenaje al profesor Fernando Sánchez Calero,* Vol. 2, Madrid, 2002, (págs. 1351-1382).

— "Retribución de consejeros", en AA.VV. *El gobierno de las sociedades cotizadas,* (Coord. ESTEBAN VELASCO, G.), Marcial Pons, Madrid, 1999, (págs. 497-594).

— *Los Derechos de Minoría en la Sociedad Anónima,* Editorial Aranzadi, Cizur Menor, Pamplona, 1995.

JUSTE MENCÍA, J./ CAMPINS VARGAS, A., "La retribución de los consejeros delegados o de los consejeros con funciones ejecutivas. El contrato entre el consejero ejecutivo y la sociedad (arts. 249.3 y 4 y 529 *octodecies* LSC)", en AA.VV. *Junta general y Consejo de Administración en la sociedad cotizada,* (Dirs. RODRÍGUEZ ARTIGAS, F./FERNÁNDEZ DE LA GÁNDARA, L./QUIJANO GONZÁLEZ, J./ALONSO UREBA, A./VELASCO SAN PEDRO, L./ESTEBAN VELASCO, G.— Coord. RONCERO SÁNCHEZ, A.), Tomo II, Pamplona, 2016, (págs. 784-791).

JUSTE MENCÍA, J./ MASSAGUER FUENTES, J., "Artículo 239. Legitimación de la minoría", en *Comentario de la reforma del régimen de las sociedades de capital en materia de gobierno corporativo (Ley 31/2014). Sociedades no cotizadas,* Madrid, 2015, (págs. 464-476).

KANG, D./ SORENSEN, A., "Ownership organization and firm performance", *Annual Review of Sociology,* 25, 1999, (págs. 121-144).

KAPLAN, S.N./ REISHUS, D., "Outside directorships and corporate performance", *Journal of Financial Economics*, núm. 27, 1990, (págs. 389–410).

KASTIEL, K./ NILI, Y., "Captured Boards: The Rise of Superdirectors and the Case for a Board Suite", *Wisconsin Law Review*, núm. 19, 2017, págs. 21 y ss.

KERSHAW, D., *Company Law in Context: Text and materials*, Oxford University Press, Reino Unido, 2012.

LANGEVOORT, D. C., "The Human Nature of Corporate Boards: Law, Norms, and the Unintended Consequences of Independence and Accountability", *The Georgetown law journal*, 89(4), 2001, (págs. 797-832).

LAWRENCE, J./ STAPLEDON, G., *Do Independent Directors add value?*, Centre for Corporate Law and Securities Regulation Faculty of Law, 1999.

LEÓN SANZ, F. J., "Artículo 217. Remuneración de los administradores" (págs. 273-300) y "Artículo 249. Delegación de facultades del Consejo de Administración" (págs. 497-520), en AA.VV. *Comentario de la reforma del régimen de la sociedad de capital en materia de gobierno corporativo (Ley 31/2014). Sociedades no cotizadas*, (Coord. JUSTE MENCIA, J.), Civitas— Thomson, Madrid, 2015.

— "El gobierno corporativo de las sociedades cotizadas", *Diario La Ley*, núm. 8109, 20 de junio de 2013.

LLEBOT MAJÓ, J. O., "El deber de diligencia (art. 225.1 LSC)", en AA.VV. *Junta general y Consejo de Administración en la sociedad cotizada*, (Dirs. RODRÍGUEZ ARTIGAS, F./FERNÁNDEZ DE LA GÁNDARA, L./QUIJANO GONZÁLEZ, J./ALONSO UREBA, A./VELASCO SAN PEDRO, L./ESTEBAN VELASCO, G.— Coord. RONCERO SÁNCHEZ, A.), Tomo II, Pamplona, 2016, (págs. 317-345).

— *Los deberes de los administradores de la Sociedad Anónima*, Madrid, 1996.

LORSCH, J. W. & CARTER, C., *Back to the Drawing Board: Designing Corporate Boards for a Complex World*, Boston, MA: Harvard Business School Press, 2003.

LUCIAN A./ BEBCHUK, L. A./ HAMDANI, A., "Independent Directors and Controlling Shareholders", *165 University of Pennsylvania Law Review*, Issue 6, May 2017, (págs. 1-52).

MAMBRILLA RIVERA, V. M., "Las concretas manifestaciones del deber general de diligencia de los administradores", en AA.VV. *Junta general y Consejo de Administración en la sociedad cotizada*, (Dirs. RODRÍGUEZ ARTIGAS, F./FERNÁNDEZ DE LA GÁNDARA, L./QUIJANO GONZÁLEZ, J./ALONSO UREBA, A./VELASCO SAN PEDRO, L./ESTEBAN VELASCO, G.— Coord. RONCERO SÁNCHEZ, A.), Tomo II, Pamplona, 2016, (págs. 345-383).

MARCOS FERNÁNDEZ, F./ SÁNCHEZ GRAELLS, A., "Necesidad y sentido de los consejeros independientes. Dificultades para el trasplante al derecho de las sociedades cotizadas españolas", *RDM*, núm. 268, abril-junio 2008, (págs. 499-568).

MARTÍ LACALLE, R., "El ejercicio de las competencias de los órganos sociales en las sociedades anónimas cotizadas", en AA.VV. *Las competencias de los órganos sociales en las sociedades de capital*, (Coord. EMBID IRUJO, J. M.), Tirant lo Blanch, Valencia, 2005, (págs. 101-167).

MARTÍN DE VIDALES, M./ LÓPEZ JORRIN, A., "El Consejo de Administración de las sociedades cotizadas", en VIVES, F./ PÉREZ ARDA, J., *La Sociedad Cotizada*, Marcial Pons, Madrid, 2006.

MARTÍNEZ GARRIDO, S., "Consideraciones generales. El Consejo de Administración", en AA.VV. *Cuadernos de Derecho para ingenieros. Gobierno corporativo*, (Dirs. AGÚNDEZ, M. A./ MARTÍNEZ— SIMANCAS, J.- Coord. PAZ-ARES RODRÍGUEZ, J. C.), La Ley— Madrid, 2009, (págs. 19-35).

MARTÍNEZ MARTÍNEZ, M. T., "Admisibilidad de cláusula estatutaria fijando plazos desiguales de duración del cargo de consejero en sociedades cotizadas", *RDBB*, núm. 87, 2002, (págs. 267-272).

MARTÍNEZ SANZ, F., "Capítulo 2. Los administradores responsables", en AA.VV. *La responsabilidad de los administradores de las sociedades mercantiles*, (Dirs. ROJO, A./ BELTRÁN, E.), 6ª edic., Tirant lo Blanch, Valencia, 2016, (págs. 55-93).

— "Art. 130. Retribución", en AA.VV. *Comentarios a la Ley de Sociedades Anónimas*, (Dirs. ARROYO, I./ EMBID, J. M.), vol. II, Madrid, 2001.

MARTÍNEZ— ECHEVARRÍA, A./ PUENTE GONZÁLEZ, I. A., "Aspectos esenciales del régimen de la responsabilidad de los administradores de las sociedades de capital", en AA.VV. *Responsabilidad de los administra-*

dores de las sociedades de capital, (Dir. PULIDO BEGINES, J. L.), Madrid, 2019, (págs. 15-32).

MASSAGUER FUENTES, J., "Artículo 232. Acciones derivadas de la infracción del deber de lealtad", en AA.VV. *Comentario de la reforma del régimen de las sociedades de capital en materia de gobierno corporativo (Ley 31/2014),* (Coord. JUSTE MENCÍA, J.), Editorial Aranzadi, Pamplona, 2015, (págs. 427-439).

MASULIS, R./ MOBBS, SH., "Independent Director Reputation Incentives: The Supply of Monitoring Services", *Finance Working Paper*, N. 353/2013.

MATEU DE ROS CEREZO, R., *La independencia de criterio de los consejeros de las sociedades cotizadas*, Editorial Aranzadi, Pamplona, 2023.

— "Los consejeros no ejecutivos en la ley de sociedades de capital: consejeros independientes y consejeros dominicales", *RdS*, núm. 47, julio/diciembre, 2016, (págs. 211-255).

— *Gobierno corporativo: libertad o regulación en el derecho societario*, Madrid, 2015.

— *El estatuto de los consejeros independientes tras la reforma de la Ley de Sociedades de Capital de 2014*, Investigaciones y publicaciones del Centro de Gobierno Corporativo año 2014.

— *El Código Unificado de Gobierno Corporativo*, Editorial Aranzadi, Pamplona, 2007.

— *La Ley de transparencia de las sociedades anónimas cotizadas: Ley 26/2003, de 17 de julio, de modificación de la Ley del mercado de valores y de la Ley de sociedades anónimas*, Editorial Aranzadi, Pamplona, 2004.

— "La pluralidad de plazos de mandato de los administradores de la sociedad anónima", *RdS*, núm. 19, 2002, (págs. 223-229).

— *Reflexiones sobre la distinción entre consejeros independientes y consejeros dominicales. Propuestas de reformas normativas y margen de actuación de las sociedades,* (publicado en: https://www.fidefundacion.es/Reflexiones-de-Rafael-Mateu-de-Ros-sobre-la-distincion-entre-consejeros-independientes-y-consejeros-dominicales_a245.html).

MCMURRAY, M., "Historical Perspective on the Duty of Care, the Duty of Loyalty, and the Business Judgment Rule", 40 *Vand. L. Rev.*, 1987, (págs. 605-629).

MEGÍAS LÓPEZ, J., "Revisitando el ámbito de aplicación del deber de independencia de los administradores sociales", en AA.VV. *Conflictos de interés en las sociedades de capital: socios y administradores*, (Dir. HERNANDO CEBRIÁ, L.), Marcial Pons, Madrid, 2022, (págs. 229-247).

— "El deber de independencia en el consejo de administración: conflictos de interés, dispensa y business judgment rule", *RdS*, núm. 52, 2018.

— *El consejero independiente. Estatuto y funciones*, La Ley, Madrid, 2012.

MELÉNDEZ-SUÁREZ DE LEZO, J. R., "Normas especiales aplicables al nombramiento y separación del Presidente del consejo de administración de las sociedades cotizadas", en AA.VV. *Comentario práctico a la nueva normativa de gobierno corporativo Ley 31/2014, de reforma de la Ley de Sociedades de Capital*, CMS ALBIÑANA & SUÁREZ DE LEZO, Dykinson, Madrid, 2015, (págs. 165-169).

MILLER, E.S./ RUTLEDGE, T. E., "The Duty of Finest Loyalty and Reasonable Decisions: The Business Judgment Rule in Unincorporated Business Organizations?", 30 *Del. J. Corp. L.*, 2005, (págs. 343-352).

MIRÓ MORIANO, I., "Comisiones dentro del consejo: comisión de nombramiento y retribuciones", en AA.VV. *Comentario práctico a la nueva normativa de gobierno corporativo Ley 31/2014, de reforma de la Ley de Sociedades de Capital*, CMS ALBIÑANA & SUÁREZ DE LEZO, Dykinson, Madrid, 2015, (págs. 197-202).

MIZRUCHI, M. S., "What Interlocks Do? An Analysis, Critique and Assessment of Research on Interlocking Directorates", *Annual Review of Sociology*, 22, 1996, (págs. 271-298).

MORCK, R., "Behavioral Finance in Corporate Governance — Independent Directors and Non-Executive Chairs", *Harvard Institute of Economic Research Discussion*, Paper No. 2037, abril, 2007.

MUÑOZ PAREDES, J. Mª., *Tratado judicial de responsabilidad de los administradores*, Editorial Aranzadi, Madrid, 2015.

— "El equilibrio del Consejo de las sociedades cotizadas: clases de consejeros y distribución de puestos", *RDM*, núm. 290, octubre/ diciembre, 2013, (págs. 213-226).

— *La información de los consejeros en la sociedad anónima*, Pamplona, 1999.

OLIVENCIA RUIZ, M., "El gobierno corporativo como instrumento al servicio del accionista minoritario", *Cuadernos de Derecho para Ingenieros*, La Ley, núm. 10, 2011, (págs. 49-62).

OLMEDO PERALTA, E., "La comisión de auditoría de las sociedades cotizadas tras la reforma para la mejora del gobierno corporativo y la nueva ley de auditoría: ¿Avanzando hacia un verdadero órgano de control?", *RdS*, núm. 46, enero— junio, 2016, (págs. 167-192).

ORTIZ DEL VALLE, Mª. C., "La retribución de los consejeros ejecutivos de las sociedades de capital: constancia estatutaria de la retribución y autonomía del contrato", en AA.VV. *La Administración de las Sociedades de Capital desde una Perspectiva Multidisciplinar*, (Dirs. CAMACHO DE LOS RÍOS, F. J./ ESPIGARES HUETE, J.C./ VELASCO FABRA, G.— Coord. ORTIZ DEL VALLE, Mª. C.), Editorial Aranzadi, Madrid, 2019, (págs. 281-323).

OTERO MOYANO, J., "Imperatividad del deber de lealtad de los administradores y la posibilidad de dispensa" (págs. 95-99) y "Funcionamiento del consejo de administración de sociedades cotizadas: información con la que deben contar los consejeros de sociedades cotizadas y deber de asistir a las reuniones del consejo y evaluar anualmente su funcionamiento" (págs. 175-179), en AA.VV. *Comentario práctico a la nueva normativa de gobierno corporativo Ley 31/2014, de reforma de la Ley de Sociedades de Capital*, CMS ALBIÑANA & SUÁREZ DE LEZO, Dykinson, Madrid, 2015.

PACHECO CAÑATE, M., "La comisión de auditoría: reflexiones sobre la independencia, funciones y responsabilidades", RdS, núm. 67, 2023.

PAISAN RUIZ, P., "Consideraciones entorno a la retribución de administradores de las sociedades de capital tras la entrada en vigor de la Ley 31/2014, de 3 de diciembre, por la que se modifica la Ley de sociedades de capital para la mejora del gobierno corporativo", *Economist&Jurist*, núm. 187, febrero, 2015.

PALÁ LAGUNA, R., "La Comisión de nombramientos y retribuciones. La política de remuneración y el informe anual sobre remuneraciones de los consejeros (arts. 529 novodecies, 529 quindecies y 541 LSC)", en AA.VV. *Junta general y Consejo de Administración en la sociedad cotizada*, (Dirs. RODRÍGUEZ ARTIGAS, F./FERNÁNDEZ DE LA GÁNDARA, L./ QUIJANO GONZÁLEZ, J./ALONSO UREBA, A./VELASCO SAN PEDRO, L./ESTEBAN VELASCO, G.— Coord. RONCERO SÁNCHEZ, A.), Tomo II, Pamplona, 2016, (págs. 797-838).

— "La obligación de información del Consejo a los mercados: Folletos y Hechos Relevantes", en AA. VV. *Derecho de Sociedades Anónimas*

Cotizadas, (Dirs. ALONSO UREBA, A./ ESTEBAN VELASCO, G./ FERNÁNDEZ DE LA GÁNDARA, L./ QUIJANO GONZÁLEZ, J./ RODRÍGUEZ ARTIGAS, F./ VELASCO SAN PEDRO, L.), Tomo II, Pamplona, 2006, (págs. 1291-1316).

PAREDES GALEGO, C., "Capítulo I. Los deberes de los consejeros en las sociedades de capital", *Cuadernos de Derecho para Ingenieros 44ª: La responsabilidad de los consejeros*, La Ley, Madrid, 2018, (págs. 3-21).

PAZ-ARES RODRÍGUEZ, J. C., *Identidad y diferencia del consejero dominical*, Madrid, 2019.

— "*Perseverare diabolicum (A propósito de la STS 26-II-2018)*", *Diario La Ley*, núm. 9165, Sección Tribuna, 23 de Marzo de 2018.

— "Identidad y diferencia del consejero dominical", en AA.VV. *Estudios sobre órganos de las sociedades de capital. Liber Amicorum en honor a Fernando Rodríguez Artigas y Gaudencio Esteban Velasco*, (Coords. JUSTE MENCÍA, J./ ESPÍN GUTIÉRREZ, C.), vol. 2, tomo 2, Editorial Aranzadi, Pamplona, 2017, (págs. 39-191).

— "Anatomía del deber de lealtad", en AA.VV. *Junta general y Consejo de Administración en la sociedad cotizada*, (Dirs. RODRÍGUEZ ARTIGAS, F./FERNÁNDEZ DE LA GÁNDARA, L./QUIJANO GONZÁLEZ, J./ALONSO UREBA, A./VELASCO SAN PEDRO, L./ESTEBAN VELASCO, G.— Coord. RONCERO SÁNCHEZ, A.), Tomo II, Pamplona, 2016, (págs. 425-459).

— "La anomalía de la retribución externa de los administradores", *RDM*, núm. 290, 2014, (págs. 85-140).

— "Ad imposibilia nemo tenetur (o por qué recelar de la novísima jurisprudencia sobre retribución de administradores)", *InDret. Revista para el análisis del Derecho*, núm. 2, 2009.

— "El enigma de la retribución de los consejeros ejecutivos", *Indret: Revista para el análisis del Derecho*, núm. 1, 2008, (págs. 1-74).

— *Responsabilidad de los administradores y Gobierno Corporativo*, Colegio de Registradores de la Propiedad y Mercantiles de España, Madrid, 2007.

— "La responsabilidad de los administradores como instrumento de gobierno corporativo", *RdS*, núm. 20, 2003-1, (págs. 67-109).

— "El Gobierno de las sociedades. Un apunte de política legislativa", en AA.VV. *Derecho de sociedades. Libro Homenaje a Fernando Sánchez Calero*, Tomo II, McGraw Hill, Madrid, 2002, (págs. 1805-1818).

PEINADO GRACIA, J. I., "Abnegación y silencio en la sociedad mercantil (apuntes sobre los conflictos de interés entre el socio y su sociedad)", en AA.VV. *Derecho de sociedades: revisando el derecho de sociedades de capital,* (Dirs. GONZÁLEZ FERNÁNDEZ, Mª. B. et. al. / Coords. OLMEDO PERALTA, E./ GALACHO ABOLAFIO, A. F.), Tirant lo Blanch, Valencia, 2018, (págs. 45-80).

— "Comentario al artículo 522 LSC: La representación del accionista en la junta general", "Comentario al artículo 523 LSC: Conflicto de intereses con el representante" y "Comentario al artículo 524 LSC: Delegación de la representación y ejercicio del voto por parte de entidades intermediarias", en AA.VV. Tratado de Sociedades de Capital, (Dirs. PRENDES, P./ MARTÍNEZ-ECHEVARRÍA, A./ CABANAS, R.), tomo II, Cizur Menor, 2017, (págs. 1009-1024, 1024-1030 y 1030-1038, respectivamente).

— "Las acciones derivadas de la infracción del deber de lealtad (art. 232 LSC)", en AA.VV. *Junta general y Consejo de Administración en la sociedad cotizada,* (Dirs. RODRÍGUEZ ARTIGAS, F./FERNÁNDEZ DE LA GÁNDARA, L./QUIJANO GONZÁLEZ, J./ALONSO UREBA, A./ VELASCO SAN PEDRO, L./ESTEBAN VELASCO, G.— Coord. RONCERO SÁNCHEZ, A.), Tomo II, Pamplona, 2016, (págs. 563-590).

— "Gobierno corporativo, elaboración y responsabilidad de la contabilidad social", *RdS*, núm. 42, enero-junio, 2014, (págs. 21-52).

PERDICES HUETOS, A., "Significado actual de los 'administradores de hecho': los que administran de hecho y los que de hecho administran", *RdS*, núm. 18, 2002, (págs. 277-287).

PEREDA ESPESO, J., "Capítulo II. La responsabilidad de los consejeros en el ámbito societario", *Cuadernos de Derecho para Ingenieros 44ª: La responsabilidad de los consejeros,* La Ley, Madrid, 2018.

PÉREZ CARRILLO, E. F., "El deber de diligencia de los administradores de sociedades", *RdS*, núm. 14/2000, (págs. 275-324).

PÉREZ HEREZA, J., "Consejeros independientes, seguridad preventiva y *soft law*", *El Notario del siglo XXI,* núm. 61, mayo/ junio, 2015, (págs. 40-43).

PETIT LAVALL, Mª. V., "Novedades en el régimen de remuneración de los administradores de las sociedades de capital: la retribución extraestatutaria de los consejeros ejecutivos", en AA.VV. *Derecho de sociedades y de los mercados financieros: libro homenaje a Carmen Alonso Ledesma,*

(Coords. FERNÁNDEZ TORRES, I./ ARIVAS VARONA, F. J./ MARTÍNEZ ROSADO, J.), Marcial Pons, Madrid, 2018, (págs. 649-671).

— "La relación de causalidad en la responsabilidad civil de los auditores de cuentas frente a terceros", *RDBB*, Año 28, núm. 114, 2009, (págs. 253-274).

— "Propuestas de la SEC para la reforma de la SARBANES-OAXLEYACT sobre independencia del auditor y deber de custodia de los papeles de auditoría", *RDBB*, Año 22, núm. 89, 2003, (págs. 415-418).

— "La independencia del auditor y la "multidisciplinary practice", *RDBB*, Año 21, núm. 88, 2002, (págs. 7-46).

POLO SÁNCHEZ, E., "Los administradores y el Consejo de Administración de la sociedad anónima", en *Comentario al régimen legal de las sociedades mercantiles*, T. VI (URÍA, R./ MENÉNDEZ, A./ OLIVENCIA, M.), Civitas, Madrid, 1992.

PORTELLANO DÍEZ, P., "La ultraactividad de la política de remuneraciones de las sociedades cotizadas", *La Ley mercantil*, núm. 64, diciembre, 2019.

— "El deber de evitar situaciones de conflicto de interés: entre la imperatividad y la dispensa (arts. 229, 230 y 529 ter.1.h) LSC)", en AA. VV. *Junta general y Consejo de Administración en la sociedad cotizada*, (Dirs. RODRÍGUEZ ARTIGAS, F./FERNÁNDEZ DE LA GÁNDARA, L./QUIJANO GONZÁLEZ, J./ALONSO UREBA, A./VELASCO SAN PEDRO, L./ESTEBAN VELASCO, G.— Coord. RONCERO SÁNCHEZ, A.), Tomo II, Pamplona, 2016, (págs. 459-563).

— *El deber de los administradores de evitar situaciones de conflicto de interés*, Civitas, Madrid, 2016.

POVEDA, G./SICILIA, C./SIMO, P./SALLAN, J. Mª., "Análisis longitudinal de las consejerías cruzadas y su papel en la organización económica española", *Harvard Deusto Business Research*, Volumen III, núm. 2, diciembre, 2014 (págs. 64-73).

PUETZ, A., "La acción social de responsabilidad: fundamento y ejercicio por la sociedad", en AA.VV. *Responsabilidad de los administradores de las sociedades de capital*, (Dir. PULIDO BEGINES, J. L.), Madrid, 2019, págs. 87-105 (págs. 79-135).

QUIJANO GONZÁLEZ, J., "Los presupuestos de la responsabilidad de los administradores en el nuevo modelo del Consejo de Administración (arts.

236.1 y 2 LSC)", en AA.VV. *Junta general y Consejo de Administración en la sociedad cotizada*, (Dirs. RODRÍGUEZ ARTIGAS, F./FERNÁNDEZ DE LA GÁNDARA, L./QUIJANO GONZÁLEZ, J./ALONSO UREBA, A./ VELASCO SAN PEDRO, L./ESTEBAN VELASCO, G.— Coord. RONCERO SÁNCHEZ, A.), Tomo II, Pamplona, 2016, (págs. 591-612).

— "Deberes fiduciarios de los administradores", en AA.VV. *Cuadernos de Derecho para ingenieros. Gobierno corporativo*, (Dirs. AGÚNDEZ, M. A./ MARTÍNEZ— SIMANCAS, J.- Coord. PAZ-ARES RODRÍGUEZ, J. C.), La Ley— Madrid, 2009, (págs. 157-186).

— "La acción social de responsabilidad contra los administradores: el acuerdo y legitimación para ejercitarla: Comentario a la Sentencia 380/2012, de 5 de diciembre de 2012, de la Audiencia Provincial de Madrid, Sección 28", *RDM*, núm. 290, 2013, (págs. 437-454).

— "Retribución de Consejeros y Directivos: la reciente evolución en el Derecho Español", en *Estudios de derecho mercantil en homenaje al profesor José María Muñoz Planas*, (Coords. PILOÑETA ALONSO, L. M./ IRIBARREN BLANCO, M.), Civitas, Madrid, 2011, (págs. 683-710).

— "Artículo 236. Presupuestos de la responsabilidad" (págs. 1691-1700), "Artículo 237. Carácter solidario de la responsabilidad" (págs. 1700-1707), "Artículo 238. Acción social de responsabilidad" (págs. 1708-1715), "Artículo 239. Legitimación subsidiaria de la minoría" (págs. 1716-1721) y "Artículo 240. Legitimación subsidiaria de los acreedores para el ejercicio de la acción social" (págs. 1721-1728), en AA.VV. *Comentario a la Ley de Sociedades de Capital*, (Dirs. ROJO, A./ BELTRÁN, E.), t. I, Civitas, Madrid, 2011.

QUIJANO GONZÁLEZ, J./ MAMBRILLA RIVERA, V., "Los deberes fiduciarios de diligencia y lealtad en particular, los conflictos de interés y las operaciones vinculadas", en *Derecho de sociedades anónimas cotizadas:(estructura de gobierno y mercados)*, (Coord. RODRÍGUEZ ARTIGAS, F.), Vol. 2, Madrid, 2006, (págs. 915-990).

RECALDE CASTELLS, A., "Comentario al artículo 190. Conflicto de intereses" en AA.VV. *Comentario de la reforma del régimen de la sociedad de capital en materia de gobierno corporativo (Ley 31/2014). Sociedades no cotizadas*, (Coord. JUSTE MENCIA, J.), Civitas-Thomson, Pamplona, 2015, (págs. 173-175).

— "Del «Código Olivencia» a la aplicación de la Ley de Transparencia.

(Un balance provisional —y decepcionante— sobre la reforma del «gobierno corporativo» en las sociedades cotizadas españolas)", *RCDI*, núm. 692, 2005, (págs. 1861-1904).

— "Los administradores de las sociedades anónimas en un entorno de gobierno corporativo", *RVEH*, núm. 7, 2003, (págs. 51-77).

— "Organización y 'buen gobierno' de las sociedades anónimas cotizadas", *Noticias de la UE*, Año XVIII, núm. 210, julio, 2002, (págs. 77-97).

— "La reforma de las sociedades cotizadas", *RdS*, núm. 13, 1999, (págs. 172-189).

REDÍN GOÑI, D. M./ GONZÁLEZ PERALTA, O., "¿Qué esperamos de los consejeros independientes? Un análisis del concepto de independencia en los códigos de gobierno corporativo", RdS, núm. 67, 2023.

RIBAS FERRER, V., "El gobierno corporativo de las sociedades cotizadas y de las entidades de crédito (Resistematización y evolución reciente de la normativa de la Unión Europea)", *RDBB*, núm. 135, julio— septiembre, 2014, (págs. 262-342).

— "Artículo 225. Deber de diligente administración" (págs. 1608-1620) y "Artículo 226. Deber de lealtad" (págs. 1620-1626), en AA. VV. *Comentario a la Ley de Sociedades de Capital*, (Dirs. ROJO, A./ BELTRÁN, E.), t. I, Civitas, Madrid, 2011.

RODRÍGUEZ ARTIGAS, F., "El deber de diligencia", en AA.VV. *El gobierno de las sociedades cotizadas*, (Coord. ESTEBAN VELASCO, G.), Marcial Pons, Madrid, 1999, (págs. 419-445).

RODRÍGUEZ RUIZ DE VILLA, D., *Los consejeros independientes en las sociedades de capital españolas*, La Ley, Madrid, 2008.

ROJO FERNÁNDEZ— RÍO, A., "Capítulo 38. El ejercicio por la sociedad de la acción social de responsabilidad contra los administradores", en AA. VV. *Estudios sobre órganos de las sociedades de capital. Liber Amicorum en honor a Fernando Rodríguez Artigas y Gaudencio Esteban Velasco*, (Coords. JUSTE MENCÍA, J./ ESPÍN GUTIÉRREZ, C.), vol. 1, tomo 1, Editorial Aranzadi, Pamplona, 2017, (págs. 1121-1167).

— "Los Grupos de sociedades en el Derecho español", *RDM*, núm. 220, 1996, (págs. 457-484).

— "La facultad de cooptación del Consejo de administración", *RDM*, núms. 189-190, 1988, (págs. 367-434).

RONCERO SÁNCHEZ, A., "Transparencia sobre la composición del consejo de administración en sociedades cotizadas: Entre la clasificación y la cualificación de los consejeros", en AA.VV. *Sociedades cotizadas y transparencia en los mercados,* (Dirs. RODRÍGUEZ ARTIGAS, F./ FERNÁNDEZ DE LA GÁNDARA, L./ QUIJANO GONZÁLEZ, J./ ALONSO UREBA, A./ VELASCO SAN PEDRO, L. A./ ESTEBAN VELASCO, G.- Coord. RONCERO SÁNCHEZ, A.), vol. I, Editorial Aranzadi, Madrid, 2019, (págs. 793-838).

— "Retribución de los Consejeros Ejecutivos: Adecuación de la retribución y deberes de actuación de los administradores", en AA.VV. *Derecho de sociedades: revisando el derecho de sociedades de capital,* (Dirs. GONZÁLEZ FERNÁNDEZ, Mª. B./ COHEN BENCHETRIT, A.- Coords. OLMEDO PERALTA, E./ GALACHO ABOLAFIO, A. F.), Tirant lo Blanch, Valencia, 2018, (págs.1061-1092).

— "La retribución variable de los consejeros ejecutivos tras la reforma del régimen legal sobre retribución de los administradores de las sociedades de capital", *Revista Derecho social y empresa,* núm. 5, 2016, (págs. 121-149).

— "Protección de la discrecionalidad empresarial y cumplimiento del deber de diligencia", en AA.VV. *Junta general y Consejo de Administración en la sociedad cotizada,* (Dirs. RODRÍGUEZ ARTIGAS, F./ FERNÁNDEZ DE LA GÁNDARA, L./QUIJANO GONZÁLEZ, J./ALONSO UREBA, A./VELASCO SAN PEDRO, L./ESTEBAN VELASCO, G.— Coord. RONCERO SÁNCHEZ, A.), Tomo II, Pamplona, 2016, (págs. 383-425).

— "El seguro de responsabilidad civil de los administradores de sociedades de capital", en AA.VV. *La responsabilidad de los administradores de las sociedades mercantiles,* (Coords. ROJO FERNÁNDEZ-RÍO, A./ BELTRÁN SÁNCHEZ, E./ CAMPUZANO LAGUILLO, A.), Tirant lo Blanch, Valencia, 2016, (págs. 639-686).

— "Comentario a la STSS de 13 de noviembre de 2008 sobre retribución de administradores. Grado de concreción del sistema retributivo de los administradores en los estatutos sociales de una sociedad anónima", *RdS*, núm. 32, 2009, (págs. 79-88).

— *El seguro de responsabilidad civil de administradores de una sociedad anónima (sujetos, interés y riesgo),* Editorial Aranzadi, Madrid, 2002.

RONCERO SÁNCHEZ, A./ ALONSO UREBA, A., "Sistemas de elección de los consejeros: Comité de nombramiento", en AA.VV. *El gobierno de las sociedades cotizadas,* (Coord. ESTEBAN VELASCO, G.), Madrid, 1999, (págs. 213-244).

RUIZ MUÑOZ, M., "La acción social de responsabilidad: legitimación de la minoría y de los acreedores", en AA.VV. *Responsabilidad de los administradores de las sociedades de capital,* (Dir. PULIDO BEGINES, J. L.), Madrid, 2019, (págs. 137-176).

— "Nuevo régimen jurídico de la retribución de los administradores de las sociedades de capital", *RdS*, núm. 46, 2016, (págs. 53-130).

— "La retribución de los administradores y altos ejecutivos de las sociedades de capital: libertad, transparencia y control (La modificación de la LSC por la Ley 31/2014 y el ALCM)", en AA.VV. *Estudios sobre el futuro Código Mercantil: libro homenaje al profesor Rafael Illescas Ortiz,* Getafe. Universidad Carlos III de Madrid, 2015, (págs. 860-893).

SÁEZ LACAVE, M.ª I., "Consejeros dominicales minoritarios y buen gobierno corporativo", *Indret: Revista para el Análisis del Derecho*, núm. 1, 2022, (págs. 1-85).

— "Nombramiento y cese de los consejeros minoritarios", *Indret: Revista para el Análisis del Derecho*, núm. 3, 2012, (págs. 1-53).

SAN PEDRO MARTÍNEZ, G., "Capítulo XII. El seguro de responsabilidad civil de administradores y directivos (D&O) y su eficacia ante la responsabilidad de los consejeros", *Cuadernos de Derecho para Ingenieros 44ª: La responsabilidad de los consejeros,* La Ley, Madrid, 2018, (págs. 223-239).

SAN SEBASTIÁN, F., "Algunas Reflexiones sobre Gobierno Corporativo", *Boletín de Estudios Económicos*, vol. 63, núm. 194, 2008, (págs. 229-245).

SÁNCHEZ ÁLVAREZ, M. Mª., "Remuneración de los administradores en su condición de tales (arts. 217, 529 sexdecies y 529 septdecies LSC)", en AA.VV. *Junta general y Consejo de Administración en la sociedad cotizada*, (Dirs. RODRÍGUEZ ARTIGAS, F./FERNÁNDEZ DE LA GÁNDARA, L./ QUIJANO GONZÁLEZ, J./ALONSO UREBA, A./VELASCO SAN PEDRO, L./ESTEBAN VELASCO, G.— Coord. RONCERO SÁNCHEZ, A.), Tomo II, Pamplona, 2016, (págs. 689-755).

SÁNCHEZ CALERO, F., *Los administradores en las sociedades de capital,* 2ª edic., Pamplona, 2007.

— "Informe anual de gobierno corporativo", en AA. VV. *Derecho de Sociedades Anónimas Cotizadas*, (Dirs. ALONSO UREBA, A./ ESTEBAN VELASCO, G./ FERNÁNDEZ DE LA GÁNDARA, L./ QUIJANO GON-

ZÁLEZ, J./ RODRÍGUEZ ARTIGAS, F./ VELASCO SAN PEDRO, L.), Tomo II, Pamplona, 2006, (págs. 1445-1475).

— "El deber de secreto de los miembros del Consejo de Administración de las sociedades cotizadas", *Anales de la Real Academia de jurisprudencia y legislación*, núm. 34, 2004, (págs. 246-267).

— "Líneas Generales del régimen del Comité de Auditoría de las sociedades cotizadas", en AA.VV. *Comentario a la Ley 44/2002, de 22 de noviembre, de Medidas de Reforma del Sistema Financiero* (Coords. SÁNCHEZ CALERO, F./SÁNCHEZ-CALERO GUILARTE, J.), Cizur Menor, Pamplona, 2003, (págs. 709-732).

— "Administradores. Artículos 123 a 143", en AA.VV. *Comentario a la Ley de Sociedades Anónimas*, (Dir. SÁNCHEZ CALERO, F.), vol. IV, 1994, Madrid.

SÁNCHEZ GIMENO, S., "La retribución de los administradores de sociedades de capital y las relaciones de prestación de servicios distintos al desempeño del cargo en caso de concurso de acreedores", *Anuario de derecho concursal*, núm. 8, 2006, (págs. 97-147).

SÁNCHEZ JIMÉNEZ, R., "La remuneración de los consejeros en las sociedades cotizadas", en AA.VV. *Comentario práctico a la nueva normativa de gobierno corporativo Ley 31/2014, de reforma de la Ley de Sociedades de Capital*, CMS ALBIÑANA & SUÁREZ DE LEZO, Dykinson, Madrid, 2015, (págs. 203-210).

SÁNCHEZ— CALERO GUILARTE, J., "Gobierno corporativo: acumulación de cargos y nombramientos cruzados", *Juan Sánchez-Calero Guilarte Blog*, marzo, 2017.

— "Las políticas en materia de control/ supervisión de riesgos, información financiera y sistemas internos de control de riesgos e información. La Comisión de Auditoría y sus relaciones al respecto con el Consejo de Administración (art. 529 ter 1°. B) y D) en relación con el art. 529 quaterdecies LSC)", en AA.VV. *Junta general y Consejo de Administración en la sociedad cotizada*, (Dirs. RODRÍGUEZ ARTIGAS, F./FERNÁNDEZ DE LA GÁNDARA, L./QUIJANO GONZÁLEZ, J./ALONSO UREBA, A./VELASCO SAN PEDRO, L./ESTEBAN VELASCO, G.— Coord. RONCERO SÁNCHEZ, A.), Tomo II, Pamplona, 2016, (págs. 227-271).

— "La reforma de los deberes de los administradores y su Responsabilidad", en AA.VV. *Estudios sobre el futuro Código Mercantil: libro ho-*

menaje al profesor Rafael Illescas Ortiz, Getafe. Universidad Carlos III de Madrid, 2015, (págs. 894-917).

— "Anteproyecto de Ley de cajas de ahorro y fundaciones bancarias", *RDBB*, Año nº 32, núm. 129, 2013, (págs. 324-325).

— "La acción social de responsabilidad (algunos apuntes)", en *Estudios de Derecho mercantil en homenaje al profesor José María Muñoz Planas*, (Coords. PIÑOLETA, L. M./ IRIBARREN, M.), Madrid, 2011, (págs. págs. 783-798).

— "Sociedades cotizadas y Ley de Sociedades de Capital", *RdS*, Año 2011-1, núm. 36, (págs. 259-280).

— "Los consejeros independientes y la reorganización del Consejo de Administración", *Anales de la Academia Matritense del Notariado*, Tomo 48, 2009, (págs. 603-652).

— "La retribución de los administradores de las sociedades cotizadas (La información societaria como solución)", *RdS*, núm. 28, 2007, (págs. 19-58).

— "Creación de valor, interés social y responsabilidad social corporativa" (págs. 851-913) e "Informe anual de gobierno corporativo" (págs. 1445-1475), en AA. VV. *Derecho de Sociedades Anónimas Cotizadas*, (Dirs. ALONSO UREBA, A./ ESTEBAN VELASCO, G./ FERNÁNDEZ DE LA GÁNDARA, L./ QUIJANO GONZÁLEZ, J./ RODRÍGUEZ ARTIGAS, F./ VELASCO SAN PEDRO, L.), Tomo II, Pamplona, 2006.

— "Los consejeros independientes (Análisis de su presencia en el IBEX35)", *Documentos de Trabajo del Departamento de Derecho Mercantil*, núm. 2006/1, marzo 2006.

SANCHO GARGALLO, I., "La extensión subjetiva del régimen de responsabilidad a los administradores de hecho y ocultos y a la persona física representante del administrador persona jurídica (art. 236.3 y 5 LSC)", en AA.VV. *Junta general y Consejo de Administración en la sociedad cotizada*, (Dirs. RODRÍGUEZ ARTIGAS, F./FERNÁNDEZ DE LA GÁNDARA, L./ QUIJANO GONZÁLEZ, J./ALONSO UREBA, A./VELASCO SAN PEDRO, L./ESTEBAN VELASCO, G.— Coord. RONCERO SÁNCHEZ, A.), Tomo II, Pamplona, 2016, (págs. 613-632).

SERRANO CAÑAS, J. M., "La incorporación de la "Business Judgment Rule" al Derecho español: el proyectado art. 226 de la Ley de Sociedades de Capital", *La Ley mercantil*, núm. 6, septiembre, 2014, (págs. 30-44).

SERRANO MORALES, E./ BERMÚDEZ MADRIGAL, J., "Protección de las decisiones estratégicas y de negocio. Análisis del artículo 226 LSC", en AA.VV. *La Administración de las Sociedades de Capital desde una Perspectiva Multidisciplinar*, (Dirs. CAMACHO DE LOS RÍOS, F. J./ ESPIGARES HUETE, J.C./ VELASCO FABRA, G.— Coord. ORTIZ DEL VALLE, Mª. C.), Editorial Aranzadi, Madrid, 2019, (págs. 397-425).

SHILL, G.H., "The Golden Leash and the Fiduciary Duty Of Loyalty", *UCLA Law Review*, 64, junio 2017.

SILA, V./ GONZALEZ, A./ JENS, H., "Independent director reputation incentives and stock price informativeness", *Journal of Corporate Finance*, 47, 2017, (págs. 219-235).

SMITH v. VAN GORKOM., "The Business of Judging Business Judgment", *41 The Business Lawyer*, N. 4, August 1986, (págs. 1187-1193).

SUÁREZ DE LEZO CRUZ-CONDE, R., "Competencias supervisoras de la CNMV", en AA.VV. *Comentario práctico a la nueva normativa de gobierno corporativo Ley 31/2014, de reforma de la Ley de Sociedades de Capital*, CMS ALBIÑANA & SUÁREZ DE LEZO, Dykinson, Madrid, 2015, (págs. 221-225).

SUESCÚN DE ROA, F., "*The business judgment rule* en los Estados Unidos: una regla con dimensión procesal y fuerza sustantiva", 127 *Vniversitas*, 2013, (págs. 341-371).

TALÉNS VISCONTI, E. E., "La retribución de los administradores y directores generales de las sociedades cotizadas", *DN*, Año 24, núm. 267, enero/ febrero, 2013, (págs. 47-58).

TAPIA HERMIDA, A. J., "Fomento de la implicación a largo plazo de los accionistas en las sociedades cotizadas la Directiva 2017/828 y el Reglamento de ejecución (UE) 2018/1212", *La Ley Unión Europea*, núm. 65, diciembre 2018 y núm. 64, noviembre 2018, (págs. 1-11).

— "El seguro de responsabilidad civil de administradores y directivos de sociedades (D&O) ante las novedades legislativas y jurisprudenciales", *Revista de la Asociación Española de Abogados Especializados en Responsabilidad Civil y Seguro*, núm. 54, 2015.

— "Las sociedades cotizadas: noción y estatuto jurídico", *Documentos de Trabajo del Departamento de Derecho Mercantil*, UCM 2010/26.

— "La alta dirección empresarial (administradores y altos cargos)", en *Estudios de Derecho Mercantil en homenaje al profesor Manuel Broseta Pont*, tomo III, Valencia, 1995, (págs. 3723-3766).

TERREROS CEBALLOS, G., "El consejero independiente", *RDBB*, Año XXVII, núm. 111, julio/ septiembre, 2008, (págs. 11-40).

— "El Comité de Auditoría y sus funciones", *Documento de Trabajo* 2008/17.

TUSQUETS TRÍAS DE BES, F., *La remuneración de los administradores de las sociedades mercantiles de capital,* Civitas, Madrid, 1998.

VALPUESTA GASTAMINZA, E., *Comentarios a la Ley de Sociedades de Capital,* 4ª edic., Bosch, Barcelona, 2022.

VÁZQUEZ ALBERT, D., "Administrador de hecho y administrador oculto: novedades legislativas y jurisprudenciales", en *Principales reformas del Derecho mercantil,* (Coord. RODRÍGUEZ VEGA, L.), Madrid, 2016, (págs. 31-66).

VÁZQUEZ LÉPINETTE, T., "Límites procedimentales y límites sustantivos a la retribución de los administradores de sociedades anónimas cotizadas y de entidades financieras: especial referencia al Proyecto de Ley de Economía sostenible", en AA.VV. *Estudios de Derecho del Mercado Financiero. Homenaje al profesor Vicente Cuñat Edo,* Universidad de Valencia, Valencia, 2010, (págs. 263-281).

VÁZQUEZ RUANO, T., *Principios de Corporate Governance. La personificación de la función supervisora de la administración societaria,* Dykinson, Madrid, 2018.

— "Administrador social vs. cargo de alta dirección en la sociedad. Posible compatibilidad", *RdS,* núm. 45, 2015, (págs. 291-320).

VELASCO SAN PEDRO, L. A., "Retribuciones de los consejeros y altos directivos (Recomendaciones 35 a 41)", *RdS,* núm. 27, 2006-2, (págs. 137-147).

— "El Comité de Auditoría", en AA. VV. *Derecho de Sociedades Anónimas Cotizadas,* (Dirs. ALONSO UREBA, A./ ESTEBAN VELASCO, G./ FERNÁNDEZ DE LA GÁNDARA, L./ QUIJANO GONZÁLEZ, J./ RODRÍGUEZ ARTIGAS, F./ VELASCO SAN PEDRO, L.), Tomo II, Pamplona, 2006, (págs. 1087-1125).

— "La información en el consejo de administración: derechos y deberes del Consejo y de los consejeros", en AA.VV. *El gobierno de las sociedades cotizadas,* (Coord. ESTEBAN VELASCO, G.), Marcial Pons, Madrid, 1999, (págs. 305-372).

VELERDAS PERALTA, A., "Órgano de Administración (II). Deberes y responsabilidad de los administradores", en AA.VV. *Derecho de sociedades de capital. Estudio de la Ley de sociedades de capital y la legislación complementaria*, (Dir. EMBID IRUJO, J. M./ Coords. FERRANDO VILLALBA, Mª. L./ HERNANDO CEBRIÁ, L./ MARTÍ MOYA, V.), Marcial Pons, Madrid, 2016, (págs. 287-314).

VERDÚ CAÑETE, Mª. J., "Acción social y acción individual: presupuestos para su ejercicio", en AA.VV. *La Administración de las Sociedades de Capital desde una Perspectiva Multidisciplinar*, (Dirs. CAMACHO DE LOS RÍOS, F. J./ ESPIGARES HUETE, J.C./ VELASCO FABRA, G.— Coord. ORTIZ DEL VALLE, Mª. C.), Editorial Aranzadi, Madrid, 2019, (págs. 507-543).

VICENT CHULIA, F., "Grupos de sociedades y conflictos de intereses", *RDM*, núm. 280, 2011, (págs. 19-43).

— *Compendio crítico de derecho mercantil,* Valencia, 1981.

VIERA GONZÁLEZ, A. J., *Las sociedades de capital cerradas: (un problema de relaciones entre los tipos SA y SRL),* Thomson Reuters-Aranzadi, Madrid, 2002.

VIVES RUIZ, F., "Junta general y delegaciones de voto", *Cuadernos de Derecho para Ingenieros,* La Ley, núm. 3, Madrid, 2009, (págs. 187-214).

WEISBACH, M. S., "Outside Directors and CEO Turnover", *Journal of Financial Economics*, núm. 20, 1998, (págs. 431-460).

YANES YANES, P., "Límites y cautelas de buen gobierno en la retribución variable del consejero", en AA.VV. *Sociedades cotizadas y transparencia en los mercados,* (Dirs. RODRÍGUEZ ARTIGAS, F./ FERNÁNDEZ DE LA GÁNDARA, L./ QUIJANO GONZÁLEZ, J./ ALONSO UREBA, A./ VELASCO SAN PEDRO, L. A./ ESTEBAN VELASCO, G.- Coord. RONCERO SÁNCHEZ, A.), vol. I, Editorial Aranzadi, Madrid, 2019, (págs. 1159-1190).

— "Capítulo 37. Una aproximación a la acción de enriquecimiento desleal del administrador", en AA.VV. *Estudios sobre órganos de las sociedades de capital. Liber Amicorum en honor a Fernando Rodríguez Artigas y Gaudencio Esteban Velasco,* (Coords. JUSTE MENCÍA, J./ ESPÍN GUTIÉRREZ, C.), vol. 2, tomo 2, Editorial Aranzadi, Pamplona, 2017, (págs. 1101-1119).